HISTOIRE GÉNÉRALE DE PARIS
COLLECTION DE DOCUMENTS
PUBLIÉE

SOUS LES AUSPICES DE L'ÉDILITÉ PARISIENNE

PARIS
À L'ÉPOQUE GALLO-ROMAINE

L'Administration municipale laisse à chaque auteur la responsabilité des opinions émises dans les ouvrages publiés sous les auspices de la Ville de Paris.

TOUS DROITS RÉSERVÉS

HISTOIRE GÉNÉRALE DE PARIS

PARIS
À L'ÉPOQUE GALLO-ROMAINE

ÉTUDE

FAITE

À L'AIDE DES PAPIERS ET DES PLANS

DE TH. VACQUER

PAR

F.-G. DE PACHTERE

AGRÉGÉ D'HISTOIRE ET DE GÉOGRAPHIE
ANCIEN MEMBRE DE L'ÉCOLE FRANÇAISE DE ROME

PARIS
IMPRIMERIE NATIONALE

MDCCCCXII

VILLE DE PARIS.

SERVICE DE LA BIBLIOTHÈQUE ET DES TRAVAUX HISTORIQUES.

COMMISSION DES TRAVAUX HISTORIQUES.

COMMISSAIRES RESPONSABLES.

MM. HÉRON DE VILLEFOSSE (Antoine), Membre de l'Institut.

LONGNON (Auguste), Membre de l'Institut.

VILLAIN (Georges), Président de la Sous-Commission des fouilles de la Commission du Vieux Paris.

POËTE (Marcel), Inspecteur des Travaux historiques, Conservateur de la Bibliothèque de la Ville de Paris.

À LA MÉMOIRE DE MON PÈRE

AVANT-PROPOS.

La première rédaction de ce travail remonte à 1905. Depuis quelques années, la Bibliothèque historique de la Ville de Paris avait fait l'acquisition des papiers qu'avait laissés, à sa mort, Théodore Vacquer, ancien conservateur adjoint du Musée Carnavalet. Ce savant, modeste et méconnu, suivit, de 1844 à 1899, les fouilles qui ont changé, pendant la seconde moitié du xixe siècle, la face de Paris. Il consigna en ses notes les résultats archéologiques qu'elles apportèrent. C'est grâce à lui qu'on peut aujourd'hui donner de la ville antique une idée nouvelle.

Depuis sept ans, ce livre a profité des critiques qu'ont adressées au manuscrit des maîtres et des juges autorisés, MM. Jullian, Pfister, Héron de Villefosse, Longnon, Villain et Sellier. Il a tenu compte des découvertes nouvelles d'antiquités qu'on a faites à Paris. Aussi est-il aujourd'hui modifié sinon dans ses traits essentiels, du moins en bien des détails.

Surtout sa partie archéologique a été fort abrégée. Dans les dossiers de Vacquer, dans les collections de la Bibliothèque de la Ville, dans les fascicules de la Commission du Vieux Paris, se trouvait tout constitué un si bel ensemble de photographies et de plans, qu'on pouvait profiter de leur témoignage pour alléger la description.

Même le nombre de ces documents était trop grand pour qu'on les produisît tous. Ceux-là seuls ont été publiés qui peuvent éclairer le texte, tout en l'illustrant[1].

D'autre part, Vacquer avait préparé un plan général de la ville antique, des plans détaillés des grands édifices gallo-romains de Lutèce. Il ne s'agissait plus que d'achever son œuvre. Cette tâche devint facile,

---

[1] C'est dire qu'en cet ouvrage on a renoncé délibérément à constituer un album complet des bas-reliefs parisiens. Cette illustration, dont le volume aurait été surchargé, eût fait double emploi avec celle du *Recueil général des bas-reliefs de la Gaule romaine*, de M. le commandant E. Espérandieu. Le tome IV de cet ouvrage reproduit tous les monuments figurés découverts à Paris.

grâce à la collaboration de M. Sellier, conservateur adjoint du Musée Carnavalet, de M. Staudt, sous-ingénieur des eaux de la Ville, grâce à l'aide que m'a prêtée, pour le dessin, mon camarade Vallée.

M. Marcel Poëte, inspecteur des travaux historiques de la Ville, a bien voulu présenter le manuscrit à la Commission des travaux historiques, qui en a proposé l'impression. Enfin c'est par l'entremise de M. Villain que j'ai pu obtenir de la Commission du Vieux Paris l'autorisation d'utiliser à mon gré les clichés photographiques qui lui appartiennent. Succédant à Vacquer en son œuvre scientifique, la Commission du Vieux Paris s'est montrée aussi libérale que lui pour enrichir ce livre.

Il reste bien incomplet. Il ne m'a pas été possible de retrouver dans les papiers de Vacquer toute la science qu'il possédait du sujet. Les fouilles opérées dans Paris n'ont pas attaqué partout le sous-sol, et quelques quartiers de l'antique Lutèce nous sont encore inconnus. Il est à souhaiter pourtant que ce travail ne soit pas inutile à ceux qui rechercheront dans Vacquer les éléments d'une étude de détail, à ceux qui achèveront les fouilles dont il est grand besoin pour dégager les ruines antiques de Paris.

PRÉFACE.

LÉGENDES ET TRADITIONS SUR LA VILLE ANTIQUE;
LES DÉBUTS ET LES PROGRÈS DE SON HISTOIRE.
ÉTAT DE LA QUESTION [1].

La ville antique survivait encore, au temps de Grégoire de Tours, dans le cadre du rempart romain qui défendait l'île, quand, dans un village voisin, on découvrit l'inscription de Crescentia, vierge vouée au Seigneur. Personne ne savait plus rien d'elle et de ses vertus sacrées; il fallut un clerc pour déchiffrer son épitaphe; la morte opéra des miracles [2]. Vers le même temps, en nettoyant un égout dans la Cité, on trouva, parmi les immondices qui l'obstruaient, un serpent et un loir de bronze [3]. C'étaient, sans aucun doute, de petites antiquités romaines; mais les Parisiens d'alors se méprirent à ce point sur leur compte, qu'ils reconnurent en elles les monstres qui, suivant une légende populaire, devaient annoncer aux habitants l'incendie prochain de leur ville [4]. Bientôt après, en effet, le feu si miraculeusement prédit la ravageait tout entière. Mais la vieille cité romaine méritait bien de périr, puisque déjà les contemporains de Grégoire de Tours n'y reconnaissaient plus les vestiges d'un passé si récent. Le nom même de Lutèce était tombé dans l'oubli. Du moins, les œuvres mérovingiennes ne connaissent plus que celui de Paris, sous la forme barbare *Parisius*.

Ce fut le mérite de la renaissance carolingienne de retrouver le nom primitif de la ville : Lutèce. Il apparaît de nouveau au début du IX° siècle dans l'œuvre d'un moine de saint Denis, les *Gesta Dagoberti* [5]. Même, dans une charte fausse de Saint-Germain-des-Prés, œuvre savante du début du XI° siècle, il renaît sous la forme *Locoticia* [6], si ressemblante à l'ancien nom grec de la

---

[1] Sur les historiens de Paris en général, je renvoie à JAILLOT, *Recherches critiques, historiques et topographiques sur la ville de Paris*, discours préliminaire, t. I, p. V-VIII; à COCHERIS, réédition de Lebeuf, *Histoire de la ville et de tout le diocèse de Paris*, 1863, t. I, p. 11-33.

[2] GRÉGOIRE DE TOURS, *Liber in gloria confessorum*, 103 (édition Krusch, p. 813).

[3] GRÉGOIRE DE TOURS, *Historia Francorum*, VIII, 33 (édition Arndt, p. 349, l. 31-32, et p. 350, l. 1-2).

[4] IDEM, *ibid.*

[5] *Gesta Dagoberti*, 2 (*Mon. Germ. hist.*, Script. rerum Merov., II, p. 401, l. 24).

[6] R. DE LASTEYRIE, *Cartulaire général de Paris*, p. 3.

PRÉFACE.

ville qu'il faut admettre chez l'auteur la connaissance d'un abrégé de Strabon ou d'un glossaire grec. Cependant le zèle religieux des moines de Saint-Denis leur faisait élaborer une légende nouvelle de leur patron. L'abbé Hilduin, à la lecture de manuscrits grecs tout récemment apportés de Constantinople, identifiait le saint parisien avec l'Aréopagite, disciple des apôtres. L'autorité de saint Denis grandit de toute celle que valaient à l'Athénien sa science, son antiquité, sa mission. A l'horizon de la ville, le mont de Mercure, trop voisin des possessions de l'abbaye pour n'être pas aussi convoité par elle, devenait le théâtre de la passion de saint Denis et de ses compagnons, Rustique et Éleuthère, et prenait le nom nouveau de mont des Martyrs, bien propre à justifier les ambitions de ceux qui venaient d'instituer le culte de leurs saints sur la colline de Montmartre. C'est ainsi que la science, la foi, les intérêts des moines carolingiens leur faisaient broder sur Paris ce tissu de saintes légendes, si vieilles aujourd'hui que certaines ont encore l'autorité du vrai.

Cependant la petite ville délaissée par Charlemagne et ses successeurs se couvrait de gloire en résistant aux Normands. Les premiers Capétiens y faisaient l'apprentissage de la royauté; elle s'enrichissait déjà par le commerce et se développait. A cette capitale naissante il fallait des titres de noblesse, et, comme on ne les retrouvait pas dans l'histoire, on les forgea. Dès la fin du ixe siècle, le moine Abbon donnait à Paris Isis pour patronne; mais c'était au prix d'un jeu de grammairien, qu'en plein vers épique il ose appeler du nom barbare de métaplasme[1]. Sans doute, cette cité d'Isis n'existait que dans l'imagination (*Isiæ quasi par*). Sans doute, il avait quelque prétexte à la créer. L'abbaye de Saint-Germain-des-Prés s'élevait sur le territoire d'Issy (*locus qui vocatur Issiacus*)[2], et comme l'on pouvait au besoin croire fondation d'Isis (*potestas Isiaca*)[3], et comme déjà, sans doute, il existait dans l'église une vieille statue de femme noire,

---

[1] Je donne ici l'ensemble du passage d'Abbon, *De Bello Parisiaco*, I, 1-9, d'après la collation du texte faite par M. Lafaye sur le manuscrit de Paris (xie siècle), qui vient de Saint-Germain-des-Prés (Bibl. nat., lat. 13833) :

Dic clarris salvete Dea Lutecia summo,
Sic dudum vocitata, gurgu modo nomen ab urbe
Isus, Danaum latus mecia regionis.
Quos portu fulget cunctis venerabilior;
Hanc Argivi olis celebrat pervetus gnarum.

Quod multum species metaplasmi modo nomen
O collega tibi Lutecia pingit honeste
Nomine, Parisiusque suos lauavit ab orbe,
Isosu quasi par; meritis pollet tibi consors.

Ce passage est édité dans G. Lafaye, *Les dénominées alexandrines chez les Parisii* (Soc. Ant. France, *Mém. du centenaire*, p. 227).

[2] R. de Lasteyrie, *Cartulaire général de Paris*, p. 4.

[3] Idem, *ibid.*, p. 99

hâve, maigre, décharnée, mal vêtue qu'on appelait Isis[1], l'antique ville d'Isia, centre d'un culte de la déesse, devenait vraisemblable, et Paris tirait son nom du voisinage de ce territoire. Malheureusement, Issy n'a rien à voir avec Isis. Ce fut, à l'origine, le bien d'un homme qui portait le nom gaulois d'Iccius[2]. Quant à la statue, les descriptions détaillées qu'on en donna jusqu'au xvii⁰ siècle peuvent faire penser qu'elle n'était pas antique; elles prouvent que ce n'était pas une Isis: Ainsi cette légende d'Isis patronne de Paris naquit d'un mauvais jeu de mots, mal garanti lui-même par deux traditions fausses; et pourtant son succès fut tel, qu'Isis se vit attribuer, sur l'emplacement de Saint-Germain-des-Prés, un temple où les païens l'auraient adorée avant le triomphe de la foi, et qu'au début du siècle dernier elle montait un moment, déesse tutélaire, sur le vaisseau qui décore les armes de Paris[3].

Ces déductions de moines grammairiens et d'autres billevesées de ce genre n'étaient pas de nature à satisfaire le peuple dont l'ignorance était grande, mais l'imagination plus raisonnable. Les abords de la ville étaient couverts de ruines romaines. Elles dominaient au loin le site de Montmartre, et, tout près de la Cité, sur la montagne Sainte-Geneviève, on apercevait des pans de murailles puissantes, on déterrait des fondations épaisses que l'outil pouvait à peine entamer. En ce temps de chansons de gestes, on attribua aux infidèles, ennemis de Charlemagne et de ses preux, la construction de ces *murs sarrazinois*; on logea dans ces édifices Ganelon, qui eut à Montmartre sa tour de Ganes, et toute sa lignée de félons qui se ralliait au cri de «Hautefeuille» dans le château fort qui couronnait la Montagne, tandis que Gautier, du lignage d'Aymeri de Narbonne, venait habiter les Thermes. Les ruines romaines devinrent alors, à Paris comme par toute la France, la demeure des héros carolingiens.

A l'épopée succéda le roman. Dès le viii⁰ siècle, il s'était formé une tradition savante qui attribuait aux Francs une origine troyenne. Au x⁰ siècle, le moine Aimoin la popularisa. Dès le xi⁰, la fondation de Paris devint un épisode des migrations franco-troyennes en Gaule. Un contemporain de Charles V, Raoul de Presles, a le premier, en français, développé ce récit[4]. Longtemps après que Francion, fils d'Hector, éponyme de la race franque, eut fondé la ville de Sicambre en Pannonie, les Sicambriens, trop nombreux pour

---

[1] Lafaye, *op. cit.*, p. 229-233.
[2] Holder, *Alt-celtischer Sprachschatz*, II, col. 17, au mot *Icciacus*.
[3] Lafaye, *op. cit.*, p. 226.

[4] Raoul de Presles, édition Le Roux de Lincy et Tisserand, dans *Paris et ses historiens aux xiv⁰ et xv⁰ siècles*, Paris, 1867, in-4° (*Coll. hist. gén. de Paris*), p. 99-115.

leurs terres, se divisèrent, et vingt-deux mille d'entre eux, sous la conduite d'Ybor, leur duc, passèrent le Rhin; puis, sur les rives de la Seine, ils «avisèrent le lieu où à présent est Paris», et comme «ils le virent... gras et planlureux, ils (y) firent et fondèrent une cité» qu'ils appelèrent «Lutesse», du mot latin *lutum* (boue), à cause de la «gresse du pays». Ils prirent le nom de Parisiens, soit pour faire honneur à Paris, fils de Priam, un de leurs ancêtres, soit pour glorifier la vertu maîtresse des Francs, la hardiesse, du mot grec qui lui convient, *Parisia* (παρῥησία). Cet événement se passait au temps d'Amasis, roi de Juda, et de Jéroboam, roi d'Israël, 830 ans avant la naissance de Jésus-Christ. Paris l'emportait en antiquité sur Rome!

Ce récit fut tenu pour véridique par Guillebert de Metz, qui le copia dans sa description de Paris de l'année 1433[1]. Dans ses *Illustrations de Gaule et singularitez de Troie*, Jean Le Maire de Belges, au début du XVIe siècle, forgea un autre conte qu'il se «tient pour bienheureux... de déclarer» le premier. Il a pour lui l'autorité du faussaire Annius de Viterbe, qui refit de toutes pièces les œuvres perdues d'écrivains anciens, comme Manéthon et Bérose. C'est dans Manéthon que Le Maire de Belges trouva qu'au temps d'Errichthonius, roi des Dardaniens, «commença aussi à régner sur les Gaulois ... le filz du Roy Romus ... nommé Paris»[2], qui a donné son nom à la capitale du pays. Enfin la première édition, parue en 1532, de *la Fleur des antiquités... de Paris*, œuvre de Corrozet, est un respectueux résumé de ces fables. Elle n'a d'autre mérite que de les exposer toutes.

Avec beaucoup d'imagination, ces auteurs romanesques avaient quelque prétention à la science. Raoul de Presles avait notion de l'Histoire universelle par les chronographes; il connaissait l'œuvre de César d'après Orose et le commentaire de Celse. Pourtant son récit de la bataille de Lutèce, d'après le «VIe livre de Julius Celsus, *de Bello Gallico*»[3], est si peu fidèle au texte latin, qu'il semble un conte. Ce n'est pas Labiénus, mais César lui-même qui dirige l'expédition contre les Parisiens. Le général romain faisait le siège de Paris quand il s'avisa de prendre Melun : il emporta la ville. Il fit alors semblant de renoncer à Paris, et se posta sur les hauteurs de Villejuif. Le chef gaulois Camulogène, qui était de Rouen, se serait aperçu de cette feinte, l'aurait dévoilée à son armée; mais ses gens ne le voulurent point croire; ils tom-

[1] Guillebert de Metz, édition Le Roux de Lincy et L.-M. Tisserand, dans *Paris et ses historiens*, Paris, 1867, in-4° (Coll. hist. gén. de Paris).

[2] J. Le Maire de Belges, *Illustrations de Gaule et singularitez de Troie*, liv. I, chap. XV (édition Stecher, 1882), t. I, p. 105-106).

[3] Raoul de Presles, *loc. cit.*, p. 106-108.

bèrent dans l'embûche que leur avait dressée César, et furent battus. Les Parisiens devinrent les sujets des Romains et durent payer, au palais de Termes, construit par César, les termes du tribut que réclamaient régulièrement leurs vainqueurs. On ne reconnaît guère César en toute cette histoire. Mais on retrouve encore moins le texte de la chronique de Prosper sur la bataille de Paris en 383, dans la traduction qu'en donne Raoul de Presles d'après un dominicain du XIIIe siècle, Bernard Gui[(1)]. On lit, dans l'*Epitome* de Prosper, que Maxime, proclamé empereur par les soldats de Bretagne, passa en Gaule où, grâce à la trahison du maître de la cavalerie Mérobaud, il battit Gratien sous Paris. Ce récit est déjà suspect, mais il devient bien différent chez Raoul de Presles. Ne dit-il pas que Gratien fut tué par les Parisiens, à Lyon, par ceux qui étaient sous le commandement d'un de leurs ducs appelé *Merobaudus*, auquel ils devaient leur nom de *Merobaudi*? Il y aurait là, selon lui, un indice que, dès le temps de Valentinien, Paris avait déjà des ducs et des gouverneurs. Jean Le Maire de Belges, et Corrozet en ses premières éditions, renchérissent encore sur Raoul de Presles. Ils connaissent bien plus d'auteurs que lui, mais ils les traitent aussi avec plus de fantaisie.

L'édition de 1550 de la *Fleur des antiquités* de Corrozet n'est pas seulement une refonte de l'œuvre première. Un esprit nouveau l'inspire. Le jeune élève des rhétoriqueurs, le disciple et le rival de Jean Le Maire de Belges, était, avec l'âge, devenu un homme de la Renaissance. Il possédait désormais, pour sa part, le sens critique, la science et la curiosité. Il respectait encore les légendes sacrées de Paris, parce qu'il y croyait comme devant, ou qu'il était alors imprudent en France de n'y pas croire. Il répète les mêmes contes romanesques que jadis; mais il ne leur prête plus foi. Il rapporte toujours les étymologies fantaisistes qu'on a données des noms de Lutèce et de Lucotèce; mais il est pris à leur égard d'un doute prudent, et les laisse pour compte à ceux des «modernes» qui les ont découvertes. Tout cela lui paraît «répugnant à vérité»; il lui semble bien, à regarder de près, que ce soient des fables, parce qu'«il ne s'en trouve rien écrit en auteur autentique». Il se voit contraint «de confesser que nous n'avons aucune vérité de la fondation de Paris, ny de sa dénomination». Il s'arrête enfin, «pour seure preuve de son antiquité, à ce que Jules César en a escrit en deux lieux en ses commentaires[(2)]».

César est donc la première autorité qu'il invoque. Il le traduit, le résume,

---

[(1)] Raoul de Presles, *loc. cit.*, p. 99. — [(2)] Ces trois citations sont empruntées à Corrozet, édition de 1550, fol. 9 r° et fol. 6 v°.

VIII   PRÉFACE.

il le commente même avec clairvoyance. Mais Corrozet a fait, depuis 1532, la connaissance d'Ammien Marcellin et de Julien. Sans doute, il n'est pas très habile à les interpréter; il croit que le *castellum* de Lutèce, dont parle Ammien, n'est autre que le grand Châtelet[1]; il donnerait volontiers le palais des Thermes pour demeure à Julien[2]. Du moins, Paris n'est plus la ville de César, à la fois prise et créée par lui, où tous les édifices anciens portent son nom. Déjà Corrozet discerne deux périodes en l'histoire ancienne de la ville. A côté de la première cité d'origine gauloise enfermée dans l'île, il en pressent une autre, bâtie sur la montagne Sainte-Geneviève, au voisinage des Thermes.

De cette ville nouvelle il vit de ses yeux mettre au jour des vestiges, car il suivit les fouilles en observateur curieux, et nota toujours avec soin les découvertes. Quand il écrivait en 1550, on venait de lui montrer, en une rue voisine de Saint-Victor, «un sépulchre de pierre long de cinq piedz ou environ, au chef et aux piedz» duquel «furent trouvées deux médailles antiques de bronze[3]». Il avait lui-même déterré des tombeaux «au long des vignes[4]», près du faubourg Saint-Marcel. En 1544 enfin, pendant qu'on faisait les remparts et bastions pour résister à Charles-Quint (qui menaçait la ville, «on trouva du costé de la porte Saint-Jacques des canaulx de pierre de tailles et conduiz d'eaux» de l'aqueduc romain d'Arcueil[5]. On a tout récemment découvert la même rigole à quelques pas de l'ancienne porte Saint-Jacques; mais Corrozet, le premier, l'a exactement repérée.

Rien ne peut donner à la fois claire et plus claire connaissance des limites de son savoir, que les passages qu'il consacre au monument romain dont les vestiges sont encore visibles dans l'hôtel de Cluny. Il y visita «une grande salle» dont la voûte était assez solide pour supporter un jardin planté d'arbres, et l'édifice «de matière forte et dure comme un roch[6]». Corrozet, sur la foi des anciens historiens, attribue encore cette construction à César; mais la lecture de Julien lui suggère l'idée que cet empereur l'a pu fonder[7]. Le peuple désignait ces ruines du nom de «Termes», parce que, suivant une vieille opinion, c'est là qu'on payait les termes des tributs qu'on devait aux Romains. Mais déjà Corrozet est moins sûr de cette tradition; il estime, avec quelques bons esprits, que ces «Termes»

---

[1] Corrozet, édition de 1550, fol. 13 r°.
[2] Idem, ibid., fol. 10 v°.
[3] Idem, ibid., fol. 13 v° et 14 r°.
[4] Idem, ibid., fol. 13 r°.
[5] Corrozet, édition de 1550, fol. 10 r°.
[6] Idem, ibid., fol. 10 r°.
[7] Idem, ibid., fol. 10 v°.

pourraient bien être les bains de Julien l'Apostat, puisqu'on découvrit, en 1544, une conduite de l'aqueduc romain d'Arcueil, qui les desservait sans doute, et que « ceste raison est confirmée par les lettres de fondation du collège de Sorbonne » qui contiennent « expressément ces mots quant à l'assiette du lieu : *prope locum Thermarum* » (près du lieu dit les Thermes)[1]. Ainsi cet ancien « palais de César » devient déjà chez Corrozet les « Thermes de Julien ». Cette hypothèse est presque passée de nos jours au rang d'une tradition populaire. Celle-ci ne mérite sans doute aucun respect, puisque l'édifice existait avant Julien, fut détruit avant lui, et n'appartenait pas à des thermes. Mais, du temps de Corrozet, l'idée était neuve, autorisée par une critique sérieuse des traditions, fondée sur l'interprétation des textes anciens et le témoignage d'une charte, confirmée par une découverte archéologique. Si timide encore que fût la science de Corrozet, elle était déjà celle d'un moderne.

Son œuvre eut la bonne fortune de trouver, après sa mort, un éditeur intelligent comme Nicolas Bonfons. L'édition de 1581 témoigne aux romans qu'on a forgés sur nos origines une sévérité plus grande. Ils sont « sans preuve que de conjecture »[2]; c'est se « moquer de la vérité de l'histoire »[3] que d'y croire, et déjà Bonfons passe dédaigneusement sur certains d'entre eux. Par contre, il analyse César, il traduit Julien, il interprète exactement Ammien[4], il produit enfin le texte de Strabon sur Lutèce, et le comprend. « Le long de la rivière de Seine sont les Parisiens qui ont une isle, et en icelle la cité de Leucotèce[5]. » L'œuvre de Corrozet, revue par Nicolas Bonfons, atteint alors sa perfection. La science en est plus claire et plus sûre d'elle-même.

Elle devient au contraire plus pédante, moins critique et moins exacte, dans les éditions de 1605 et de 1608 que prépara le fils de Nicolas Bonfons, Pierre. S'il traite les vieilles légendes romanesques de « devinailles ou sornettes »[6], il les raconte tout au long et finit par se prononcer presque pour l'une d'entre elles, des plus absurdes[7]. Il fait étalage de tous ses auteurs, mais il y compte le faux Manéthon et le faux Bérose. Il se perd à la suite

---

[1] Corrozet, édition de 1561, fol. 8 r°.
[2] Corrozet-Bonfons, édition de 1581, fol. 4 v°.
[3] Idem, *ibid.*, fol. 4 r°.
[4] Idem, *ibid.*, fol. 5 r°.
[5] Idem, *ibid.*, fol. 4 v°.
[6] P. Bonfons, *Les Fastes, antiquitez et choses plus remarquables de Paris*, édition de 1605, fol. 3 r°.
[7] P. Bonfons, fol. 3 r° : « Certes, il y a de l'apparence que ce Paris, fils de Romus qui est nombré le dix-septiesme des Roys Gaulois (soit qu'il aye régné quant et, ou après Luce) ait esté celui qui a donné ce dernier nom à nostre ville : soit pour avoir succeddé à nostre premier fondateur Luce, et avoir repeuplé et accreu la Ville soubs son règne ou pour quelque autre occasion dont la mémoire s'est perdue. »

PRÉFACE.

d'un autre moderne dans la discussion d'un passage de César sur *Agendicum*[1]. Il a Corrozet sous les yeux; pourtant les conduites de pierre de l'aqueduc romain, qu'on vit en 1544 sur un seul point, deviennent en 1605, chez Pierre Bonfons, des tuyaux de plomb[2] qu'en 1608 il fait courir d'Arcueil jusqu'aux Thermes[3]. Surtout, à mesure que se développa dans le livre la collaboration personnelle de Du Breul, moine de Saint-Germain-des-Prés, celui-ci prit un caractère ecclésiastique qu'à l'origine il n'avait pas. L'œuvre primitive de Corrozet se transforma, en 1612, en un travail propre de Du Breul, *Le Théâtre des antiquités de Paris*; mais de cette œuvre, si importante pour l'histoire des églises locales, on n'a rien à tirer de nouveau pour la connaissance de la ville antique. Encore se contenterait-on d'en rester à Corrozet, revu par Bonfons. Mais le Père Du Breul était trop respectueux croyant des saintes légendes locales pour ne pas leur apporter le secours de son érudition. Aussi considéra-t-il comme pure vérité tous les récits des hagiographes carolingiens sur saint Denis et ses compagnons et sur sainte Geneviève. Il accrut même le prestige religieux de Montmartre en acceptant pour véridique le procès-verbal de la découverte, en 1611, d'une crypte sous la chapelle du martyr. C'est là que se réfugièrent, selon lui, les «premiers chrétiens durant la persécution»[4]. Si l'œuvre de Du Breul mérite encore de garder quelque autorité, ce n'est pas pour la période ancienne de l'histoire de Paris.

Le véritable successeur de Corrozet et de Nicolas Bonfons fut, dans la deuxième partie du XVIIᵉ siècle, Henri Sauval, dont l'œuvre, préparée pendant vingt ans, parut en 1724, après sa mort, sous le titre : *Histoire et Recherches des antiquités de Paris*. C'était un avocat au Parlement; il eut pour patrons Colbert et Pellisson, pour amis Patin, le savant historien Valois et le Père de Launoy, si sévère aux légendes hagiographiques. Lui-même était un homme de science profonde, assez bon philologue pour critiquer un texte et recourir au besoin à l'examen de sa tradition manuscrite, archéologue capable de comparer les antiquités locales avec celles d'Italie, numismate instruit au commerce des collections parisiennes, observateur curieux des fouilles de la ville, enfin déchiffreur infatigable de chartes. De la lecture des auteurs anciens, il comprit qu'il était «impossible de savoir ni le tems de la fondation de Paris, ni le nom de son fondateur, ni le lieu d'où sont venus ses premiers

[1] P. Bonfons, édition de 1605, fol. 3 v°.
[2] Ibid., ibid., fol. 9 v°.
[3] P. Bonfons, édition de 1608, fol. 6 r°.
[4] Du Breul, édition de 1612, p. 160.

habitans ᛫"⁽¹⁾. C'est à peine si l'on peut, avec quelques modernes, conjecturer d'après César que les Parisiens furent à l'origine les sujets, les clients ou les associés des Sénons et que leur territoire englobait celui des Meldes. Après la conquête romaine, Lutèce vécut pendant trois siècles sans que l'histoire sache rien d'elle que la citation qu'en font Strabon et Ptolémée. Sans doute, les Parisiens adorèrent à Montmartre le dieu Mercure, puis, vers 250, "la religion chrétienne commença d'être connue"; et l'on peut croire, avec le Père de Launoy, que la première église qu'elle se bâtit était située non pas dans l'île ou à Montmartre, mais au faubourg Saint-Marcel, où Fortunat et Grégoire de Tours invitent à la placer[2]. Bientôt Lutèce sort de son obscurité, en même temps que son nom se transforme en *Lutetia Parisiorum*, puis en *Civitas Parisiorum* avant de devenir *Parisii*, enfin *Parisius*[3]. Les empereurs viennent s'y installer. Ce furent peut-être Constance, puis Constantin qui la visitèrent les premiers[4]; Julien en fit son séjour de plaisance et sa place militaire favorite, peuplée de son entourage et de ses soldats, illustrée par les grands événements qui s'y déroulèrent sous son règne. On trouve encore, "dans le code Théodosien, que Valentinien et Valens y ont donné trois lois"[5], et c'est "une chose bien remarquable... que Valentinien demeuroit à Paris quand Valens lui envoya la tête de Procope..."[6]. S'il faut en croire Prosper d'Aquitaine, "ce fut encore auprès de Paris que Maxime élu empereur en Angleterre défit l'empereur Gratien"[7]. La ville finit par devenir "le siège de l'empire" de notre "grand Clovis", et fut si disputée par ses successeurs, qu'après la mort de Caribert ils l'exceptèrent du partage pour "la posséder tous en commun"[8]. C'était là ce que Sauval pouvait tirer des textes anciens; la récolte était maigre sans doute, mais bien plus riche que celle des historiens qui l'avaient précédé.

Mieux qu'aucun autre aussi, il sut reconnaître la ville romaine sur le terrain, en ses vestiges. Non seulement il tint catalogue des objets d'antiquité[9] et des inscriptions latines qu'on y découvrit de son temps, mais il décrivit, soupçonna ou signala, même à son insu, ses principaux édifices. Les ruines

---

[1] Sauval, *Histoire et recherches des antiquités de Paris*, Avant-propos, p. 10-11.

[2] Sauval, *Discours à M. de Launoy*, p. 13, et J. de Launoy, *Discours sur les anciennes églises de Paris*, dans Sauval, *op. cit.*, I, p. 257.

[3] Sauval, *op. cit.*, I, p. 55.

[4] Idem, *ibid.*, p. 62.

[5] Idem, *ibid.*

[6] Sauval, *op. cit.*, I, p. 62.

[7] Idem, *ibid.*

[8] Idem, *ibid.*, p. 62-63.

[9] Idem, *ibid.*, I, p. 56, buste de déesse tutélaire; II, p. 344-345, petites antiquités; II, p. 336, trésor de monnaies romaines; II, p. 336, sarcophage à bas-relief représentant la chasse de Méléagre; II, p. 337, bas-relief à scène mithriaque (?).

PRÉFACE.

des Thermes ne sont plus pour lui, comme pour Corrozet, «une simple salle, mais deux grandes salles dont on lui fit voir les caves, aux voûtes «de petites pierres de taille en retraite» et de brique. Dans tout le voisinage, on avait découvert «des restes de ce palais et de ces voûtes», si bien qu'il pouvait occuper «une bonne partie de la pente de la Montagne».[1] Les Thermes étaient desservis par un aqueduc dont Sauval vit «des arcades, des piles et des restes» plus nombreux qu'aujourd'hui «entre Paris, Arcueil et Louan».[2] La ville avait aussi ses arènes, car le «clos des Arennes», sis au faubourg Saint-Victor, tirait «apparemment son nom du lieu».[3] Enfin Sauval put lire dans les comptes de Philippe d'Acy, payeur des œuvres pour la Ville de Paris, que, le 18 septembre 1365, près de la porte Saint-Jacques, quand on répara les fossés de l'enceinte, on trouva «une grande partie des forts murs anciennement faits par les Sarrasins qui donnèrent grand'peine à rompre et à dépecier».[4] C'était, sans qu'il s'en doutât, les substructions de ce fameux château de Hautefeuille, dont il parle ailleurs[5], où le traître Ganelon, suivant le chroniqueur Turpin, avait élu domicile. Ces murs sarrasinois et le château des chansons de gestes n'étaient enfin que les ruines du plus grand édifice romain de la rive gauche, d'un temple qui s'élevait au sommet de la Montagne; mais la science du temps ne permettait pas à Sauval de le reconnaître. Par contre, il sut placer exactement la nécropole romaine de Paris. Parmi les nombreux endroits où il repéra des tombes[6], un seul quartier en avait fourni en assez grande abondance pour qu'on pût croire que les Romains l'avaient choisi exprès comme cimetière, près du grand chemin de Rome. C'était le cimetière de la rue Nicole. Sauval y découvrit des tombeaux et des inscriptions qu'il signale[7]; mais il aurait pu parler de quantité d'autres caveaux, de coffres, de squelettes, et de têtes ayant des médailles à la bouche[8], qu'on trouva sur le terrain de Notre-Dame-des-Champs. Ainsi, de la ville romaine de la rive gauche, Sauval indiqua tant de vestiges qu'il comprit enfin combien elle s'était développée hors de l'île; mais il pensa

[1] Sur les Thermes, voir Sauv., op. cit., II, p. 312-314, et II, p. 335.
[2] Id., ibid., p. 335.
[3] Id., ibid., p. 363.
[4] Id., op. cit., III, p. 125.
[5] Id., op. cit., II, p. 234.
[6] Id., op. cit., II, p. 336, tombes antiques à Chaillot: I, p. 497, et II, p. 336, tombes sans doute mérovingiennes au Marché aux Chevaux, près de la porte Saint-Victor: I, p. 497, tombes mérovingiennes, près de l'ancienne église Saint-Étienne des Grès: I, p. 497, et II, p. 336, tombes du cimetière romano-mérovingien de Saint-Gervais, trouvées rue de la Tixeranderie en 1612; I, p. 498, II, p. 336-337, cimetière antique de la rue Nicole; II, p. 335, cimetière chrétien de Saint-Marcel.
[7] Sauv., op. cit., II, p. 337.
[8] Id., ibid., p. 337.

PRÉFACE.

que le quartier de la Montagne n'était qu'un faubourg de la Cité[1] que le séjour à Paris des empereurs du IVe siècle aurait fait naître et croître.

Les *Recherches* de Sauval renferment tous les matériaux d'une histoire de Paris. Il en possédait assez pour consacrer un chapitre à nos origines gallo-romaines. Malheureusement l'œuvre est restée inachevée; elle se présente dans l'édition de 1724 sous la forme d'une suite innombrable de petites dissertations et de notes dispersées en trois in-folios qu'une mauvaise table rend difficilement abordables. C'est un véritable répertoire d'histoire parisienne, mais un répertoire où l'on a grand'peine à se diriger. Quand on trouve ce qu'on y cherche, les renseignements se répètent souvent, et se contredisent quelquefois. Sauval admet ici l'existence à Saint-Germain-des-Prés du temple d'Isis, d'où Paris tira son nom[2], mais il croit ailleurs que le sanctuaire n'a jamais existé que dans l'esprit du peuple; celui-ci «a pris pour une idole d'Isis un marmouzet dressé dans le chœur de l'église, et cela sans autre fondement... que d'Isis, patronne de Paris, à ce qu'ils disent, vient Parisis, et de Parisis, Paris»[3]. Les ruines de Montmartre sont, en un passage, celles du temple de Mercure et de Mars[4]; plus loin, elles n'ont plus cette destination que pour les religieuses du lieu «et pour le commun»[5]. On ne peut, il est vrai, rendre Sauval responsable d'une édition posthume mal soignée, mais, après son œuvre, l'histoire de Paris restait à construire, et le long travail de ses *Recherches* n'avait fait que rendre enfin possible l'édification d'un tel monument.

Pour la période gallo-romaine, une grande découverte vint, au début du XVIIIe siècle, faciliter la tâche. Le 16 mars 1711[6], à l'occasion de fouilles au milieu du chœur de l'église Notre-Dame, on découvrit «deux anciens murs appliqués l'un à l'autre qui traversaient ensemble toute la largeur du chœur»[7]. Ils appartenaient sans doute aux substructions de la basilique mérovingienne. Enclavées dans le plus petit, on trouva neuf pierres. L'une portait, avec des inscriptions gauloises, la représentation des chefs des

---

[1] Sauval, *op. cit.*, I, p. 64.
[2] Idem, *ibid.*, p. 57.
[3] Idem, *op. cit.*, III, p. 54.
[4] Idem, *op. cit.*, I, p. 60.
[5] Idem, *op. cit.*, III, p. 54.
[6] Les historiens de Paris du XIXe siècle datent généralement cette découverte de 1710; les écrits contemporains sont d'accord pour donner la date de 1711, et les registres capitulaires de Notre-Dame (Archives nationales, LL. 232-6) la confirment in-

directement, puisque, à la date du 11 février 1711, une délibération du chapitre prévoit «un creusement du chœur de Notre-Dame pour un caveau et pavage en marbre».
[7] Le récit de cette découverte est bien fait dans la «*Dissertation ou observations sur les restes d'un ancien monument trouvés dans le chœur de l'église Notre-Dame de Paris le 16 mars 1711*», dans Félibien, *Histoire de la Ville de Paris*, tome I, p. CXXIX-CXXX.

D.

nautes parisiens, la dédicace qu'ils faisaient d'un autel à Tibère et à Jupiter. D'autres figuraient en bas-reliefs, à côté des divinités romaines, des dieux gaulois de formes, d'attributs et de noms étranges. Cette trouvaille avait grande importance pour la mythologie et la philologie celtiques; c'est pourquoi elle intéressa non seulement l'Académie des Inscriptions et belles-lettres et la science française, avec Moreau de Mautour, Baudelot et Montfaucon, mais même les étrangers Jean-Georges Keisler, Georges Eckard, et surtout un savant comme Leibnitz. L'inscription des nautes avait surtout un intérêt particulier pour l'histoire parisienne. C'était un texte nouveau sur une époque où tout renseignement manquait, et, malgré sa brièveté, il apportait des informations précises, et suggérait bien des idées au moins vraisemblables. Il suffisait, en effet, de se reporter au *Corpus* d'inscriptions de Gruter et au code Théodosien pour s'apercevoir que ces nautes parisiens étaient, comme ceux de la Saône et du Rhône, groupés en corporation, et l'on connaissait assez bien ces associations pour attribuer à la nôtre l'organisation, les privilèges et les charges dont étaient pourvues les autres. On reconnut aussi que ces nautes n'étaient pas de pauvres bateliers, mais, en les comparant encore à ceux de la Saône et du Rhône, on y vit les convoyeurs du commerce de Seine; et, comme leurs collègues étaient à Lyon assez estimés pour exercer des fonctions municipales, les nautes parisiens furent considérés comme les magistrats de Paris. La conclusion était hardie, et les savants les plus prudents n'y arrivaient que par détour. Dans la meilleure des études que l'inscription ait provoquées au temps de sa découverte[1], Le Roy ne prétend point «que les nautes, considérés simplement comme nautes», aient été «chargés de fonctions municipales[2]», car des magistratures «si importantes n'étaient assurément point attachées de droit à la qualité de patrons des nautes, ni au corps de ces négocianls[3]». Et pourtant il pose en principe incontestable que la corporation parisienne présidait aux destinées de la Ville, et il ne s'agit plus pour lui que de rechercher de quelle manière elles ont pu lui être confiées. Son explication est misérable. Pour interpréter cette inscription du 1ᵉʳ siècle, il fut obligé de recourir au code Théodosien. Il y trouva que le gouvernement des cités fut exercé de fait par leur «défenseur»; les nautes parisiens durent être les défenseurs de Lutèce; ils furent donc ses magistrats.

On s'est, depuis Le Roy, souvent obstiné à prouver cette thèse. C'est que

[1] Le Roy, *Dissertation sur l'origine de l'hôtel de ville de Paris*, dans Félibien, I, p. I-CLXVII.
[2] Le Roy, dans Félibien, I, p. LXXXII.
[3] Ibid., *ibid.*, p. LXXXV.

l'inscription des nautes renouvelait le problème de nos origines municipales. La hanse parisienne des marchands de l'eau fournit à Paris ses magistrats dès le début du xiiie siècle. Les nautes gallo-romains n'étaient-ils pas les ancêtres des marchands de l'eau, et n'exerçaient-ils pas, dès lors, au même titre, l'administration municipale? On a longtemps mené cette discussion, et c'est à peine si elle s'épuise aujourd'hui. On reconnaît que les marchands de l'eau n'étaient pas toujours des bateliers du commerce de Seine, que la hanse médiévale se préoccupait moins de la navigation fluviale que de la surveillance du fret et de la police de la rivière. On sait mieux que les marchands de l'eau n'ont pas été dès l'origine les magistrats de la ville, qu'ils le sont devenus, et que la municipalité parisienne différait complétement, en son organisation et ses fonctions, des administrations locales de l'époque romaine. C'était enfin hypothèse hardie que d'établir, à douze siècles de distance, un lien entre deux institutions si dissemblables. Quoi qu'il en soit, la découverte de l'inscription des nautes, si précieuse en sa brièveté pour l'histoire ancienne de Paris, eut aussi le plus heureux effet pour l'histoire générale de notre ville, en attirant l'attention sur ses premières institutions municipales.

Le premier historiographe officiel de la ville, Félibien, connut en manuscrit les *Recherches* de Sauval; il inséra dans son œuvre deux dissertations sur les monuments romains de Notre-Dame. Pourtant le chapitre qu'il a consacré à la cité antique est moins riche qu'on pourrait s'y attendre. Félibien ne cite pas tous les auteurs que Sauval énumère; il ne tient aucun compte des découvertes archéologiques que Sauval a toujours notées si soigneusement; il écrit à peine quelques lignes sur l'inscription des nautes. Le seul mérite de Félibien est d'avoir, le premier, rédigé des pages qui forment un tout sur Paris à l'époque gallo-romaine; mais il est loin d'avoir utilisé tous les matériaux dont il disposait pour les écrire.

Après lui, les études d'histoire ancienne de Paris restèrent plus d'un siècle sans faire grand progrès. Les fouilles pouvaient seules désormais nous instruire mieux de la ville antique. Or on bâtit beaucoup, au xviiie siècle, dans la région occidentale de la plaine parisienne, mais on ne remania pas encore la Cité et ses abords. Aussi les découvertes archéologiques furent-elles sans importance. Encore les grands historiens de Paris, Delamare, Lebeuf et Jaillot, tournèrent-ils ailleurs leur attention. Leurs grands travaux renferment d'utiles remarques de détail, mais on n'y trouve guère trace de recherches nouvelles. (Voir fig. 1.)

Pourtant Lebeuf donnait un heureux exemple en décrivant de façon précise les ruines d'une villa romaine qu'on mit au jour, en 1737, à Montmartre. Mais ses successeurs furent plus antiquaires qu'archéologues, souvent plus

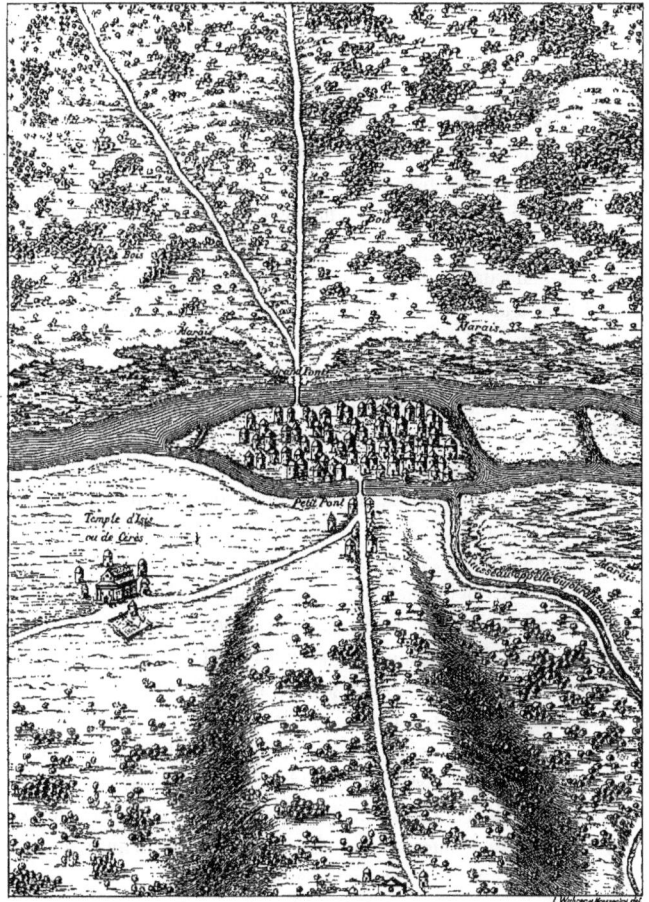

Fig. 1. — Lutèce d'après Delamare (début du xviiie siècle).

enthousiastes que savants. Dans la ferveur de leur zèle, ils firent mal la critique des découvertes : Caylus, après Buache, reconnut un travail romain dans l'aqueduc de Chaillot construit sous Catherine de Médicis pour amener l'eau de Saint-Cloud aux Tuileries ; il vit des antiquités parisiennes dans des pièces

venues de Rome sous Colbert, et qui s'étaient égarées rue Vivienne. C'est
à grand'peine qu'on se dégage aujourd'hui de ces erreurs. Sous Napoléon,
les travaux du jardin du Luxembourg permettaient d'étudier une région très
riche en villas romaines; Grivaud de La Vincelle ne fit pourtant que
cataloguer les objets d'antiquité, statuettes et poteries sigillées, qu'on y
recueillit. Enfin, quand en 1829 on s'attaqua à la Cité, sur l'emplacement de l'église Saint-Landri, on trouva pour la première fois le mur d'enceinte gallo-romain avec des matériaux sculptés. Mais comme, parmi les
monnaies qu'on ramassa près du rempart, il en était une de l'usurpateur
Maxime, Dulaure conclut de cette mince trouvaille que la muraille avait
été construite à la fin du IV° siècle avec les pierres d'un monument triomphal élevé par Maxime vainqueur de Gratien, monument renversé après sa
mort. A l'aide d'une méthode si peu sévère, on eut vite édifié l'histoire
ancienne de Paris.

Dulaure a consacré plus d'un livre de son *Histoire physique, civile et
morale de Paris* à la ville gallo-romaine. Aussi son œuvre est-elle complète;
il a dépouillé Sauval; il l'enrichit de toutes les découvertes du XVIII° siècle.
Malheureusement Dulaure était hostile aux Francs conquérants, dont toute
la noblesse légitimiste représentait, dans l'opinion du temps, la descendance.
Il détestait la tyrannie dont on venait de subir le joug; il était l'ennemi des
prêtres et de toute superstition. Dans un sujet qui prêtait si peu à la polémique, ses opinions politiques lui font condamner César, «le fléau de son
siècle», juger sévèrement les barbares envahisseurs de la Gaule, «ces féroces
étrangers», flétrir la conduite des évêques gaulois conseillers de Clovis,
qui, «par leurs intrigues et leurs conspirations..., contribuèrent puissamment
à ses conquêtes, reçurent pour prix de leurs grands services des biens et
des pouvoirs dont ils n'avaient encore jamais joui», et fondèrent cette «union
du trône et de l'autel» avec ses déplorables conséquences. L'œuvre date de
Louis XVIII. C'est là pourtant son moindre défaut. La science de Dulaure
était riche de connaissances, mais elle était presque dénuée de critique.
Il n'est clairvoyant que sur la question des origines du christianisme parisien.
Encore le doit-il à sa ferveur anticléricale, et sa discussion devient souvent
une diatribe. Il était assez piètre géographe pour considérer ces monceaux
de sable qui dominent le marais comme de simples tas de détritus. Il lisait
assez mal les textes anciens pour attribuer aux Parisiens, d'après César, le
quart du contingent militaire que César les dit en réalité capables de lever.
Il était étymologiste assez heureux pour reconnaître que Paris ne peut

venir d'Isis, mais assez maladroit pour identifier le nom des Parisiens, *Parisienses*, avec celui des habitants du Barrois, *Barisienses*[1], parce que, « dans

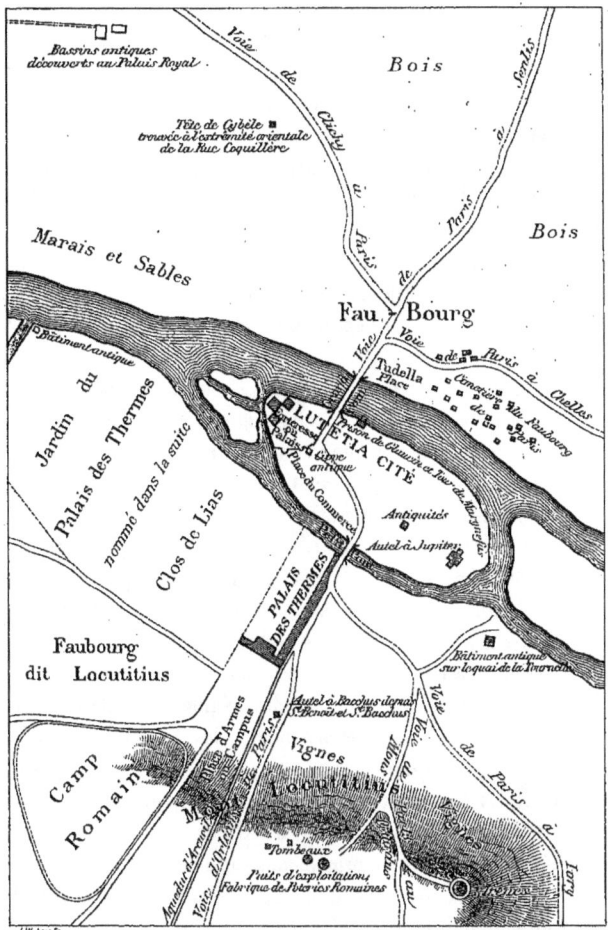

Fig. 2. — La ville antique d'après Dulaure (début du xixe siècle).

les langues tudesques, Paris est toujours prononcé Baris ». Enfin son plus grand tort est de raisonner mal. Considérant que le Barrois servait de fron-

[1] Il est à noter que le latin *Barisienses* est tout au plus une fantaisie savante. La véritable appellation latine est *Barrisiensi*.

tière entre la Lorraine et la Champagne, il remarquait que le territoire des Parisiens était aussi une frontière qui séparait les Sénons et les Carnutes des Silvanectes; il en conclut que les deux mots *Parisii* et *Barisii* signifient l'un et l'autre habitants de frontières. Cette conjecture lui sourit plus «que celle qui fait dériver le mot Paris du nom du prince troyen qui décerna la pomme fatale à Vénus». Il y a, dans l'œuvre de Dulaure, beaucoup de faits à retenir, mais beaucoup de digressions à retrancher, beaucoup de réflexions enfantines à négliger. Dans l'ensemble, elle marque la décadence où étaient tombées les études d'histoire ancienne de Paris. Le plan de Lutèce dressé par Dulaure résume sa science et ses erreurs. (Voir fig. 2.)

Bientôt le renouveau s'annonça. En 1840, l'Académie des Inscriptions et belles-lettres accorda une première médaille à Jollois, ingénieur des travaux de la Ville de Paris, pour un *Mémoire sur les antiquités romaines et gallo-romaines de Paris, contenant la découverte d'un cimetière gallo-romain sis entre la rue Blanche et la rue de Clichy, dans l'impasse Tivoli, et des recherches sur les voies romaines qui aboutissaient à Lutèce, suivi d'un résumé statistique et accompagné d'observations nouvelles sur les antiquités trouvées en divers temps et en divers lieux dans Paris*. Si le titre est long, il met bien en valeur les prétentions modestes de l'ouvrage. Jollois expose les découvertes antérieures, décrit longuement les monuments qui subsistent, comme les Thermes, mais il présente surtout le résultat d'observations personnelles faites par un archéologue expérimenté. Vacquer, le véritable successeur de Jollois, considérait à juste titre ce mémoire comme le meilleur ouvrage qu'on eût produit sur les antiquités parisiennes. Et pourtant, après sa lecture, on constate non sans surprise qu'on sait bien peu de chose sur les origines de notre cité. En 1840, on connaissait, bien imparfaitement encore, les Thermes, l'aqueduc d'Arcueil, une villa de Montmartre, un petit cimetière dans l'impasse Tivoli; on soupçonnait les Arènes et les deux grandes nécropoles de la rue Nicole et du boulevard Saint-Marcel (voir fig. 3). On se représentait Lutèce comme une petite ville qui, d'abord enfermée dans son îlot jusqu'au IIIe siècle, aurait débordé, au IVe, sur la rive gauche, où Constance Chlore aurait fait bâtir un palais. On ignorait presque tout de la ville gallo-romaine de la montagne Sainte-Geneviève.

Mais déjà le vieux Paris du centre était attaqué[(1)]. Sur la rive droite, dès

---

[(1)] Sans vouloir insister sur les grands travaux effectués dans la région centrale de Paris dans la seconde moitié du XIXe siècle, j'ai cru devoir marquer leur importance pour la connaissance de Paris à l'époque gallo-romaine. Le plus souvent, les dossiers de Vacquer indiquent précisé-

Louis-Philippe, on déblayait les abords du Grand-Pont. Au début du second Empire, on prolongeait la rue de Rivoli dans la région de Saint-Jacques-de-la-Boucherie; on élargissait l'entrée de la rue Saint-Martin; on établissait

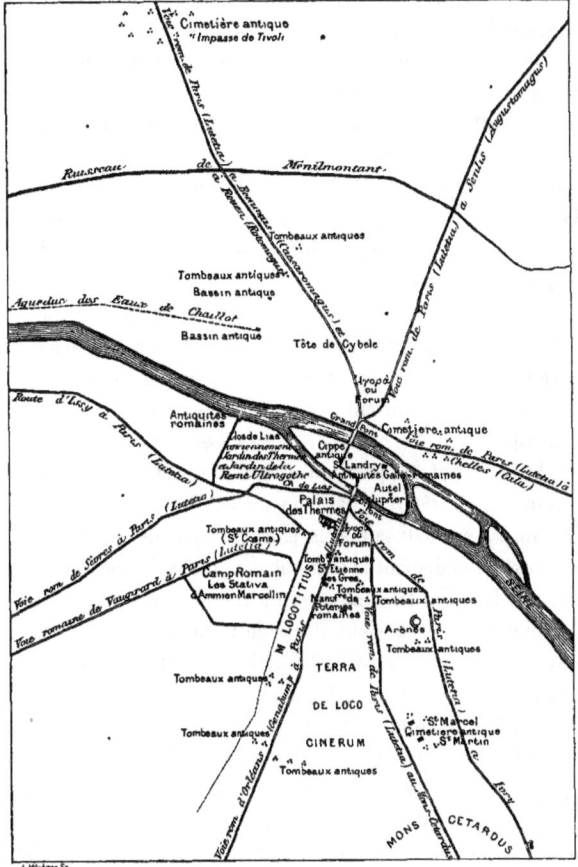

Fig. 3. — La ville romaine d'après Jollois (milieu du xix° siècle).

ment les dates de fouilles. J'ai été quelquefois obligé de recourir au *Recueil des Lettres patentes, ordonnances royales, décrets et arrêtés concernant les voies publiques*, 1 volume in-4°, Paris, 1886, accompagné de deux suppléments in-4°, Paris, 1889 et 1902. Enfin je me suis servi du grand Atlas publié par la Ville de Paris à l'occasion de l'Exposition de 1889, *Les Travaux de Paris, 1789-1889*, 1 volume grand in-folio, Paris, 1889.

le boulevard de Sébastopol; on dégageait la croisée de Paris. Dans l'île, aux rues étroites, on jetait bas les vieilles églises et les vieilles maisons : on nettoyait les places actuelles du Parvis et du Marché aux Fleurs, on construisait le nouvel Hôtel-Dieu, le Tribunal de Commerce, la caserne de la Cité. Tout le sous-sol de la région fut bouleversé. Mais surtout de grands travaux ont, au siècle dernier, transformé la rive gauche. Ce fut d'abord, dès 1807, l'aménagement du jardin du Luxembourg; puis, à partir de Louis-Philippe et sous Napoléon III, l'élargissement de l'ancienne rue de la Harpe qui montait autrefois jusqu'à la place Médicis actuelle, ensuite l'établissement sur son tracé du boulevard Saint-Michel et, perpendiculairement à lui, du boulevard Saint-Germain. En même temps, on perçait les rues des Écoles et Gay-Lussac, on remaniait la rue Soufflot; peu avant la guerre de 1870, on commençait d'ouvrir la rue Monge, on travaillait encore aux parterres du Luxembourg, on construisait l'École des Mines et le Lycée Saint-Louis. La troisième République, poursuivant les entreprises ébauchées déjà sous l'Empire, achevait de dégager le quartier Saint-Marcel en y jetant un réseau de grandes avenues qui vinrent aboutir à la place des Gobelins. Plus tard, elle fit reconstruire la Sorbonne, le lycée Louis-le-Grand; elle retraça, plus large, la rue Saint-Jacques, qu'on met encore à l'alignement. Tous ces grands travaux ne s'arrêtèrent pas à la surface, car, en même temps qu'on perçait les voies, on bâtissait sous elles un système d'égouts qui permit d'explorer plus profondément le sous-sol. Enfin l'aménagement nouveau des rues nécessitait la reconstruction presque complète du quartier. Il ne reste plus que quelques coins du vieux Paris de l'Université, le bas quartier qui s'étend entre le boulevard Saint-Michel et la place Maubert, déjà entamé par les rues Saint-Jacques et Dante, les alentours de la rue Hautefeuille où la rue Serpente a fait sa trouée, et surtout, au sud de la rue des Écoles, derrière une façade de maisons neuves, tout un massif de bâtisses anciennes qui montent jusqu'à la place du Panthéon. Pourtant on a fait un grand nombre de sondages en tous ces endroits, et l'on peut affirmer que le sous-sol de la région, encore riche sans doute en antiquités, ne réserve plus de grandes surprises à l'archéologue.

Malheureusement cette transformation du vieux Paris s'est opérée lentement, parcelle par parcelle, durant plus de soixante-dix ans. On ne fit guère de découvertes d'ensemble, sauf celle des Arènes. Enfin les fouilles n'avaient aucun caractère scientifique; on tomba sur le théâtre romain sans y prendre garde. Seules les découvertes de détail furent annoncées par des ignorants qui en firent le prétexte de longues et fastidieuses monographies. Du moins, quelques grands savants de la dernière génération, Adrien de Longpérier et Jules Quicherat, qui touchèrent par occasion à ce sujet, lui ont consacré des articles intéressants. Quicherat eut même peut-être l'idée, à la fin de sa carrière, de s'occuper de l'histoire archéologique du Paris antique. On a retrouvé dans ses papiers un fragment rédigé qu'on a publié, après sa mort, dans les *Mélanges d'Archéologie et d'Histoire* (I, p. 460-465). L'article est intitulé : *Les vestiges romains de la rive gauche à Paris*. Quicherat indique rapidement les principaux monuments antiques de Paris; il devine l'importance qu'avait la ville de la montagne Sainte-Geneviève; il essaie même, d'après l'étude des remblais des rues Le Goff, Gay-Lussac et Soufflot, d'imaginer les grandes périodes de notre histoire gallo-romaine. Mais il n'y a là qu'un aperçu, dont les conclusions trop hâtives témoignent assez que Quicherat n'avait pas suivi toutes les fouilles comme il le fit dans quelques rues qu'il nomme. Le texte et les planches de la *Statistique monumentale* de A. Lenoir, son plan de Lutèce (voir fig. 4), démontrent assez quel médiocre profit on tirait, pour la connaissance du Paris gallo-romain, des transformations que subissait la ville sous le second Empire.

Mais un homme consacra sa vie à recueillir toutes ces découvertes, et prit soin de les consigner en ses papiers. Les notes de Vacquer, prises scientifiquement, au jour le jour, par un archéologue rompu à la pratique du métier, intelligent de l'histoire, constituent un véritable journal de fouilles qui s'étend sur plus de cinquante ans. Après sa mort, en 1899, son œuvre fut continuée par une commission administrative parisienne, la Commission du Vieux Paris. Le successeur de Vacquer, M. Charles Sellier, tout récemment encore conservateur adjoint du Musée Carnavalet, tint registre des trouvailles; il sut établir «des documents de toute sûreté pouvant servir, dans l'avenir, à l'étude de la Lutèce gallo-romaine»[1]. Des plans, des croquis et surtout une collection de photographies, très riche à partir de 1869, aident à comprendre les notes de Vacquer et les études de la Commission du Vieux Paris.

Or les papiers de Vacquer corrigent, complètent ou rendent inutiles toutes les monographies qui se sont succédé sur l'archéologie antique de Paris depuis l'œuvre de Jollois. Observant toutes les fouilles, Vacquer tint compte de tous les détails. Lentement, pièce par pièce, il rattacha tous les vestiges épars

---

[1] G. Villain, à propos des fouilles de l'impasse Chartière, C. V. P., 17 mars 1904, p. 128.

qu'on retrouvait sans cesse, à d'autres qui semblaient d'abord isolés. Il restitua le plan complet de monuments qu'on ignore, d'une ville gallo-romaine

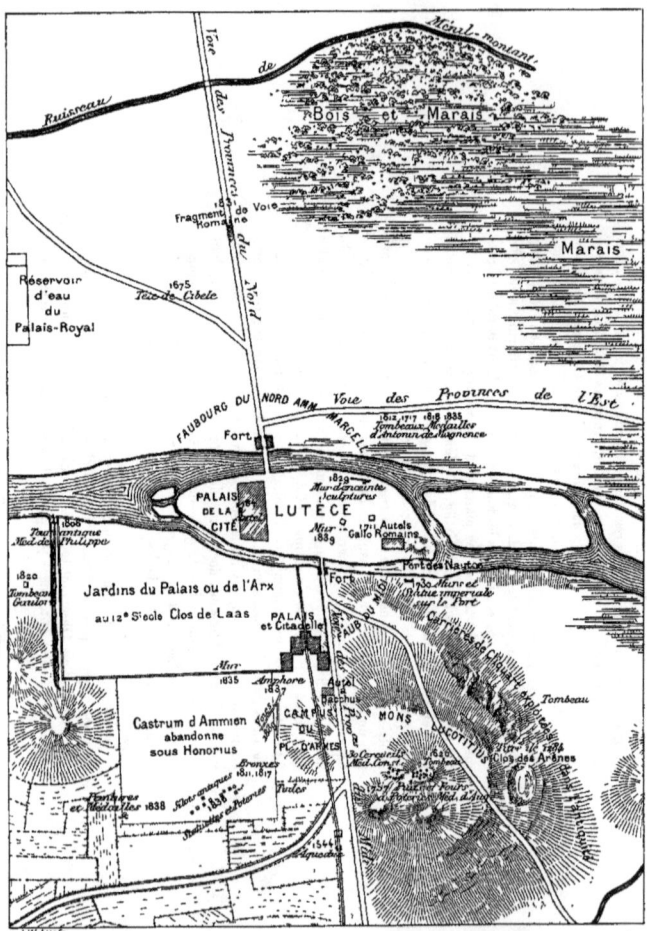

Fig. 4. — La ville antique, d'après A. Lenoir (seconde partie du xıxᵉ siècle).

qu'on soupçonne à peine. Il eût pu composer, après Jollois, une œuvre magnifique, auprès de laquelle celle de son prédécesseur eût paru aussi «enfantine» que le plan du Paris antique de Jollois l'est au regard du plan de Vacquer exposé à la Bibliothèque de la Ville. Il est dommage sans doute que «les travaux... laissés par Vacquer» ne soient «guère utilisables pour les travailleurs peu au courant de sa façon de relever ses notes»[1], et que même une longue étude de ses papiers ne permette pas d'y retrouver toute sa science du sujet. Du moins on peut, grâce à lui, présenter, avec le plan détaillé qu'il dessina, une première idée d'ensemble de la ville romaine. Non seulement les grands édifices en sont repérés, mais encore on en conçoit la topographie générale (voir plan I et fig. 5), quelquefois même l'aspect.

En outre, cette connaissance de l'ensemble permet d'utiliser tous les renseignements sur la ville antique que recèlent quelques chartes et documents du moyen âge, et surtout les ouvrages de Corrozet, de Du Breul, de Sauval et des archéologues du XVIII° siècle. C'est au temple de la rue Soufflot qu'on s'attaqua en 1365, quand on détruisit des «murs sarrazinois», vers le Parloir aux Bourgeois. La rigole d'aqueduc romain qu'on découvrit, selon Corrozet, quand on remania en 1544 les fortifications de la porte Saint-Jacques, se raccorde à ces autres fragments qu'on trouva récemment rue Saint-Jacques, au coin des rues Malebranche, Royer-Collard et Gay-Lussac. Sauval signale, le premier, le cimetière de la rue Nicole dans le jardin des Carmélites.

Mais surtout, au moyen de l'archéologie, on peut sinon connaître, du moins soupçonner les grandes périodes de l'histoire gallo-romaine de notre ville. Grâce à elle, les rares textes concernant le Paris antique, si peu suggestifs en eux-mêmes, s'enrichissent de quelques inscriptions et de monuments figurés; ils peuvent s'ordonner, s'éclaircir, se commenter. La borne milliaire de Paris, qui est datée, nous apprend le nom de Paris au IV° siècle; la découverte du cimetière Saint-Marcel aide à comprendre quelques textes obscurs de Grégoire de Tours sur les origines du christianisme parisien; celle du rempart de la Cité confirme les récits de Julien et d'Ammien Marcellin. Dans le silence même des textes, l'archéologie est un instrument d'investigation historique. L'étude des cachettes monétaires, des murs et des remblais antiques permet d'affirmer qu'à la fin du III° siècle Paris eut à souffrir d'invasions barbares qui détruisirent la ville de la rive gauche et forcèrent Lutèce à rentrer dans son île, à se protéger d'un rempart.

Certes il reste encore bien des choses à connaître de la cité gallo-romaine. Si les traits généraux de sa topographie sont fixés, on en ignore encore bien des détails. Il reste à fouiller les bas quartiers de la rive gauche au voi-

[1] Vidier, *C. V. P.*, 17 mars 1904, p. 128.

sinage de Saint-Séverin, de Saint-Julien-le-Pauvre, du Collège de France et de la rue des Carmes ; il faudrait reviser par des fouilles nouvelles celles de Vacquer, pour qu'on pût comprendre certaines de ses notes qui sont restées

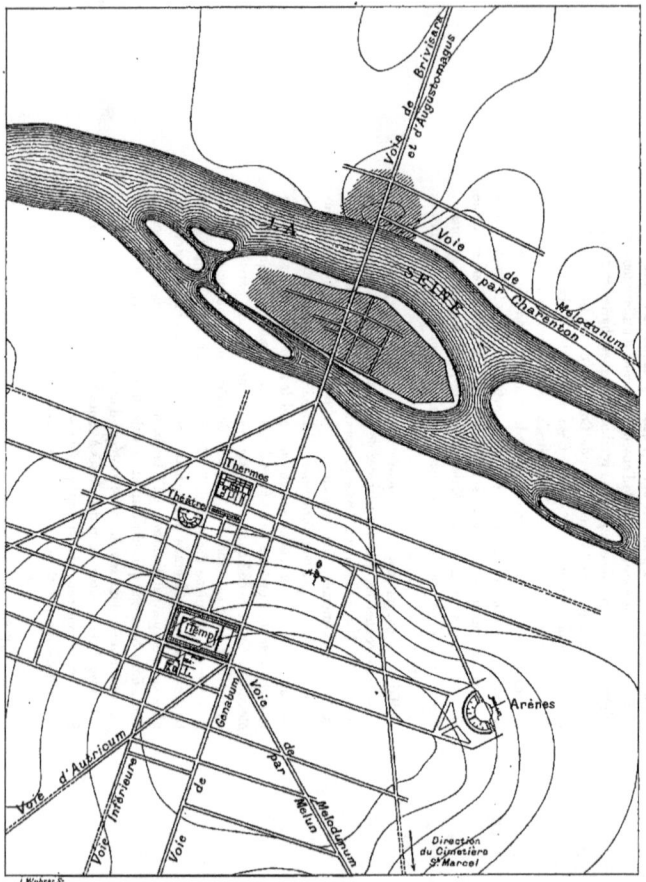

Fig. 5. — La ville antique d'après Vacquer. (Croquis d'après le Plan I de ce travail dressé en 1900.)

mystérieuses. Surtout on peut espérer la découverte d'inscriptions nouvelles, de cachettes monétaires, de dépôts céramiques, dont on pourrait tirer de précieux renseignements pour l'histoire locale. Du moins les notes de Vacquer, enrichies des travaux de la Commission du Vieux Paris, offrent-elles une collection de documents assez importante déjà pour qu'on puisse, avec leur aide, tracer un premier tableau de la cité gallo-romaine et même se représenter les deux grandes périodes de son histoire. Grâce à ses recherches d'un demi-siècle, Vacquer a permis de renouveler l'étude historique du Paris antique.

Ainsi le miracle, la légende sacrée, l'épopée, le roman, inspirent d'abord l'histoire ancienne de la Ville; puis la science s'introduit en elle avec la Renaissance; enfin l'archéologie vient au secours des textes. Maladroite au début à les servir, elle permet aujourd'hui de les interpréter; elle peut les suppléer.

BIBLIOGRAPHIE.

I. SOURCES ET DOCUMENTS.

A. — 1° Sources d'époque gallo-romaine.

César, *De Bello Gallico*, VI, 3, 4 et 5; VII, 4, 6; VII, 75, 3; VII, 57 à 62. Éd. Kübler, Teubner, 1898; in-12.

Strabon, *Géographie*, IV, 3, 5. Éd. Müller, Paris, Didot, 1858; in-4°, p. 161, l. 50 et 162, l. 1.

Pline l'Ancien, *Historia Naturalis*, IV, 32, 2. Éd. Mayhoff, Teubner, 1873-1897; 6 vol. in-12, tome I, p. 351.

Ptolémée, *Géographie*, II, 8, 10. Éd. Müller, Paris, Didot, 1883-1891; 2 vol. in-4°, tome I, p. 216, l. 5-6.

Julien, *Misopogon*. Éd. Hertlein, Teubner, 1875-1876; 2 vol. in-12, tome II, p. 438;

— *Epistola ad senatum populumque Atheniensem*. Éd. Hertlein, tome I, p. 366.

Ammien Marcellin, XV, 11, 3; XVII, 2, 4; XVII, 8, 1; XX, 1, 1; XX, 4, 11; XX, 5, 1; XX, 8, 2; XX, 9, 6; XXI, 2, 1; XXVI, 5, 8; XXVII, 2, 1; XXVII, 2, 10. Éd. Gardthausen, Teubner, 1874-1875; 2 vol. in-12.

Sulpice Sévère, *Vita beati Martini*, 18, 3. Éd. Halm, *Corpus Scriptorum Ecclesiasticorum*, Vienne, 1866, in-8°, tome I, p. 127, l. 20.

Zosime, *Historia nova*, III, 9, 1. Éd. Muellenhoff, Teubner, 1889, in-8°.

Carte de Peutinger, édition Desjardins, Paris, 1869-1874; 2 vol. in-fol.; album, planche I; texte, p. 24.

Itinéraire d'Antonin, édit. Éd. Parthey et Pinder, Berlin, 1848; 2 vol. in-8°, p. 175, 183, 184.

Notitia Dignitatum Occ., XLII, 23 et 66; *Notitia Galliarum*, IV, 8. Éd. Seeck, Berlin, 1876; in-8°, p. 216, 219, 265.

Code Théodosien, XI, 1, 13; X, 19, 3; VIII, 1, 11, Éd. Mommsen-Meyer, Berlin, 1905; 2 vol. gr. in-8°, tome I, 2° partie, p. 573, 557 et 363.

Acta conciliorum, éd. Labbe et Cossart de 1714-1715, tome I (1715), p. 727-730.

Inscriptions parisiennes : — R. Mowat, *Rem. sur les Inscr. ant. de Paris*, Vienne, 1883, in-8°; *Corpus Inscriptionum Latinarum*, XIII, 3026-3055 et 8974 [O. Hirschfeld];

BIBLIOGRAPHIE

— C. R. Ac. Inscr. Belles-Lettres, 1906, p. 252-256; 261-263; 1910, p. 270-275 [A. Héron de Villefosse].

Produits céramiques trouvés à Paris : — Corp. Inscr. Lat., XIII, III, fasc. 1 et 2.

2° SOURCES D'ÉPOQUE POSTÉRIEURE (UTILISÉES POUR L'HISTOIRE GALLO-ROMAINE DE PARIS).

GRÉGOIRE DE TOURS, Opera (Mon. Germ. Hist., Script. rer. Merov., I, éd. Arndt et Krusch, 1885; in-4°).

HILDUIN, Vita S. Dionysii (Éd. Migne, Patrologia latina [d'après Surius], CVI, p. 14-50).

Passio sanctorum Dionysii, Rustici et Eleutherii, éd. Krusch (Mon. Germ. Hist., Auctores antiquissimi, IV, pars 2, 1885; in-4°, p. 101-105).

Vita Genovefae virginis Parisiensis (Éd. Kohler, Bibl. de l'École des hautes études, fasc. 48, 1881; gr. in-8°; et éd. Krusch, Mon. Germ. Hist., Script. rer. Merov., III, 1896; in-4°, p. 215-238).

R. DE LASTEYRIE, Cartulaire général de Paris, recueil de documents, tome I (528-1180), Paris, 1887; in-4° (Coll. hist. gén. de Paris).

B. DOCUMENTS ARCHÉOLOGIQUES.

1. *Papiers Vacquer*, en 99 dossiers à la Bibliothèque de la Ville de Paris[1].

2. *Collection de photographies relatives aux fouilles.*

(Les clichés se trouvent au bureau du Service des Travaux historiques de la Ville, à la Bibliothèque de la Ville. Les photographies déjà tirées sont dans trois cartons, non numérotés, conservés au Cabinet des estampes du Musée Carnavalet, et dans la collection photographique, classée par quartiers, de la Bibliothèque historique de la Ville.)

3. *Monuments antiques extraits du sol parisien.*

(Ils sont conservés principalement au Musée Carnavalet[2], mais il s'en trouve quelques-uns au Musée du Louvre[3] au Musée de Cluny[4], au Musée de Saint-Germain-en-Laye[5].

[1] Cf. sur Vacquer et ses papiers : F.G. DE PACHTÈRE et Charles SELLIER, *Théodore Vacquer, sa vie, son œuvre. — Le fonds Vacquer à la Bibliothèque de la Ville de Paris*, dans le Bull. de la Bibliothèque et des Travaux historiques (de la Ville), IV, p. 1-34.

[2] Ch. SELLIER et PL. DORBEC, *Guide explicatif du Musée Carnavalet*, Paris, 1903; in-12.

[3] A. HÉRON DE VILLEFOSSE, *Musée national du Louvre. Catalogue sommaire des marbres antiques*, Paris, 1896; in-12.

[4] A. DE SOMMERARD, *Musée des Thermes et de l'Hôtel de Cluny. Catalogue et description des objets d'art de l'antiquité, du moyen âge et de la Renaissance, exposés au Musée*, Paris, édition de 1881; in-8°.

[5] S. REINACH : *Catalogue du Musée des antiquités nationales au château de Saint-Germain-en-Laye*, Paris, 4° éd., 1908; in-12; *Bronzes figurés de la Gaule romaine*, Paris, 1894, in-8°; *Guide illustré du Musée de Saint-Germain*, Paris, 1908; in-12.

BIBLIOGRAPHIE.

au Cabinet des médailles de la Bibliothèque nationale[1], et surtout dans des collections particulières [Ch. Magne[2], D L. Capitan].)

II. OUVRAGES GÉNÉRAUX.

Allard (P.), *Julien l'Apostat.* Paris, 1900 et 1903; 3 vol. in-8°.

Belgrand (E.), *La Seine, le bassin parisien aux âges préhistoriques.* Paris, 2° édit., 1883; 3 vol. in-fol., dont deux de planches (*Coll. hist. gén. de Paris*).

Beloch (J.), *Die Bevölkerung Galliens zur Zeit Caesars* (*Rheinisches Museum*, nouv. série, t. LIV, 1899, p. 414-445).

Bernard (Abbé E.), *Les origines de l'église de Paris*, Paris, 1870; in-8°.

Blanchet (A.), *Les trésors de monnaies romaines et les invasions germaniques en Gaule.* Paris, 1900; in-8°;

— *Les enceintes romaines de la Gaule.* Paris, 1907; in-8°.

Caylus (De), *Recueil d'antiquités.* Paris, 1752-1767; 7 vol. in-4°.

Delamare (A.), *Traité de la police.* Paris, 1705-1738; 4 vol. in-fol.

Desjardins (E.), *Géographie de la Gaule d'après la Table de Peutinger.* Paris, 1869; in-8°;

— *Géographie historique et administrative de la Gaule romaine.* Paris, 1876-1893; 4 vol. in-4°.

Dubuisson-Aubenay, *Voyages en France.* Bibl. Mazarine, mss 4404-4405.

Duchesne (L.), *Fastes épiscopaux de l'ancienne Gaule.* Paris, I, 2° édit., 1907, II, 1900; 2 vol. in-8°.

Félibien (M.), *Histoire de l'abbaye royale de Saint-Denis.* Paris, 1706; in-8°.

Grivaud de la Vincelle (C.-M.), *Recueil des monuments antiques.* Paris, 1810; in-4°.

Guigue (M.-C.), *Les voies antiques du Lyonnais déterminées par les hôpitaux du moyen âge.* Lyon, s. d.; in-8°.

Holder (A.), *Altkeltischer Sprachschatz.* Leipzig, Teubner, depuis 1896.

Jullian (C.), *Inscriptions romaines de Bordeaux.* Bordeaux, 1887-1890; 2 vol. in-4°;

— *Histoire de la Gaule* (en cours de publication), tomes I, II, III, 1908 et 1910; 3 vol. in-8°.

Junghans (W.), *Histoire critique des règnes de Childerich et de Chlodovech*, trad. G. Monod (*Bibl. de l'École des hautes études*, fasc. 37, 1879; in-8°).

---

[1] E. Babelon et A. Blanchet, *Catalogue des bronzes antiques de la Bibliothèque nationale.* Paris, 1895, in-4°.

[2] Ch. Magne, *Répertoire archéologique* (disposé par rues) *des objets antiques recueillis dans les fouilles du v° arrondissement*, dans le *Bulletin de la Montagne Sainte-Geneviève*, I [1895-1896], p. 56-81.

BIBLIOGRAPHIE.

Kurth (G.), *Clovis*. Paris, 2ᵉ éd. 1901; 2 vol. in-8°.

La Noë (De), *Principes de la fortification antique depuis les temps préhistoriques*. Paris, 1890; in-8°.

Leblant (E.), *Recueil des inscriptions chrétiennes de la Gaule antérieures au VIIIᵉ siècle*. Paris, 1854-1856; 2 vol. in-4° (*Coll. des doc. inédits*);

— *Nouveau recueil des inscriptions chrétiennes*... Paris, 1892; in-4° (*Collect. des doc. inédits*).

Longnon (A.), *Géographie de la Gaule au VIᵉ siècle*. Paris, 1878; grand in-8°.

Marquardt (J.), *Organisation de l'Empire romain*, trad. A. Weiss et P.-L. Lucas. Paris, 1889-1892; 2 vol. in-8° (*Manuel des antiquités romaines, par Th. Mommsen et J. Marquardt*; tomes VIII et IX).

Mommsen (Th.), *Das römische Militärwesen seit Diocletian* (*Hermes*, XXIV, 1889, p. 195-279).

Reinach (S.), *Bronzes figurés de la Gaule romaine au Musée de Saint-Germain*. Paris [1894]; in-8°.

Schuermans (H.), *Remparts d'Arlon et de Tongres* (*Bull. des comités hist. et archéol. de Bruxelles*, XVI, 1877, p. 451 et suiv.; XXVII, 1888, p. 37 et suiv.; XXIV, 1890, p. 24 et suiv.).

Schulze (W.), *Zur Geschichte lateinischer Eigennamen*. Berlin, 1904; in-4°.

Waltzing (T. P.), *Étude historique sur les corporations professionnelles chez les Romains*. Louvain, 1895 à 1900; 4 vol. in-8°.

III. OUVRAGES GÉNÉRAUX D'HISTOIRE DE PARIS.

Berty (A.), *Topographie historique du vieux Paris, région du bourg Saint-Germain*. Paris, 1876; in-4°;

— *Topographie historique du vieux Paris, région du faubourg Saint-Germain*. Paris, 1882; in-4°;

— *Topographie historique du vieux Paris, région occidentale de l'Université*. Paris, 1887; in-4°;

— *Topographie historique du vieux Paris, région centrale de l'Université*. Paris, 1897; in-4°.

Ces volumes font parties de la *Collection de l'Histoire générale de Paris*.

Brice (G.), *Description nouvelle de ce qu'il y a de plus remarquable dans la ville de Paris*. Paris, 1684; 2 vol. in-12.

BIBLIOGRAPHIE.

Corrozet (G.), *Antiquités, croniques et singularités de Paris* (1re édition, 1532). Paris, édition de 1561; in-12.

Du Breul (J.), *Le théâtre des antiquités de Paris.* Paris, 1612; in-4°.

Dulaure (J.-A.), *Histoire physique, civile et morale de Paris.* Paris, 1re édition, 1821-1825; 8 vol. in-8°.

Félibien (M.) et Lobineau (G.-A.), *Histoire de la ville de Paris.* Paris, 1725; 5 vol. in-fol.

Guilhermy (F. de), *Description archéologique des monuments de Paris.* Paris, 2° édition, 1856; in-12.

Hoffbauer (F.), *Paris à travers les âges.* Paris, 1875-1882; 13 fascicules in-fol.

Jaillot, *Recherches critiques, historiques et topographiques sur la ville de Paris.* Paris, 1772; 5 vol. in-8°.

Lebeuf (Abbé), *Histoire de la ville et de tout le diocèse de Paris.* Paris, 1754-1758; 5 vol. in-12;

— *Histoire de la ville et de tout le diocèse de Paris* (édition nouvelle inachevée de Cocheris). Paris, 1863-1870; 4 vol. in-8°;

— *Histoire de la ville et de tout le diocèse de Paris* (réimpression d'Augier [A.] et de Bournon [F.]). Paris, 1883, 5 vol. in-8°; plus 1 vol. de table (d'Augier et Bournon). Paris, 1893, in-8°; et 1 vol. de rectifications et d'additions (de Bournon), Paris, 1890, in-8°;

— *Dissertation sur l'histoire ecclésiastique et civile de Paris.* Paris, 1739-1743, 3 vol. in-12.

Lenoir (Alb.). *Statistique monumentale de Paris.* Paris, 1867; 1 vol. de planches in-fol., plus 1 vol. d'explication des planches (*Coll. des Doc. inédits*).

Piton (C.), *Histoire de Paris,* dans *le Nord,* journal hebdomadaire, à partir du 17 janvier 1907.

Poëte (M.), *L'enfance de Paris.* Paris, 1908; in-12.

Sauval (H.), *Histoire et recherches des antiquités de la ville de Paris.* Paris, 1724, 3 vol. in-fol.

IV. OUVRAGES TRAITANT SPÉCIALEMENT DE L'HISTOIRE GALLO-ROMAINE DE PARIS.

Hirschfeld (O.), Préface aux inscriptions des Parisii (*Corp. Inscr. lat.*, XIII, 1, p. 464-466).

Hoffbauer (F.), *Lutèce.* Paris, 2° édit. 1882; in-fol. (*Paris à travers les âges*).

Jollois (M.), *Mémoire sur les antiquités romaines et gallo-romaines de Paris* (*Mém. Ac. Inscr. Belles-Lettres,* 2° série, tome I, 1843, p. 1-177).

V. OUVRAGES, ARTICLES ET MONOGRAPHIES DE DÉTAIL[1].

BAZELOT (Ch.-G.), *Description des bas-reliefs anciens trouvés depuis peu dans l'église cathédrale de Paris*. Paris, 1711; in-4°.

BELGRAND (M.), *Les anciennes eaux (de Paris)*. Paris, 1877; 2 vol. de texte in-f° et 2 vol. de planches in-fol.

BESNARD (Abbé E.), *Découverte d'une statue de Bacchus rue des Fossés-Saint-Jacques*. Paris, 1883; in-8°.

BERTY (A.), *Recherches sur l'origine et la situation du Grand-Pont de Paris, du pont aux Changeurs, etc*. (*Rev. arch.*, 1855, I, p. 193-220);

— *Les rues de l'ancien Paris* (*Rev. arch.*, 1857, I, p. 257-276);

— *Trois îlots de la Cité compris entre les rues de la Licorne, aux Fèves, etc.* (*Rev. arch.*, 1860, I, p. 197-215 et 366-390).

BLANCHET (A.), *Découverte d'un trésor gallo-romain à Nanterre* (*C. V. P.*, 7 juillet 1904, p. 184-186);

— *Remarques sur la bataille de Paris en l'an 52 avant notre ère* (*Rev. arch.*, 1906, I, p. 209-220).

— *Les bas-reliefs antiques trouvés à l'Hôtel-Dieu en 1867* (*Bull. Soc. hist. Paris*, XXVI, 1909, p. 201-205, avec planche).

BOSSARD, *Sur le cours de la rivière de Bièvre ou des Gobelins* (*Mém. Ac. Inscr. Belles-Lettres*, XIV, 1743, p. 267-183);

— *Recherches sur la célébrité de la ville de Paris avant les ravages des Normands* (*Mém. Ac. Inscr. Belles-Lettres*, XV, 1743, p. 656 et 672);

— *Mémoire sur l'inondation de la Seine au mois de décembre 1740, comparée aux inondations précédentes avec des remarques sur l'élévation du sol de cette ville* (*Mém. Ac. Inscr. Belles-Lettres*, XVII, 1751, p. 675-708);

---

[1] Abréviations usitées pour les Revues et Collections:

Bull. Soc. Ant. France: Bulletin de la Société des Antiquaires de France.

Bull. Soc. hist. Paris: Bulletin de la Société de l'histoire de Paris.

Bibl. École chartes: Bibliothèque de l'École des chartes.

Bibl. École hautes études: Bibliothèque de l'École des hautes études.

Bull. Mont. Sainte-Geneviève: Bulletin de la Montagne Sainte-Geneviève.

C. R. Ac. Inscr. Belles-Lettres: Comptes rendus de l'Académie des Inscriptions et belles-lettres.

C. V. P.: Commission du Vieux Paris.

Mém. Ac. Inscr. Belles-Lettres: Mémoires de l'Académie des Inscriptions et belles-lettres.

Mém. Soc. Ant. France: Mémoires de la Société des Antiquaires de France.

Mém. Soc. hist. Paris: Mémoires de la Société de l'histoire de Paris.

Rev. arch.: Revue archéologique.

Cette bibliographie ne prétend pas être complète. Elle signale seulement les articles d'une valeur particulière et que l'on a pu utiliser pour ce travail.

BIBLIOGRAPHIE.

Bonamy, *Mémoire sur les aqueducs de Paris comparés à ceux de l'ancienne Rome* (*Mém. Ac. Inscr. Belles-Lettres*, XXX, p. 729-755).

Bonnardot (A.), *Dissertations archéologiques sur les anciennes enceintes de Paris*. Paris, 1852; 1 vol. in-4° et 1 app., 1872, in-4°.

Boudignon de Saintes, *Observations sur quelques antiquités romaines déterrées dans le jardin du Palais-Royal*. Paris, 1782; 1 vol. in-8°.

Bunel, *Note sur les fragments de briques gallo-romaines trouvés dans le square de l'Archevêché* (*C. V. P.*, 2 mars 1899, p. 81-82).

Cagnat (R.), *Aqueduc romain près du Collège de France* (*C. R. Acad. Inscr. Belles-Lettres*, 1894, p. 120).

Capitan (D' L.), *Fouilles de la place du Petit-Pont* (*C. V. P.*, 6 octobre 1898, p. 25);

— *Note sur la nature du sol mis à découvert* [dans les fouilles de la rue de la Colombe] (*C. V. P.*, 2 mars 1899, p. 79-80);

— *Un dépôt de débris de cuisine gallo-romains sous le théâtre de l'Odéon* (*C. V.P.*, 6 février 1900, p. 46-47);

— *Étude préalable archéologique et géologique du premier puits d'exploration creusé place de l'Hôtel-de-Ville* (*C. V. P.*, 27 juin 1901, p. 107-108);

— *Étude du sous-sol de la place de l'Hôtel-de-Ville au moyen de quatre puits d'exploration* (*C. V. P.*, 10 octobre 1901, p. 141-145);

— *Les alluvions quaternaires autour de Paris* (*C.V.P.*, 12 décembre 1901, p. 196-198, article développé dans les *Annales de l'École d'anthropologie*, t. XI, 1901, p. 337-350);

— *Nouvelle étude du sous-sol de la place de l'Hôtel-de-Ville au moyen de quatre puits d'exploration* (*C. V. P.*, 12 décembre 1901, p. 198-199);

— *Étude du sous-sol de Paris boulevard Bonne-Nouvelle* (*C. V. P.*, 12 juin 1902, p. 154-157);

— *Étude stratigraphique et minéralogique du sous-sol de la place de la République* (*C. V. P.*, 13 novembre 1902, p. 254-255);

— *Étude géologique du sous-sol de la rue de Rome* [bras nord de la Seine] (*C. V. P.*, 12 mars 1903, p. 78-79);

— *Démonstration de l'existence d'un bras de Seine antique au nord de Paris* [fouilles de la rue d'Hauteville] (*C. V. P.*, 14 mai 1903, p. 140-141);

— *Découverte rue Cassini d'une stèle gallo-romaine représentant un forgeron* (*C. V. P.*, 9 juillet 1903, p. 234-235);

— *Étude du sous-sol devant la Salpêtrière* (*C. V. P.*, 9 juillet 1903, p. 233-234).

Carra de Vaux, *Expédition de Labiénus... contre Lutèce*. Amiens, 1876; fasc. in-8°.

BIBLIOGRAPHIE.

CAUVEL, *Première étude sur la grande voie de Paris... passant par Senlis* (*Bull. Soc. archéol. de Senlis*, X, 1874, p. 3-10).

(Commission du Vieux Paris, articles ou plans sans nom d'auteur.) *Plan d'une rigole de l'aqueduc d'Arcueil* (*C. V. P.*, 10 novembre 1898);

— *Fouilles faites au coin de la rue Hautefeuille et de la rue de l'École-de-Médecine* (*C. V. P.*, 7 juillet 1898, p. 10).

DEISLE (L.), *Substructions romaines trouvées à Paris en 1866 derrière l'ancien parloir aux Bourgeois* (*Bull. Soc. Ant. France*, 1867, p. 176-177);

— *Notice sur le sacramentaire de l'église de Paris* (*Mém. Soc. Ant. France*, XXIII, 1857, p. 164-171).

DE PACHTERE (F.-G.) et JULLIAN (C.), *Le monument des nautes parisiens* (*Revue des Études anciennes*, IX, 1907, p. 263-264, pl. XI-XIV).

DESJARDINS (E.), *La borne milliaire de Paris* (*Rev. arch.*, 1880, I, p. 86-98, 146-160, 204-209, et *Bull. Soc. hist. Paris*, VIII, 1881, p. 36-55).

DIOS (DE), *Les anciens chemins de l'Yveline* (*Société archéologique de Rambouillet*, I, 1873, p. 217-227).

Duc et DOUNAY, *Rapport sur les antiquités trouvées au Palais de Justice* [1845] (*Mém. Soc. Ant. France*, XVIII, 1846, p. 331-340, pl. VII, réimprimé dans la *C. V. P.*, 14 décembre 1907, p. 422-425, et dans l'*Ami des Monuments et des Arts*, XXII, p. 162-176, avec observations de Ch. Normand).

DUCHALAIS (A.), *Note sur une tête de bronze attribuée à M. Cœlius Coldus et restituée à Lépide* (*Mém. Soc. Ant. France*, XXI, 1852, p. 309-317, pl. VI).

DUCHESNE (L.), *La vie de sainte Geneviève* (*Bibl. École chartes*, LIV, 1893, p. 209-224);

— *Compte rendu des Script. rer. Merov.*, III, éd. Krusch, *Vie de sainte Geneviève* (*Revue critique*, 1897, p. 473-476);

— *A propos du martyrologe hiéronymien* (*Analecta Bollandiana*, XVII, 1898, p. 420-447).

DULAURE (J.-A.), JOBARD et GILBERT, *Rapport sur les antiquités gallo-romaines découvertes à Paris dans les fouilles de l'église Saint-Landry* (*Mém. Soc. Ant. France*, IX, 1831, p. 1-20, pl. I à X).

DUFEY (P.), *Le sol et la croissance de Paris* (*Annales de Géographie*, IX, 1900, p. 340-358).

DUTILLEUX, *Recherches sur les routes anciennes du département de Seine-et-Oise*. Versailles, 1881; in-8°;

— *La Commission des antiquités et des arts de Seine-et-Oise à l'Exposition universelle de 1889.* Versailles, Cerf, 1889; in-8°.

BIBLIOGRAPHIE.

Giard, *Étude sur l'abbaye de Sainte-Geneviève de Paris* (*Mém. Soc. hist. Paris*, XXX, 1903, p. 41-126).

Gilbert (A.), *Découverte d'une chaussée antique... faite en juillet 1842* (*Rev. arch.*, 1844, p. 188-191).

Graves, *Notice archéologique sur le département de l'Oise*. Beauvais, 2ᵉ édit. [1856]; in-8°.

Grivaud de la Vincelle (C.-M.), *Antiquités gauloises et romaines recueillies dans les jardins du Palais du Sénat*. Paris, 1807; 1 vol. de texte in-4° et 1 vol. de planches in-fol.

Guilhermy (F. de), *Les antiquités, l'abbaye et les églises de Montmartre* [*Extrait d'un mémoire sur*] (*Mém. prés. à l'Ac. Inscr. Belles-Lettres*, 2ᵉ série, t. I, p. 178-205).

Ce mémoire est publié complètement sous ce titre par la Société du vieux Montmartre. Paris, 1906; in-8°.

Havet (J.), *Les origines de Saint-Denis* (*Œuvres*, tome I, *Questions mérovingiennes*. Paris, 1896, p. 191-246).

Héricart de Thury, *Description des catacombes de Paris*. Paris, 1815; in-8°.

Héron de Villefosse (A.), *Vase en terre cuite avec médaillon en relief trouvé à Paris rue Gay-Lussac, en 1904* (*Bulletin de la Soc. Ant. France*, 1906, p. 233-236, avec 2 fig.);

— *Antiquités romaines découvertes dans le chantier du Métropolitain au Marché aux Fleurs à Paris, en 1906* (*Ibid.*, 1906, p. 409-416);

— *Inscriptions romaines trouvées au Marché aux Fleurs en juin 1906* (*C. R. Ac. Inscr. Belles-Lettres*, 1906, p. 252-256);

— *Épitaphe d'un soldat portant le titre d'exarchus trouvée au Marché aux Fleurs* (*Ibid.*, 1906, p. 261-263);

— *Découverte d'un mur romain dans la cour du May, au Palais de Justice, en mai 1910* (*Ibid.*, 1910, p. 130-131);

— *Nouveaux fragments romains trouvés au Marché aux Fleurs, près de la statue de Renaudot* (*Ibid.*, 1910, p. 270-275, avec 3 fig., et *Bull. Soc. hist. Paris*, XXXVII, 1910, p. 180-184, avec 3 planches).

Houssaye (H.), *Le premier siège de Paris*. Paris, 1876; in-12.

Hugues (A.), *Les routes de Seine-et-Marne*. Melun, 1887; in-8°.

Jorand (J.-B.), *Notice archéologique sur un autel à Ésus* (*Bull. Soc. Ant. France*, 1ʳᵉ série, IV, 1823, p. 500-507).

Jullian (C.), *Un civis Parisius dans une inscription de Bordeaux* (*C. R. Ac. Inscr. Belles-Lettres*, 1896, p. 190-191, et *Bull. Soc. hist. Paris*, XXIII, 1896, p. 132-133);

— *Date de l'enceinte gallo-romaine de Paris* (*Revue des Études anciennes*, IV, 1902, p. 41-45, et *Bull. Soc. hist. Paris*, XXIX, 1902, p. 37-42);

BIBLIOGRAPHIE.

Jullian (C.), *Le palais de Julien à Paris* (C. R. Ac. Inscr. Belles-Lettres, 1902, p. 14-17).

— Voir De Picarterre (F.-G.).

Kohler (Ch.), *La vie de sainte Geneviève est-elle apocryphe?* (Revue historique, LXVII, 1898, p. 282-320).

Krueger (E.), *Deux monuments du dieu tricéphale gaulois*, Liège, 1909, fasc. in-8 (extrait des Annales du XXI° Congrès de la fédération archéologique et historique de Belgique, II, p. 123-137, et pl. IV-VI).

Kraesch (B.), *Über die ōsστα Dagobert* (*Forschungen zur deutschen Geschichte*, XXVI, 1886, p. 161-191).

— *Zur Afrakgende und zum M. H.* [Martyrologium Hieroxymianum] (*Neues Archiv*, XVIV, 1899, p. 287-337).

— Préface à la *Vita Genovefae* (*Monum. Germ. hist., Script. rer. Meroc.*, III, p. 204-213).

Labarre (De), *Extrait du rapport de l'Académie royale d'architecture sur la provenance et la qualité des pierres employées dans les anciens édifices de Paris* (*Mémoires et dissertations*. Paris, Leroux, 1852; gr. in-8°).

Lafaye (G.), *Les divinités Alexandrines chez les Parisii* [avec bibliographie du sujet] (Soc. Ant. France; *Mém. du centenaire*. Paris, 1904, in-4°, p. 225-237).

Landat (L.), *Un coin de Paris, le cimetière gallo-romain de la rue Nicole*. Paris, fasc. in-8°.

Lasteyrie (R. de), *Fragments de comptes relatifs aux travaux de Paris en 1366* (*Mém. Soc. hist. Paris*, IV, 1877, p. 270-301).

— *Notice sur un cimetière romain découvert à Paris, rue Nicole* (Bull. Soc. hist. Paris, V, 1878, p. 100-111).

Lebeuf (Abbé), *Mémoire sur l'ancien édifice découvert à Montmartre et à la fin de 1737* (*Diss. hist. ecclés. et civ. de Paris*, I, p. 140-163).

— *Lettre écrite à M. Fenel... au sujet d'une antiquité reconnue depuis peu à Montmartre* (*Mercure de France*, janvier 1738, p. 44).

Le Grand (L.), *Les maisons-dieu et les léproseries du diocèse de Paris au XII° siècle* (*Mém. Soc. hist. Paris*, XXV, 1898, p. 47-178).

Lenoir (A.), *Notice sur l'aqueduc d'Arcueil* (*L'Ami des Monuments et des Arts*, VI, 1902, p. 111-114).

Lenormand (Ch.), *Note sur la bataille livrée par Labienus sous les murs de Paris* (*Rev. arch.*, 1861, II, p. 265-290).

Le Roy, *Dissertation sur l'Hôtel de Ville de Paris*, en tête du tome I° de *l'Histoire de Paris* de Félibien.

Longnon (A.), *Note sur l'emplacement du « pons Urbionis »* (Bull. Soc. hist. Paris, II, 1875, p. 79-81).

— *l'Étymologie du nom de Montmartre* (Soc. Ant. France; *Mém. du centenaire*, Paris, 1904; 1 vol. in-4°, p. 251-253).

Longnon (A.), *Procès-verbal de découvertes de sépultures romaines faites au mois de juin 1644* [extrait de Dubuisson-Aubenay] (*Bull. Soc. hist. Paris*, III, 1876, p. 34-35);

— *L'ancien diocèse de Paris et ses subdivisions* (*Bull. Comité d'histoire et d'archéologie du diocèse de Paris*, I, 1883, p. 10-19).

Longpérier (A. de), *Le nom gaulois Atepomarus* (*OEuvres*, III, p. 343-347);

— *Stèle antique trouvée dans le jardin de l'abbaye de Port-Royal* [Solimarus] (*OEuvres*, III, p. 246);

— *Fouilles dans les terrains du cloître Saint-Marcel* (*Rev. arch.*, 1873, II, p. 190-193, et *C. R. Ac. Inscr. Belles-Lettres*, 1871, p. 378; 1873, p. 281-282; 1877, p. 191-193);

— *Les antiquités de la rue Vivienne* (*Bull. Soc. hist. Paris*, I, 1874, p. 73-78).

Magne (Ch.), *Le culte de Bacchus au mont Leucotitius* (*Bull. Mont. Sainte-Geneviève*, I, 1896-1897, p. 109-115);

— *Cimetières gallo-romains et mérovingiens* [avenue des Gobelins et rue Descartes] (*Bull. Mont. Sainte-Geneviève*, II, 1897-1898, p. 120-126);

— *Les voies romaines de l'antique Lutèce sur la rive gauche* (*Bull. Mont. Sainte-Geneviève*, II, 1897-1898, p. 56-115);

— *Les divinités païennes sur la rive gauche de l'ancienne Lutèce* (*Bull. Mont. Sainte-Geneviève*, III, 1899-1902, p. 90-170);

— *Découverte d'un dépôt monétaire gallo-romain, rue d'Ulm* (*Bull. Soc. Ant. France*, 1905, p. 135-136);

— *Premiers éléments d'un inventaire des noms et marques de potiers inscrits sur des vases... lampes, etc., trouvés dans les fouilles parisiennes* (*Bull. Mont. Sainte-Geneviève*, V, 1905-1908, p. 158-190);

— *Découvertes archéologiques... rue Dante* (*Ibid.*, p. 433-461).

Mesnager, *Résultats des analyses et essais auxquels ont été soumis divers échantillons de bétons provenant des fouilles du quartier du Collège de France* (*C. V. P.*, 10 novembre 1904, p. 221-222).

Michon (E.), *La prétendue statue de Julien l'Apostat au Musée du Louvre* (*Rev. arch.*, 1901, II, p. 259-280).

Montfaucon (J.-B. de), *Discours sur les monuments antiques, sur ceux de la ville de Paris et sur une inscription trouvée au bois de Vincennes* (*Mém. Ac. Inscr. Belles-Lettres*, XIII, 1740, p. 429-436).

Moreau de Mautour, *Observations sur les monuments trouvés depuis peu dans l'église cathédrale de Paris*. Paris, 1711; in-4°.

BIBLIOGRAPHIE.

Mowat (R.), *Découverte d'une inscription gauloise à Paris* [voir Th. Vacquer] (*Rev. arch.*, 1878, I, p. 91 à 108);

— *Le trésor de Monaco* (*Mém. Soc. Ant. France*, XL, 1879, p. 164);

— *Substructions romaines découvertes rue du Cardinal-Lemoine* (*Bull. Soc. Ant. France*, XLVI, 1885, p. 192).

Muhat (F. de), *Plan d'un ancien cimetière gallo-romain découvert par... en 1870* (*Bibliothèque hist. de la Ville*, carton-cartes XII*).

Nanary (Abbé), *Quel est le texte de la vie authentique de sainte Geneviève?* (*Bull. Com. d'hist. et d'arch. du diocèse de Paris*, II, 1884, p. 141-228; III, 1885, p. 70-88).

Normand (Ch.), *Le théâtre gallo-romain de Paris sous le lycée Saint-Louis* (*L'Ami des Monuments et des Arts*, XIII, Paris, s. d., p. 357-359);

— *Le grand monument romain du Collège de France* (*L'Ami des Monuments et des Arts*, X. Paris, s. d., p. 37-55);

— *Description sommaire du grand monument romain du Collège de France* (*L'Ami des Monuments et des Arts*, XIX, Paris, s. d., p. 34-44);

— *Nouvelles antiquités gallo-romaines de Paris. Les arènes de Lutèce*. Paris, s. d.; 1 vol. texte in-8° et 1 vol. de planches in-4°;

— *La rigole romaine de Pithy* (*L'Ami des Monuments et des Arts*, XVI. Paris, s. d., p. 163-170).

Picard (E.), *Les marchands de l'eau, basse parisienne et compagnie française* (*Bibl. École hautes études*, fasc. 134, 1901, avec bibliographie sur les *Nautae Parisiaci*).

Pietre (A.), *Itinéraire gallo-romain dans le département de l'Aisne*. Laon, 1856-1862; 1 vol. in-8°.

Pinois (St.), *Mémoire pour servir d'éclaircissement à la carte des Suessoynes*. Soissons, 1871; 1 vol. in-4°.

Quichert (J.), *Du lieu de la bataille entre Labiénus et les Parisiens* (*Mém. Soc. Ant. France*, XVI, 1852, p. 384-432; et *Mél. d'archéologie et d'histoire*. Paris, 1885; in-8°, I, p. 207-242);

— *Un autel de Diane dans l'église Sainte-Geneviève* (*Bull. Soc. Ant. France*, 1860, p. 50-54);

— *Critique des deux plus anciennes chartes de l'abbaye de Saint-Germain-des-Prés* (*Bibl. École des chartes*, XXVI, 1865, p. 513-555);

— *Note au sujet d'un bras de la Bièvre* (*Bull. Soc. Ant. France*, 1874, p. 38-39);

— *Compte rendu des fouilles exécutées rue Nicole* (*Bull. Soc. Ant. France*, 1878, p. 105-107);

QUICHERAT (J.), *Antiquités romaines trouvées à Paris sur l'emplacement de l'ancien collège de Reims* (*Bull. Soc. Ant. France*, 1881, p. 181 et 200);

— *La rue et le château Hautefeuille à Paris* (*Mém. Soc. Ant. France*, XLII, 1881, p. 1-44; et *Mél. d'archéologie et d'histoire*, Paris, 1886, in-8°, I, p. 440-459);

— *Les vestiges romains de la rive gauche à Paris* (*Mél. d'archéologie et d'histoire*, I, p. 460-467).

REINACH (S.), *Tarvos Trigaranus* (*Revue celtique*, XVIII, 1897, p. 253-266; et dans *Cultes, mythes et religions*, tome I, 1905, p. 233-246);

— *Teutatès, Esus, Taranis* (*Revue celtique*, XVIII, 1897, p. 137-149; et dans *Cultes, mythes et religions*, tome I, 1905, p. 204-216);

— *Un portrait authentique de l'empereur Julien* (*Revue arch.*, 1901, I, p. 337-359) [1];

— *Mercure tricéphale* (*Revue d'hist. des religions*, LVI, 1907, p. 57-82; et dans *Cultes, mythes et religions*, tome III, 1908, p. 160-185).

RIVIÈRE (E.), *Fouilles faites rue du Hameau* (*C.V.P.*, 12 novembre 1903, p. 242-250, et *C. R. Ac. Inscr. Belles-Lettres*, 1903, p. 142-151).

RUPRICH-ROBERT, *Les arènes de l'antique Lutèce* (*Ann. Soc. centrale d'architecture*, I, 1875, p. 131-167).

SCELLIER (A.) DE GISORS, *Le Palais du Luxembourg*. Paris, 1847: in-fol.

SELLIER (Ch.), *Rapport sur les fouilles exécutées pour la modification des égouts de la rive gauche* (*C.V.P.*, 5 mai 1898, p. 19);

— *Rapport... relativement aux découvertes faites dans les fouilles exécutées à Paris en juillet, août, septembre 1898; rigole d'Arcueil* (*C.V.P.*, 6 octobre 1898, p. 21);

— *Avis de la découverte des vestiges d'un petit aqueduc romain à Arcueil* (*C.V.P.*, 13 avril 1899, p. 103-104);

— *Fragment de rigole gallo-romaine d'Arcueil* (*C.V.P.*, 1ᵉʳ juin 1899, p. 192);

— *Vestiges du cimetière antique de Saint-Marcel* (*C.V.P.*, 12 octobre 1899, p. 261);

— *Rapport sur les fouilles exécutées dans Paris* (*C.V.P.*, 9 novembre 1899, p. 310-312);

— *Vestiges d'époque gallo-romaine rencontrés impasse Royer-Collard* (*C.V.P.*, 14 novembre 1901. p. 171);

— *Fouilles de la rue Clovis* (*C.V.P.*, 16 janvier 1902, p. 11-12);

— *Fouilles de la place du Panthéon* (*C.V.P.*, 14 mai 1903, p. 137-139);

---

[1] En cet article, l'auteur, à propos d'un buste présumé de l'empereur Julien, démontre que les deux statues des musées de Cluny et du Louvre ne représentent pas Julien, et ne sont pas d'origine parisienne. — Cf., pour la preuve définitive, *Rev. arch.*, 1911, I, p. 339.

BIBLIOGRAPHIE.

SELLIER (Ch.), *Rapport sur les fouilles du Métropolitain exécutées place de l'Opéra* (C. V. P., 9 juillet 1903, p. 226-233);

— *Suite des découvertes rue Cassini [cimetière Nicole]* (C.V.P., 9 juillet 1903, p. 235);

— *Vestiges de constructions gallo-romaines découverts impasse Chartière* (C.V.P., 10 décembre 1903, p. 312-315);

— *Rapport sur les fouilles exécutées dans l'impasse Chartière, etc.* (C. V.P., 17 mars 1904, p. 128-136);

— *Rapport sur la suite de fouilles exécutées dans le quartier du Collège de France* (C. V. P., 7 juillet 1904, p. 188-198);

— *Rapport sur la suite de fouilles exécutées dans le quartier du Collège de France* (C. V. P., 10 novembre 1904, p. 218-220);

— *Rapport sur les découvertes archéologiques résultant des dernières fouilles exécutées dans Paris :* 1° *Sépultures gallo-romaines, rue de Rennes* (C. V. P., 9 juin 1906, p. 177);

— *Rapport sur quelques découvertes archéologiques faites au cours du mois de juin dernier :* 1° *Vestiges de la voie romaine de Lutèce à Lyon* (C. V. P., 7 juillet 1906, p. 221);

— *Remarques et conclusions présentées par M. Ch. S., en son nom personnel, relativement à des murs anciens trouvés dans les fouilles du Marché aux Fleurs de la Cité* (C. V. P., 10 novembre 1906, p. 252-260);

— *Rapport sur la découverte de quelques vestiges de la basilique mérovingienne, au parvis de l'église Notre-Dame* (C. V. P., 25 mai 1907, p. 219-222);

— *Rapport sur la découverte d'un fragment de l'ancienne enceinte du Palais de Justice, au coin du boulevard du Palais* (C. V. P., 25 mai 1907, p. 222-225);

— *Rapport sur la découverte d'un fragment de l'enceinte de Lutèce... rue Clanvouieuse* (C. V. P., 11 avril 1908, p. 82-84);

— *Rapport sur la découverte de nouveaux vestiges du théâtre gallo-romain de la rue Racine* (C. V. P., 4 juillet 1908, p. 112-115);

— *Rapport sur les découvertes archéologiques faites rue Chanoinesse, rue d'Arcole et quai aux Fleurs* (C.V.P., 16 juin 1909, p. 70-71);

SEYMOUR DE RICCI, *La bataille de Paris* (Rev. arch., 1906, I, p. 209-210).

SIBELLESCHMIDT (H.), *La bataille de Paris en l'an 52 avant notre ère* (Rev. arch., 1905, II, p. 257-271);

TESSON (L.), *Projet de conservation d'une portion de l'ancien aqueduc romain de Ruugis* (C.V.P., 14 mai 1903, p. 133);

— *Reconnaissance du bassin romain de Wissous* (C. V. P., 12 novembre 1903, p. 263-269);

— *Rapport relatif à l'aqueduc dit de Chaillot* (C. V. P., 9 décembre 1905, p. 223-227).

BIBLIOGRAPHIE.

Tesson (L.), *Visite des portions de l'aqueduc romain de Lutèce mises au jour à l'Hay* (C. V. P., 9 mars 1907, p. 161-166).

Thédenat (H.), *Sur deux masques d'enfants de l'époque romaine trouvés à Lyon et à Paris* (Bull. monumental, XII, 1886, p. 120-142);

— *Interprétation de l'inscription peinte sur une gourde en terre cuite trouvée en 1867 dans la Cité* (C. R. Ac. Inscr. Belles-Lettres, 1899, p. 200-205; 210; 236-239. Cf. Bréal, ibid., p. 193-194; 210).

Tisserand (L.-M.), *Les îles du fief de Saint-Germain-des-Prés* (Bull. Soc. hist. Paris, IV, 1877, p. 112-131).

Travers (H.), *Recherches sur l'abbaye de Saint-Maur-les-Fossés* (École des chartes, positions des thèses, 1890, p. 159-166).

Vacquer (Th.), *Mémoires sur les sculptures et tombes trouvées sur divers points de Paris* (Rev. arch., 1847, I, p. 348-259);

— *Sur la découverte d'une partie du grand pont de Paris* (Rev. arch., 1855, II, p. 502-507);

— *Lettre à M. le directeur de la «Revue archéologique» sur une inscription gauloise trouvée à Paris* (Rev. arch., 1879, I, p. 111-114);

— *Les fouilles de la Sorbonne* (Science et Nature, III, 1885, n° 69, p. 260-261);

— *Découverte de murs gallo-romains sous la rue Galande* (Science et Nature, II, n° 59, p. 81);

— *Le théâtre gallo-romain du lycée Saint-Louis* (C. V. P., 7 décembre 1899, p. 356-362).

Vallet (M.) et Dollot (A.), *Étude du sol parisien*. Paris, 1906; 1 vol. in-8°.

Vercoutre (A.-T.), *Les bas-reliefs de l'autel des Navtae Parisiaci* (Rev. arch., 1907, I, p. 31-37.

Villain (G.), *Rapport (par M. G. Villain), au nom de la 2e Commission sur une demande de crédits supplémentaires pour la mairie du xe arrondissement* (Session du Conseil municipal de Paris, 1895, Paris, 1896; 1 vol. in-4°);

— *Fouilles de l'impasse Chartière* (C. V. P., 17 mars 1904, p. 135-136);

— *Observations relatives aux fouilles exécutées dans le quartier du Collège de France* (C. V. P., 7 juillet 1904, p. 187-188);

— *Communication sur les fouilles du Marché aux Fleurs* (C. V. P., 7 juillet 1906, p. 186-188);

— *Rapport sur les découvertes faites en février-juin 1910 lors de la construction de la galerie d'accès du Palais de Justice, à la station de la Cité* (Rapport inédit destiné à la C. V. P., communiqué par l'auteur.)

BIBLIOGRAPHIE.

VILLAIN (P.), *Le sous-sol de Paris* (*La Nature*, 27 septembre 1890, p. 266-268).

Vos (LUC DE), *Les palais de l'empereur Julien* (*Revue des Études grecques*, XXI, 1908, p. 426-433);

— *L'empereur Julien à Paris* (*Bull. Mont. Sainte-Geneviève*, V, 1905-1908, p. 136-157);

— *Le mode d'élection de Julien à la dignité d'empereur* (*Revue des Études anciennes*, XII, 1910 p. 47-66);

— *Julien et le préfet Florentius* (*Revue de Philologie*, XXXIV, 1910, p. 156-166).

PARIS
À L'ÉPOQUE GALLO-ROMAINE

CHAPITRE PREMIER.

LE PAYS PARISIEN ET LUTÈCE AU MOMENT DE LA CONQUÊTE ROMAINE.
LE SITE NATUREL DE LA VILLE.

C'est dans la *Guerre des Gaules* qu'on trouve la première mention de l'oppidum des Parisiens, Lutèce. César le cite à plusieurs reprises; une fois même, il consacre quelques chapitres au récit d'une expédition de son lieutenant Labiénus contre les Parisiens et d'une bataille sous Lutèce. Les renseignements qu'il fournit sont peu nombreux, incomplets ou trop vagues[1]; ils n'en sont pas moins le point de départ nécessaire d'une étude sur Lutèce avant la période romaine.

A la fin de l'an 700 (54 avant J.-C.), César, pour tenir à la fois en respect le Belgium et la Bretagne, établit ses quartiers d'hiver à *Samarobriva*[2] (Amiens); mais, au début de 701 (53 avant J.-C.), il sentit la révolte, déjà déclarée chez les Belges et les Germains cisrhénans, s'étendre sur la rive gauche de la Seine, chez les Sénons et les Carnutes de Celtique[3]. Bien qu'il eût convoqué à *Samarobriva* l'assemblée de printemps des Gaules, il changea, sans perdre de temps, son quartier général; il se transporta, avec ses troupes et les envoyés gaulois, d'Amiens à Lutèce[4], capitale des Parisiens. Sans doute, ceux-ci avaient été naguère les associés politiques des Sénons; mais, depuis une génération, ils s'étaient séparés d'eux, et rien dans leur conduite présente ne permettait de les croire complices de leurs anciens alliés[5]. Lutèce n'avait pas seulement l'avantage d'être alors en pays tranquille; c'était, aux limites de la Celtique et du Belgium, un point d'où l'on pouvait facilement surveiller les deux pays et courir sus à toute révolte, au sud et au nord de la Seine. César ne fit d'ailleurs que passer à Lutèce.

---

[1] Les textes où César parle des Parisiens et de Lutèce sont les suivants : *De bello Gallico*, VI, 3, 4 et 5; VII, 4, 6; VII, 75, 3. Le récit de l'expédition de Labiénus et de la bataille de Lutèce occupe six chapitres, VII, 57 à 62.
[2] César, *B. G.*, V, 53, 3.

[3] César, *B. G.*, V, 56, 1, et VI, 2, 3.
[4] Idem, *ibid.*, VI, 3, 4.
[5] Idem, *ibid.*, VI, 3, 5 : «Confines erant hi (Parisii) Senonibus civitatemque patrum memoria conjunxerant, sed ab hoc consilio afuisse existimabantur».

CHAPITRE PREMIER.

A peine avait-il annoncé son départ aux députés des Gaules, que déjà, le même jour, il marchait contre les Séunons[1].

L'année suivante, en 702 (52 avant J.-C.), les Parisiens, las enfin d'obéir aux Romains, furent les premiers à prendre parti pour Vercingétorix[2]. Comme tous ses alliés, ils durent lui livrer des otages, toutes leurs armes, et lui fournir un nombre d'hommes déterminé[3]. Ils devinrent même si menaçants, que, pour les surveiller, César détacha vers Sens son principal lieutenant, Labiénus, et quatre légions[4]. Mais, de Sens, il était difficile d'observer les mouvements de la Belgique, où déjà, sans doute, les Bellovaques s'agitaient[5]. Labiénus se résolut à prendre l'offensive[6]. Il marcha sur Lutèce[7], en suivant la rive gauche de la Seine. A cette nouvelle, les cités qui confinaient aux Parisiens s'unirent à eux[8]. Ils n'eurent pas cependant pour alliés leurs voisins les plus puissants; les Carnutes étaient dispersés après le massacre de *Genabum*[9] (Orléans); les Bellovaques armaient pour leur compte, les Sénons subissaient l'occupation militaire. C'est à peine si, des frontières du pays sénon, des habitants de *Melodunum* (Melun)[10] coururent se joindre à l'armée gauloise. Les Parisiens ne purent guère s'associer que les petits peuples de la basse Seine, les Aulerques que conduisait Camulogène[11], et peut-être les Véliocasses et les Lexoviens. C'est pourquoi, si le vieux Camulogène dut à son habileté militaire l'honneur de diriger l'armée des alliés, les Parisiens n'en furent pas moins de fait les chefs de la coalition[12].

Il s'agissait, avant tout, de couvrir Lutèce[13]. L'oppidum parisien était si bien situé, que César indique deux fois la faveur dont il jouit[14]. Il était enfermé dans une île de la Seine. Relié par ses ponts[15] aux deux rives du fleuve, il commandait l'entrée du Belgium. Pour protéger Lutèce, Camulogène s'établit derrière un marécage d'un seul tenant que formait une rivière du pays parisien[16], peut-être l'Essonne, à son confluent avec la Seine. Labiénus s'attaqua aux marais; il y poussa ses mantelets, y jeta des claies, voulut y lancer une chaussée[17]. Il dut

---

(1) César, *B. G.*, VII, 3, 6.
(2) IDEM, *ibid.*, VII, 4, 6.
(3) IDEM, *ibid.*, VII, 4, 7.
(4) IDEM, *ibid.*, VII, 34, 2.
(5) IDEM, *ibid.*, VII, 59, 3 et 4.
(6) IDEM, *ibid.*, VII, 57, 1.
(7) IDEM, *ibid.*, VII, 57, 2.
(8) IDEM, *ibid.*, VII, 11, 9.
(9) IDEM, *ibid.*, VII, 58, 4.
(10) IDEM, *ibid.*, VII, 58, 2.
(11) IDEM, *ibid.*, VII, 57, 3.
(12) César, dans son récit de l'expédition, ne fait qu'une allusion aux alliés des Parisiens; c'est contre les Parisiens que lutte Labiénus (*B. G.*, VII, 34, 2).

(13) Voir à l'appendice n° 1 la critique des études sur la bataille de Lutèce. Toute l'expédition contre les Parisiens est très prudemment racontée par M. JULLIAN (*Histoire de la Gaule*, III, p. 460-465), avec lequel je suis d'accord sur tous points. Je me suis donc contenté de prendre dans le récit de César tout ce qui peut nous renseigner sur les Parisiens, sur la nature de leur pays, sur la topographie et l'importance stratégique de Lutèce.
(14) César, *B. G.*, VII, 57, 1 et VII, 58, 3.
(15) IDEM, *ibid.*, VII, 57, 4.
(16) IDEM, *ibid.*, VII, 58, 1.

se dérober à la tâche, et, renonçant à marcher sur Lutèce par la rive gauche, il recula jusqu'à Melun, traversa la Seine et s'avança, sans rencontrer d'obstacle, par la rive droite [1]. Il comptait surprendre Lutèce, repasser le fleuve et tomber à l'improviste sur les derrières de l'armée gauloise. Mais Camulogène avait été prévenu de sa manœuvre par les fugitifs de Melun; il l'avait devancé sous Paris, il avait brûlé la ville, coupé les ponts, et, posté sur la rive gauche, il guettait le camp romain établi en face de lui [2].

La situation de Labiénus était critique; les nouvelles de Gaule étaient mauvaises; les Bellovaques s'assemblaient et menaçaient de l'acculer à la Seine [3]. Il ne s'agissait plus d'offensive; il fallait reculer sur Sens, conquérir même la retraite par une victoire dont Lutèce serait le prix [4]. Grâce à un stratagème, Labiénus passa la Seine et battit les coalisés. Mais il n'osa pas les poursuivre jusque dans les montagnes boisées qui offrirent un refuge aux vaincus [5]. Les Parisiens avaient été défaits, mais non anéantis, puisque, quelques mois après, ils pouvaient encore lever 8,000 hommes [6] et envoyer cet important secours à la dernière armée gauloise.

Ainsi, d'après César, le pays parisien nous apparaît pauvre, coupé de marais, couvert de forêts et de monts (*montes*). Mais il est assez peuplé, et les Parisiens, qui viennent de se soustraire à la tutelle politique des Sénons, sont assez puissants déjà pour grouper autour d'eux, à l'heure du danger, une coalition de cités secondaires. Lutèce est une pauvre bourgade enfermée dans un îlot de la Seine, mais sa position sur le fleuve dont ses deux ponts permettent le passage, la font, un moment, choisir par César comme quartier général; et même, en 702 (52 avant J.-C.), elle est non seulement le prix d'une bataille, mais le but d'une grande expédition. Le pays parisien et sa ville, qui semblent si mal dotés par la nature, prennent alors première conscience des avantages qu'elle leur donna.

La région, sous son aspect primitif, devait se présenter presque partout avec ces montagnes, ces forêts, ces marécages que Labiénus rencontra sur sa route. Sa physionomie répondait à la nature des terrains qui composent son sol. Dans ce bas-fond du bassin parisien, les mers, les lacs et les lagunes tertiaires ont épandu leurs dépôts successifs, l'argile plastique impénétrable à l'eau, les bancs massifs du calcaire grossier, les sables arides de Beauchamp, enfin, au-dessus des formations locales du gypse et des marnes vertes, les argiles à meulières de Brie et de Beauce, séparées l'une de l'autre par la couche épaisse et souvent gréseuse des

---

[1] César, *B. G.*, VII, 58, 2.
[2] Idem, *ibid.*, VII, 58, 6.
[3] Idem, *ibid.*, VII, 59, 2 et 5.
[4] César, *B. G.*, VII, 59, 3 et 4.
[5] Idem, *ibid.*, VII, 62, 9.
[6] Idem, *ibid.*, VII, 75, 3.

CHAPITRE PREMIER.

sables de Fontainebleau. Mais l'érosion a sculpté cette plaine de sédiments. Les eaux locales ravagèrent partout, enlevèrent même en certains endroits les couches supérieures, ravinèrent les sables, glissèrent au flanc des marnes, rongèrent, souvent à pic, le calcaire grossier, pour s'étaler enfin, plus apaisées, au niveau de l'argile plastique. La Seine fut encore plus énergique. Le courant puissant, qui devait plus tard se réduire à elle, étendit peut-être ses dépôts jusque sur les plateaux. Puis il décrut progressivement aux bords, aux côtés, au fond de sa large vallée d'aujourd'hui, en laissant comme témoins de ses niveaux successifs des alluvions de graviers et de sables. En s'enfonçant, le fleuve dut, tout apparvri, se frayer dans le pays, qui se surélevait avec une lenteur insensible, une vallée aux méandres capricieux et si basse d'altitude, qu'en dépit des obstacles naturels elle attira vers elle non seulement les eaux locales, mais encore la Marne et l'Oise, rivières d'origine lointaine qui vinrent cependant confluer à la Seine dans la région même de Paris.

Ainsi s'est trouvé constitué le pays avec ses trois étages de plateaux. Le plus bas, le plateau de France, au nord de la Seine, monte lentement de 60 à 120 mètres jusqu'au pied des collines de Saint-Witz, de Dammartin et de Montgé. Puis, au niveau général de 100 mètres, l'avancée nord-occidentale du plateau de Brie traverse la Seine pour rejoindre la Bièvre et détache, au delà de la Marne, des massifs et des collines isolées, comme Montmartre et Belleville, qui bornent un des côtés de l'horizon parisien. Enfin le plateau d'argile à meulières de Beauce, à l'altitude moyenne de 200 mètres, tombe à pic dans la vallée de la Seine vers Sèvres, Saint-Cloud, Saint-Germain, et lance sur la rive droite toutes ces collines boisées dirigées du Sud-Est au Nord-Ouest, qui semblent se relayer pour limiter le pays de France. Mais ces plateaux sont fort entamés. Si la France est largement drainée presque à fleur de sol par le Crould et la Bouvronne, la Brie est déjà découpée profondément par la Marne, ses rus de Boissy et de Morbras, par l'Yerres, le Réveillon et l'Hanière; la Beauce parisienne, enfin, est si déchiquetée par la Bièvre, l'Orge et l'Yvette, l'Essonne et la Juine et tous les ruisseaux dépendants, qu'il reste à peine du plateau quelques crêtes étroites. Quand du fond de la vallée de la Seine, sur la rive droite vers Chatou, on regarde les hauteurs boisées de Marly et de Saint-Germain, avec leur pente raide dans le calcaire grossier et leur éboulis gréseux dans les sables, un relief puissant s'accuse, malgré la faible différence des niveaux, et l'on conçoit que Labiénus, dans ce pays encore sauvage, ait pu voir de véritables montagnes là où l'on n'aperçoit plus que de pauvres collines domestiquées.

Encore aujourd'hui, c'est aux flancs des coteaux que la forêt s'est maintenue le plus volontiers, parce que c'est là qu'affleurent le calcaire grossier et les sables de Beauchamp, presque impropres à toute autre végétation. Mais elle montait autrefois au niveau des plateaux plats et mal drainés de Brie et de Beauce, elle descendait au fond des vallées sur l'argile plastique et les alluvions de sables gras. Elle couvrait ainsi presque toute la région parisienne. Au nord de la Seine, les forêts de Cormeilles, de Montmorency, de l'Isle-Adam, de Carnelle, de Dammartin, de Livry, Bondy et Vincennes, encadraient sans interruption le pays de France. Grâce à son limon épais, à son sous-sol plus perméable de calcaire de Saint-Ouen, à un drainage naturel assuré par la pente du pays vers le Sud-Ouest, la France était peut-être déjà le terroir du pays parisien. Mais le bois passait sur la rive gauche de la Marne et couvrait la Brie. Tous ces bouquets de bois irréguliers qui parsèment encore aujourd'hui sa surface sont les témoins de la puissance passée de la forêt. Sur la rive gauche de la Seine, elle laissait sans doute à l'écart le plateau de Villejuif. Car l'inclinaison insensible du sol vers le Nord, dont profite l'aqueduc moderne de la Vanne, la pente légère du sous-sol de marne, qui fait sourdre du même côté les sources abondantes de Wissous et Rungis, durent entretenir dans le limon une sécheresse relative et faciliter l'adaptation du pays à la culture agricole. Mais la forêt couvrait l'Yveline et la Laye, et, partie en amont de Paris des bords de la Seine, elle les rejoignait en aval vers Saint-Cloud et Saint-Germain. Elle s'avançait même sur Lutèce. De la plaine Saint-Denis, elle montait sur les sables de Belleville et de Montmartre et s'étendait sur les alluvions du Marais. Du Sud, elle devait dévaler des sables de Beauchamp de la montagne Sainte-Geneviève sur le sol marécageux de Grenelle. Les monastères qui s'établirent dans le bas-fond de l'amphithéâtre parisien dès les temps mérovingiens attestent sa présence. Une tradition veut qu'au IXe siècle l'église Sainte-Opportune se soit établie sur l'emplacement d'une chapelle de Notre-Dame « aux bois ». Encore aujourd'hui, ces bois arrivent aux portes de Paris, à Vincennes et à Boulogne [1].

Dans ce pays difficile de forêts et de monts, la vallée même était impraticable. Si les eaux séjournaient sur les argiles à meulières de Brie et de Beauce, qu'un drainage persévérant vient à peine d'assécher, celles qui s'échappaient des plateaux, celles qui jaillissent à la hauteur des marnes vertes descendaient en rus rapides jusqu'à l'argile plastique, d'où sourdent les fontaines les plus basses du pays. L'argile plastique constitue le sol ou le sous-sol immédiat des basses vallées parisiennes et, comme la pente des rivières, d'abord assez grande, s'adoucit bien vite pour disparaître presque au voisinage de la Seine, les eaux coulent lentement dans un lit fort large, sur un terrain imperméable. Elles forment des marais et des tourbières. La Bièvre, en aval de l'avenue des Gobelins, coulait encore, à l'époque romaine, dans un lit de 18 à 20 mètres, et l'étude du sol de ses rives révèle l'existence à son embouchure d'un ancien marais fort peu étendu, mais très profond. L'Orge, près de son confluent, se divise en bras nombreux dont les eaux sont

---

[1] Je n'ai pu, pour cette rapide étude d'ensemble, utiliser d'autre travail que le livre déjà vieilli de A. Maury, *Les forêts de la Gaule*, Paris, 1867, in-8°, p. 116-172.

mortes. L'Essonne et la Juine surtout sont encombrées de tourbières aux couches épaisses qui les remontent sur plus de vingt kilomètres, et constituent, au sud du pays parisien, une limite naturelle : cet obstacle infranchissable devant lequel, sans doute, Labiénus dut s'arrêter.

La vallée de la Seine, la grande route naturelle du pays, était plus embourbée que toute autre. En amont de Paris, avant de s'enfoncer dans le calcaire grossier, le fleuve coule dans une vallée fort large, à pente insensible, sur un terrain d'alluvions grasses. De Corbeil à Juvisy, il descend de trois mètres, de Juvisy à Paris, d'un mètre à peine. Sur ses deux rives, les basses plaines de Draveil-Vigneux, de Choisy-Valenton sont submergées par les grandes inondations. La Seine coulait donc dans un lit parsemé d'îles à fleur d'eau, au milieu d'une vallée marécageuse. Lutèce, avec son cortège d'îlots, sa montagne au Sud, son marais et ses bois au Nord, représente bien le pays. C'était un chef-lieu difficile d'abord, dans une région impraticable.

Ainsi le pays parisien constituait une véritable marche dont les forêts se reliaient à celles des Bellovaques, des Silvanectes, des Sénons et des Carnutes. Les grandes routes commerciales le laissaient à l'écart. La voie qui, de la plaine germanique et flamande, conduit en Aquitaine n'existait pas encore. Le commerce d'étain méditerranéo-breton empruntait la Loire et faisait, aux deux extrémités du fleuve, la richesse et la puissance des Arvernes et des Vénètes. Paris n'était pas une étape sur la route de Cornouailles, car, malgré l'apparence, la Seine était le moins fréquenté des chemins qui y conduisaient. On croyait en effet, dans l'antiquité, que la Seine, la Loire et la Garonne aboutissaient toutes trois en face de la Bretagne dont la côte sud se serait étendue vis-à-vis des rivages océaniques de Gaule depuis le Rhin jusqu'à la frontière d'Ibérie. Dès lors, pour aller en Cornouailles, au sud de la Grande-Bretagne, il n'était pas beaucoup moins long, mais il était peut-être plus difficile de franchir d'une traite une mer dangereuse comme la Manche que de remonter la côte gauloise depuis la Garonne ou la Loire et de traverser la mer avec l'aide des pilotes vénètes à partir de la presqu'île bretonne (voir fig. 6).

Mais surtout, à l'intérieur même de la Gaule, la route de Seine présentait bien des inconvénients. Tandis que l'isthme où descend la Garonne a moins de 3,000 stades de large[1], tandis que la Loire est à 800 stades du Rhône[2] et pique droit sur l'Océan, après sa courbe d'Orléans, il fallait, pour arriver aux sources de la Seine, remonter le cours pénible du Rhône, puis la Saône jusqu'au delà du confluent du Doubs, transborder les marchandises de la Saône à la Seine[3]. Des sources de la Seine on devait descendre lentement son cours tranquille, suivre toutes ses sinuosités dont l'ensemble se développait sur plus de 3,000 stades. A lui

---

[1] Strabon, IV, 1, 14. — [2] Ibid., IV, 1, 14. — [3] Ibid., IV, 3, 2.

LE PAYS PARISIEN ET LUTÈCE À LA CONQUÊTE ROMAINE.   7

seul, le fleuve parisien était plus long que l'isthme de Garonne n'était large. A travers la Gaule, la route avait plus de 7,000 stades, avec un fleuve trop rapide à remonter, un autre trop lent à descendre. La route de l'étain de Cornouailles avait tout avantage à emprunter la Loire ou la Garonne plutôt que la Seine. Enfin pour rejoindre la pointe sud-orientale de l'Angleterre, on utilisait, de préférence au fleuve, une route terrestre qui aboutissait directement à *Gesoriacum* (Boulogne).

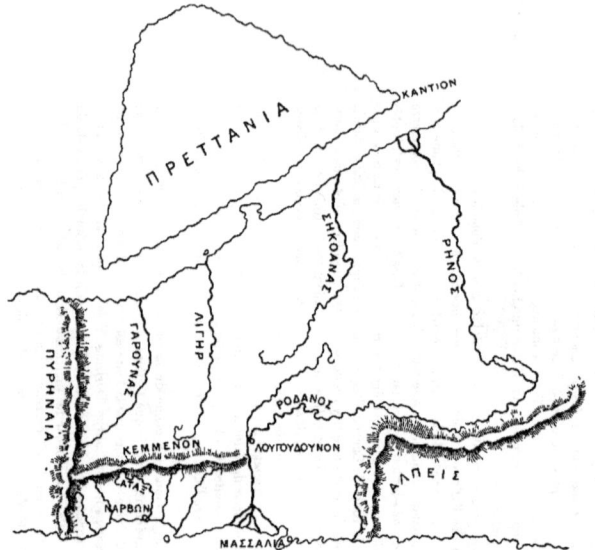

Fig. 6. — La Gaule et la Bretagne selon Strabon (d'après Willamowitz-Mollendorf)[1].

Les Romains en effet, en construisant la grande route romaine de Lyon à Boulogne par Reims, ne firent qu'aménager un chemin gaulois déjà très fréquenté qui passait entre les forêts du Morvan et de Paris au Sud, celle des Ardennes au Nord, au milieu des champs fertiles du pays suession. Des peuples puissants jalonnaient cette route : les Éduens, les Sénons, les Suessions, les Bellovaques; leurs relations avec l'Angleterre orientale sont attestées par la ressemblance des monnaies atrébates et ménapiennes avec les pièces bretonnes, et surtout par les liens politiques qui les unissaient. Or le pays parisien était à l'écart de cette route gauloise. Il était commandé par le peuple qui, sur l'Yonne et la Seine, était à la croisée de la voie fluviale et de la voie terrestre : les Sénons. Lutèce n'était donc, à l'époque de la conquête, qu'une petite escale sur la voie la moins fréquentée

---

[1] Je donne ici, à titre de preuve, le croquis dressé d'après Strabon par WILLAMOWITZ-MÖLLENDORF, *Griechisches Lesebuch*, II⁰ Halbband, p. 209. Il est, en effet, très simple et très caractéristique.

du commerce anglo-breton, sur une route fluviale doublée par une route de terre plus favorisée.

On comprend qu'en ces conditions la cité des Parisiens n'ait pas été maîtresse de ses destinées, et qu'elle ait dû subir la tutelle plus ou moins déguisée des peuples puissants qui l'avoisinaient. Sa géographie politique en fournit une preuve[1]. Bien que le pays parisien n'ait pas d'unité véritable, on lui conçoit bien cependant, presque de toutes parts, des limites naturelles. A l'Ouest, il doit s'étendre jusqu'à l'Oise, au Nord jusqu'à la ligne des collines qui bornent l'horizon du plateau de France, avec les passages qui le commandent; au Nord-Est, il devrait se terminer sinon là où finit le limon français, du moins à la ligne parfois profonde de la Beuvronne. Au sud de la Marne, la Brie monotone se prête mal à une division; mais, sur la rive gauche de la Seine, l'Essonne et la Juine offrent leurs fossés marécageux, et les vallées de l'Orge, de la Rémarde, de l'Yvette, de la Bièvre, devaient appartenir tout entières aux Parisiens. Or, en admettant même que le diocèse de Paris ne rappelle pas très exactement l'ancienne cité gauloise, il présente cependant dans ses contours de curieuses anomalies qui marquent les vestiges d'un temps où le Parisien était trop faible pour se tailler son domaine à sa guise. Si, du côté du petit peuple des Véliocasses, sa frontière atteint et dépasse même l'Oise, dont l'embouchure lui appartient, il laisse aux Bellovaques ce long défilé qui conduit par Presles à Beaumont-sur-Oise. Il commande avec Luzarches une autre passe qui mène aux pays des Silvanectes, dont la faible cité existait peut-être déjà; mais les Suessions, avant les Meldes[2], s'avancent au delà de la Beuvronne jusqu'au riche terroir de Mitry. Le Parisis s'étend sur la Marne jusqu'au delà de Lagny-sur-Marne, en aval du grand coude de Jablines. Dans la Brie, la fixité de ses limites est peut-être marquée par le village de Châtres, à la bordure du diocèse de Paris. Sur la rive gauche de la Seine, les Sénons lui laissent tout le cours inférieur de l'Essonne, et la Juine comme frontière d'un moment, mais ils sont maîtres du pays par la Seine, les hautes vallées de l'Yerres, de l'Essonne et de la Juine. Les Carnutes enfin tiennent les sources de l'Orge, de la Rémarde, de l'Yvette et de la Bièvre. Ce ne peut être un hasard qui a rogné de façon si caractéristique le pays parisien. Les limites de l'ancien diocèse expriment peut-être l'état de dépendance où se trouvaient les Parisiens à l'égard des Bellovaques, des Suessions, des Carnutes et des Sénons[3].

---

[1] L'étude de l'ancien diocèse de Paris a été faite par M. A. Longnon, L'ancien diocèse de Paris et ses subdivisions, dans le Bulletin du Comité d'Histoire et d'archéologie du diocèse de Paris, I (1883), p. 10-19.

[2] C. Jullian, A propos des Suessiones (Revue des Études anciennes, 1903, p. 31-32), M. Jullian admet que les Meldes ont pu être rattachés aux Suessions.

[3] Peut-être la numismatique vient-elle confirmer cette hypothèse. Alors que les monnaies parisiennes sortent si peu de leur terre d'origine, que c'est justement leur présence presque exclusive chez elle qui permet de les identifier, le Parisis abonde en monnaies gauloises étrangères. 56 de ces pièces, trouvées presque toutes à Lutèce même, sont con-

Ce pays, assis sur les deux rives de la Seine, bastion du peuple celte en terre belge, devait être l'objet des ambitions des voisins puissants qui convoitaient l'empire de la basse Seine et voulaient s'assurer le libre accès de la Celtique ou du Belgium. Son histoire, que nous ignorons, fut certainement celle de leurs rivalités. Dans cette lutte, les Sénons, à la vieille puissance, l'emportèrent enfin. Ils furent, sinon de tout temps, du moins en dernier lieu, les maîtres de la région. Au moment de la conquête romaine, il n'y avait pas longtemps qu'ils avaient été les associés politiques des Parisiens. D'un peuple fort qui commandait la grand' route à un peuple faible placé sur le passage de cette voie, les relations ne pouvaient guère avoir le caractère d'une libre alliance. Ce fut une sujétion déguisée, un protectorat forcé que subirent les Parisiens. Ils furent aux Sénons ce qu'étaient les Rêmes aux Suessions, de véritables clients, et durent supporter la tutelle politique des Sénons, parce qu'ils étaient tributaires de la haute Seine.

Malgré ces apparences, le pays n'était pas si déshérité[1]. Son sous-sol était riche. Au flanc des vallées, l'argile plastique ou terre à potier, le sable de Beauchamp ou terre à four, le calcaire grossier ou pierre à bâtir, le gypse ou pierre à plâtre, enfin les meulières, sont des matériaux premiers que l'homme pouvait exploiter facilement. Le sol n'était pas infécond. Défrichés et drainés, les plateaux du Sud devaient offrir un limon aussi épais, aussi productif que celui de France. Paris avait là trois greniers locaux qui suffiront d'abord à son alimentation. Enfin, quand les marécages qui obstruaient les vallées seront asséchés, les voies naturelles qu'elles présentent seront mises en valeur. Le Crould se ramifie à travers la France :

servées au Cabinet des médailles à la Bibliothèque nationale. Elles se décomposent ainsi :

	NOMBRE POUR CHAQUE PEUPLE.	TOTAL.
Bituriges Cubes, Santons, Séquanes, Lexoviates, Atrébates...	1	5
Carnutes, Véliocasses, Silvanectes, Ambiens................	2	8
Aulerques Éburovices........	3	3
Leuques....................	4	4
Meldes....................	5	5
Suessions..................	6	6
Bellovaques................	7	7
Rêmes.....................	8	8
Sénons....................	10	10
		56

Ce tableau semble confirmer d'abord ce que nous avons dit des relations commerciales des Parisiens. Les plus grands peuples de la Gaule, les maîtres des échanges du pays, les Éduens et les Arvernes, ne figurent pas à Paris par leurs monnaies. Les Carnutes sont orientés vers la Loire. Mais les Bellovaques, les Suessions et les Rêmes, leurs clients, pénètrent dans le Parisis par l'Oise, les Sénons par la Seine. La cité des Parisiens est en relations avec les peuples qui commandent ses grandes vallées; elle dépend surtout de celui qui est maître de la haute Seine. Les Sénons ont dû être les patrons du commerce parisien, comme ils ont été les patrons politiques du peuple. Il ne faudrait pas pourtant s'exagérer la valeur de ces informations fournies par la numismatique. Le nombre des monnaies étrangères trouvées en pays parisien est trop faible pour donner garantie à des conclusions que la découverte d'un seul trésor de pièces gauloises pourrait détruire.

[1] M. Jullian a développé les idées qui suivent dans la leçon d'ouverture de son cours au Collège de France, publiée dans la *Revue Bleue* du 26 janvier 1907, p. 100-106, sous le titre : «La structure et le sol de Paris».

CHAPITRE PREMIER

la vallée de Sèvres et la Bièvre donnent accès au plateau de la Beauce parisienne; l'Yerres et le Réveillon montent au niveau de la Brie. Mais, outre ces chemins locaux, la Seine, en amont et en aval de Paris, l'Oise, grossie de l'Aisne, et la Marne offraient, du Nord-Ouest au Sud-Est, tout un éventail de routes qui, après avoir desservi la région, la mettaient en communication avec le Belgium, avec les pays de basse et haute Seine. Au Sud, la Bièvre, dont la vallée inférieure se dirige du Sud au Nord, conduisait à ce grand plateau qui descend à la Loire sur Orléans. Une fois la région parisienne aménagée, les routes y appelleront l'homme; le sous-sol lui fournira de riches matériaux de construction; le sol deviendra fécond et nourricier.

Déjà cet avenir se dessinait. Installés de préférence aux bords de la Seine, surtout aux endroits où les rivières locales y confluent[1], les Gaulois parisiens vivaient du fleuve. A leurs portes, les habitants de Melun entretenaient une nombreuse batellerie[2]. Avant la bataille de Lutèce, c'est sur les barques parisiennes que Labiénus fit passer le fleuve à ses légions[3]. Bien plus, à leurs armes gauloises, à leurs costumes antiques, à leurs insignes archaïques, on peut supposer que les nautes parisiens, qui paraissent dans l'histoire sous Tibère, étaient associés en corporation avant la conquête romaine[4]. S'il en était ainsi, le commerce de Seine aurait déjà pris dans la région assez d'importance pour grouper tous les intérêts particuliers et contribuer à la fortune du pays. En tout cas, cette prospérité était assez grande pour permettre, dans les limites étroites de la cité gauloise, l'existence d'une population très serrée, du moins assez dense[5],

---

[1] Les Gaulois parisiens semblent s'être concentrés aux mêmes endroits que ces populations préhistoriques dont on a découvert des traces nombreuses dans notre région, et dont les observations faites ne permettent guère de les distinguer. On les a retrouvés dans les vallées de l'Orge, de Sèvres, de Marly, de l'Yonne, mais plus particulièrement au long de la Seine. On a trouvé des armes de bronze et de fer dans le fleuve à Saintry, à Virgy-Châtillon, à Carrières-sous-Poissy, aux limites du pays parisien. Mais les Gaulois ont dû domicile surtout aux endroits où les rivières de la région confluent avec la Seine, à l'embouchure de l'Essonne, de l'Orge, de l'Oise. Cf. carte de Duflieux, dans *La Commission des antiquités et des arts de Seine-et-Oise à l'Exposition universelle de 1889.*

[2] César, *B. G.*, VII, 58, 4.

[3] Ibid., *ibid.*, VI, 60, 4.

[4] De Pachtère et Jullian, *Le monument des nautes parisiens* (*Revue des Études anciennes*, 1907, p. 264, 7°).

[5] On a cru (J. Beloch, *Die Bevölkerung Galliens* zur Zeit Caesars, *Rheinisches Museum*, nouv. série, t. LIV, 1899, p. 433-433) trouver dans le chiffre des troupes parisiennes un élément d'évaluation pour calculer la population du pays. Elle aurait été de 78,000 à 108,000 habitants pour une superficie de 3,300 kilomètres carrés. La densité moyenne aurait été de 29,5 habitants au kilomètre carré. La région parisienne aurait été plus peuplée que la Narbonnaise. Mais M. Beloch a bien dû s'avouer que son mode de calcul, quelle qu'en soit la valeur approximative générale, ne pouvait s'appliquer aux Parisiens. Les Medes, dont le contingent n'est pas indiqué dans César, sont peut-être compris dans les 8,000 hommes de l'armée parisienne. Mais surtout au lendemain de la lutte acharnée que Labiénus avait dirigée contre eux, César est tendance à exagérer leur force. Un peuple dont la révolte l'avait forcé de distraire de son armée quatre légions devait être important et nombreux. Il calcula les forces parisiennes d'après les troupes romaines qu'il avait envoyées contre elles, d'après la résistance qu'elles opposeraient à Labiénus. Il n'est donc pas permis de

C'est peut-être cette richesse d'hommes qui fit croître la fortune politique du peuple. Si jamais les Parisiens constituèrent une simple tribu de la grande nation des Sénons[1], leur nombre leur permit de former un essaim à part. Puis, quelque temps avant César, ils purent se délivrer de toute clientèle à l'égard de leurs anciens maîtres. Pendant la guerre des Gaules, en 700 (54 avant J.-C.), quand leurs voisins sénons et carnutes étaient en pleine révolte et s'associaient au soulèvement des Belges, les Parisiens eurent la force de sauvegarder leur neutralité. L'année suivante, ils apparurent à leur tour conducteurs de peuples. Ils menèrent à la lutte les petites cités de la basse Seine. Aussi, dans le dernier recensement que César fit des forces de la Gaule, avant la prise d'Alésia, les Parisiens sont-ils en bonne place parmi les peuples qui fournissent leur contingent à l'armée de secours. Sans doute, ils viennent bien loin derrière les Éduens et les Arvernes, qui lèvent chacun 35,000 hommes, mais assez près des Séquanes, des Bituriges, des Sénons, des Carnutes, des Bellovaques et des Lémovices, qui conduisent à la lutte 12,000 ou 10,000 combattants. Ils sont les égaux des Pictons, des Turons et des Helvètes[2]; ils sont, dans le compte de César, à la tête des cités secondaires. Pendant cette dernière période de la vie gauloise où tous les peuples recherchent l'indépendance nationale sous la primauté politique de quelques-uns, les Parisiens apparaissent comme un peuple libre, qui joue son rôle et se destine peut-être au premier. Ils sont les gardiens de la basse Seine, ils tiennent le passage du fleuve. Leur ville Lutèce, expression du pays, est aussi la raison d'être du peuple.

La formation de la plaine de Paris, celle de l'île de Lutèce, sont deux épisodes de l'histoire géologique de la Seine[3]. Ils sont récents tous deux, le second plus

se servir du chiffre donné par César comme base d'une évaluation; c'est à peine si l'on peut conjecturer d'après lui que le Parisis était assez peuplé.

[1] C. Jullian (*A propos des «pagi» gaulois avant la conquête romaine* [Revue des Études anciennes, 1901, p. 88 et note 1]) me semble partager cette idée.

[2] César, *B. G.*, VII, 75, 2 et 3.

[3] Pour cette courte étude géologique sur Paris, j'ai consulté le beau livre de Belgrand, *La Seine : Le bassin parisien aux âges antéhistoriques*, Paris, Impr. nat., 1 vol. in-4°, 2° édition, 1883 (collection de l'*Histoire générale de Paris*). Malheureusement il semble que, de parti pris, Belgrand se soit abstenu d'emprunter ses exemples au cirque parisien ; il a même méconnu le mode de formation de la plaine de Paris (cf. P. Dupuy, article cité plus bas). Mais des travaux plus spéciaux permettent aujourd'hui de le compléter et de le rectifier. — G. Villain, *Rapport présenté par M. G. Villain au nom de la 2° Commission (du Conseil municipal de Paris) sur une demande de crédits supplémentaires pour la mairie du x° arrondissement*, Paris, 1896. (Une carte des niveaux du sol naturel de Paris, dressée par Th. Vacquer, est insérée dans ce travail.) — P. Villain, *Le sous-sol de Paris* (*La Nature*, 27 septembre 1890, p. 266-268). — P. Dupuy, *Le sol et la croissance de Paris* (*Annales de géographie*, IX, 1900, p. 340-358). — Capitan, *Les alluvions quaternaires autour de Paris* (*Annales de l'École d'anthropologie*, t. XI, 1901. p. 337-350, article résumé dans la *C.V.P.*, 12 décembre 1901, p. 196-198). Mais j'ai pu trouver encore des renseignements sur cette question dans les papiers Vacquer : Dossier 5 (*Reliefs du sol*), 6 (*Bièvre*), 7 (*Ru de Ménilmontant*), 18 (*Hydro-*

CHAPITRE PREMIER.

encore que le premier. Avant de couler au bas de la montagne Sainte-Geneviève, le fleuve après s'être buté au promontoire d'Ivry était relancé contre les coteaux du nord de Paris : Belleville, Montmartre et Chaillot. Il décrivait à leurs pieds une large courbe, et son courant violent sur sa rive concave affouillait les sables, provoquait l'effondrement des gypses. Les eaux de ces collines, appelées au niveau de base formé par le lit du fleuve, creusaient ces vallons importants qui séparent Montmartre de Belleville et de Chaillot, le pas de la Chapelle et le col de Montceau. Cependant la rive convexe, où le courant était tranquille, s'alluvionnait de graviers, puis de sablons, terrains très perméables. Le sol descendait doucement depuis la montagne Sainte-Geneviève, tête de ce méandre de Seine, jusqu'aux grands boulevards actuels qui sont établis sur le tracé de l'ancien lit [1].

[1] *Topographie, géologie, hydrographie*. Après Vacquer, des études de détail faites sur le sous-sol parisien en différents points de fouilles sont publiées dans la *C. V. P.* Les plus intéressantes sont : Capitan, et d'Ailly De Mestu, *Fouilles de la place du Petit-Pont* (C.V.P., 6 oct. 1898, p. 95). — Capitan, *Note sur la nature du sol mis à découvert dans les fouilles de la rue de la Colombe* (dans la Cité) (C.V.P., 2 mars 1899, p. 79-80). — Capitan, *Étude du sous-sol de la place de l'Hôtel-de-Ville, exécutée au moyen de quatre puits d'exploration* (C.V.P., 27 juin 1901, p. 107-108, et 10 octobre 1901, p. 141-145). — Capitan, *Nouvelle étude du sous-sol de la place de l'Hôtel-de-Ville* (C.V.P., 13 décembre 1901, p. 198-199). — Capitan, *Étude stratigraphique et minéralogique du sous-sol de la place de la République* (C.V.P., 13 novembre 1902, p. 254-255). — Capitan, *Étude géologique du sous-sol de la rue de Rome* (C.V.P., 12 mars 1903, p. 78-79). — Capitan, *Démonstration de l'existence d'un bras de Seine antique au nord de Paris au moyen de l'étude des couches traversées par l'égout de la rue d'Hauteville* (C.V.P., 14 mai 1903, p. 140-143). — Ch. Sellier, *Rapport sur les fouilles du Métropolitain extérieur place de l'Opéra* (C.V.P., 9 juillet 1903, p. 226-233). — Capitan, *Étude du sous-sol devant la Salpêtrière* (C. V. P., 9 juillet 1903, p. 233-234). — G. Vallat, *Communication sur les fouilles du Marché aux Fleurs* (C. V. P., 7 juillet 1906, p. 186-189). — Ch. Sellier, *Rapport de constatations techniques présenté relativement aux découvertes archéologiques du Marché aux Fleurs de la Cité* (Rapport provisoire sur les fouilles, dont M. Ch. Sellier a bien voulu me donner communication.)

J'ai utilisé le plan géologique de Paris de G.

Dolfuss annexé au procès-verbal de la *C. V. P.* du 25 avril 1901, et la carte du *Relief du sol antique de Paris*, dressée par M. Vallet (*C.V.P.*, 21 janvier 1904). Enfin M. Vallet, sous-ingénieur du service des carrières de la Ville, a bien voulu me communiquer trois séries de documents inédits : 1° une note relative au sol antique mis à jour pendant les fouilles du Marché aux Fleurs dans la Cité (note destinée à la *C. V. P.*); 2° une série de coupes géologiques, dont une à travers la Cité, exécutées au moment des fouilles pour l'établissement du réseau métropolitain; 3° les cartes au 1/5000e de l'Atlas administratif de la Ville, sur lesquelles il est en train de reporter les cotes du niveau du sol naturel qui lui ont permis de corriger la première édition de sa carte du *Relief du sol antique de Paris*. (La seconde édition est en épreuves.) Grâce à ces études nouvelles qui se poursuivent encore, on peut déjà se représenter la formation du site parisien de façon toute nouvelle. Je ne puis qu'indiquer ici les conclusions de ce travail, en les justifiant de quelques notes.

[2] Si l'on trace depuis la place du Châtelet deux lignes, l'une dirigée à peu près du Sud au Nord, vers l'angle du boulevard Poissonnière et de la rue Montmartre, l'autre dirigée à peu près de l'Est à l'Ouest jusqu'à la place de la Concorde, on s'aperçoit que le sol naturel s'abaisse progressivement vers les grands boulevards. En effet, dans la première direction, on a repéré place Sainte-Opportune (tout près du Châtelet) le niveau du sol actuel à 35 m. 48, le niveau supérieur du sol de limon à 34 m. 68, le niveau supérieur du sol de sable à 33 m. 58. Plus au Nord, à l'entrée de la rue des Petits-Carreaux, les trois chiffres correspondants aux précédents sont 33 m. 58, 31 m. 98, 31 m. 48;

Mais un changement survenu dans le régime du fleuve, tout près et en amont de Paris, donna sur notre sol une nouvelle direction à la Seine. Sans cesser de couler au bas de Montmartre, elle coupa court, par un nouveau bras, à travers cette basse plaine de graviers que la vieille rivière avait déposés. Elle raccourcit le méandre qu'elle formait. Désormais la Seine eut deux bras importants, dont l'un était presque la corde du grand arc que décrivait l'ancien. Dans ces deux lits, le fleuve plus calme déposait un sable fin, et, dans ses périodes de débordement, il étendait sur ses rives basses des couches d'une argile noire et bleue, souvent tourbeuse, des couches de limon blanc et jaunâtre, terres imperméables[(1)], dont les bords venaient se terminer en biseau sur le premier sous-sol perméable de graviers et de sables bouillants. (Voir fig. 7.)

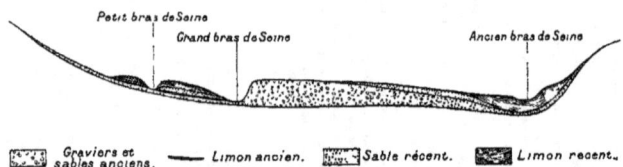

Fig. 7. — Coupe schématique du Sud au Nord à travers la plaine de Paris, d'après Vacquer.

Le bras le plus important était celui du Sud, dont les premiers dépôts sont peut-être moins vaseux. Sa pente était plus rapide, puisque son cours était moins long. Il frappait le côté oriental de la montagne Sainte-Geneviève que la Bièvre érodait déjà; puis le courant, passant à la rive droite, approfondissait la Grève[(2)], où il taillait presque à pic les flancs du gravier ancien, cependant que l'alluvionnement recommençait quelque cent mètres en aval sur la rive gauche, où les graviers remaniés se déposaient, recouverts ensuite de ces couches argilo-tourbeuses et limoneuses qui descendent en pente douce du sud-est au nord-est de l'île actuelle de

au coin de cette dernière rue et de la rue Réaumur, 33 m. 18, 31 m. 23, 30 m. 83. Dans la seconde direction, au voisinage de Saint-Germain-l'Auxerrois, on a les cotes de niveau suivantes : 34 m. 78, 33 m 18, 32 m. 58; au coin de la rue du Louvre et de la rue de Rivoli, 34 m. 76, 33 m. 16 et 32 m. 46; devant les Magasins du Louvre, 32 m. 08, 32 m. 26, 31 m. 28; sur la place du Palais-Royal, 34 m. 54, 30 m. 94, 30 m. 59: au coin de la rue de Rivoli et de la rue du Vingt-Neuf-Juillet, 33 m. 35, 31 m. 03, 30 m. 10: au coin de la rue de Rivoli et de la rue de Castiglione, 33 m. 11, 30 m. 76, 30 m. 03; sur la place de la Concorde, près du Ministère de la Marine, 32 m. 54, 30 m. 49, 29 m. 34. — Il résulte bien de tous ces chiffres que le sol actuel, le sol de limon du Marais, le sol de sable, descendent en pente douce vers le Nord et l'Ouest.

[(1)] On constate vers le bras du Nord des dépôts de même nature qu'aux environs du bras du Sud actuel. (Cf. Capitan, articles de la *C. V. P.*, 12 juin 1902, p. 154-157; 13 novembre 1902, p. 254-255; 12 mars 1903, p. 78-79; 14 mai 1903, p. 140-141.)

[(2)] Sur la question du port de Grève, anse naturelle, cf. Capitan, articles de la *C. V. P.*, 27 juin 1901, p. 107-108, et 10 octobre 1901, p. 141-145.

CHAPITRE PREMIER.

la Cité[1]. Ce dépôt, qui forme d'abord une bande étroite, s'élargit à mesure qu'on descend le fleuve, sur le flanc occidental de la montagne Sainte-Geneviève, et s'étale, tout à fait à l'abri du courant, dans la plaine de Grenelle.

C'est alors seulement que dut se répéter, pour le bras du Sud, le phénomène qui avait divisé la Seine en deux artères. Un déplacement du cours inférieur de la Bièvre, peut-être même une simple inondation, un peu plus violente que les autres, provoqua le creusement de ce qu'on appelle aujourd'hui le « petit bras »[2]. L'île de la Cité existait (voir fig. 8). La formation des îlots qui l'entourent est le résultat d'un hasard semblable et sans doute contemporain. Quand la « Cité » eut

[1] Déjà l'examen de quelques cotes du sol naturel de l'île, conservées par Vacquer, autorisait cette conclusion. Mais ses relevés ne correspondent plus aux notations actuelles. Les fouilles exécutées en 1905-1906, pour l'établissement du tunnel du Métropolitain sous le Marché aux Fleurs, ont permis de retrouver le sol naturel respecté en plusieurs points avec sa couche de limon argileux, supérieure au sable. M. Vallet constate, dans son rapport inédit, que « la partie supérieure de la couche de sable est en pente douce depuis la rue de Lutèce jusqu'à l'emplacement de l'ancienne rue Gervais-Laurent, puis, de ce point, elle s'infléchit rapidement vers le fleuve. L'altitude de la partie supérieure de ces sables et graviers d'alluvions est de 3 m. 12 à l'emplacement de l'ancienne rue de la Vieille-Draperie; elle tombe à 21 mètres à l'emplacement de l'ancienne rue Gervais-Laurent et, à partir de ce point, elle descend plus rapidement à la Seine. On a pu, en outre, constater un infléchissement de la couche dans une direction parallèle à la Seine, la partie haute en amont, la partie basse en aval du fleuve. Dans les fouilles exécutées en 1910 sous le boulevard du Palais, en face de la cour du Mai, M. Ch. Magne a repéré le niveau supérieur des sables au contact du limon argileux à 26 m. 95. C'est dire que la pente du sol naturel était dirigée du Sud-Est au Nord-Ouest, vers le bas-fond marécageux de l'ouest de l'île, constaté déjà par Vacquer sous le Tribunal de Commerce au moment de la construction de cet édifice. Les points hauts du sol naturel de la Cité devaient se trouver au sud et au sud-est de la rue de Lutèce, dans la direction du parvis Notre-Dame. Enfin tout récemment, en enfonçant sous le sol de la rue de Lutèce le caisson d'une future gare du Métropolitain, on a retrouvé, à quelques mètres à l'est d'un point où l'on avait

coté le limon à 3 m. 12 et le sable à 3 m. 72, des couches superposées de même nature, mais à un niveau de plusieurs mètres inférieur, en contact direct avec les remblais apportés par l'homme. Il n'est, dans l'état actuel de nos connaissances géologiques sur l'île de la Cité, qu'un moyen de s'expliquer la présence, au voisinage immédiat l'une de l'autre, de deux séries de couches analogues à un niveau si différent. Il faut admettre que les couches inférieures de sable et de limon ont été déposées quand le grand bras de la Seine alluvionnait et inondait le territoire de sa rive convexe. Quand la Seine a raccourci son méandre, elle s'est frayé une large route par la région de la Cité dont elle a enlevé en partie les limons, atteignant même au sud de l'île actuelle la région des sables inférieurs. Lorsque le creusement a été assez avancé, une nouvelle période d'alluvionnement a commencé. Tandis que le fleuve portait l'effort de son courant sur la région où s'élève aujourd'hui l'Hôtel de Ville, il déposait un peu en aval sur la rive gauche, dans l'anse voisine du Tribunal de Commerce actuel, les sables remaniés qu'il venait d'enlever à la rive droite, puis il les recouvrit enfin de nouveaux limons argileux, véritables dépôts de marécages. Le sol supérieur de la Cité est donc une création du nouveau bras de Seine. C'est la partie septentrionale d'un méandre dont les eaux ont apporté les matériaux et sculpté les formes. On peut donc dire que, si l'amphithéâtre parisien est l'œuvre du fleuve qui coulait aux pieds de Montmartre, la Cité est celle du cours d'eau plus récent qui passait devant la Grève.

[2] Si les couches du sol naturel descendaient bien du Sud au Nord, il faut admettre que l'île n'existait pas encore. Sans quoi, l'alluvionnement se serait fait sur ses deux versants.

été créée par le fleuve, le sol parisien était définitivement constitué dans ses éléments essentiels.

Or cet aperçu géologique permet d'imaginer la physionomie primitive d'un terrain dont les traits sont oblitérés sous les remblais d'époque historique, son relief naturel dont l'énergie disparaît à cause des travaux qui décapent sans cesse les rues, montueuses encore, du pourtour. Paris est comme un vaste amphithéâtre que la montagne Sainte-Geneviève commande au Sud, dominant le fleuve de 35 mètres environ. Au Nord, les collines de Belleville, Montmartre et Chaillot ferment l'horizon à 120 mètres, 128 mètres et 69 mètres. Elles sont séparées par deux cols dont les points bas sont à 47 mètres et 53 mètres, véritables galeries d'accès à la plaine centrale de Paris.

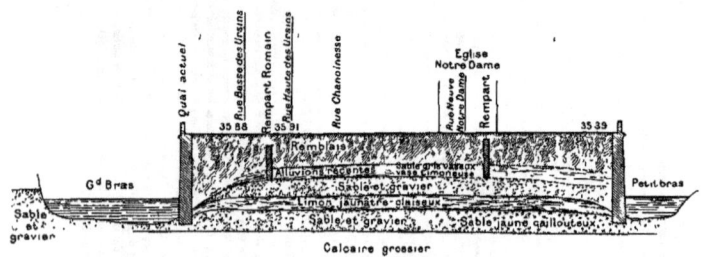

Fig. 8. — Coupe schématique du Nord au Sud à travers les terrains naturels de l'île de la Cité, d'après Vacquer (dossier 20, pièce 45).

Si les coteaux parisiens ont gardé leur aspect général, la plaine s'est bien transformée depuis l'époque gauloise. Aujourd'hui, ses points les plus bas sur le parcours de l'ancien bras de Seine sont à 32 m. 5 et 32 m. 1. A l'Ouest, son altitude moyenne est de 34 mètres, à l'Est de 36 mètres au long de la Seine. Quelques endroits au Nord-Est et au Nord atteignent 38 mètres et 40 mètres. Le point culminant près de la porte Saint-Denis est à 42 mètres. Mais c'est là un sol très artificiel, fort exhaussé, inégalement suivant les lieux. Quand aujourd'hui, dans l'ancien lit de Seine, le point le plus bas est à 32 mètres, le plus élevé, dans la plaine primitive, était à 31 mètres, le niveau ordinaire à 27-28 mètres. Une épaisseur moyenne de 6 mètres de remblais a comblé le vieux bras et adouci les premières pentes des collines du Nord où, sur certains points, on devait monter de 11 mètres sur 150 mètres. Comme aujourd'hui, la plaine s'élevait lentement vers l'Est, mais elle était beaucoup plus basse, 31-32 mètres à l'Ouest, 33 mètres à l'Est. Il y avait à 34 mètres quelques îlots, en particulier la longue bande sur laquelle court la rue Saint-Martin; enfin deux sommets à 35 mètres, le talus du pont Notre-Dame et le monceau Saint-Gervais encadrant la dépression de la Grève.

CHAPITRE PREMIER.

Sur la rive gauche de la Seine, la plaine parisienne formait entre le fleuve et la montagne Sainte-Geneviève un cordon étroit de terrains marécageux. A l'est de la colline, la Bièvre rapide[1], s'échappant de son vallon étroit taillé dans le calcaire grossier, s'étendait vers la rue Pascal sur 20 mètres de largeur[2], et formait à son embouchure[3], au delà de cette rue, un marais qu'elle enserrait entre deux bras d'émission qui se jetaient dans la Seine, l'un au pont d'Austerlitz, l'autre, sans doute, en face du quai de l'Archevêché. A l'ouest de la montagne Sainte-Geneviève, la plaine basse de Grenelle était dominée à 35 mètres, vers l'église Saint-Germain-des-Prés, par un talus qui témoigne encore de l'élévation du gravier ancien déposé sur les bords de l'ancien fleuve[4].

Mais le sol de la plaine parisienne, inégalement élevé, n'était pas partout constitué de même. Ses points bas, au voisinage des deux grands bras de la Seine, ont été couverts, en temps de débordement, de ces couches d'argile et de limons imperméables qui épargnent les sommets de gravier. Ces terrains sont donc naturellement marécageux. Ils le sont d'autant plus, que les sables qui constituent leur sous-sol sont eux-mêmes, en leurs endroits les moins élevés, imprégnés d'une eau qui jaillit jusqu'au niveau des limons, quand on perce la couche glaiseuse [5]. Enfin, cette plaine basse était toujours exposée à ces inondations qui l'avaient déjà recouverte de dépôts. Sans doute, le fleuve, qui n'était pas étreint entre des quais, qui pouvait aussi décharger son trop-plein dans le lit du Nord,

---

[1] La pente de la Bièvre entre la rue Pascal et la rue Censier est vingt-cinq fois plus forte que celle de la Seine dans Paris.

[2] Vacquer, dossier 6 (Bièvre), 8.

[3] J. Quicherat, Note au sujet d'un bras de la Bièvre (Bulletin de la Société des antiquaires de France, 1874, p. 38-39), démontre après Bonnax (Mémoires de l'Académie des inscriptions et belles-lettres, XIV, p. 267) que l'embouchure primitive de la Bièvre n'était pas en face du square de l'Archevêché (rue de Bièvre), mais près du pont d'Austerlitz. Mais il se pourrait fort bien que les moines de Saint-Victor n'aient fait que recreuser, au xiii⁰ siècle, un des bras de cette embouchure. L'étude du sous-sol naturel de la place Maubert, très marécageux, fortifie cette hypothèse.

[4] Vacquer a souvent constaté l'existence de cette butte de gravier dans des fouilles opérées aux alentours de la rue de Rennes. L'église s'élève un peu à l'est du point culminant sur lequel on voit, dans les anciens plans, un moulin. M. Vaffel m'a communiqué les cotes suivantes, groupées trois par trois, la première de chaque série correspondant au niveau du sol actuel, la seconde à celui du sous-sol de limon, la troisième à celui du sous-sol de sable : 1° à l'ouest de la place Saint-Germain-des-Prés, 36 m. 43, 35 m. 23, 34 m. 78; 2° plus à l'ouest, au coin du boulevard Saint-Germain et de la rue du Dragon, 36 m. 98, 34 m. 78, 34 m. 48; 3° de l'autre côté de la lutte, près du chevet de l'église, 35 m. 14, 34 m. 58, 34 m. 58; au sud, près de l'église Saint-Sulpice, 36 m. 08, 32 m. 88, 32 m. 28 et 36 m. 34, 31 m. 99, 31 m. 49.

[5] Cf. Ch. Sellier (C. V. P., 9 juill. 1903, p. 226-233). L'auteur de l'article constate la présence de l'eau dans les graviers et les sables de 21 mètres à 24 mètres d'altitude. De même, l'eau qu'on épuisa dans les fouilles pour la construction de l'Opéra était à un niveau inférieur à celui du lit du bras de Seine. Enfin, quand on perfore la couche glaiseuse qui surmonte les sables, l'eau jaillit bien au-dessus du niveau d'eau de la Seine (Vacquer, dossier 5 [Rêtif], 37, coupe 50, boulevard Saint-Germain; et Cartier, C. V. P., 9 juillet 1903, p. 233-234, Salpêtrière). Cette couche d'eau serait donc sans dépendance directe avec celle de la Seine. Il y a là un phénomène dont l'explication mériterait une étude spéciale: il suffit ici de le constater.

avait des crues moins terribles que certaines crues modernes [1]. Mais si l'on considère que la Seine coule à l'altitude générale de 27-28 mètres, ses crues moyennes la portent à 32 mètres, très fréquemment elle atteint 33 mètres. Dès lors, non seulement l'ancien bras de Seine était submergé, mais encore la plus grande partie de la plaine parisienne pouvait être inondée. Ce terrain marécageux par nature, soumis en outre aux caprices d'une inondation, n'était donc pas un sol favorable à l'habitat. Seuls les «monceaux» de gravier étaient à l'abri de toute surprise. Ces buttes élevées étaient aussi de terrain sec. Après l'époque romaine qui préféra installer ses maisons sur la montagne Sainte-Geneviève, les premiers groupements s'établirent sur ces monceaux, sous le patronage d'une église ou d'une abbaye : Saint-Gervais, Saint-Paul, Saint-Martin, sur la rive droite; Saint-Vincent (Saint-Germain-des-Prés), sur la rive gauche. C'est de ces points que commença l'aménagement du sol, que l'on constitua le «Champ», les «Champeaux», la «Couture» ou «Culture», les «Courtilles» à la place du «Marais». Mais, à l'époque romaine déjà, les routes s'aidèrent de ces talus pour franchir le marais. La voie de Senlis et de Rouen, amorcée sur la butte du pont Notre-Dame, se poursuivait sur la butte Saint-Martin avant de franchir en chaussée l'ancien lit de la Seine et de gagner le pas de la Chapelle. De même, les routes de l'Est passaient sur le monceau Saint-Gervais. (Voir fig. 9).

Au pied de la montagne Sainte-Geneviève, l'île de Lutèce émergeait de la Seine. Elle était bien plus petite que la Cité d'aujourd'hui, car elle était escortée d'îlots qu'on lui a rattachés. A l'Est, on doit retrancher de son territoire le «terrain» sur lequel est bâtie la Morgue; au Sud, le quai des Orfèvres formait, depuis le boulevard du Palais jusqu'à la façade du Palais de Justice, l'île Galilée; à l'Ouest surtout, sur la place Dauphine, un petit archipel prolongeait l'île principale. C'était, au moyen âge, le groupe des îles de Buci ou du Pasteur, du Patriarche ou aux Bureaux [2]. Tout leur sol appartient aujourd'hui à l'île principale. La Cité a, de nos jours, dix-sept hectares environ de superficie; elle en avait alors une dizaine [3].

Surtout elle n'avait pas cet aspect que lui donne son enceinte élevée de quais, d'une redoute inexpugnable à l'assaut des eaux les plus hautes. C'était une île à

---

[1] Sur les crues anciennes dans Paris, voir P. Dupuy, article cité (*Annales de géographie*, 1900, p. 343 et note 3), et Champion, *Les inondations en France depuis le ııᵉ siècle jusqu'à nos jours*, Paris, Dalmont, in-8°, 1858, t. I.

[2] Il n'existe pas encore une bonne étude sur tous ces îlots. On en trouverait sans doute les éléments dans le cartulaire de Saint-Germain-des-Prés, qui les possédait presque toutes. Il faut voir cependant H. Legrand, *Paris en 1380*, Impr. nat., 1868, 1 vol. in-4°, p. 34-35 (collection de l'*Histoire générale de Paris*), et L.-M. Tisserand, *Les îles du fief de Saint-Germain-des-Prés* (*Bull. de la Société de l'hist. de Paris*, IV (1877), p. 112-131).

[3] Vacquer, dossier 5 (*Reliefs*), 1, a calculé exactement cette superficie primitive de l'île à 10 hectares 0503.

18 CHAPITRE PREMIER.

fleur d'eau, semblable à celles qui s'étalent, basses au milieu du fleuve, vers Saint-Cloud. Son sol est aujourd'hui à l'altitude de 35 mètres ou 36 mètres, mais d'épais remblais accumulés par l'homme l'ont élevé de 4 mètres à 7 mètres suivant les endroits. Ancienne terre d'alluvion limitant au Nord la rive gauche de la Seine, elle descendait en pente douce, du Sud au Nord et de l'Est à l'Ouest, de 32 mètres à 29 mètres, et présentait plus nette cette convexité de l'ancien rivage

Fig. 9. — Le sol naturel de la plaine de Paris, carte d'après Vacquer (document annexé au rapport de G. Villain, sur une demande de crédits supplémentaires pour la mairie du 3ᵉ arrondissement), complétée par F.-G. de Pachtere.

qui lui donne encore aujourd'hui la forme grossière d'un croissant de lune. Toute cette partie septentrionale de l'Ile, la plus basse, était sans cesse humectée, baignée par les eaux, si bien qu'un vaste marécage s'étendait vers le Marché aux Fleurs et le Tribunal de Commerce, envahissait sans doute le territoire occidental de la Cité. En temps de grande crue, l'île risquait d'être recouverte comme l'étaient autrefois l'Ile Louviers et les deux îlots qui ont formé l'Ile Saint-Louis [1]. C'est à peine si, d'ordinaire, la région du Parvis et de la caserne de la Cité, plus élevée, échappait à l'inondation, plus sableuse, au marais. Au milieu du fleuve, la terre de Lutèce constituait un étroit monceau, semblable à ceux qui dominaient les terrains humides de la rive droite.

Cet îlot bas, d'une étendue si faible, réduite encore par le marécage de ses

[1] Sauval, I, p. 90.

bords, ne semblait guère devoir attirer la population. Mais le monticule de sable se prêtait à l'habitat, et son enceinte d'eaux facilitait la défense. C'est là que les premiers Parisiens firent, dans l'île même, leur éducation du marais qu'ils colonisèrent peut-être de constructions palafittiques [1], du fleuve sur lequel ils lancèrent leurs barques. Mais surtout, Lutèce était située sur la ligne qui mène du col de la Chapelle à la montagne Sainte-Geneviève. La route naturelle du Nord arrive sur le monceau du pont Notre-Dame, juste en face de l'île, et sur la rive gauche elle n'a plus qu'à gravir la côte abrupte mais courte de la montagne Sainte-Geneviève pour se trouver immédiatement au niveau du plateau, en évitant le marécage de Grenelle à l'Ouest, de la Bièvre à l'Est.

Or Lutèce était bien située sur le fleuve pour permettre un passage facile en cet endroit de passage nécessaire. Tandis qu'un peu en amont ou un peu en aval, il eût fallu, pour traverser la Seine, cheminer indirectement par deux îlots pour tomber sur la rive gauche en plein marécage, l'île de Lutèce permettait à une industrie encore peu audacieuse, à la fois de relayer son effort et de construire en deux parties seulement ce pont de bois qu'il eût été plus difficile de lancer d'une seule venue. Lutèce doit son importance à sa situation en plein fleuve sur le passage d'une route. Sa croissance est liée aux progrès de la Seine et de cette route comme voie commerciale ou militaire.

[1] Je ne puis qu'indiquer ici cette idée à titre d'hypothèse. Il est certain que le territoire ordinairement à sec de l'île était d'étendue trop faible pour une population nombreuse. Les Parisiens de Lutèce en vinrent donc à peupler le marais. On constata en effet, dans les fouilles du Marché aux Fleurs, au-dessus des remblais romains, l'existence d'une très faible couche de matériaux brûlés qu'on a retrouvée plusieurs fois sur d'autres points de l'île en même position stratigraphique. Au-dessous d'elle vient immédiatement un limon caractérisé par la présence à sa partie supérieure de poteries gauloises. Ce niveau de débris calcinés doit donc correspondre à l'incendie de 702 (52 avant J.-C.).

Par conséquent, la région du Marché aux Fleurs était peuplée au temps de la conquête. Or le limon à poteries gauloises y est fort marécageux, et, s'il faut en juger par la nature des terrains qui surmontent le remblai romain, tout ce canton de l'île fut, au moyen âge même, souvent submergé pendant de longues périodes. Il se prêtait si peu à l'habitat, que l'épaisseur des matériaux romains y est très faible en comparaison de celle qu'ils atteignent au sud-est de l'île. Les premières constructions en place qui reposent directement sur le sol vierge sont de basse époque, puisque leurs murs renferment des pierres réemployées. La même observation vient d'être faite dans les fouilles récentes de la cour du Mai (rapport inédit de M. Villain). Le quartier du Marché aux Fleurs et du Palais de Justice, en sa partie septentrionale, était donc peu favorable à l'habitat; et si les Gaulois de Lutèce l'ont peuplé, ils n'ont guère pu y vivre que sur palafittes. Grégoire de Tours raconte (*Hist. Franc.*, VIII, 33, éd. Arndt, p. 349) qu'en 583 un incendie, parti du Petit-Pont, ravagea l'île, mais s'arrêta dans la région du Grand-Pont (pont Notre-Dame actuel), devant un oratoire en bois de saint Martin. L'évêque n'hésite pas à reconnaître ici un effet miraculeux de la puissance du saint. Il se pourrait pourtant que le feu se soit arrêté au voisinage du Grand-Pont, parce qu'il arrivait en territoire de plus en plus marécageux, de moins en moins habité. Dans les dernières fouilles, on a constaté que l'épaisseur de la couche d'incendie supérieure aux remblais romains diminuait à mesure qu'on se dirigeait vers le bas-fond situé sous le Tribunal de Commerce. Quant à l'oratoire de bois de saint Martin, ses matériaux peuvent être ceux d'une construction sur pilotis.

CHAPITRE PREMIER.

L'intérêt d'une étude sur Lutèce à l'époque gallo-romaine est de montrer les premiers progrès de la petite ville gauloise. L'île s'exhausse pour devenir plus habitable. La Cité, trop étroite, déborde sur la rive gauche et dépasse au Sud le sommet de la montagne Sainte-Geneviève. En même temps, les rues s'aménagent et se continuent en routes. La Seine devient une route fluviale importante, et Lutèce, située sur son passage, se développe d'abord avec elle. Mais pour que Lutèce, ville d'importance locale, sorte de sa médiocrité, il faut que la route du Nord-Est devienne un grand chemin. Or c'est à basse époque seulement, avec les grandes invasions barbares du iiiᵉ siècle, qu'elle deviendra une route militaire sur laquelle s'avanceront les Francs jusqu'à Soissons, puis jusqu'à Paris. Le développement de la ville est lié aux progrès mêmes de l'invasion. C'est Clovis qui fera de Paris une capitale.

CHAPITRE II.

LUTÈCE ET SES RELATIONS ROUTIÈRES À L'ÉPOQUE ROMAINE.

Sous le haut empire, les Parisiens sont mentionnés par trois auteurs : Strabon et Ptolémée, qui les nomment avec leur capitale Lutèce, et Pline l'Ancien, qui les indique sans plus. C'est cependant grâce à Pline que nous possédons le seul renseignement qu'on ait sur leur situation politique. En effet, dans son énumération des peuples de la Gaule, Pline relève ceux qui jouissent d'une condition privilégiée, ceux qui sont fédérés ou libres. Les autres sont les peuples sujets. Les Parisiens sont de ce nombre[1]. Sans doute, comme les cités sujettes en général, ils devaient avoir gardé le soin de leur administration locale; mais les droits qu'ils exerçaient n'étaient pas garantis par un traité, une loi, un sénatus-consulte, ils étaient donc révocables arbitrairement. Toute leur organisation était soumise au contrôle du gouverneur romain de la Lyonnaise, dont ils dépendaient. Enfin ils devaient payer le tribut. Mais, comme la décadence des villes libres rendit bientôt nécessaire l'intervention des agents impériaux dans les affaires locales, la condition politique des différentes cités devint dès le IIe siècle à peu près semblable, et le renseignement que Pline nous a implicitement fourni sur les Parisiens n'a de valeur que pour le premier siècle.

On est un peu mieux renseigné sur la situation commerciale du pays. Le commerce de Seine se développa dès le début de l'époque gallo-romaine. Strabon vante l'excellence de cette voie fluviale en relation directe avec la Saône et le Rhône, et semble vouloir y attirer les négociants que ses méandres trop nombreux détournaient d'elle[2]. C'est alors que se fondent ou grandissent les villes de la basse Seine. La splendeur de *Juliobona*, attestée par les ruines magnifiques qu'on a découvertes à Lillebonne, date, comme son nom même l'indique, de cette époque. Rouen va croître assez, pendant le haut empire, pour devenir au IIIe siècle la capitale de la IIe Lyonnaise. La part que prit Lutèce à cette activité commerciale nous est attestée par une inscription.

En 1711, en creusant une fosse derrière le grand autel de Notre-Dame, on

---

[1] Pline l'Ancien, IV, 32, 2 : «Lugdunensis Gallia habet Lexovios... intus autem Hædui fœderati... Meldi liberi, Parisii... Segusiavi liberi». — Th. Mommsen et T. Marquardt, *Manuel des antiquités romaines* : t. 8, *Organisation de l'Empire romain*, t. I, p. 95-123 : Sur la situation politique des villes provinciales.

[2] Strabon, IV, 3, 3.

CHAPITRE II.

découvrit, dans les fondations d'un mur romain, quatre autels dont l'un portait sur une face :

TIB·CAESARE
AVG·IOVI·OPTVM
MAXSVMO·
NAVTAE·PARISIACI
PVBLICE·POSIERVNT[1]

Il existait donc, dès l'époque de Tibère, dans la première moitié du premier siècle, une corporation de nautes parisiens dont le siège était Lutèce. Elle élevait, à ses frais, un autel à l'empereur Tibère et à Jupiter Optimus Maximus.

Sans doute une corporation organisée, groupant les bateliers de la région parisienne[2], dut avoir à Lutèce une grande influence. Elle semble se charger d'affirmer, au nom de la cité, l'attachement des Parisiens à la divinité officielle de l'empire. Aussi a-t-on voulu voir dans les nautes gallo-romains les prédécesseurs des marchands de l'eau, et dans leur chef présumé l'ancêtre du maître de la corporation médiévale, le prévôt des marchands de Paris[3]. Mais aucun document ne prouve la continuité de l'association des nautes jusqu'au XIIᵉ siècle, et surtout aucune ressemblance d'attributions n'existe entre les deux corps, dont l'un avait avant tout pour objet le commerce, l'autre, la police de l'eau[4]. Il n'y a donc pas lieu de conférer par exception aux nautes parisiens des honneurs dont les corporations industrielles et commerciales du haut empire ne jouissaient pas. On connaît en effet les magistrats municipaux de l'époque, et l'on sait qu'ils formèrent des collèges spéciaux. En ce qui concerne les nautes, on lit, en de nombreuses inscriptions funéraires de Lyon, que des bateliers du Rhône et de la Saône furent « séviri » en cette ville[5]. C'est là, sans doute, une preuve que les fonctions corporatives n'étaient pas incompatibles avec les charges municipales et que le métier de naute était assez relevé pour désigner celui qui l'exerçait aux honneurs de la cité; mais, puisque les titres de naute et de sévir sont indiqués séparément, la corporation, comme telle, ne gouvernait pas la ville où elle siégeait. Les nautes de Paris n'étaient pas magistrats.

---

[1] La bibliographie de cette inscription, indiquée déjà dans R. Mowat, *Inscriptions de Paris*, p. 1, est reprise dans le *C. I. L.*, XIII, 1, 3026. Pour le sens de l'inscription, voir de Pachtere et Jullian, *Le monument des nautes parisiens* (*Revue des Études anciennes*), 1907, p. 963, 1°.

[2] Voir p. 23.

[3] Le Roy, *Dissertation sur l'origine de l'Hôtel de Ville de Paris*, en tête du tome I de l'*Histoire de Paris* de Félibien.

[4] E. Picard, *Les marchands de l'eau, Hanse parisienne et Compagnie française* (*Bibl. École des hautes études*), fascic. 134, p. 15 : « La hanse parisienne avait pour objet non pas l'exploitation commerciale du fleuve, mais la police (c'est-à-dire l'administration, la surveillance) de l'eau sanctionné par des dispositions pénales qu'appliquait le Parloir aux bourgeois, juridiction composée de marchands de l'eau. »

[5] *C. I. L.*, XIII, 1966, 1967, 1972, 1911, etc. J'en cite une : « [*nr*]*oir Aug.*ʳ(*a*ʳ). *Lug.*, *curator ejusdem corporis*, *nauta Rhodanicus Ararc navigans*... »

On s'appuie cependant, pour l'affirmer, sur un mot de l'inscription : *publice*. Comme le sens classique de l'expression est bien « aux frais de la cité », on en conclut que les nautes, qui disposaient des finances de la ville, étaient aussi chargés du soin de l'administrer. Mais, dans plusieurs inscriptions de Rome dédiées par des collèges funéraires à des membres défunts, les termes *publice, pecunia publica* se retrouvent[1]. Ils indiquent ici que c'est non pas l'état ou la cité, mais le collège qui a payé les frais de l'inscription. Une inscription d'Axiupolis est plus décisive[2]. On y voit les nautes du Danube élever un monument à Julia Domna *ex re publica sua*. La *res publica* de cette corporation représente certainement ici son trésor particulier. Ainsi le terme *publice* de l'inscription parisienne, bien loin de fournir une preuve du rôle municipal des nautes, indiquerait plutôt que la corporation et la municipalité étaient deux groupements distincts.

Il est d'ailleurs impossible d'enfermer dans Lutèce la corporation des nautes. C'est seulement à la fin du IIIe siècle que les dénominations réservées jusque-là aux peuples désigneront aussi les chefs-lieux des cités; c'est seulement au IVe siècle que l'épithète de *Parisiacus*, en particulier, se restreindra jusqu'à ne plus s'appliquer qu'à la seule ville de Paris. Au premier siècle, elle s'étend encore à tout le pays des Parisiens. Les *nautae Parisiaci* n'étaient donc pas seulement les bateliers de Lutèce, mais encore tous ceux de la cité. Cette distinction, qui serait ailleurs sans importance, a grande valeur dans une région où la Marne et l'Oise confluent avec la Seine. L'association groupait, autour des nautes de Lutèce et de la Seine voisine, ceux de basse Oise et de basse Marne. Lutèce, loin d'en être diminuée, y gagnait d'être le siège d'une corporation dont elle ne fournissait qu'une partie des membres. Le commerce local y tenait ses assises.

Mais une association de nautes n'avait pas seulement pour but de servir des intérêts privés ou locaux. L'empire, qui l'autorisait, lui créait des devoirs[3]. Du moment qu'ils existaient, les bateliers parisiens avaient un rôle d'utilité publique. C'étaient des convoyeurs d'État sur la route de Seine. Sans doute, on est porté à s'exagérer leur importance, dans l'ignorance où nous sommes d'autres corporations de nautes qui devaient certainement exister sur le fleuve et limiter leur champ d'action. On ne peut nier cependant que leur mission publique les enrôlait dans ce vaste système de corporations fluviales et maritimes qui, par la Seine, la Saône, le Rhône et la Méditerranée, faisaient en même temps leurs

---

[1] *C. I. L.*, VI, 10302, 10409, 10410.

[2] *C. I. L.*, III, 7485 : « *[J]uliae Domnae Au[g(us-tae) m]atri ca[str]orum, [n]autae un[iver]si Dan[uvi] ex r(e) p(ublica) sua, sub cura L(ucii) J[ul(ii)] Faustiniani . . .* »

[3] Sur le rôle d'utilité publique que devaient avoir les corporations antiques, et spécialement sur les fonctions des nautes et des naviculaires convoyeurs de l'annone, il faut voir J.-P. Waltzing, *Étude historique sur les corporations professionnelles chez les Romains*, t. I (1895), 1re partie, chap. II, p. 114-160, et t. II, 3e partie, chap. Ier, p. 26-34; et W. Liebenam, *Zur Geschichte und Organisation des römischen Vereinswesens*, 1890, in-8°, p. 68 et 231.

CHAPITRE II.

affaires propres et assuraient le service de l'annone romaine. Par leur marine, les Parisiens devinrent des agents, peut-être modestes, d'un grand commerce général.

Mais Lutèce n'était pas seulement une escale importante sur la Seine, c'était encore le carrefour de plusieurs routes qui sillonnaient le pays parisien[1]. Deux sont indiquées à la fois par la Carte de Peutinger et l'Itinéraire d'Antonin. L'Itinéraire en signale une troisième, et fournit en outre, comme document écrit, quelques renseignements intéressants sur les cités qui étaient en relation avec Lutèce. Une quatrième nous fut révélée par la découverte à Paris d'une borne milliaire; d'autres enfin, moins certaines, nous sont connues par de rares découvertes archéologiques et par des documents postérieurs à l'époque romaine.

Lutèce était d'abord située sur la grande route terrestre qui doublait la Seine sur sa rive droite. Elle reliait Troyes à *Caracotinum*[2], ville sise à l'embouchure de la Seine. En amont de Paris, elle venait directement de Melun. La distance entre Melun et Lutèce est de 17 lieues gauloises d'après la Carte de Peutinger, de 18 d'après l'Itinéraire d'Antonin. La mesure fournie par l'Itinéraire semble plus exacte, quand on se reporte au trajet actuel du chemin de Paris à Melun. Mais si l'on admet ces distances presque concordantes, la grande route de Paris à Melun ne cheminait pas par la rive gauche, parce qu'elle aurait dû longer le large coude que fait la Seine jusqu'à Villeneuve-Saint-Georges, mais par la rive droite, suivant un tracé où ses vestiges n'existent plus et qui doit être à peu près celui de la route nationale d'aujourd'hui. Elle entrait dans le Parisis vers Lieusaint, atelier monétaire mérovingien[3], desservait Villeneuve-Saint-Georges, centre gallo-romain, Charenton, dont le nom gaulois indique l'antiquité et dont le pont est mentionné dans une charte d'Eudes, comte de Paris, antérieure à 888[4]. Elle arrivait à Paris sur la voie de Senlis, tout près du pont Notre-Dame, en un point où on l'a retrouvée. Elle est indiquée par l'«Itinéraire brugeois» et la «Guide des chemins de France»; elle était, au moyen âge, jalonnée par les maisons-Dieu de Lieusaint, Villeneuve-Saint-Georges et Charenton[5].

---

[1] Je ne connais qu'une étude d'ensemble utile, mais bien imparfaite, sur les routes romaines avoisinant Paris : DUTILLEUX, *Recherches sur les routes anciennes du département de Seine-et-Oise*, Versailles, Cerf, 1881, in-8°. Le même a dressé, à l'occasion de l'Exposition universelle de 1889, une carte archéologique de Seine-et-Oise où figure le tracé des routes romaines. J'ai vu cette carte aux Archives de Seine-et-Oise. Elle est reproduite à l'échelle, 1/80000, dans un opuscule intitulé : *La Commission des antiquités et des arts de Seine-et-Oise à l'Exposition universelle de 1889*, Versailles, Cerf, 1889, in-8°.

[2] E. DESJARDINS, *Géographie de la Gaule d'après la Carte de Peutinger*, p. 162-173, et *Itin. Anton.*, édit. Parthey et Pinder, p. 183.

[3] M. PROU, *Les monnaies mérovingiennes*, Paris, 1892, 1 vol. in-4°, p. 185 à 187.

[4] R. DE LASTEYRIE, *Cartulaire général de Paris*, p. 70-71 (n° 52).

[5] LE GRAND, *Les maisons-Dieu et léproseries du diocèse de Paris au xıv° siècle* (*Mém. Soc. Hist. Paris*, XXV, 1898), p. 86. La méthode qui consiste à repérer les routes romaines par la situation des hôpitaux du moyen âge a été indiquée par Guigue, qui en a fait une application au pays lyonnais. Elle

En aval de Paris, la route nous est mieux connue. Elle menait de Lutèce à *Briva Isara* (Pontoise), qui, d'après les témoignages concordants de la Carte et de l'Itinéraire, en était éloigné de quinze lieues gauloises [1]. Elle empruntait d'abord le chemin de Paris à Senlis [2], par la rue et le faubourg Saint-Martin, au moins jusqu'au carrefour de Château-Landon, puis, à six milles [3] de Paris, elle passait au bourg de *Catulliacus* (Saint-Denis), sur le passage actuel de la rue Catullienne, près de la vieille église primitive, qui portait le nom caractéristique de Saint-Denis de l'Estrée. Elle poursuivait à travers Saint-Denis par la rue de l'Estrée [4]. Sans doute, elle faisait un crochet au nord du lac d'Enghien, elle desservait Ermont, où l'on découvrit en 1881 un trésor au lieu dit «la Chaussée de César [5]», et en 1884 un cimetière gallo-franc assez riche dont les sépultures, voisines de l'église du village, s'arrêtaient au bord de la route qu'on a repérée en cet endroit [6]. Plus loin, à l'ouest d'Ermont, elle est appelée, dans de vieux plans de la paroisse du xviie siècle, «grand chemin de Pontoise à Ermont, dit Lachossé», ou «chemin ferré conduisant de Pontoise à Ermont» [7]. De là elle se dirigeait, suivant un tracé remarquablement droit qui sert aujourd'hui de limite communale, sur un lieu dit «l'Église» près de l'Oise. Elle traversait sans doute la rivière, en profitant de l'île située en face du château de Saint-Martin, et de là, toujours rectiligne, elle courait par le Vexin français, si caractéristique qu'elle porte encore aujourd'hui, sur la carte d'État-major, le nom de «chemin de César».

Une autre voie romaine reliait directement Lutèce à Orléans. La distance entre les deux villes était, selon la Carte de Peutinger, de 47 lieues gauloises, soit 104 kilomètres et demi [8], mesure exacte, qui est à peu près confirmée par l'Itinéraire d'Antonin [9]. Celui-ci indique en outre, sur cette route, à mi-chemin des deux villes, le relais de *Salioclita* (*Saclas*). Si la voie est très reconnaissable dans le pays **carnute**, à Saclas même, avec sa chaussée de six mètres, on n'a pas retrouvé ses traces hors de Paris, dans la cité des Parisiens; mais il n'est pas douteux

---

peut donner des résultats très féconds (Cf. Guigne, *Les voies antiques du Lyonnais... déterminées par les hôpitaux du moyen âge*. Lyon, in-8°.

[1] E. Desjardins, *Géographie de la Gaule d'après la Carte de Peutinger*, p. 162, et *Itin. Anton.*, édit. Parthey et Pinder, p. 184-185.

[2] Je le montrerai quand j'étudierai cette route du Nord comme rue parisienne, p. 37-38.

[3] *Passio SS. Dionysii, Rustici et Eleutherii* (*Monum. Germ. hist., Auct. ant.*, IV, 2, p. 104, l. 26).

[4] Cf. Plan de Saint-Denis, dans Félibien, *Histoire de l'abbaye royale de Saint-Denis*, Paris, 1706, in-fol.

[5] Ch. Magne, *Notice sur les fouilles de l'église d'Ermont* (*Bull. hist. et phil. du Com. des trav. hist.*, 1886, p. 414-419).

[6] Ch. Magne, *l. c.*

[7] Je dois ce renseignement à Vacquer, dossier 21 (*Voies*), 46.

[8] E. Desjardins, *Géographie de la Gaule d'après la Carte de Peutinger*, p. 177-179.

[9] *Itin. Anton.*, édit. Parthey et Pinder, p. 175. L'Itinéraire indique 24 lieues de *Genabum* à Saclas et 24 de Saclas à Paris. Le total donne donc 48 lieues, soit 1 lieue de plus que la Carte de Peutinger; mais, comme l'Itinéraire ne donne que des chiffres ronds, il se peut qu'il ait augmenté légèrement les deux distances partielles : ce qui explique la différence entre les deux documents.

que c'est la route actuelle de Paris à Orléans. Elle traversait l'Orge au *pons Urbiensis*[1], pour arriver à Châtres (Arpajon). L'Itinéraire brugeois indique sur la route les stations de Châtres, Montléry, Longjumeau[2]. Dans ces localités, comme à Bourg-la-Reine, il y eut plus tard des hôtels-Dieu[3]. Près de Paris, le chemin sert de limite communale. A Paris même, il séparait les anciens villages de Gentilly et de Montrouge. Par la rue de la Tombe–Issoire, le faubourg Saint-Jacques et la rue Saint-Jacques, il entrait dans Lutèce[4].

Telles sont les seules routes indiquées par la Carte de Peutinger dans la région parisienne. Elles suffisent à faire connaître les relations principales de Lutèce. Pour les commerces que la longueur de la voie fluviale effrayait, la route de Troyes à Rouen était plus directe. Dans le pays parisien en particulier, sauf le crochet qu'elle fait pour passer à Lutèce, elle est presque rectiligne. Lutèce était une étape sur ce chemin plus rapide. D'autre part, elle communique avec *Genabum*, ce grand « emporium » qui, de simple *vicus* des Carnutes, se développe assez pour devenir, avant le IVᵉ siècle, le chef-lieu d'une cité indépendante. Au contraire, la Carte de Peutinger n'indique aucune route de Lutèce aux villes du Nord. On est tenté d'y voir une lacune. Peut-être cependant faut-il conclure de l'absence de tout tracé non pas que ces voies n'existaient pas, mais qu'elles n'étaient pas de grands chemins de passage vers le Nord. Lutèce vivait un peu à l'écart de cette région septentrionale de la Gaule dont le réseau serré de routes indique assez la prospérité commerciale à cette époque.

L'Itinéraire d'Antonin, qui, sous sa forme définitive, date de la fin du IIIᵉ siècle, indique d'autres routes et fournit d'autres renseignements. Avec lui, Lutèce apparaît comme tête d'un chemin sur Autun[5]. La voie de Paris à Orléans indiquée par la Carte de Peutinger était la première partie de ce trajet qui se continuait par *Belca* (?), *Briodurum* (Briare), *Condate*, *Nivernum* (Nevers), *Decetia* (Decize). Sans doute on préférait cette voie détournée, mais sûre, à celle qui traversait le Morvan encore sauvage et dangereux[6] par Saulieu, Avallon, *Cora* (?) et Auxerre. Cette route sur Paris continua d'être fréquentée, concurremment avec l'autre, puisqu'on voit, en 585, le roi Gontran venir de Chalon-sur-Saône à Paris par Nevers et Orléans[7].

---

[1] Cf. A. Longnon, *Géographie de la Gaule au VIᵉ siècle*, Paris, 1878, in-4°, p. 365-364.

[2] *Itinéraire brugeois*, édition Lelewel, *Géographie du moyen âge*, t. I, 3, épilogue, p. 293.

[3] Le Grand, *Les maisons-Dieu et léproseries du diocèse de Paris*, p. 87.

[4] J'étudierai plus loin, p. 45-47, cette voie en tant que rue parisienne.

[5] Cf. *Itin. Anton.*, édition Parthey et Pinder, p. 175.

[6] La région du Morvan était *assez redoutée*. Ammien Marcellin (XVI, 2, 3) parle de chemins raccourcis à travers le Morvan, mais il les signale comme dangereux : «compendiosas vias, verum suspectas quia tenebris multis umbrantur». Cf. encore Fortunat, *Vita S. Germani*, XXIV, 83 (Monum. Germ. Hist., Auct. ant., IV, 2, p. 17).

[7] Grégoire de Tours, *Hist. Franc.*, VIII, 1, éd. Arndt, p. 326.

Sur la rive gauche, une autre voie reliait Lutèce à Rouen par Dreux et Évreux [1]. Si son parcours a pu être relevé en quelques points, hors de la cité des Parisiens [2], la seule indication qu'on possède sur sa direction générale dans notre région est fournie par la position de *Diodurum* [3], l'étape indiquée par l'Itinéraire entre Lutèce et Dreux. Cette forme gauloise se retrouve en effet dans la toponymie actuelle sous le nom de Jouars. Ce village est voisin du territoire parisien; on y a trouvé des traces d'habitation antique et on y a signalé une route romaine de cinq à six mètres de largeur [4]. Malheureusement, si la distance de 37 lieues gauloises (82 kilomètres) marquée par l'Itinéraire, entre Paris et Dreux peut être exacte, si même il peut y avoir 15 lieues de Lutèce à Jouars et 22 de Jouars à Dreux, on ne trouve aucune trace de la route sur le terrain.

Enfin l'Itinéraire indique une voie de Paris à Beauvais par *Briva Isarae* (Pontoise) et *Petromantalum*, lieu situé entre Banthelu et Saint-Gervais, près Magny-en-Vexin [5]. Si l'on ignore la position exacte de *Petromantalum*, on sait cependant, par l'Itinéraire, que cette station se trouvait sur la route de Rouen à Paris [6], et la Carte de Peutinger la signale au carrefour des routes de Rouen-Beauvais et de Rouen-Paris, qui se confondent de Rouen à cette localité [7]. La route de Lutèce à Beauvais n'est donc pas, en réalité, une voie nouvelle et directe; c'est un chemin formé de deux tronçons, qui sont déjà portés sur la Carte de Peutinger.

Ainsi, d'après l'Itinéraire, Lutèce n'est pas seulement une étape sur une route et la tête d'une autre, c'est l'aboutissement de trois grands chemins. Elle est reliée à Autun, cette grande cité gallo-romaine dont Chalon est comme le port sur la Saône. Ses relations avec Rouen sont si développées, que la route directe de la rive droite n'est plus la seule fréquentée. Mais surtout Lutèce n'est pas isolée du côté du Nord, puisque Beauvais, centre de routes, communique directement avec Amiens, un des plus grands carrefours de la région.

On ne peut s'empêcher pourtant de remarquer combien le système routier de Lutèce, tel qu'il nous est révélé par les documents antiques, est imparfait. Si l'Itinéraire se préoccupe de relier Lutèce à de grandes cités, c'est sans doute qu'elle avait elle-même acquis quelque importance. Mais les voies fréquentées qui rejoignent Paris à ces villes sont fort indirectes. Il faut, pour aller d'Autun à Lutèce, suivre d'abord la route de Bourges jusqu'à Decize, puis la route latérale qui longe le coude de la Loire jusqu'à Orléans, avant de rejoindre la route directe d'Orléans

---

[1] *Itin. Anton.*, éd. Parthey et Pinder, p. 184.
[2] Diox, *Les chemins de l'Yveline* (Soc. arch. de Rambouillet, I, 1873, p. 217-227).
[3] *Itin. Anton.*, édition Parthey et Pinder, p. 184. On arrive de *Divodurum* à la forme Jouars par toute une série de transformations phonétiques régulières, *Djoduro, Iodro, Jorre, Jouarre*, devenu cette fois irrégulièrement Jouars.
[4] Diox, *Les chemins de l'Yveline*, p. 226.
[5] *Itin. Anton.*, éd. Parthey et Pinder, p. 184.
[6] *Ibid.*, p. 183.
[7] E. Desjardins, *Géographie de la Gaule d'après la Carte de Peutinger*, p. 144. La Table porte *Petrum. uiaco* avec la place d'une lettre manquante entre l'm et l'u. C'est évidemment une faute de transcription pour *Petrumantalo*.

CHAPITRE II.

à Paris. On fait ainsi un grand détour qu'on éviterait par Auxerre et Sens. De même, le chemin de Rouen par Dreux et Évreux est fort indirect, car ces deux villes sont en réalité des étapes sur la route de Chartres à Rouen[1]. Ce qui frappe surtout, c'est la longueur de l'Itinéraire Lutèce-Beauvais. Au lieu de se diriger droit par Beaumont-sur-Oise sur la ville du Nord, on chemine sur Beauvais par deux voies indirectes : l'une, de Lutèce à *Petromantalum*, est la route directe de Paris à Rouen; l'autre, de *Petromantalum* à Beauvais, est la route directe de Rouen à Beauvais. Au lieu d'être éloigné de 80 kilomètres à peine de Paris, Beauvais, s'il faut en croire les chiffres de l'Itinéraire d'Antonin, en est à 46 lieues gauloises, à plus de cent kilomètres.

Outre les routes antiques indiquées par la Carte de Peutinger et l'Itinéraire d'Antonin, on a cru pouvoir en signaler une autre d'après une borne milliaire découverte au cimetière Saint-Marcel, où elle avait été creusée pour servir de tombeau[2]. Heureusement une partie de l'inscription qu'elle portait était intacte; mais la pierre gardait les traces de plusieurs inscriptions plus anciennes. Sans doute, on avait dû d'abord « reboucher » les premières lettres, en gardant toutefois celles qui pouvaient être conservées pour la dernière inscription; mais la matière du rebouchage s'est en majeure partie effritée. Les textes se confondent. La borne milliaire de Paris est un véritable palimpseste. Non seulement on ne peut en déchiffrer les premiers textes, mais leurs vestiges gênent à tel point la lecture du dernier, qu'en un endroit même ils la rendent impossible.

Elle a d'abord été déchiffrée comme il suit par M. de Longpérier :

 1 ⬛⬛⬛⬛⬛
 2 ⬛N GAL-VAL
 3 MAXIMINO
 4 NOBIL-CAES
 5 A CIV-PAR
 6 P·O⬛⬛⬛⬛

[1] La Table de Peutinger et l'Itinéraire d'Antonin sont incomplets. Ils peuvent ne pas signaler des routes directes, pourtant existantes, de Lutèce aux villes d'alentour. C'est que ces routes n'étaient que des raccourcis, et non pas de grandes voies de communication.

[2] La route Chartres-Rouen n'est pas indiquée par l'*Itin. Anton*. Mais la Carte de Peutinger (Darsnes, p. 148-151) marque une route Lillebonne-Chartres, et l'Itinéraire (p. 185), une route Lillebonne-Dreux. En combinant ces données avec celle de l'Itinéraire, qui marque la route de Dreux à Rouen, on arrive à reconstituer la route qui, par Dreux, rejoignait Chartres non plus à Lillebonne, mais à Rouen.

[3] La borne milliaire découverte en 1874 fut d'abord étudiée par Lonorésa, *Notice sur une borne milliaire de Paris* (C. R. acad. Inscr. Belles-Lettres, 1877, p. 129-130). L'étude plus détaillée en fut reprise dans trois articles d'E. Desjardins. *La borne milliaire de Paris* (*Revue arch.*, 1880, I, p. 86-98, 156-160, 204-209), et dans une note de M. A. Longnon, annexée à cette étude, *Note sur les voies romaines de Paris à Reims*, p. 201-204. Ces articles ont été repris dans le *Bull. Soc. Hist. Paris*, VIII (1881), p. 36-55, et surtout dans la

[*D(omino)*] *n(ostro) Gal(erio) Val(erio) Maximino nobil(issimo) Caes(ari) a civ(itate) Par(isiorum) Ro[tom(agum)]* (*milliarium*) *primum*. C'était la première borne milliaire sur la route de Paris à Rouen.

Fig. 10. — La borne milliaire de Paris (Musée Carnavalet).

E. Desjardins en a repris l'étude. Il lit, comme Longpérier, les lignes 2, 3, 4, 5, mais il prétend voir à la ligne 1 outre un V, qui est bien lisible en effet, l'amorce d'un A qui le précéderait et de deux GG qui le suivraient. On aurait ainsi l'abréviation AVGG (*Augustis*). A la fin de cette ligne se verraient les vestiges des deux lettres ET. A la ligne 6, il déchiffre RCV. Selon lui, l'inscription serait donc.... *Aug(ustis) et D(omino) n(ostro) Gal(erio) Val(erio) Maximino nobil(issimo) Caes(ari), a civ(itate) Par(isiorum) R(emos) centum et quinque millia (passuum)* (voir fig. 10). Or il est impossible de lire la dernière ligne et, par conséquent, de hasarder une interprétation si précise.

Cette inscription milliaire peut se dater. Elle fut gravée pendant que Maximin Daza (*Galerius Valerius Maximinus*) était César, c'est-à-dire entre le 1ᵉʳ mai 305

Géographie de la Gaule romaine, t. IV, p. 187-192. L'inscription a été de nouveau publiée et commentée par O. Hirschfeld dans le *C. I. L.*, XIII, 8974.

et le 1ᵉʳ janvier 308. Desjardins pousse la précision plus loin. Comme il déchiffre, à la ligne 1, *Augg et*, il constate qu'après les Augustes Maximin Daza est le seul César nommé. L'inscription date donc d'un moment où, dans le système de la tétrarchie, Maximin Daza se trouva seul César. J'adopte sa conclusion, mais pour d'autres motifs que cette seule raison de lecture épigraphique : car je n'ai pu, dans l'état actuel de la pierre, découvrir à la première ligne autre chose que les traces d'un V. Maximin Daza fut, du 1ᵉʳ mai au 25 juillet 306, César avec Sévère, alors que Constance Chlore et Galère étaient Augustes, puis, du 25 juillet 306 au 31 mars 307, en compagnie de Constantin, sous les Augustes Sévère et Galère d'abord, Maximien, Sévère, Maxence et Galère ensuite; enfin il resta seul César quand, après la mort de Sévère, Constantin devint à son tour Auguste. Or, s'il y avait deux Césars mentionnés dans l'inscription milliaire, on sait d'après la ligne 5 : *a civ(itate) Paris(iorum)*, que Maximin Daza est nommé le second. Le premier nommé ne peut être Constantin, car, d'après l'exemple ordinaire, les Césars sont classés, dans les inscriptions, dans l'ordre du choix que firent d'eux les empereurs. Ce ne pourrait donc être que Sévère, qui devint César en même temps que Maximin Daza le 1ᵉʳ mai 305. Mais Sévère lui-même ne doit pas figurer sur cette inscription, car généralement, au lieu de répéter *D(omino) N(ostro)* pour chaque prince, on met avant le nom du premier l'abréviation NOBIL · CAES, qui ne peut désigner qu'un seul César, il y en aurait d'autres, comme NNOBB · CAES, NNOBB · CAESS[1]. L'inscription fut donc bien rédigée au moment où Maximin Daza était seul César, c'est-à-dire du 31 mars 307, jour où Constantin devint Auguste, au 1ᵉʳ janvier 308, où Daza le devint à son tour[2].

Il était intéressant de fixer cette date précise, car l'inscription de cette borne milliaire nous est une preuve sinon de la construction ou de la réfection d'une route parisienne, du moins d'un réaménagement partiel[3]. D'autre part, comme la *civ(itas) Paris(iorum)* désigne bien ici non pas le territoire entier de la cité qui ne peut être le point de départ d'un comput milliaire, mais la ville même de Paris, on constate ce fait curieux que Lutèce porte, dès 307, le nom nouveau de *Civitas Parisiorum*.

Si l'on peut tomber d'accord avec E. Desjardins sur la date de l'inscription, il est bien difficile de le suivre dans la lecture et dans l'interprétation de la dernière ligne du milliaire. Certes, il a raison de ne pas approuver la conjecture *Rot[om(agrum)]*

---

[1] R. Cagnat, *Manuel d'épigraphie latine*, Paris, 3ᵉ édit., 1898, in-8°, p. 417-418.

[2] Une fois la date fixée, je crois inutile de restituer par raisonnement l'inscription, j'adopte la reconstitution de E. Desjardins. (Cf. planche ci-jointe), je ferai remarquer cependant que, pour tout le raisonnement qui précède, E. Desjardins part de

et postulat que l'on doit lire à la première ligne AVGG (Augusti). Au contraire, c'est l'analyse interne de l'inscription qui permet d'arriver par une autre voie à la restitution que proposait Desjardins.

[3] L'inscription du *C. I. L.*, XIII, 9032, de la région d'Amiens, date aussi de Maximin Daza César.

de Longpérier, car on doit déchiffrer un C plutôt qu'un O, et le T n'existe pas; mais il n'est guère possible, non plus, de lire R $\overline{\text{CV}}$. On ne peut certainement prendre pour un V une série de petits défauts de la pierre qui en affectent très grossièrement la forme, quand on veut l'y trouver. Surtout la ligne horizontale, qui, selon Desjardins, suscrirait $\overline{\text{CV}}$ et indiquerait le caractère numéral de ces lettres, apparaît à l'examen précisément rebouchée sur le C, si bien qu'elle ne peut avoir le sens qu'on lui prête. Je crois qu'il vaudrait mieux renoncer à lire cette dernière ligne de l'inscription toute brouillée par des recharges successives.

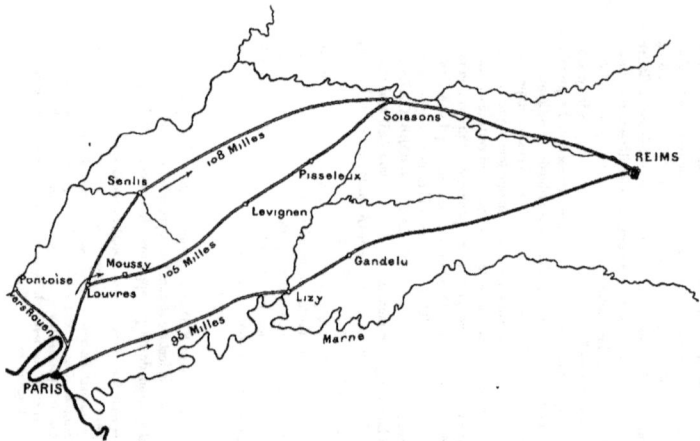

Fig. 11. — Les routes antiques de Paris à Reims, d'après E. Desjardins.

J'admets cependant cette lecture R $\overline{\text{CV}}$; du moins, on ne peut développer ces lettres en *R(emos) centum et quinque millia (passuum)*. Cette borne milliaire « récapitulerait », dit-on, la distance de Paris à Reims. Or trois routes romaines pouvaient mener de Paris à Reims : la première par Claye, Lizy-sur-Ourcq, Gandelu, etc. : elle avait 95 milles; la seconde par Louvres, Senlis et Soissons: elle avait 108 milles; la troisième par Louvres, Moussy, Levignen, Pisseleux et Soissons : elle avait 105 milles (voir fig. 11). La borne milliaire de Paris indiquerait cette dernière route. Mais la lettre R, qu'on lit bien sur l'inscription, ne peut à elle seule signifier ici *Remos*. De même qu'à la ligne précédente, Paris est appelé *civ(itas) Parisiorum*, Reims, qui s'appelait encore dans l'Itinéraire d'Antonin *Durocortorum Remorum*, aurait ou gardé son nom gaulois, ou plutôt pris le nom de *Civ(itas) Rem(orum)* qu'on devrait trouver dans l'inscription. La forme *Remi*, qu'on pouvait employer déjà dans le parler courant, n'était pas encore usitée dans la langue officielle, alors que le nom de *Civitas Remorum* venait peut-être à peine de

CHAPITRE II.

s'y introduire. En tout cas, *Remos* n'aurait pas été abrégé en R. Il arrive souvent qu'au voisinage d'une grande ville les bornes milliaires la désignent par sa première lettre. Ainsi on pourrait avoir *a L(utecia)* ou *a P(arisiis)*, comme on lit sur une autre borne milliaire *a S(amarobriva) l(euga)* [1]. Mais il est invraisemblable qu'on ait abrégé par la simple lettre R le nom d'une ville, même importante, située à quelque cent milles de Paris. Le fait est d'autant moins probable que la route, qui serait indiquée par la borne milliaire, n'est pas en réalité une route directe de Paris à Reims. Si on la décompose en ses éléments, elle est, de Paris à Montmartre, la route de Rouen et de Senlis-Soissons. Au delà de Louvres, c'est un tronçon qui raccourcit de 3 milles la distance de Paris à Soissons. Enfin, de Soissons à Reims, c'est un fragment de la grande voie d'Amiens à Reims. Cette subdivision de la route de 105 milles en ses diverses parties autorise les conclusions négatives suivantes. Comme la borne milliaire du cimetière Saint-Marcel a dû être enlevée d'un emplacement tout voisin de Paris, on peut tout aussi bien supposer que l'R de la 6ᵉ ligne de l'inscription désigne Rouen (*Rotomagus*) plutôt que Reims (*Civitas Remorum*). Mais surtout, si la borne milliaire de Paris « récapitule » bien la distance de Paris à Reims, on ne conçoit pas que cette voie emprunte un trajet détourné qui est, avant tout, celui d'un chemin direct de Paris à Soissons, alors qu'il existe une belle route de Paris à Reims qui mesure 10 milles de moins. La borne récapitulative de Paris à Reims aurait indiqué l'éloignement des deux villes sur la route la meilleure et la plus courte. Enfin, au début du xiᵉ siècle, la mesure exclusivement employée en Gaule était non pas le mille romain, mais la lieue [2], et les calculs de Desjardins doivent être erronés dans leur principe même. Il faut donc renoncer à l'explication qu'il donne de l'inscription, et se résigner ici à l'ignorance.

On peut d'ailleurs, en l'absence des textes et des inscriptions milliaires, indiquer, grâce à l'archéologie, d'autres routes romaines dont Lutèce était encore la tête. Paris était bien en relation avec Reims, grâce à cette route directe de 95 milles par Claye, Lizy-sur-Ourcq, Coulombs, Gandelu. On l'a étudiée en dehors du territoire parisien [3]. Près de Paris, ces traces ont aujourd'hui disparu, mais elles existaient encore au xviiᵉ siècle. Dubuisson-Aubenay les a repérées sur le chemin de Paris à Meaux [4]. Elle avait, en beaucoup d'endroits, « 25 à 30 pieds »

[1] *C. I. L.*, XIII, 9033.
[2] O. Hirschfeld, *Commentaire de l'inscription du C. I. L.*, XIII, 8974 (*C. I. L.*, XIII, n. fasc. 2, p. 671), et *Die Römischen Meilsteine* (*Sitzungsberichte der preuss. Akad. der Wissenschaften*), 1907, p. 183.
[3] Cette route de Paris-Reims a été étudiée en dehors du territoire parisien par St. Prioux, *Mémoires*, Soissons, 1871, in-4°; par A. Huguenin, *Les routes de Seine-et-Marne*, Melun, Drosne, 1887, in-8°; et surtout par M. A. Pératé, *Itinéraire gallo-romain dans le département de l'Aisne*, Laon, in-8°, 1856-1864.
[4] Dubuisson-Aubenay, *Voyages en France. Itinéraire de Troyes à Paris par Meaux*, Bibl. Mazarine, ms. 4105, fol. 103 v° et 106 r°.

de largeur. « Sortant de Claye » dans la direction de Paris, on voyait « deux ou trois vestiges d'ancienne chaussée élevée, en l'espace d'une demi-lieue ». Plus près encore, « à la sortie de Vaujon »..., (vous) voyez quelque hauteur et comme (un) vestige long de 20 ou 30 pas de chaussée antique à l'entrée d'un bois que vous traversez ». L'Itinéraire brugeois conseillait encore ce chemin, par Bondy, Claye et Lizy, comme le plus court de Paris à Reims[1].

Vers le Nord[2], on n'a trouvé sur le territoire parisien aucune trace de route vers Amiens[3] et Beauvais[4]. Seule la grande voie de Senlis, sur laquelle toutes les routes de cette région venaient se brancher, peut être étudiée au sortir même de Paris[5]. Elle est signalée, à l'époque carolingienne, dans la Vie de saint Rieul. Le saint, sur le chemin de Senlis à Paris, s'arrête à Louvres[6]. Un faux diplôme de Dagobert[7], rédigé sans doute au IXe siècle, marque cette voie (*publicam viam quae pergit ad Luperam*) comme une des limites du territoire sur lequel le monastère de Saint-Denis peut accorder le droit d'asile aux serfs[8].

Au sud de la Seine, le pays parisien n'a gardé aucun souvenir actuel des grandes routes qui acheminaient sans doute vers Chartres[9] et vers Melun par la rive gauche. Du moins, Dubuisson-Aubenay vit-il encore cette dernière voie. En suivant la route de Fontainebleau, il observe « depuis Villejuive jusqu'à Longboyau (un) chemin ruiné, réparé, très droit à Juvisy; de Juvisy à Exone, encor droict, mais plus ferme et élevé au-dessus de Ry[10]. Au-dessus de la chapelle d'Exone, pièces élevées de voye romaine apparente, et, par intervalles jusqu'à Pont-Thierry... »[11]. La grande route de Paris à Melun par la rive droite était doublée par une autre sur la rive gauche.

---

[1] *Itinéraire brugeois*, éd. Lelewel, *Géogr. du moyen âge*, Bruxelles, 1852-1857, 3 vol. in-8°. t. III, épilogue, p. 289 : « De Remis usque Parisius directe ».

[2] Les routes du Nord sont particulièrement bien étudiées dans Graves, *Notice archéologique sur le département de l'Oise*, Beauvais, Desjardins, 2° édit., 1856, in-8°.

[3] *Recherches sur les routes anciennes du département de Seine-et-Oise*, p. 51-54.

[4] La route de Beauvais à Paris a été reconnue hors du territoire parisien sur la rive droite de l'Oise. Graves, *Notice archéologique sur le département de l'Oise*, p. 203-207.

[5] Elle est étudiée comme rue parisienne, au chapitre III, p. 37-38.

[6] *Vita S. Reguli* (*Acta Sanctor. Boll.*, 30 mars, III, p. 819 F).

[7] *Monumenta Germaniae historica; Diplomatum imperii*, tomus I, ed. G. Pertz (Hannoverae, 1872, in-fol.), *Diplomata spuria*, n° 26,

p. 142-143. Sur ce diplôme *de fugitivis*, cf. encore un article de H. Omont dans la *Bibliothèque de l'École des chartes*, tome LXI, 1900, p. 75-82.

[8] Graves, p. 235, ne reconnaît plus de traces effectives de cette route Paris-Senlis. Cf. encore Caudel, *Bull. Soc. arch. Senlis*, X, 1874, p. 1 à 10. M. Dutilleux, p. 48, n'a pu obtenir sur elle aucun renseignement des agents voyers. Cependant un tronçon en aurait été découvert (*Bull. Comm. antiq. et arts de Seine-et-Oise*, 1887, p. 50), mais le passage ne mérite pas confiance.

[9] Dutilleux, p. 69-73.

[10] Essonnes (Seine-et-Oise). — Ris-Orangis (Seine-et-Oise).

[11] Dubuisson-Aubenay, *Voyages en France*, Bibl. Mazarine, ms. 4405, fol. 123 r°. Dubuisson-Aubenay fait ensuite description de la voie au delà du territoire parisien, « trois lieues au dessus de Ponthierry, belle pièce jusqu'à une vallée, près d'une lieue, et encor au dessus de la vallée

CHAPITRE II.

Ainsi Lutèce apparaît comme un nœud important de routes. Il est dommage qu'en l'absence presque complète de tout vestige sur le terrain, on ne puisse faire de ces voies une étude chronologique et les classer par la date de leur construction. Il semble bien pourtant que la Carte de Peutinger, malgré ses additions, marque l'état premier des communications générales de la région parisienne. Déjà l'Itinéraire d'Antonin, monument de la fin du III° siècle, nous fait assister à un premier développement de ce système voyer. On verra plus loin que les rues parisiennes qui servent d'amorces aux routes du pays portent les traces d'une réfection, d'un élargissement qui datent du bas empire. L'inscription de la borne milliaire de 307 nous serait un signe que cette réparation intéressa moins les rues comme telles, que les voies dont elles formaient l'entrée.

Mais aussi ces réflexions plus particulièrement importantes sur les routes qui se dirigent vers le Nord, sur le chemin d'Orléans à Senlis par Paris, marquent peut-être l'avènement de chemins restés jusqu'alors d'importance locale au rôle de grandes voies générales. La Carte de Peutinger ne nous fait connaître que la route de la rive droite de la Seine par Lutèce et ce tronçon décapité qu'est le chemin de Paris à Orléans. L'Itinéraire d'Antonin semble marquer l'existence de relations avec le Nord par Beauvais. Il n'est surtout pas douteux qu'avec la période du bas empire, les routes de Reims, de Senlis-Soissons, en un mot les chemins du Nord, n'aient pris une grande importance militaire. C'est par l'aménagement de ces voies que Lutèce, petit centre local, doit devenir une place importante.

par plus d'une lieue, tout à travers de la pelouse et bruyère, faisant l'aidaye du Lys et Melun à venir sur la gauche, chemin très étroit, un peu élevé et fermé jusqu'à l'entrée de la forest, dans laquelle, sur la gauche, le long de l'orée, lelict chemin paroist, etc.

CHAPITRE III.

TABLEAU DE LUTÈCE SOUS LE HAUT EMPIRE.

Deux auteurs grecs, Strabon et Ptolémée, sont les seuls à faire mention de Lutèce sous le haut empire. Ptolémée [1] marque la position géographique de la capitale des Parisiens, qu'il appelle Λουκοτεκία. Strabon parle des Parisiens, de leur île dans le fleuve et de leur ville : Περὶ δέ τὸν Σηκοάναν ποταμόν εἰσι καὶ οἱ Παρίσιοι νῆσον ἔχοντες ἐν τῷ ποταμῷ καὶ πόλιν Λουκοτοκίαν [2]. On s'est avisé, d'après ce passage, que Strabon avait voulu faire une distinction entre l'île et la ville des Parisiens [3]. Il y aurait eu alors une bourgade dans la Cité, l'ancienne Lutèce de César, une autre bourgade distincte de la première sur la montagne Sainte-Geneviève, Lucotèce. Les Parisiens auraient possédé deux chefs-lieux [4]. Cette thèse ingénieuse paraît, au premier abord, pouvoir s'appuyer sur deux textes d'époque postérieure : le diplôme de fondation de l'abbaye de Saint-Vincent (Saint-Germain-des-Prés) et la Vie de saint Droctovée. La charte prétend que l'église s'éleva sur un territoire dénommé *Locotitia* [5]; mais c'est un faux du début du xie siècle [6]. Son rédacteur semble avoir voulu, pour donner à son œuvre meilleure apparence de vérité, profiter du renseignement que fournit sur le site de l'abbaye la Vie de saint Droctovée. Or, au dire de Gisslemar, son auteur, l'endroit s'était appelé jadis *Lucoticius* [7]. Mais Gislemar lui-même devait s'inspirer d'un abrégé de Strabon. Or Strabon n'a pas eu l'intention qu'on lui prête de distinguer deux villes. Le καὶ qui précède πόλιν est une conjonction explicative, et Strabon veut simplement marquer, comme César et d'après César, la position curieuse de la ville des Parisiens, Λουκοτοκία, dans une île de la Seine. Le nom de Λουκοτοκία note peut-être plus exactement la prononciation du terme gaulois, à moins qu'il n'en soit une traduction ingénieuse. Lutèce et Lucotèce sont une même ville, mais, comme l'aménagement du pays parisien développa la prospérité de la petite cité gauloise enfermée autrefois dans l'île, elle sortit de ces limites, escalada, sur la rive gauche, les pentes de la Montagne pour en

---

[1] Ptolémée, II, **8**, 10.
[2] Strabon, IV, **3**, 5.
[3] E. Desjardins, *Géographie de la Gaule romaine*, II, p. 473-476.
[4] Idem, *ibid.*, III, p. 238.
[5] Lasteyrie, *Cartulaire général de Paris*, p. 3.
[6] J. Quicherat, *Critique des deux plus anciennes chartes de l'abbaye de Saint-Germain-des-Prés* (*Bibl. École des chartes*, XXVI, 1865, p. 513-539).
[7] *Vita Droctovei*, 12, édit. B. Krusch. (*Mon. Germ. hist., Script. rer. merov.*, III, p. 540, l. 32).

couronner enfin le sommet. Cette ville du haut empire est encore ignorée; c'est elle qu'on doit faire connaître en son plein épanouissement[1].

Or, pour présenter re tableau de Lutèce, il faut attendre le II° siècle, car les grands monuments de la rive gauche se construisent de Vespasien à Marc-Aurèle. Mais il faut aussi se placer avant les premières invasions de la fin du III° siècle, qui jetèrent déjà quelque désordre dans la topographie de la ville. C'est donc sous Marc-Aurèle que Lutèce fut à l'apogée de son développement territorial; c'est alors qu'il faut la considérer suivant la division naturelle qu'offre le sol parisien : la rive droite de la Seine, l'île de la Cité, la rive gauche.

Les abords de la Cité sur la rive droite n'étaient pas peuplés, mais c'est là qu'aboutissaient au Grand Pont les routes du Nord, et la colline de Montmartre présentait au loin quelques habitations.

Le pont antique qui joignait l'île à la rive droite n'était pas situé, comme on le croit généralement, sur l'emplacement du pont au Change actuel. La première construction de ce «pont neuf» n'est pas antérieure au V° siècle[2]. Le pont romain était jeté un peu en amont, à la place où se trouve aujourd'hui le pont Notre-Dame[3]. Il ne reste aucune trace de cette construction de bois, mais il faut la situer nécessairement sur le prolongement de la grande voie Saint-Jacques et du Petit Pont, au carrefour des voies romaines du Nord et de l'Est, au point où aboutit la voie de Senlis.

---

[1] Il n'est pas impossible pourtant, au premier abord, que la Ville rappelle ici, sous forme de lieu dit, le souvenir de la ville gallo-romaine de haute époque. La seule qui ait porté sous l'Empire le nom primitif de Lutèce, car celle qui s'enferma dès la fin du III° siècle dans l'île s'appelle déjà *civitas Parisiorum*, puis *Parisii*. S'il en était ainsi, la tradition populaire aurait conservé le souvenir de l'extension de la première ville romaine sur la rive gauche, et le nom de *Lucotecia* répondrait mieux que celui de *Lutecia* à la prononciation locale du mot. Mais il ne faut pas oublier que les moines de Saint-Germain étaient, aux II° et V° siècles, des savants qui n'ignoraient pas tout du grec, et le mot de *Lucotecia* reparaît trop tard au moyen âge pour qu'on puisse admettre qu'il ait vécu d'une vie ininterrompue depuis le III° siècle.

[2] Il existe pourtant un diplôme de Charles le Chauve en date du 14 juillet 861 (Lasteyrie, *Cartulaire général de Paris*, I, p. 63), qui dit : «placuit nobis... supra terram monasterii S. Germani suburbio commoradis, quod a priscis temporibus Antisiodorensis dicitur subjectum etiam matri ecclesie sancte Marie commemorate urbis

oportunum, majorem facere pontem». Mais ce diplôme «est une pièce forgée par le chapitre de la cathédrale de Paris au moyen d'un diplôme authentique (peut-être dessein) confirmé par Charles le Simple en 909 (Lasteyrie, I, p. 79), diplôme où il n'est question que de l'antique pont romain» (F. Lor, dans *Le Moyen Âge*, 1905, p. 138). La construction du Grand Pont est donc postérieure à 909.

[3] C'est A. Berty qui, le premier, a démontré que le pont primitif de Paris était sur l'emplacement du pont Notre-Dame, dans un article de la *Revue archl.*, 1855, I, p. 193-220 : «Recherches sur l'origine et la situation du Grand Pont de Paris, du pont aux Changeurs et du pont aux Meuniers et de celui de Charles le Chauve». Mais il reconnaît devoir cette idée à Vacquer (p. 203, note 1), qui l'indique à son tour (*Revue archéol.*, 1855, II, p. 509-507). Il est à remarquer que A. Lenoir (2° édit.), dans son plan de Lutèce daté de 1881 (et revu pourtant par Vacquer), indique encore la rue Saint-Denis comme la voie primitive de Rouen. Sans doute, il fallait rester d'accord avec le texte (p. 19), à moins que Vacquer ne se soit pas soucié d'enrichir un ouvrage étranger d'une découverte personnelle.

La grande rue romaine de la rive droite était bien, en effet, construite sur l'emplacement de la rue Saint-Martin; c'était la seule route partant directement du pont vers le Nord. Jollois cependant, sur le plan de Paris annexé à son ouvrage, en indique deux au débouché du Grand Pont. L'une est celle de Senlis et suit bien la rue Saint-Martin. L'autre est la grande route de Rouen. A partir du pont au Change, elle suivait la rue Saint-Denis, passait par la Bourse, la rue Vivienne et la place Clichy, pour rejoindre directement le bourg de Saint-Denis[1]. Malheureusement il n'a trouvé aucune trace de cette voie, et les jalons qu'il en fournit ne sont pas bien établis. Il se peut que le cimetière gallo-romain découvert rue Blanche soit proche d'un chemin antique[2], mais les ruines funéraires trouvées en 1751, rue Vivienne, y furent enfouies au xviie siècle[3]. Enfin le troisième repère, le point de départ de la route supposée, le pont au Change, n'est pas relevé exactement. L'hypothèse de Jollois ne repose donc plus sur aucun argument sérieux. On sait d'ailleurs que la rue Saint-Denis n'est pas bâtie au-dessus d'une route romaine. L'étude de son sous-sol ne révèle qu'une seule voie mérovingienne, peut-être même carolingienne[4]. Les premières églises bâties sur ses bords, Sainte-Opportune, Saint-Magloire, Saint-Lazare, sont des fondations carolingiennes.

Au contraire, la voie Saint-Martin est jalonnée de vieilles églises d'origine mérovingienne : Saint-Merry, Saint-Martin, Saint-Laurent. Son sous-sol révèle en certains endroits jusqu'à sept couches superposées, dont les premières sont d'époque gallo-romaine. Vacquer découvrit la voie antique depuis le pont Notre-Dame jusqu'au boulevard Magenta dans des fouilles actives depuis 1844, dont les plus importantes sont celles de 1852-1853 pour la construction d'un égout rue Saint-Martin et le percement de la rue de Rivoli, après le nivellement du talus de Saint-Jacques-de-la-Boucherie[5]. Partout on la découvrit à une profondeur généralement supérieure à 2 m. 50[6], sauf en un point, près de la mairie du xe arrondissement, où elle est ensevelie sous 6 mètres de remblais, accumulés

---

[1] Jollois, *Mémoire*, p. 11.

[2] Idem, *ibid.*, p. 1 à 10.

[3] Longpérier (*Bull. Soc. Hist. Paris*, I, 1874, p. 73-78) montre qu'une inscription dédiée à *Ampudia Amanda*, découverte en août 1751, rue Vivienne, faisait partie au xviie siècle de la collection du Florentin G. Doni et se trouvait publiée, en 1731, dans le recueil d'Antonio Francisco Gori. Le lot trouvé rue Vivienne dut faire partie d'une acquisition de monuments antiques faite avant 1664. Colbert, qui acheta en 1666 une maison rue Vivienne, fit de celle-ci une annexe véritable de la Bibliothèque du Roi. Après lui, les pierres antiques qu'il y avait fait déposer furent oubliées; on les retrouva en 1751. Les monuments de la rue Vivienne sont reproduits par Jollois, pl. VI, et même par Lenoir, *Lutèce*, 2e édition, p. 32.

[4] Vacquer, dossier 21 (*Voies*), 78.

[5] Je tire les renseignements qui suivent de notes de Vacquer contenues dans les dossiers 21 (*Voies*), pièces 67 à 91, et 49 (*Saint-Jacques-de-la-Boucherie*), 90.

[6] Rue Saint-Martin, n°s 69 et 78 (profondeur 2m85), 81 (2 mètres), 86 (2m79), 87-89 (2m48), 107 (2 mètres), 113-115, 131-133 (1m65), 119 (3m32), 185 (2m50), d'après Vacquer, dossier 21 (*Voies*), 72, 74, 75 et 78.

CHAPITRE III.

pour remplir la dépression du bras de Seine primitif. La route traversait en chaussée cet endroit marécageux, qu'on appelait, au IXe siècle, le *Pasellus Sancti Martini*[1].

En réalité, il n'y a pas là une voie romaine, mais deux voies successives superposées. Leur largeur normale devait être de 9 mètres[2]. Leur épaisseur est de 1 m. 20 à 1 m. 30. La voie la plus basse est faite de macadam et repose directement sur un sol de terre ou de sable, qui renferme quelques fragments de poteries de bonne époque. Cette couche de la voie ne contient aucun autre débris travaillé que des monnaies du haut empire qui la datent. L'autre couche, supérieure d'un mètre au passage de la rue de Rivoli, est faite ici de cailloux, de morceaux de tuiles et de pierrailles, là de grosses pierres calcaires, de grès et de caillasses formant un pavage grossier où se rencontrent des meules brisées, des tambours de colonnes et même un petit fragment d'inscription. Au long de la voie, on a plusieurs fois trouvé une véritable bordure en trottoir. Ce sont des pierres sculptées qui proviennent d'édifices détruits. La voie supérieure est donc une route de basse époque, qui s'est établie sur le tracé de l'ancienne.

La route de Rouen, qui passait par Saint-Denis, ne venait pas rejoindre celle de Senlis au débouché du Grand Pont romain. Vacquer n'a trouvé aucune trace de voie, depuis l'avenue Victoria jusqu'au delà de la rue de Rivoli, à l'ouest de la rue Saint-Martin; c'est à trois kilomètres environ au nord de l'île, au delà du carrefour de Château-Landon, vers la rue Philippe-de-Girard, que le chemin de Saint-Denis se détachait de celui de Senlis.

Par contre, les rues de l'Est venaient aboutir sur la voie de Senlis tout près du Grand Pont. L'une suivait la rue Saint-Antoine. Jalonnée au Sud par les cimetières mérovingiens de Saint-Gervais et de Saint-Paul, elle a été repérée récemment tout près de la place de la Bastille[3]. M. Sellier a étudié, sur une longueur de 120 mètres, deux gros murs de 1 m. 30 environ d'épaisseur, espacés suivant une progression d'écartement régulière de 1 m. 90 à 4 m. 2/4 de l'Est à l'Ouest. Des murs transversaux, de plus en plus éloignés les uns des autres de l'Est à l'Ouest, servaient de contreforts aux deux premiers. Ces constructions s'élevaient sur un sol de sable recouvert d'un dépôt argileux, au milieu duquel étaient jetées d'énormes

---

[1] La charte de Dagobert en faveur de Saint-Denis, qui parle de ce *Pasellus Sancti Martini*, est fausse et doit être datée du IXe siècle. Cf. Pertz, *Diplomata*, p. 141, l. 7; et B. Krusch, *Über die Gesta Dagoberti* (*Forschungen zur deutschen Geschichte*, XXVI, 1886, p. 170-171).

[2] C'est, du moins, la largeur mesurée rue de la Vannerie; on n'a trouvé que 7 m. 10 en un autre point (ancienne rue des Gordiers).

[3] Ch. Sellier, *C. V. P.*, 9 nov. 1899, p. 310 s., a fait une étude très détaillée de ces substructions romaines. Il avait cru se trouver d'abord en présence des vestiges de l'égout du pont Perrin, mais il put examiner plus attentivement ces murs; malgré les difficultés d'observation que présentait le mode de fouille au bouclier adopté pour les travaux du Métropolitain. Il remarque surtout que, s'il s'était agi d'un égout, on ne s'expliquerait pas la présence des murs transversaux qui coupent les deux murs latéraux.

pierres meulières. Ces murs constituaient, à n'en pas douter, l'armature d'une chaussée, lancée au milieu du marais profond qui s'étendait vers la Bastille. Ils commencent en effet dans la rue Saint-Antoine à la hauteur de la rue Beautreillis, là où le sable du monceau Saint-Paul s'abaisse, puis ils traversent le marécage de l'Est à l'Ouest, mieux soutenus par des contreforts plus serrés, plus hauts, plus épais à mesure qu'ils avancent vers la place actuelle. Quant aux gros blocs de meulières, ils représentent peut-être les vestiges d'un chemin plus ancien qui permettait de passer à gué le marais. C'est au-dessus de cette route primitive que s'établit plus tard une chaussée romaine solidement construite (voir fig. 12).

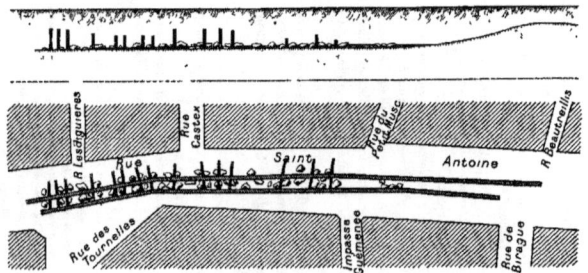

Fig. 12. — Profil en long et plan des substructions de la chaussée romaine de la rue Saint-Antoine à son passage à travers le marais, d'après Ch. Sellier (*C. V. P.*, 9 nov. 1899).

On n'a pas retrouvé l'amorce de cette voie de la rue Saint-Antoine sur la voie Saint-Martin. Par contre, on sait où venait s'embrancher une autre rue antique, qui était sans doute la tête du chemin de Melun par la rive droite[1]. Il suit l'avenue Victoria, traverse la place de l'Hôtel-de-Ville, il est repéré rue Lobau et rue François-Miron, au sud de l'église Saint-Gervais. Il datait de très basse époque, car la couche de terrain sous-jacente est déjà d'âge avancé et renferme des monnaies de bronze contemporaines de Constantin. Il est construit de pierrailles, de cailloux, de morceaux de tuiles pilées et de caillasses à peu près plates, noyées à la surface de la voie. Il est doublé, à cent mètres au Nord environ, par une autre voie aussi récente, qu'on a relevée rue de la Tixeranderie. Sans doute, cette dernière est un simple chemin, qui ne s'étend pas beaucoup plus loin vers l'Est. Mais que l'une ou l'autre de ces deux voies soit la route de Melun, il est curieux de remarquer qu'aucune des deux ne fut aménagée sous le haut empire. La route primitive de Melun, signalée par la Carte de Peutinger et l'Itinéraire d'Antonin, aboutissait ailleurs.

[1] Vacquer, dossier 49 (*Saint-Jacques-de-la-Boucherie*), 91.

CHAPITRE III.

La colline de Montmartre était couronnée de bâtiments gallo-romains. Bien qu'il n'en reste plus aucun vestige, nous possédons sur eux quelques renseignements.

Le premier nom sous lequel Montmartre nous est connu est *mons Mercori* «la montagne de Mercure»[1]. Avant de devenir le théâtre légendaire de la passion de saint Denis et de ses compagnons, Rustique et Éleuthère, la colline était consacrée à Mercure, dieu gallo-romain populaire, qui personnifiait une divinité gauloise plus ancienne. Peut-être Mercure, habitant des hauts lieux, eut-il un édifice au sommet de Montmartre. Du temps de Sauval se voyaient «sur le haut de la montagne des ruines d'un temple antique»[2]. Vacquer, encore plus digne de créance, exécuta des fouilles au nord de l'église Saint-Pierre et sur l'emplacement de l'ancien n° 20 de la rue des Rosiers, tout près du sanctuaire chrétien. Il découvrit certainement des substructions anciennes[3]. C'est, pour lui, «le temple Debray», du nom du propriétaire du terrain. Malheureusement Vacquer n'a donné que cette indication. Elle a, du moins, l'intérêt de confirmer l'assertion de Sauval et de désigner l'endroit à l'attention des archéologues parisiens (voir fig. 13).

Flodoard, en ses *Annales*[4], à l'année 944, parle d'une maison sise au mont des Martyrs. C'était un vieux bâtiment construit d'un blocage très solidement cimenté. Il était tout proche d'une église de Montmartre. Il fut détruit par un véritable cyclone. A son antiquité, à sa construction, on peut y reconnaître un édifice gallo-romain.

C'est aussi tout près de la chapelle des Martyrs, sur la pente occidentale de Montmartre, qu'un tableau du XV° siècle[5] représente, comme on en des détails cara-

---

[1] Fredegarius, IV, ch. 12 (*Mon. Germ. hist., Script. rerum merov.*, II, p. 168, l. 17).

[2] Sauval, I, p. 349.

[3] Il n'est pas douteux que Vacquer ait fait en cet endroit d'importantes découvertes. Il les signale pourtant à peine dans le dossier 30 (*Montmartre*). Plusieurs fois, il donne le croquis en plan ou en élévation de murs romains qu'il découvrit en ces parages (dossier 30 [*Montmartre*], 38). Les fouilles ne semblaient pas avoir été cependant assez productives pour qu'il ait pu dresser enfin le plan détaillé de l'édifice qu'il soupçonnait. Il en a dressé un dessin schématique (voir fig. 13). Ce «temple Debray», ailleurs «temple de Mercure», était un bâtiment long de 160 pieds romains et large de 100. Au mur s'enceinte s'appuyaient des piliers intérieurs et s'adossait un portique. Au centre s'élevait un édifice rectangulaire à colonnes. C'est un temple avec son péribole dont le plan rappelle à Vacquer celui du temple de Champlieu. C'est de ses ruines qu'on dut tirer les colonnes et chapiteaux antiques de l'église Saint-Pierre-de-Montmartre, rise tout près de là.

[4] Flodoard, *Annales*, année 944 (édition Lauer, Picard, 1906, in-8°, p. 93): «Temporis minia facta est in pago Parisiaco et turbo vehementissimus quo parietes cujusdam domus qui, validissimo constructi cemento, in monte qui dicitur Martyrum din persilierant immoti, funditus sunt eversi. Peruntur autem daemones tunc ibi sub equinam specie visi, qui aecclesiam quamdam quae proxima stabat destruentes, ejus trabes marmoreis parietibus incusserint ac sic eos subverint....»

[5] Ce tableau de l'École française du XV° siècle est aujourd'hui au Musée du Louvre (cf. Lavignac, *La peinture en Europe, le Musée national du Louvre*, n° 1916, p. 124, avec typogravure). C'est une descente de croix exécutée pour l'abbaye de Saint-Germain-des-Prés. Le second plan du tableau représente l'abbaye, la Seine, le Louvre. La butte Montmartre se dresse tout au fond, à l'horizon. A. Lenoir (*Isnier*, p. 38-39) a signalé déjà ce tableau, dont il a donné une très mauvaise reproduction partielle dans la *Statistique monumentale, époque chrétienne*, pl. III.

téristiques de l'horizon parisien, un pan de mur énorme. Il existait encore du temps de Du Breul; c'est pour lui « le temple de Mercure... tendant à la côte d'Occident, où il se voit encore une pante (sic) de mur haut et solide [1] ». C'est le même mur que, selon Sauval, on apercevait, tant il avait de hauteur, « de toute l'île de France ». Un orage le détruisit, le 20 octobre 1618 [2]. Il devait cependant rester des traces de cette construction, au moment où Sauval écrivait, puisque Dubuisson-Aubenay, mort en 1652, les signale dans ses *Voyages en France* [3]. Il a vu « au derrière de Montmartre, tourné au septentrion et regardant vers Saint-Denis », des

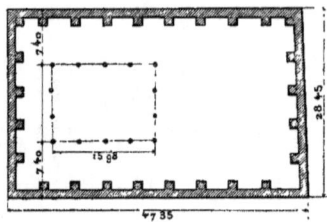

Fig. 13. — Essai de restitution d'un temple romain de Montmartre, d'après Vacquer (dossier 30 [*Montmartre*], pièces 35-36).

« murailles antiques de cent pas de long, presque à fleur de terre, au-dessous des moulins à vent, tirant vers Est, presque jusques à la fontaine de Saint-Denys, avec certain pan de mur qui estoit élevé de la hauteur d'une pique et qui est tombé ». Ce texte inédit permet de situer plus exactement ces ruines, tout près de la source de Saint-Denis, non pas sur le sommet de Montmartre, comme il convenait à un temple, mais sur la pente ouest-nord-ouest, au voisinage d'un niveau d'eau, comme il est naturel d'une habitation. On peut encore, grâce à Dubuisson-Aubenay, imaginer l'importance de la villa, et l'on conçoit que le peuple ait désigné l'endroit sous le nom de « palais ».

On reconnut encore des ruines en deux autres endroits. Du côté de Paris, sur la pente méridionale de Montmartre, Sauval avait « vu en 1657, dans le jardin du prieuré, quelques vestiges d'un temple consacré, dit-on, à Mars », et il existait, à la fin du XVIe siècle, « une terrasse si épaisse, si solide et si large qu'on tient qu'elle servit à Henri IV pour braquer son canon lorsqu'il assiégea Paris [4] ». On éleva sur l'emplacement une chapelle dédiée à saint Benoît. S'il est téméraire de considérer l'édifice comme un sanctuaire de Mars, il est certain, du moins, qu'il y avait là une construction. Un dessin du P. Martellange, qui représente l'abbaye en 1625[5],

---

[1] Du Breul, *Théâtre des antiquités*, édition de 1639 mal paginée, p. 858.
[2] Sauval, I, p. 350.
[3] Dubuisson-Aubenay, *Voyages en France*, diocèse de Paris, Biblioth. Mazarine, ms. 4404, fol. 176 r°.
[4] Sauval, I, p. 349 et 351.
[5] A. Lenoir, *Statistique monumentale de Paris*,

CHAPITRE III.

montre au premier plan, dans le jardin du prieuré, quelques murs fort épais presque à ras du sol. Ce sont peut-être là les ruines que vit Sauval. En 1814, Varquer fit des fouilles dans les terrains situés au sud de la chapelle Saint-Benoît[1]; il y trouva des fragments de tuiles plates, des poteries rouges lustrées et des morceaux d'enduits peints. Ces débris indiquent bien l'emplacement d'une habitation antique. Cette fois encore, les fouilles modernes ont confirmé ce qu'avançait Sauval.

Au-dessous des premières ruines aperçues par Dubuisson-Aubenay «tirant par la fontaine du Bu et par l'abbreuvoir, un peu au-dessous et joignant le costé droit du chemin carré qui meine au bas de la coste», il y avait «un reste de murailles» qui commençait «par un pan encor élevé d'une pique, de pierre taillées à la romaine avec deux chaînes de briques ténues et plates aussi à la romaine et continuant à fleur de terre dans un petit vignoble tirant vers le village de Chignancourt du costé d'Orient environ trente toises». Le populaire appelait cela «le chasteau de César, ou la tour de Ganes ou de Ganelon[2]». Or, à la fin de 1737[3], on entreprit des fouilles sur le terrain où Dubuisson, moins de cent ans auparavant, avait signalé des ruines. Les travaux restèrent inachevés, mais furent repris par Jollois vers 1840. On découvrit sur la pente nord-ouest de Montmartre, près du niveau des marnes, riche en sources, un bâtiment assez important, long de 26 mètres de l'Est à l'Ouest, large de 23 m. 50 du Nord au Sud. On y accédait sans doute du Nord en passant entre deux piliers massifs espacés de 5 m. 50. Puis, par deux grandes salles, on entrait dans toute une série de petits compartiments assez étroits en largeur, mais dont l'un, plus long, forme au centre une véritable galerie. Quelques-unes de ces pièces étaient chauffées, puisque Lebeuf y a découvert des restes de fourneaux. Un aqueduc, qui entrait par le midi, amenait l'eau de la fontaine du But. La construction était soignée. Les murs, médiocrement épais, étaient de moellon «assez proprement taillé», coupé partout de chaînes de briques. Quelques salles avaient un sol bétonné; certaines devaient

époque chrétienne, pl. V. — Ce dessin du P. Martellange a été attribué à tort à Stelhe.

[1] Vacquer, dossier 30 (Montmartre), 26.

[2] Dubuisson-Aubenay, Voyages en France, diocèse de Paris, Biblioth. Mazarine, ms. 4404, fol. 176 r°.

[3] Les ruines découvertes en 1737 nous sont connues par Lebeuf, Mémoire sur l'ancien édifice découvert à Montmartre à la fin de l'année 1737 (Dissert. sur Paris, ecclésiastique et civile de Paris, I, p. 140). — Idem, Lettre écrite par M. Lebeuf, chanoine d'Auxerre, à M. Fenel, chanoine de Sens, au sujet d'une antiquité reconnue depuis peu à Montmartre, proche Paris (Mercure de France, janvier 1738, p. 49). Cette lettre présente cet intérêt de dater exactement les fouilles; Caylus, qui écrivait plus tard, les date du début de 1737. — Caylus, Recueil d'antiquités, II, p. 389-390; III, p. 386-387 et 392-395; pl. CVI, CVII, CVIII du tome III. Caylus est bien moins complet que Lebeuf, mais il donne un plan des ruines qui a permis à Jollois de reprendre les fouilles, de les compléter et de rendre inutile ce plan même qui lui avait servi tout d'abord. — Jollois a consigné ses fouilles dans son Mémoire, p. 143-153, pl. XXII. — Vacquer eut aussi l'occasion de faire quelques constatations au même endroit, dossier 30 (Montmartre), 33.

être dallées de plaques de liais[1]. A des fragments de marbre ramassés dans les ruines, on peut supposer que cette pierre servit de revêtement; on trouva même, gravés sur marbre, quelques débris d'inscriptions[2]. Il ne saurait être question de voir dans ce bâtiment une fonderie, comme Caylus l'a supposé pour cette unique raison qu'on y découvrit un buste en bronze de C. Caelius Caldus. C'était une villa d'habitation. Ses tuyaux d'hypocauste, son aqueduc, le niveau de la construction[3] le prouvent suffisamment. Jollois, dans ses fouilles, trouva des monnaies gallo-romaines de Trajan et de Faustine, qui fournissent au moins une indication sur l'âge du bâtiment[4] (voir fig. 14).

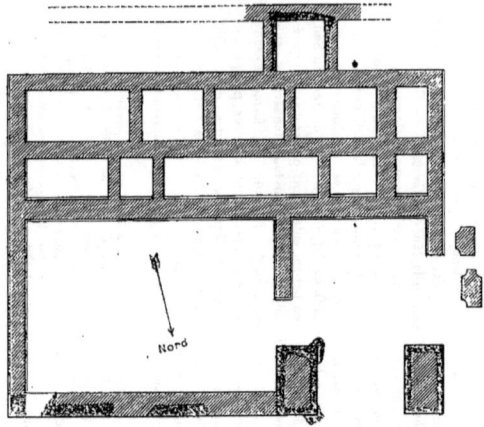

Fig. 14. — Plan d'une habitation gallo-romaine à Montmartre, d'après Jollois (*Mémoire*, pl. XXII, fig. 2).

Ainsi, malgré l'absence aujourd'hui de tout vestige antique à Montmartre, on peut s'imaginer la colline à l'époque gallo-romaine, avec son temple de Mercure au sommet, avec toute une ceinture de villas d'habitation sur les pentes, au

---

[1] Vacquer, dossier 30 (*Montmartre*), 33.
[2] Lebeuf, *Mémoire* (*Dissert.*, p. 155): «On a aussi trouvé dans les décombrements quelques fragments de marbre avec des lettres. J'ai vu, chez l'abbesse de Montmartre, un grand morceau d'albâtre sur lequel ces 4 ou 5 lettres en caractères très beaux, ELLAN, et un autre de marbre blanc sur lequel j'ai lu ce qui suit :

VMAV
LEVTHACI.

[3] La villa est, comme je l'ai dit, au niveau des marnes vertes. La fontaine du But sourd à 99 mètres au Sud. Les piliers d'entrée étaient, du temps de Jollois, inclinés de 40 à 42 degrés vers le sol, preuve que la villa était bâtie sur la marne qui avait glissé. Lebeuf atteste d'ailleurs qu'elle était bâtie sur la terre glaise, *Mémoire* (*Dissert.*, p. 147).

[4] Vacquer, dossier 30 (*Montmartre*), 15, a pu savoir par un ouvrier, en mai 1844, que peu de temps auparavant «M. Roussel, architecte», avait fait «fouiller sur l'emplacement de ces prétendues fonderies» et qu'il avait, paraît-il, «fait démolir un des gros massifs de construction romaine qu'on y voyait».

CHAPITRE III.

niveau des marnes, aux endroits où Du Breul, Dubuisson-Aubenay, Sauval et Jollois ont situé des ruines.

Si la rive droite ne présentait aux regards que les maisons déjà lointaines de Montmartre, la Cité devait être, au contraire, un centre important de population. Malheureusement, les souvenirs topographiques de haute époque y sont rares, parce que, plus tard, après les invasions du IIIe siècle, tous les Parisiens de la rive gauche se réfugièrent dans l'île et durent la bouleverser pour y trouver place. C'est à peine si l'on peut affirmer que quelques murs qu'ils sont de la première période romaine, parce qu'ils sont situés à l'extérieur du rempart, parce que, à l'intérieur même de l'enceinte, ils sont, en son voisinage, sans rapport de direction avec elle, et parce qu'ils courent sous des rues de basse époque. A l'ouest de l'île, dans les fouilles du Palais de Justice, en 1848, on vit les ruines d'une salle aux murs minces et bien construits avec de véritables panneaux d'enduit peint[1]. Les parois avaient été partiellement détruites pour donner passage aux fondations massives d'un important édifice. Dans la caserne de la Cité, on découvrit, pendant les travaux de 1865, un mur en dehors du rempart, près d'un sol pavé[2]; on fit, tout près en aval du Petit Pont, deux trouvailles semblables[3]. Sous une voie qui, dans la caserne, longeait à l'Ouest l'ancienne rue aux Fèves, on mit à jour une muraille qui traversait la rue dans toute sa largeur[4]. Au nord-est de l'île, entre la rue Chanoinesse et la rue d'Arcole, à quelques mètres en arrière de l'enceinte, mais en direction discordante par rapport à elle, on découvrit un tronçon d'aqueduc, une rigole plus ancienne encore, un long mur et les vestiges d'un hypocauste[5]. Enfin, sur la place du parvis, au voisinage de la façade de l'église Notre-Dame, on voit, dans le plan général des fouilles de 1847, des substructions bien bâties, coupées par d'autres qui leur sont postérieures. Leur direction n'est pas d'équerre avec le rempart[6].

Telles sont les seules connaissances que nous ayons sur la première topographie de la Cité gallo-romaine. On voudrait pouvoir dire, d'après les matériaux sculptés trouvés dans les remblais inférieurs, que l'île renfermait «des édifices considérables d'une très belle architecture[7]»; mais il n'est même pas possible d'affirmer que les fragments de frise et d'architrave trouvés sous la caserne de la Cité, le linteau, la statue de femme et la stèle de Mercure découvertes sous l'Hôtel-Dieu, décoraient des édifices de la Cité[8]. Bien plus, on sait que les autels

---

[1] A. Lenoir, *Statistique monumentale, époque romaine*, pl. IX; explication des planches, p. 12-13.

[2] Vacquer, dossier 62 (*Tribunal de commerce, Cité, États-majors*), 36.

[3] Lenoir, *Ibid.*, 28 et 30.

[4] Lenoir, *Ibid.*, 33.

[5] Vacquer, dossier 63 (*Cité*), 95 et 96.

[6] A. Lenoir, *Statistique des planches monumentale, époque romaine*, pl. XVI; explication, p. 20.

[7] Ils sont groupés à Carnavalet dans la salle de Lignerie : Ch. Sellier et Doisne, *Catalogue du Musée Carnavalet*, p. 45 à 47.

[8] Je montrerai plus loin qu'un certain nombre de matériaux travaillés, et trouvés dans la Cité,

gallo-romains exhumés en 1711 du chœur de Notre-Dame n'ont pas été retrouvés en place. Dans la *Dissertation ou observations sur les restes d'un ancien monument trouvé dans le chœur de l'église Notre-Dame de Paris*, en tête du premier volume de l'*Histoire* de Félibien[1], on dit que ces autels constituaient les libages d'un mur antique. « Ils n'estoient pas là dans leur place. » Il est probable cependant qu'ils n'en étaient pas loin. Le groupement de ces matériaux d'origine religieuse dans un même mur prouve qu'on dut les prendre dans le voisinage; et, dès lors, il est permis de croire que la portion orientale de la Cité était, comme à Melun[2], un quartier consacré où s'est perpétué, après l'époque païenne, le culte chrétien.

Si la rive droite et l'île nous sont mal connues, le sous-sol de la rive gauche a été fouillé assez complètement pour révéler toute une ville romaine qu'on soupçonnait à peine, avec sa voirie, ses limites territoriales, ses quartiers et ses principaux édifices.

La grande rue était constituée par la route d'Orléans, qui débouchait dans la ville en suivant le tracé actuel de la rue Saint-Jacques[3]. Les travaux effectués sous cette rue l'y ont fait presque toujours découvrir. Déjà l'abbé Lebeuf avait signalé le pavage qui en recouvre la couche supérieure. Jollois la jalonne au moyen des sépultures antiques qu'on trouve sur ses bords, mais sans indiquer d'autres traces effectives de son existence. Depuis 1840, on l'a souvent rencontrée; en 1897 encore, on la signalait en face du lycée Louis-le-Grand[4].

Ses premières couches sont enfouies sous le sol à une profondeur qui varie entre 3 et 4 mètres; mais ses couches supérieures sont très souvent voisines du pavé actuel: à 1 m. 20, rue du Petit-Pont; 1 m. 04, rue Gay-Lussac; 0 m. 53, rue des Écoles. Aussi l'épaisseur totale de la voie est-elle de 2 mètres à 2 m. 50. Il y a donc là, en réalité, toute une série de chemins antiques superposés. Tandis que, dans la rue Saint-Martin, on n'en distingue que deux, on trouve parmi les remblais multiples de la voie Saint-Jacques jusqu'à quatre ou cinq niveaux principaux qui indiquent non seulement des rechargements, mais des réfections de la route romaine. Les voies inférieures sont à courbes plus prononcées que les voies supérieures; elles doivent donc être beaucoup moins larges. Elles sont généralement constituées d'un empierrement de sable et de cailloux posé sur un enrochement de moellon. A diverses hauteurs, la boue couvre les macadams[5], qui furent successivement

appartenaient d'abord à des édifices de la rive gauche.

[1] Félibien, *Histoire de la ville de Paris*, I, p. cxxix.

[2] Desjardins, *Géographie de la Gaule romaine*, II, p. 470-471.

[3] J'étudie cette voie romaine de la rue Saint-Jacques, d'après Vacquer, dossier 21 (*Voies*), en particulier d'après le sous-dossier intitulé : *Voie impériale*.

[4] Ch. Magne, *Les voies romaines de l'antique Lutèce sur la rive gauche* (*Bull. Mont. Sainte-Geneviève*, II, p. 69-71).

[5] C'est le nombre de ces couches boueuses qui permet de calculer combien la voie romaine a subi de réfections. Cf. Vacquer, dossier 21 (*Voies*), 41.

46   CHAPITRE III.

usés par la circulation (voir fig. 15). Au long de la rue antique, on a découvert, en un point l'aqueduc d'Arcueil qui la borde vers l'Ouest. Or l'aqueduc est, par

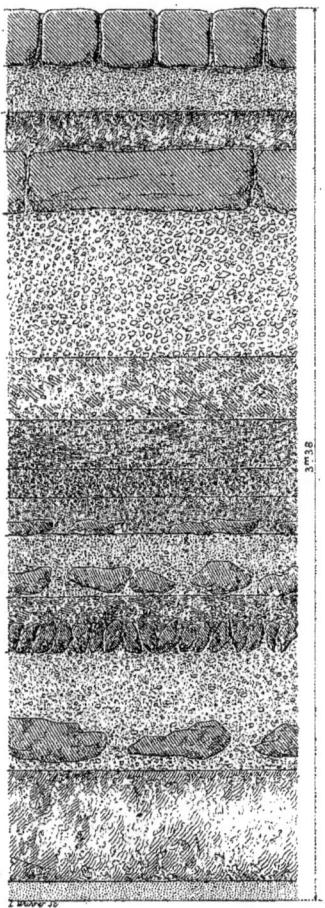

Fig. 15. — La voie romaine sous la rue Saint-Jacques. — Coupe montrant le détail des rechargements successifs de la voie à la rencontre des rues Saint-Jacques et des Écoles (d'après Vacquer, dossier 21 [*Voies*] pièce 60).

son altitude, contemporain d'un niveau de la voie à 54 m. 76 (voir fig. 35). Au-dessus de celui-ci s'élèvent encore deux autres étages d'époque moins ancienne. Ces couches plus récentes dépassent, à l'Ouest, l'aqueduc. Elles sont donc postérieures au temps où il était encore en service, c'est-à-dire qu'elles datent du bas empire. On peut aussi conclure de cette constatation que la route, puisqu'elle s'élargit, crût à ce moment d'importance.

La voie supérieure est généralement constituée par un pavé de grès solidement établi sur béton [1]. Ce sont de larges plaques dont le poids varie, selon M. Ch. Magne, de 488 à 1,700 kilogrammes et dont l'épaisseur dépasse 25 centimètres [2]. Elles sont soigneusement emboîtées les unes dans les autres [3]. Cette rue pavée est, sans doute, celle dont Vacquer a pu mesurer presque entièrement la largeur près du Collège de France. Elle avait en cet endroit 8 m. 50, mais on n'en vit pas le bord occidental [4]. Sa largeur totale devait donc être d'environ 9 mètres.

Cette voie Saint-Jacques était si importante, qu'elle était doublée à quelque cent mètres à l'Ouest par une autre qui lui était parallèle. Vacquer la désigne sous le nom de voie inférieure (*via inferior*). Jollois l'étudia, pour la première fois,

---

[1] On pourrait penser que ce pavé de grès date de Philippe-Auguste qui, selon Rigord (*Gesta Philippi*, ch. 37), fit paver les rues de la Ville : «Regia auctoritate precepit quod omnes vici et vie totius civitatis Parisii duris et fortibus lapidibus sternerentur.» Deux notes de Vacquer (doss. 21 [*Voies*], 31 et 64) constatent qu'il passe, sans aucune couche interposée, sur le rempart romain de la Cité au droit de l'ancienne rue Notre-Dame, et ne peut être par conséquent que postérieur à lui. Je crois pourtant que cette rue pavée est bien d'époque gallo-romaine. Le passage de Rigord est en effet assez peu explicite. L'on peut penser, d'après le texte et le contexte, que Philippe-Auguste ne prescrivit ce dallage que pour les voies de la Cité. Il ne fut pas étendu jusqu'aux limites de la nouvelle ville dont les remparts, dans la région de l'Université, ne furent élevés qu'à la fin du règne. Vacquer a étudié la route sur le terrain. Or il a reconnu, en 1854, qu'en un point «les maisons du côté occidental de la rue Saint-Jacques empiétaient sur le pavé de grès», et il ajoute qu'on peut dès lors supposer «que ces grès sont de l'époque romaine, car s'ils ne dataient que du pavage exécuté sous Philippe-Auguste, il faudrait que cet empiètement des maisons ait eu lieu après et même assez longtemps après le règne de ce prince, ce qui n'est guère présumable». En outre, la rue médiévale était fort étroite, elle devait avoir la largeur qu'avait cette partie de la rue moderne comprise entre le chevet de Saint-Séverin et l'école communale de la rue Saint-Jacques, véritable boyau de 4 mètres, dont on a récemment jeté bas les maisons.

Si le pavage de grès datait de Philippe-Auguste, il s'étendrait sur cette largeur sous la voie moderne. Or la route pavée avait au moins 9 mètres, elle est donc antérieure au moyen âge. Enfin cette voie dallée se retrouve dans la Cité tout près du Petit-Pont, à une altitude de 33 m. 50-34 mètres, à peu près égale à celle qu'on a cotée rue du Petit-Pont au-dessous d'une couche de remblais bas-romains et du niveau d'incendie de 585. Le pavage de grès remonte donc à l'époque romaine. Et si vraiment il passait sur le rempart, on peut admettre que celui-ci, d'abord percé d'une porte ailleurs, l'a été ensuite sur ce point dès l'époque romaine. Vacquer dit lui-même — et c'est la conclusion à laquelle on aboutit par d'autres moyens — que la route date de la basse époque romaine. Sur cette question, voir Vacquer, dossier 21 (*Voies*), 30, 46, 59, 62; cotes d'altitude du pavage en grès, 31, 41, 45, 60, 62; dossier 63 (*Cité*), 31, et dossier 97 (*Rapports*), 27 sept. 1872. — On vient de découvrir à nouveau le pavé de grès à l'entrée de la rue du Petit-Pont (Ch. Sellier, dans le *Bulletin municipal officiel*, 16 sept. 1908, p. 349).

[2] Ch. Magne, *Les voies romaines de l'antique Lutèce sur la rive gauche* (*Bull. Montagne Sainte-Geneviève*, II, p. 70-71).

[3] Vacquer, dossier 21 (*Voies*), 60; coupe de la voie au coin de la rue des Écoles.

[4] Idem, *ibid.*, 46. — A l'angle de la rue Saint-Jacques et du boulevard Saint-Germain, c'est la route de grès qui a plus de 8 m. 42 (Vacquer, dossier 21 [*Voies*], 31).

48 CHAPITRE III.

en 1839[1], quand on construisit, sous l'ancienne rue de la Harpe, un égout de la rue des Mathurins (rue des Écoles) à la place Saint-Michel (place Médicis); depuis, Vacquer la repéra jusqu'au sud de l'École des Mines, et plus récemment on la découvrit même dans les terrains de la Maternité, tout près de la place de l'Observatoire[2]. Elle devait enfin rejoindre la route d'Orléans. Vers la rue des Mathurins, elle se composait de huit couches différentes, d'une hauteur totale de 2 mètres[3]. Au sommet de la Montagne, dans le voisinage de la rue Soufflot, elle était moins épaisse[4]; mais on y trouve deux niveaux de macadam qui correspondent à deux rues successives. La plus élevée est construite, en un point, au-dessus d'un mur gallo-romain plus vieux qu'elle.[5]; c'est elle qui était bordée, sur plus de 20 mètres, vers la rue Gay-Lussac, de fûts de colonnes et autres pierres travaillées[6]. A cet étage supérieur, la voie, plus large qu'à l'étage inférieur, a de 7 à 8 mètres[7].

Sur ces deux rues principales venaient aboutir en oblique les chemins qui, au Sud, rattachaient Lutèce au pays parisien. On a cru en effet retrouver l'amorce d'une voie qui conduisait à la plaine de Grenelle, à l'entrée de la rue Racine, près du boulevard Saint-Michel. Elle se présente en trois points, jusqu'au coin des rues Voltaire et Monsieur-le-Prince, avec une largeur uniforme de 6 m. 65 à 6 m. 70 de chaussée[8]. Elle se prolonge par la rue des Écoles jusqu'à la rue Saint-Jacques. Au nord de la place Médicis actuelle, Jollois avait déjà signalé une nouvelle voie qui se dirigeait vers la rue de Vaugirard[9], où Vacquer la découvrit en effet devant la porte d'honneur du Palais du Luxembourg[10]. Elle était construite en empierrement avec plusieurs rechargements successifs, séparés par une petite couche de boue. Comme la route de la rue Racine, elle allait se rattacher, vers l'Est, à la ronde d'Orléans. On la reconnaît en effet sur 180 mètres[11], entre le boulevard Saint-Michel et la rue Saint-Jacques, sur l'emplacement de la rue Cujas, sous l'aspect d'une rue solide, large de 7 mètres à 8 m. 70, et composée de deux étages de remblais. Le dernier, par ses matériaux, est postérieur à la destruction d'un grand édifice que la voie longeait au Nord. Cette réfection doit donc, comme nous le verrons, dater de basse époque[12].

[1] Jollois, *Mémoire*, p. 41-44.
[2] Ch. Magne, *Les coins romains de l'antique Lutèce*, p. 100.
[3] Jollois, *op. cit.*, p. 42.
[4] Vacquer, dossier 68 (*Luxembourg*), 27.
[5] Idem, *ibid.*, 17.
[6] Idem, *ibid.*, 26.
[7] Idem, dossier 21 (*Voies*), sous-dossier *Via inferior* : 39, ancienne rue d'Enfer, 7 m. 12; 41, même rue, 7 m. 20; ancienne École des Mines, aux environs de la rue Royer-Collard, 8 m. 02. — Ch. Magne (*Les coins romains de l'antique Lutèce*), dans la Maternité, 8 mètres.

[8] Vacquer, dossier 21 (*Voies*), 110. — Dossier 28 (*Cordeliers*), 12 et 15.
[9] Jollois, *op. cit.*, p. 41.
[10] Vacquer, dossier 97 (*Rapports*), 15 novembre 1871, et dossier 21 (*Voies*), 94.
[11] Idem, dossier 21 (*Voies*), 94.
[12] Idem, dossier 71 (*B. A Y*), 170.
[13] Idem, *ibid.*, 36. Croquis et explication.
[14] Je ne dis rien de cette voie qui, sur le plan de Vacquer, court en diagonale depuis le coin sud-est du grand édifice de la rue Soufflot jusqu'à l'extrémité méridionale de l'École des Mines, et se continue ensuite vers le Sud-Ouest. D'après son tracé en

TABLEAU DE LUTÈCE SOUS LE HAUT EMPIRE.

Sur la voie Saint-Jacques aboutissait la route de Melun par la rive gauche. Pour son tracé dans la ville gallo-romaine, on peut, d'après les fouilles opérées, hésiter entre deux directions différentes. On connaît en effet très bien un chemin qui, par la rue Galande, la place Maubert, la rue de la Montagne Sainte-Geneviève, les rues Descartes et Mouffetard [1], aboutit, avant la place des Gobelins, au passage de la Bièvre. Mais cette route passe, rue Galande, sur des décombres romains, et, quand on la découvrit place Maubert, on trouva sous ses couches des fragments de poteries romaines d'époque assez avancée [2]. Il est donc certain que cette voie n'existait pas encore à haute époque, et qu'elle fut construite vers le IVe siècle pour joindre directement la Cité au cimetière Saint-Marcel [3]. Elle cessa d'ailleurs rapidement d'être fréquentée, puisque des sépultures en plâtre du cimetière mérovingien de Sainte-Geneviève sont établies sous son macadam [4]. Mais il existait sans doute une autre route dont on a repéré quelques fragments [5] en ligne droite sur l'ancien emplacement de Saint-Étienne-des-Grès [6], rue de l'Estrapade, rue des Irlandais et rue Lhomond. C'était une rue fort importante, composée, rue Lhomond, de trois couches superposées; elle servit sans doute pendant le bas empire, puisque, rue de l'Estrapade, on trouva dans ses couches, à côté de monnaies de haute époque, des pièces de Gallien et de Valens [7]. Au delà de la Bièvre, la route montait par les Gobelins vers l'avenue de Choisy, où on l'a repérée en deux points [8].

Peut-être existait-il aussi hors de Lutèce une route vers Ivry. Jollois, sur son plan de Paris en 1839 [9], en donne le tracé d'après deux jalons bien incertains : les Arènes, dont il soupçonnait l'emplacement, et le cimetière, dont Corrozet vit un tombeau dans une rue, vis-à-vis de l'abbaye de Saint-Victor [10]. Il est certain du moins que, dans la ville même, on découvrit quelques tronçons d'une voie romaine qui suivait la rue des Écoles, route importante, plusieurs fois rechargée et exhaussée [11].

---

pointillé, elle est très hypothétique. En tout cas, je n'en ai rencontré aucune mention dans les papiers Vacquer.

[1] VACQUER, dossier 21 (*Voies*); sous-dossier *Voie de Melun*, 195; — dossier 21 (*Voies*), 92.

[2] IDEM, dossier 25 (*Rive gauche*), 66.

[3] IDEM, dossier 21 (*Voies*), 92.

[4] IDEM, dossier 25 (*Rive gauche*), 10.

[5] IDEM, dossier 21 (*Voies*), 195.

[6] L'ancienne église Saint-Étienne-des-Grès était située à l'angle nord-ouest de l'École de Droit.

[7] VACQUER, dossier 25 (*Rive gauche*), 95. — On a découvert, dans les couches de la voie, plus de 20 monnaies de Trajan, Crispus, Antonin le Pieux, Faustine, Gallien et Valens.

[8] Cf. Ch. MAGNE, *Les voies romaines de l'antique Lutèce* (*Bulletin de la Mont. Sainte-Geneviève*, II, p. 79), et Ch. SELLIER, *Rapport sur quelques découvertes archéologiques faites au cours du mois de juin 1906* (*C. V. P.*, 7 juillet 1906, p. 221-222).

[9] JOLLOIS, planche I annexée à son *Mémoire*, et *Mémoire*, p. 31 à 33.

[10] CORROZET, *La fleur des antiquités de Paris*, éd. de 1550, p. 13 v° et 14 r°.

[11] VACQUER, dossier 25 (*Rive gauche*), 125 et 134; — dossier 21 (*Voies*), 146.

CHAPITRE III.

Telles étaient les grandes artères de la cité romaine de la rive gauche. Mais il existait en outre toute une série de chemins parallèles à la voie Saint-Jacques; il y avait surtout des rues latérales qui reliaient la route d'Orléans à la voie inférieure. Elles sont indiquées sur le plan dressé par Vacquer, et, s'il s'en trouve assez peu de notations précises en ses dossiers, c'est qu'il les répétait directement sur ses cartes. Elles sont généralement assez peu solidement établies. Celle qui descend rue de la Sorbonne[1] est difficilement reconnaissable, tant sa couche est mince; une autre, qui limite à l'Est un grand édifice bâti sur l'emplacement de la rue Gay-Lussac, au point où elle débouche sur le boulevard Saint-Michel, est imparfaitement macadamisée[2]; une dernière, qui passe de l'Est à l'Ouest sous l'École des Mines, est composée d'une simple couche de sable ou de cailloux mêlés de gravier[3]. Mais toutes ces rues apparaissent spacieuses, surtout si l'on songe à la hauteur assez faible des maisons romaines qui les bordaient[4]. Celles dont Vacquer a pu mesurer la largeur complète ne semblent pas avoir moins de six mètres. L'une d'elles, dont il dit pourtant qu'elle a peu de largeur, a 6 m. 80 de chaussée, 9 m. 12 avec son talus[5].

On peut tirer de cette étude de la voirie romaine de la rive gauche quelques conclusions intéressantes. Ces rues spacieuses et généralement mal bâties doivent être celles d'une ville où la place n'était pas encombrée par les habitations, où la circulation était peu active, où la population devait être assez clairsemée. Mais, à leur tracé rectiligne, à leur agencement suivant des lignes parallèles du Nord au Sud et de l'Est à l'Ouest, on peut reconnaître aussi que cette partie de Lutèce se développa rapidement, assez vite pour sembler aménagée d'après un plan préconçu.

Il ne faudrait pas croire cependant que l'extension de Lutèce jusqu'au sommet de la montagne Sainte-Geneviève ait suivi presque immédiatement la conquête romaine. Il est au contraire facile de prouver, grâce à de curieuses constatations de Vacquer sur le terrain, que les constructions ne couronnèrent la colline en arrière

---

[1] Vacquer, dossier 25 (*Rive gauche*), 187.
[2] Inv., dossier 97 (*Remparts*), 9 juin 1874.
[3] Inv., dossier 68 (*Luxembourg*), 3₂.
[4] Berty (*Les rues de l'ancien Paris*, in *Revue archéol.*, XIV, 1857, p. 265) montre que les rues de l'ancien Paris étaient très étroites. Mais il prétend prouver qu'il en était de même des voies romaines. « Les voies romaines étaient larges au plus de 7 mètres. » Il se réfère à quelques chiffres qui lui ont été fournis par Vacquer. Mais les chiffres qu'il donne (p. 265, note 1) démontrent, sans doute, que les rues gallo-romaines de la Cité étaient très étroites, ce que nous montrerons nous-même plus loin (chap. VII), mais non pas que celles de la rive gauche l'étaient aussi. Berty cite, à titre d'exception, une route de 8 m. 40 de largeur. Les observations de Vacquer après 1857 prouvent que ce n'est pas la rue constatation isolée. Mais surtout il faut considérer que la largeur d'une rue est proportionnelle à la hauteur des bâtiments qui la bordent. Une voie de 8 mètres nous semble étroite aujourd'hui, parce que nos maisons dépassent 25 mètres de hauteur, mais les maisons romaines étaient beaucoup moins élevées. Les rues antiques de Lutèce étaient donc relativement plus larges que les nôtres.
[5] Vacquer, dossier 68 (*Luxembourg*), 3₂.

de la rue Soufflot qu'après Tibère. Sous des édifices importants dont les ruines ont été retrouvées au sud de la rue Cujas jusqu'à la rue Gay-Lussac, sous l'École des Mines, sous les voies romaines de cette région, on a découvert un très grand nombre de fosses, creusées à même la terre sur le sol vierge, et qui renfermaient, avec des matières organiques, des débris de poteries archaïques, des monnaies gauloises, consulaires et impériales jusqu'à Tibère[1]. Elle avaient dû être comblées hâtivement, sans grand soin, car le tassement des terres dans ces puits avait occasionné des fontis dans les voies romaines bâties au-dessus d'eux. La présence de ces fosses à détritus dans tout ce quartier est un indice qu'il y avait tout près de là des maisons, mais que la région même n'était pas encore habitée au moment où elles étaient dans usage. Or les monnaies qu'elles renferment fournissent la preuve qu'on y jeta des débris au moins jusque sous Tibère, et l'âge de leurs poteries est peut-être encore plus récent. On ne construisit donc sur le sommet de la Montagne que dans la seconde partie du 1er siècle. Mais alors les bâtiments s'y dressèrent rapidement; les rues y furent vite tracées; une ville neuve, composée de monuments officiels et de riches villas, couvrit la colline.

Lutèce, en son plus grand développement, s'étendit en effet très loin sur la rive gauche. A l'Ouest, elle ne dépassa guère le palais des Thermes et le boulevard Saint-Michel; peut-être s'étendit-elle jusqu'aux premières sépultures en pleine terre qu'on a trouvées aux environs de la rue de l'Odéon, près du boulevard Saint-Germain[2]. Vers la rue de Vaugirard, on a découvert encore des substructions jusqu'à la face occidentale du Palais du Luxembourg[3]. Toute la partie orientale du jardin, au moins jusqu'au grand bassin, était peuplée. Au Sud, les maisons dépassaient l'École des Mines et ne s'arrêtaient pas loin de la rue Auguste-Comte[4]. Sur la pente de la montagne Sainte-Geneviève qui descend vers la Bièvre et les Gobelins, il n'y avait aucune maison. De ce côté, les habitations n'ont guère dépassé la rue Lhomond. Des fouilles opérées dans l'ancienne institution des Jésuites, au voisinage de la rue d'Ulm, ont amené la découverte de fours, de puits et de murs en torchis[5]. A l'Est, on a relevé des traces de peuplement jusqu'à la rue Descartes. Au n° 12, on a trouvé un bassin bétonné[6], puis, au n° 38, des tuiles romaines et des moellons en grande

---

[1] J'ai trouvé, dans le Bull. Soc. Ant. France, 1862, p. 97, une mention de la découverte des puits sur les terrains de l'École des Mines. Il y en avait 40 sur les deux côtés de la voie inférieure.

Vacquer m'a fourni sur tous ces puits des renseignements plus précis que j'ai rencontrés dans le dossier 68 (Luxembourg), 6, 27, 34, 48, et dans le dossier 71 (R. X.X.Y), 18, 24, 28, 32, 95, 208. Le Dr Capitan (C. V. P., 14 nov. 1901, p. 171) en mentionne encore deux autres sous l'impasse Royer-Collard.

[2] Vacquer, dossier 1 (Sépultures), 85.
[3] Idem, dossier 68 (Luxembourg), 106.
[4] Idem, croquis dans le dossier 68 (Luxembourg), 61, et dossier 68 (Luxembourg), 26.
[5] Idem, dossier 25 (Rive gauche), 89, 144. C. V. P., 12 oct. 1899, p. 264, fouilles de la rue Laromiguière et de la rue de l'Estrapade.
[6] Vacquer, dossier 25 (Rive gauche), 17.

CHAPITRE III

quantité[1]. Plus à l'Est encore, dans la rue des Écoles entre les rues de la Montagne-Sainte-Geneviève et des Bernardins, le remblai était composé de matériaux antiques, de tuiles, de morceaux de mortier et de quelques fragments d'enduits peints, de bonne époque. On aurait même mis à jour des substructures romaines, rue du Cardinal-Lemoine[2]. Cependant il semble bien que cette large place marécageuse qui s'étend de la Seine jusqu'à la place Maubert, du Sud au Nord, et dépasse à l'Est la rue Monge, limite l'extension territoriale près du fleuve, en amont du Petit Pont, à la rue Galande[3]. Dans son ensemble, la ville romaine de la rive gauche se resserre au bas de la Montagne sur 400 mètres à peine, entre la place Maubert et le boulevard Saint-Michel; mais elle s'élargit en montant sur la côte et finit par s'étaler au sommet de la colline depuis le grand bassin du Luxembourg, à l'Ouest, jusqu'à la rue Descartes, à l'Est, sur une largeur de 1,000 mètres. Sa plus grande longueur du Sud au Nord est de 1,150 mètres environ[4]. Pour se rendre compte de ce développement, il suffit de comparer cette ville avec la cité enclose sur la rive gauche par le mur d'enceinte de Philippe-Auguste. Celle-ci est plus large de l'Est à l'Ouest, puisqu'elle s'étend, d'une part, jusqu'à la rue des Fossés-Saint-Bernard, de l'autre, jusqu'à la rue Mazarine, mais son extension vers le Sud est bien moins grande. C'est en plein massif romain que s'exécutèrent, en 1358 et 1365, les travaux de réparation du fossé de Philippe-Auguste, sur l'emplacement actuel de la rue Soufflot. La ville du XIe siècle, moins large que celle du XIVe siècle de l'Est à l'Ouest, était plus longue du Nord au Sud; elle couvrait environ la même superficie dans la région de l'Université.

Il ne semble pas pourtant que ce terrain ait été très peuplé et surtout que l'habitation se soit répartie partout d'égale façon. On distingue confusément plusieurs quartiers, moins d'après les murailles relevées que d'après les remblais. Au centre même de la ville, le sol sur lequel s'élève la nouvelle Sorbonne[5] semblait promettre d'intéressantes découvertes. Or on n'a rien trouvé qu'une vaste étendue jonchée de décombres brûlés, au milieu desquels on a reconnu quelques murs épars, généralement mal construits, semblables plutôt, comme dit Vacquer, à des clôtures de jardins qu'à des parois de maisons urbaines. Du moins est-on certain que jamais cette région ne renferma d'édifices gallo-romains importants[6]. Au bord

---

[1] Vacquer, dossier 25 (*Rive gauche*), 134.
[2] Mowat, *Bulletin de la Soc. des Ant. de France*, 1885, p. 192.
[3] Vacquer, dossier 25 (*Rive gauche*), sous-dossier *Rue Galande*, et *Science et Nature*, III, n° 59.
[4] J'ai mesuré la longueur suivant la voie de la rue Saint-Jacques, la largeur suivant une rue qui passe au sud de l'édifice Soufflot.
[5] Sur les fouilles de la Sorbonne en 1883 et années suivantes, voir le dossier 25 (*Rive gauche*), sous-dossier *Sorbonne*, et un article de Th. Vacquer, *Les fouilles de la Sorbonne* (*Science et Nature*, s'année, n° 64, p. 260).
[6] Il doit en être de même de la région du lycée Louis-le-Grand. Vacquer n'a pas suivi attentivement ces fouilles. Il n'y a relevé que quelques murs bien construits, minces, couverts d'enduit, des traces de

de la Seine, les vieux quartiers de Saint-Séverin et de Saint-Julien-le-Pauvre sont encore mal explorés; cependant, sur le parcours de leurs rues, dans des fouilles d'égout, on a rencontré de nombreuses traces de substructions. Déjà Caylus prétendait que les Thermes s'étendaient jusqu'à la Seine, parce qu'on avait trouvé «dans le petit Châtelet des arrachements de murs antiques»[1], et dans les caves du quartier Saint-Séverin, des piliers de fondations et des voûtes romaines. Comme ces vestiges ne peuvent appartenir aux Thermes, dont ils étaient séparés par une rue antique, ils font partie d'un ancien quartier gallo-romain dont on peut calculer l'importance à l'épaisseur des cendres qui atteignent, rue Saint-Séverin, sous les tombeaux mérovingiens, o m. 70[2]. A l'est de la voie Saint-Jacques, les rues de la Huchette, de Saint-Julien-le-Pauvre, Galande ont leur sous-sol coupé de murs transversaux[3]. Quelques-uns sont situés sous la voie romaine de basse époque qui passait rue Galande et se dirigeait vers le bourg Saint-Marcel; ils sont donc d'époque antérieure à la construction du chemin. Leur niveau général est inférieur à celui de la voie. Là aussi l'épaisseur des décombres romains est considérable.

Quand on gravit la pente de la montagne Sainte-Geneviève, on trouve, aux environs de l'église de Saint-Étienne-du-Mont, tout un quartier romain dont l'importance nous est attestée par les débris de poteries abondants dans le sous-sol[4] et par les murs nombreux qu'on a retrouvés depuis la rue Descartes jusqu'à la rue Valette[5]. Dans l'église même, pendant des fouilles pour la construction d'un calorifère, en 1859, on a relevé les traces d'un bâtiment solidement construit dont quelques pans de muraille émergeaient de remblais, où l'on vit des tuyaux d'hypocauste et des fragments d'enduit peint[6]. Tout près de là, sur l'emplacement de la deuxième cour du lycée Henri IV, un riche propriétaire habita sans doute une maison, dont la cave renfermait une grosse cachette de pièces d'or, disposée sur une marche d'escalier.

Sur la place du Panthéon, quand on construisit l'édifice, on aurait, au dire de Caylus, constaté l'existence d'une grande manufacture de poteries antiques[7]. «Ce sont des puits sans revêtissement, faits simplement pour tirer les terres propres à être travaillées. Ces puits avaient plus ou moins de profondeur..., plusieurs

sol bétonné et, sur le sol, des fragments d'enduits. Vacquer dut s'aliéner le personnel chargé de diriger les fouilles de fondation du bâtiment et se voir interdire l'entrée des chantiers, déconvenue qu'il dut souvent éprouver. Cependant il est certain que, si quelque découverte notable avait été faite, il en aurait eu connaissance.

[1] Caylus, *Recueil d'antiquités*, II, p. 373.
[2] Vacquer, dossier 25 (*Rive gauche*), 197.
[3] *Topographie historique du vieux Paris. Région centrale de l'Université.* Plan hors texte de Vacquer annexé à l'ouvrage, p. 164.
[4] Ch. Sellier, *Fouilles, place du Panthéon* (*C.V.P.*, 9 avril 1903, p. 99).
[5] Vacquer, dossier 25 (*Rive gauche*), sous-dossier *Rue Descartes*.
[6] Idem, dossier 25 (*Rive gauche*), 1, 3, 4 et 5.
[7] Caylus, *Recueil d'antiquités*, t. II, p. 402-405.

CHAPITRE III.

étaient poussés jusqu'au roc qui, dans un endroit, descend jusqu'à soixante et quinze pieds de profondeur. L'emploi d'une si grande quantité de terre prouve qu'on a travaillé longtemps sur cette hauteur. On peut d'autant moins révoquer en doute l'établissement de cette manufacture, qu'on a trouvé sur le sable, à deux ou trois pieds des glaises percées par les puits, plusieurs âtres de fours construits pour la cuisson des ouvrages antiques. Il est vraisemblable qu'on en aurait découvert un plus grand nombre, si les fondations avaient exigé des fouilles plus étendues, d'autant que l'on travaillait des briques en ce même endroit... On a trouvé peu de morceaux entiers, ceux de la poterie étaient en général les mieux conservés. On voit que cette manufacture employait deux sortes de terre, l'une d'un blanc gris dont la couverture noire ne peut être ni plus belle, ni plus égale, l'autre un peu plus rouge que celle de Nismes. » La description même de cette manufacture de poteries par Caylus est la meilleure preuve qu'elle n'existait pas. On se demande en effet pourquoi les céramistes parisiens auraient été chercher leurs matériaux jusqu'à 75 pieds, puisque la terre à four et la marne blanche affleuraient de toutes parts sur le flanc septentrional de la colline. On ne conçoit pas bien non plus pourquoi ils auraient installé dans les profondeurs leurs fours de cuisson. Enfin Caylus remarqua sur cet emplacement des tessons de poterie noire et rouge, des fragments de briques, des morceaux de plâtrerie ou d'enduits; c'est dire qu'il y avait là le même remblai antique qui signale ailleurs la présence des habitations gallo-romaines. Quant aux puits « sans revêtissement » dans l'un desquels on trouva une monnaie d'Auguste, je crois bien que c'étaient des fosses à détritus semblables à celles qui viennent d'être étudiées[1]. Vacquer dut en découvrir aussi dans la région du Panthéon[2]. Si Paris avait une poterie locale, — ce qui ne peut être mis en doute, — ses ateliers devaient être situés dans une région mieux accommodée à ses besoins que le sommet de la montagne Sainte-Geneviève!

On connaît les vestiges d'une demeure important, sous la place de la Vieille-Estrapade[3]. Puis, en se dirigeant vers l'Ouest, on rencontre, sur l'ancien emplacement de Saint-Étienne-des-Grès (angle nord-ouest de l'École de Droit), parmi les tombes mérovingiennes, des restes de murs romains et des décombres d'hypocauste[4]. Mais c'est surtout au sud et au sud-ouest d'un grand édifice qui s'élevait rue Soufflot que les traces d'habitations romaines sont le plus abondantes. Bien qu'on n'ait découvert dans le jardin même du Luxembourg, souvent fouillé,

---

[1] Cf. chap. II, p. 51.

[2] Ils ne sont étudiés nulle part dans ses dossiers, mais ils sont marqués dans son plan manuscrit.

[3] Vacquer, dossier 25 (*Rive gauche*), sous-dossier *Fouilles Davioud*, 1864.

[4] Vacquer, *Fouilles de l'École de Droit* (*Bull. Soc. Hist. Paris*, XX, 1893, p. 35); — dossier 25 (*Rive gauche*), sous-dossier *Saint-Étienne-des-Grès*. Il y avait là des tombeaux mérovingiens qui indiquent l'âge du sanctuaire primitif de Saint-Étienne-des-Grès.

aucun édifice qui soit bien conservé, aucune série de murs qui présente un ensemble, on peut affirmer cependant que ce quartier était la région riche de la cité de la rive gauche. Souvent, sur de bonnes aires de béton, on a trouvé des débris de dallages. Les remblais renferment des fragments de marbre[1] et de mosaïque[2], des morceaux d'enduits peints[3]. Toutes les fouilles exécutées dans cette région ont amené d'importantes découvertes d'urnes de verre, de lampes, de statuettes, de bijoux[4]. Les poteries, qui sont plus nombreuses que partout ailleurs, sont aussi les plus luxueuses et les mieux décorées[5]. Le terrain est à peine retourné que les monnaies romaines y abondent. Les seuls travaux d'aménagement du jardin de 1800 à 1807 produisirent plus de 250 pièces, dont 230 environ sont du haut empire jusqu'à Probus. Une vingtaine sont des monnaies d'argent[6]. Enfin, si l'on met à part les pièces isolées que Vacquer, après Grivaud, ramassa sans cesse à cet endroit, c'est du quartier romain du Luxembourg que proviennent les dépôts monétaires parisiens les plus nombreux. Il y en eut peut-être un, rue Monsieur-le-Prince, mais on n'en retrouva les bronzes que dispersés. On découvrit au Luxembourg, en 1867, une autre petite cachette de bronzes. On en signala une troisième, composée de 700 monnaies de bronze et de 200 médailles d'argent, quand on construisit la nouvelle Orangerie. Enfin, au coin du boulevard Saint-Michel et de la place Médicis, Poey d'Avant vit un trésor qu'il estime à 30,000 francs. Les habitants de ce quartier étaient, on le voit, de riches propriétaires[7].

On peut en juger d'après l'étude d'une demeure antique dont on a retrouvé les substructions aux portes mêmes du Luxembourg, à l'entrée de la rue Gay-Lussac. La maison de la rue Gay-Lussac était un grand bâtiment bordé à l'Ouest par la voie inférieure, et limité des trois autres côtés par des rues romaines, dont l'une, celle du Sud, n'avait pas moins de 8 m. 10 de largeur[8]. L'édifice occupait tout le rectangle formé par les quatre voies, une superficie de 2,700 mètres carrés (voir plan II).

Sur cet emplacement, plusieurs constructions s'étaient succédé. La dernière est bâtie sur un remblai très haut de matériaux antérieurs, et sur plusieurs points on reconnaît, à quelques murs dérasés d'une construction solide[9], mais rudimentaire, des traces certaines, mais trop éparses, du premier bâtiment. Dans les ruines mêmes du second, on distingue deux époques. Après l'avoir élevé, il

---

[1] Vacquer, dossier 68 (*Luxembourg*), 24, 25, 44, 88.
[2] Grivaud de la Vincelle, *Antiquités gauloises et romaines recueillies dans les jardins du Palais du Luxembourg*... Volume de planches, pl. IV, 11.
[3] Vacquer, dossier 68 (*Luxembourg*), 107.
[4] Grivaud de la Vincelle, *op. cit.*, pl. IV.
[5] Grivaud de la Vincelle, *op. cit.*, pl. VI à XIX.
[6] Idem, Catalogue des monnaies inséré dans le texte.
[7] On étudiera ces dépôts monétaires en détail au chapitre v.
[8] Vacquer, dossier 51 (*Rue Gay-Lussac*), 98.
[9] Idem, *ibid.*, 58 et 62.

CHAPITRE III.

semble qu'on y ait ajouté certaines parties vers le Nord[1]. En outre, à l'intérieur même de la demeure, on exécuta des remaniements importants. Des murs ont été réédifiés, d'autres ont été dérasés pour l'agrandissement des salles[2]. Le sol primitif a été exhaussé. Dans une piscine, en particulier, un premier fond marqué par un dépôt d'eau de o m. 008 a été recouvert par un enrochement, puis par des couches de béton et de ciment rose[3]. On a dû, tout en conservant toujours le même aqueduc, surélever son radier et ses bords pour le mettre au niveau du sol nouvellement aménagé[4].

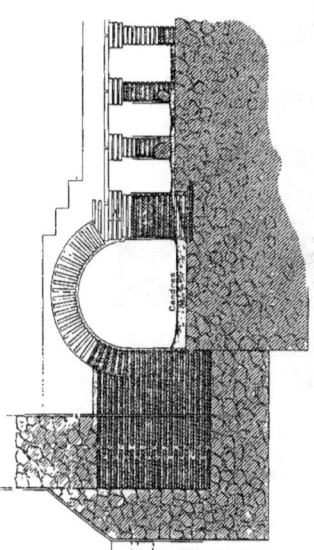

Fig. 16. — Hypocauste de la salle extrême-orientale.
Coupe du Sud au Nord (d'après Vacquer, dossier 51 [Rue Gay-Lussac], 175).
[Les parties non hachurées sont restituées.]

Sous sa forme définitive, l'édifice se composait d'une vingtaine de salles. On connaît assez mal sa partie occidentale où Vacquer a relevé quelques salles au sol de béton et aux murs fort bas. Les parties centrale et orientale en sont mieux reconnues et caractérisent le bâtiment. Au milieu était une vaste salle (A) de 14 mètres sur 9 mètres avec un sol de ciment rose[5]. À l'Ouest, s'enfonçait un bassin (B) au fond cimenté, aux murs revêtus de liais[6]. C'était certainement une piscine, reconnaissable à l'épais dépôt d'eau qui couvre ses parois[7], sans doute

[1] Les murs d'un hypocauste septentrional ne seraient pas emboîtés dans les murs méridionaux.
[2] Vacquer, dossier 51 (Rue Gay-Lussac), 94, 88.
[3] Vacquer, dossier 51 (Rue Gay-Lussac), 21.
[4] Loco, ibid., 84.
[5] loco, ibid., 85.
[6] loco, ibid., 93.
[7] loco, ibid., 21.

une piscine froide, puisqu'on n'a trouvé aucun tuyau de chaleur qui la desservît. Cette piscine était flanquée, au Nord et au Sud, de deux réduits (C, D) dont l'un, le réduit nord (C), était dallé de marbre noir[1]. Du centre on passait, au Nord, à l'Est et au Sud, dans six ou sept salles (E à K), dont les plus grandes atteignent presque la dimension de la salle du centre et dont les plus petites sont de véritables chambres. Ce sont généralement des salles chauffées : piscine d'eau chaude[2], étuves où aboutit tout un système de conduits de chaleur[3]. Leur sous-sol, bien

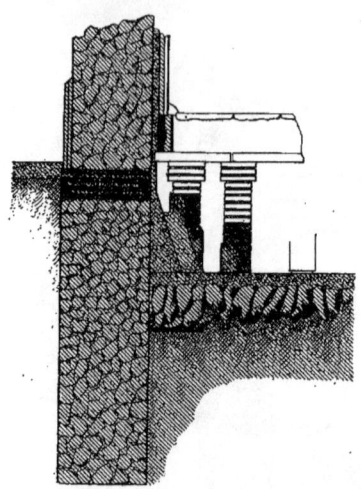

Fig. 17. — Hypocauste du Nord.
Coupe du Nord au Sud (d'après Vacquer, dossier 51 [*Rue Gay-Lussac*], 182).
[Les parties non hachurées sont restituées.]

reconnu, était constitué par de vastes hypocaustes (voir fig. 16 et 17) dont on a retrouvé les murs brûlés[4], les voûtes bien amorcées[5], les bases de piliers[6] et les tuyaux de briques enrochés dans le béton, au-dessous des salles[7]. Dans certains coins, on a découvert des tas épais de cendres[8]. Toute cette partie du bâtiment était bordée de longues salles étroites formant galerie. Un aqueduc (L) le desservait; il en faisait presque tout le tour, et, si l'on n'a pu retrouver le point d'adduction des eaux, on a découvert, à l'Ouest, trois bouches d'émission. En plusieurs endroits, ses branchements pénétraient dans la maison, et peut-être

[1] Vacquer, dossier 51 (*Rue Gay-Lussac*), 93.
[2] Idem, *ibid.*, 43, 47.
[3] Idem, *ibid.*, coupe de la pièce 182.
[4] Idem, *ibid.*, 34, 58.
[5] Idem, *ibid.*, coupe de la pièce 175.
[6] Vacquer, dossier 51 (*Rue Gay-Lussac*), 47 et 82.
[7] Idem, *ibid.*, 47.
[8] Idem, *ibid.*, 67.

CHAPITRE III.

des tuyaux de plomb dont on a découvert un fragment étaient-ils les derniers distributeurs de l'eau[1].

Cet édifice, où le service des bains, des étuves, où l'aménagement des hypocaustes se trouvent si développés, semble bien être des thermes, peut-être les petits Thermes de Lutèce. Les bains publics étaient assez nombreux dans les villes antiques pour que Lutèce pût en avoir compté au moins deux. Cependant nous ne connaissons bien qu'une partie du bâtiment de la rue Gay-Lussac. Celle que nous ignorons pouvait n'être pas aménagée en bains. Enfin, sous notre climat déjà froid en hiver, les hypocaustes ont souvent dû assurer tout simplement le chauffage des maisons, à l'occasion celui des bains ou des étuves qui s'y trouvaient. La construction romaine de la rue Gay-Lussac peut donc être considérée comme des Thermes de la ville, mais aussi comme une belle demeure particulière, dotée d'un appareil de chauffage et d'un service de bains bien aménagés.

On ne peut se représenter le bâtiment en élévation; les matériaux sont trop peu nombreux pour permettre une reconstitution, mais on se rend compte que l'édifice, imposant par ses proportions et bien distribué, était, en outre, d'une construction fort soignée. Le sous-sol est très solide et son épaisseur dépasse souvent 2 mètres. Le sol est une couche de ciment rose, un dallage de clinquart ou de marbre noir[2]. Les murs de briques ou de moellons sont fort bien parementés, recouverts quelquefois de plaques de liais, mais le plus fréquemment d'un enduit peint, rouge ou vert. Souvent, sur fond blanc, courent des lignes bleues ou des feuillages verts de laurier ou d'olivier[2].

A tous ces détails on reconnaît une construction de haute époque impériale. La poterie noire ancienne y est fort abondante; la poterie rouge n'y descend pas au-dessous d'un type contemporain, selon Vacquer, d'Aurélien et de Probus. Enfin on a retrouvé dans les fouilles 14 monnaies. Une seule est de Constantin; encore Vacquer ne l'a-t-il pas recueillie lui-même et fait-il des réserves sur sa provenance. Les autres vont de Claude à Tétricus[3]. La maison Gay-Lussac est donc certainement une construction du haut empire. L'étude céramique et numismatique autorise à penser qu'elle cessa d'être habitée vers l'époque de Tétricus, d'Aurélien et de Probus, dans la seconde moitié du IIIe siècle.

Ce qui donne au quartier gallo-romain de la rive gauche l'aspect d'une ville

---

[1] La tuyau de plomb est conservé au Musée Carnavalet, où une vitrine renferme des objets trouvés dans l'édifice Gay-Lussac (8e travée du Musée Carnavalet, Section et Donnée, *op. cit.*, p. 44).

[2] Vacquer, dossier 51 (*Rue Gay-Lussac*), 77.

[3] Ibid., *ibid.*

[4] 2 petits bronzes de Claude (10), 1 moyen bronze de Titus ou Vespasien (10), 1 grand bronze d'Antonin le Pieux (109), 1 moyen bronze d'Antonin (16), 1 moyen bronze d'un Antonin (77), 4 moyens bronzes de Marc-Aurèle (98), 1 grand bronze de Faustine (98), 1 grand bronze de Julia Mamaea (16), 1 Constantin. (Cette dernière pièce n'est connue que par «le dire d'un ouvrier».)

véritable, ce sont moins ses bâtiments privés, assez dispersés, que quelques vastes monuments officiels qui en couvrent une large superficie. Un seul, le palais des Thermes, subsiste en partie encore aujourd'hui ; les deux autres, l'édifice de la rue Soufflot et le Théâtre du lycée Saint-Louis, sont cachés complètement sous le sol et ne sont connus que par des fouilles récentes.

A l'entrée de la rue Soufflot, un grand édifice couronnait de sa masse imposante la montagne de Lutèce [1] (voir plan III). Son souvenir était encore vivant au xive siècle. Selon le continuateur de Guillaume de Nangis, il y avait eu là jadis un palais ou un bâtiment fortifié (*palatium sive castrum*) que de vieux auteurs, en des gestes jusqu'alors conservés, appelaient Hautefeuille [2]. En 1252, un contrat d'acquisition passé par les Prémontrés fait mention de la rue de Hautefeuille [3], vieille voie qui montait primitivement jusqu'au château.

Ce nom seul suffirait à laisser soupçonner l'existence en ce lieu de vestiges romains. Dans les chansons de geste, *Hautefeuille* est un des cris de ralliement du lignage des traîtres [4]. Griffon, le frère félon de Pépin le Bref, s'était bâti, sur le Mont-Aimé en Champagne, le château de Hautefeuille; ses fils, félons comme lui, l'habitaient [5], et la légende voulait encore que Ganelon, l'un d'entre eux, en eût été seigneur [6]. A Paris, une tradition populaire le logeait au château

---

[1] Cet édifice de la rue Soufflot est à peu près inconnu. Quelques notes de journaux conservées par Vacquer n'indiquent rien que des dates de fouilles. On trouve quelques renseignements intéressants dans L. Delisle, *Substructions romaines trouvées à Paris en 1366* (*Bull. Soc. Antiq. France*, 1867, p. 176-177); R. de Lasteyrie, *Fragments de comptes relatifs aux travaux de Paris en 1366* (*Mém. Soc. hist. Paris*, IV, 1877 p. 270-301). Les documents intéressants pour l'édifice Soufflot, extraits du cinquième compte de Philippe d'Acy, étaient déjà connus de Sauval (III, p. 125-127); ils sont cités par de Lasteyrie, p. 280-281. Le travail le plus important est celui de J. Quicherat, *La rue et le château de Hautefeuille*, article publié d'abord dans les *Mém. Soc. Antiq. de France*, XXXII (1881), p. 1-44, et réédité dans les *Mélanges d'archéologie et d'histoire*, I, p. 440-459. Le fond de l'article de Quicherat se trouvait déjà dans Jaillot, *Recherches critiques... Quartier Saint-André-des-Arcs*, p. 87. Enfin Vacquer (dossier 71, *R. XXI*, 228 pièces) a réuni sous ce titre énigmatique, *R. XXX*, des notes très riches de renseignements, mais très difficiles à consulter sur les fouilles qu'il suivit pendant plus de trente ans, dès 1844.

[2] Jean de Venette, continuateur de Guillaume de Nangis, édition Géraud, dans la *Collection de la Société d'histoire de France*, Paris, 1843, t. II, p. 258. — Sauval (II, p. 234) est plus précis que le chroniqueur : il se réfère au chroniqueur Turpin et, après lui, aux romans et aux fables. Jaillot, dans ses *Recherches* (*Quartier Saint-André-des-Arcs*, p. 87), dit en note que Huon de Bordeaux appelle en son roman (*sic*) le possesseur de ce palais Amauri d'Hautefeuille. Cependant je n'ai trouvé, ni dans le pseudo-Turpin, ni dans Huon de Bordeaux, ni ailleurs, mention de ce château parisien de Hautefeuille. M. E. Langlois, dans sa *Table des noms propres de toute nature compris dans les chansons de geste imprimées*, Paris, 1904, ne signale que le château de Hautefeuille, en Champagne.

[3] *Topographie historique du vieux Paris; Région occidentale de l'Université*, p. 438.

[4] Cf. E. Langlois, *Table des noms propres...*, au mot *Hautefeuille*, 1.

[5] Je renvoie aux passages des chansons de geste qui relatent ces traditions. Ils sont indiqués dans E. Langlois, *Table des noms propres... au mot Hautefeuille*, 2.

[6] Bibl. nat., fr. 5003, fol. 97 v°, d'après G. Paris, *Histoire poétique de Charlemagne*, p. 483 : «Guennes fut sire de Hautefueille en Champaigne, qu'on nomme à présent Moymer (Mont-Aimé).»

CHAPITRE III

60

de Hautefeuille avec sa famille[1]. C'était là un de ces châteaux de Ganelon, si nombreux en France, qui marquent l'emplacement de ruines antiques. Il y en avait sur la colline de Hautefeuille, au village de Saint-Yon (Seine-et-Oise)[2], au château de Hautefeuille sur le Mont-Aimé en Champagne[3]; il y en avait aussi sur la montagne Sainte-Geneviève en cet endroit.

Quand on bâtit le rempart de Philippe-Auguste, le mur d'enceinte coupa ces constructions antiques; on utilisa leurs matériaux[4]; mais on crut alors s'attaquer à une dépendance des Thermes. On les détruisit encore quand, en 1358, les Parisiens, pour résister au Régent, aménagèrent de nouveau le fossé de contrescarpe entre les portes Saint-Michel et Saint-Jacques. En l'approfondissant, on trouva des fondations de tours et de retranchements d'une solidité si grande et d'une cohésion si merveilleuse dans leurs matériaux, que les marteaux et les outils de fer eurent grand'peine à détruire, à désagréger l'édifice reconstruit par les Sarrasins[5]. On retrouva ces forts murs aux Sarrazins, quand, en septembre-octobre 1365, par suite d'un éboulement, il fallut, au même endroit, creuser les fossés entre la porte d'Enfer et la maison de la Ville qui est derrière les

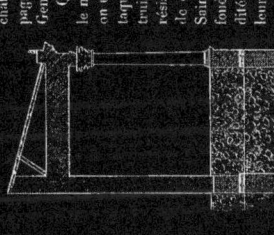

Fig. 18. — Essai de traction sur le pressoir de l'édifice romain de la rue Soufflot, d'après plusieurs expressions Vacquer, dossier 7) (B. HV).

Jacobins[6]. On en déarnit, ici, cinquante toises de long sur une toise de large et deux toises et demi-quart de profondeur; la quarante-neuf toises de long sur quatre toises de large et deux toises de profondeur, et l'on eut si grande difficulté à les rompre, qu'on paya leur destruction à la toise d'un tarif spécial.

C'est seulement au XIX° siècle que les fouilles, inaugurées au XIV°, furent reprises quand, à partir de 1847, on perça, ou élargit la rue Soufflot et qu'on bâtit au long de cette nouvelle voie des maisons modernes[7]. Mais le travail s'opéra par

[1] Sauval, I, p. 140; II, p. 234.
[2] Lebeuf, Histoire de la ville et de tout le diocèse de Paris (édit. Bournon) IV, p. 158-159 : et c'est ici un de ces lieux bâtis sur des éminences et dont les origines sont enveloppées de traditions fabuleuses... On disait « ceste commanderie » qu'elle étoit un peu de ce lien... étoit Haute-Feuille et que c'étoit un ville... » Lebeuf attaque avec motif sérieux la première tradition, mais il constate l'existence de ruines dont il met cependant en doute l'antiquité.
[3] A. Longnon, Dict. top. de la Marne, p. 171; cf. Bull. arch. Com. 1901, p. CXXVI-CXXVIII.

[4] Yvonin, dossier 7 (B. HV), 17, constate, pendant la démolition des fondations de l'enceinte de Philippe-Auguste sises derrière les écoles de la rue Copès, l'existence dans l'intérieur de ce mur de « rognons de meilleurs boulets en roc de basques et de tuiles provenant de l'édifice antique... »
[5] A. de Lasteyrie, Fragments de comptes,... p. 280.
[6] Ibid., ibid., p. 282.
[7] La principale période de fouilles dans la rue Soufflot fut marquée, dans les années 1860 à 1865.

parcelles, pendant plus de trente ans. Aussi les découvertes archéologiques éveillèrent-elles peu l'attention, et l'on ne saurait du monument que le peu qu'en dit Quicherat [1], si Vacquer n'avait, dès le début et sans cesser, surveillé les chantiers, noté les trouvailles et dressé enfin, grâce aux substructions mises à jour, un plan général de l'édifice.

Le bâtiment était limité à l'Est par la grande voie romaine de la rue Saint-Jacques, à l'Ouest par la rue qui courait sur le tracé actuel du boulevard Saint-Michel, au Nord et au Sud par deux voies transversales qu'on a fréquemment repérées [2]. Sa superficie était celle d'un rectangle de 160 mètres sur 100 environ, orienté dans sa longueur de l'Ouest à l'Est. Sa partie centrale était occupée par une vaste cour dont le sol de béton était, çà et là, usé par la circulation [3]. Elle était dominée à l'Est par un monument rectangulaire entouré d'une colonnade [4] dont le grand côté suivait la route romaine. Malheureusement les travaux de fondation du couvent des Jacobins ont ici presque tout détruit, et c'est à peine si l'on peut soupçonner en cet endroit les traces d'un temple ou plutôt, d'après l'orientation, d'une basilique. L'extrémité occidentale de la cour était peut-être occupée par un autre monument orné aussi de colonnes. C'était là probablement le sanctuaire de l'édifice. L'aire était bordée de plusieurs murs d'enceinte. Les deux premiers sont trop mal conservés pour qu'on en devine le rôle; le troisième s'élevait à environ 2 mètres et portait une corniche; le quatrième, plus haut encore, limitait l'édifice sur les rues. Ces deux dernières murailles s'associaient l'une à l'autre par des murs transversaux, formant des cellules, pour porter à 2 mètres environ au-dessus du niveau de la cour centrale les colonnes et le dallage d'un vaste portique (voir fig. 18) dont on peut avoir quelque idée d'après les bases [6], les fûts cannelés [7], les fragments d'un chapiteau corinthien [8] et d'une architrave (voir fig. 41) [9] et les antéfixes [10] (voir fig. 19) qui couvraient l'avancée des poutres de toiture. Ses parois étaient, sinon partout, du

par les travaux de construction des maisons Sauton, Thomas, Guibourge, Detolle, des écoles communales de la rue Victor-Cousin et de la rue Cujas. Un plan de ce quartier moderne est donné dans Vacquer, dossier 71 (R. XXX), 46.

[1] Quicherat fit sans doute aux fouilles quelques visites très espacées. Il n'en eut pas d'autre idée d'ensemble que celle qu'il dut à la vue du plan de Vacquer. Il s'est mépris sur l'âge et la destination de l'édifice. — Cf. encore A. Lenoir, *Rapport sur la découverte de murs d'enceinte et de fortification faite en 1849 rue Soufflot* (Bull. des Comités hist., I, 1852-1853, p. 413).

[2] Vacquer, dossier 71 (R. XXX), 18, 24, 81, 167, 170.

[3] Vacquer, dossier 71 (R. XXX), 128.
[4] Idem, ibid., 45 et 47.
[5] Idem, ibid., 47.
[6] Idem, ibid., 92, 125.
[7] Idem, ibid., 92, 125.
[8] Idem, ibid., 22.
[9] L'architrave découverte dans une maison de basse époque, dans la Cité, appartenait à l'édifice de la rue Soufflot. Vacquer classe sa photographie dans le dossier 71, à côté de fragments semblables qu'il a retrouvés dans les ruines de notre monument. Cf. un croquis du dossier 51 (*Hôtel-Dieu, fouilles*), 42.
[10] Cf. Vacquer, dossier 71 (R. XXX), 77 et 89.

62   CHAPITRE III.

noms en certains endroits, recouvertes de plaques de marbres variés qu'on a retrouvées en débris au cours des fouilles(1). On avait sans doute accès à l'édifice

Fig. 19.—Fragments d'antéfixes trouvés dans les ruines de l'édifice romain de la rue Soufflot (Musée Carnavalet). D'après un cliché de E. Pottier.

par la rue Saint-Jacques, mais on y pénétrait aussi par l'Ouest. De ce côté, sur l'alignement du second mur d'enceinte interrompu, on a retrouvé, renversé près de son socle, un des deux autels qui décoraient l'entrée (voir fig. 20). Malheureusement il ne portait aucune inscription qui permit de savoir la destination exacte de ce vaste ensemble de constructions.

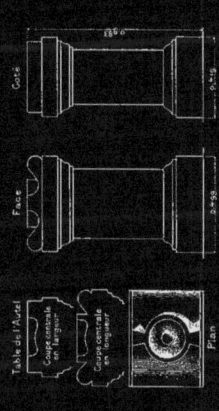

Fig. 20.— L'autel de l'édifice de la rue Soufflot (d'après Vacquer, dossier 71 (B. XVI), 65).

Un incendie ravagea tout l'édifice. On le reconstruisit sur le même plan général, mais non sans des remaniements importants. A côté des murs primitifs reconnaissables à leur bel appareil, à leurs parements brûlés, à l'absence de matériaux calcinés en leur blocage (voir fig. 21), il en existe d'autres, plus récents, qui se distinguent par leur bâti moins soigné, par le niveau supérieur de leur retraite à la hauteur du sol nouveau, par la présence de moellons passés au feu plus

(1) Vacquer, dossier 71 (B. XVI), 118, 127, 128, 131, 215, 216, 217, 219, 220, 226, 236.

leur massif. Ces murailles nouvelles s'appuient aux anciennes qu'elles renforcent. Elles constituent, en arrière du mur de fond des cellules, une enceinte plus épaisse, construite aux dépens des voies limitrophes, et qui laisse entre elle et l'ancien mur de pourtour la largeur d'un chemin de ronde (voir fig. 22). Pour y accéder, on avait rempli de moellonnaille certaines cellules où l'on avait aménagé des escaliers. Tel est le plan de l'édifice en son état le plus récent.

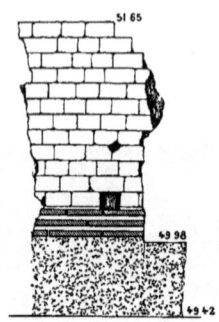

Fig. 21. — Mur de l'édifice de la rue Soufflot, première époque (d'après Vacquer, dossier 71 (R. XXX) 19).

On a voulu situer en cet endroit le camp dont Ammien Marcellin fait mention au moment du séjour de Julien à Paris, en 360 [1]. Quicherat plaçait le palais impérial aux Thermes, le camp en était tout proche; c'était donc en cette construction qu'il était installé. Elle daterait de Constance Chlore, peut-être d'Aurélien ou de Probus [2].

Cependant il est fort peu probable que la résidence de Julien ait été les Thermes [3]. Du moins, le monument de la rue Soufflot n'était pas un camp. Rien dans sa construction luxueuse, rien dans sa forme générale et son plan de détail, rien parmi les objets retirés au cours des fouilles ne permet de penser qu'on se trouve ici en présence d'une caserne. Il ressemble bien plutôt à ces grands temples à péribole si nombreux en Afrique, ou mieux encore à ces forums, ornés de riches portiques, bordés d'une basilique et dominés d'un capitole qu'on rencontre partout dans le monde romain. Dans la Gaule même, il est bien des édifices de plan semblable; aucun ne s'en rapproche plus qu'un sanctuaire de Narbonne entouré d'une colonnade, situé dans cette partie de la ville antique où la tradition a localisé le Capitole [4]. Il est certain, toutefois, que le monument parisien était, au moins en partie, consacré au culte. Des autels en décoraient l'entrée. Il semble même qu'au sommet de la montagne Sainte-Geneviève il y ait eu un temple dans cette région dès la période gauloise. Vacquer en aurait retrouvé les substructions circulaires sous l'édifice romain et la voie qui le bordait au Sud [5]. Tout alentour, le sol était creusé de puits où l'on a retrouvé, avec des poteries de très haute époque, des ossements d'animaux parmi lesquels des crânes de bœufs avec leurs cornes [6]; enfin la terre, semée de monnaies gauloises, a livré ces pièces de Nîmes

---

[1] Ammien Marcellin, XX, 4, 13.

[2] Quicherat, *La rue et le château de Hautefeuille*, dans les *Mélanges*, p. 452.

[3] Cf. *infra*, p. 152-153.

[4] *Bull. arch. du Comité*, 1884, p. 376-379, avec un plan et une coupe.

[5] Vacquer, dossier 71 (R. XXX), 92, 94 et 145.

[6] Idem, *ibid.*, 24. On a trouvé aussi des défenses de sanglier: Vacquer, dossier 71 (R. XVI), 25.

CHAPITRE III

on de Vienne coupées par le milieu[1], qui sont de véritables symboles religieux. Il est de toute vraisemblance que, sur l'emplacement d'un sanctuaire celtique, s'est installé le grand temple de la cité romaine. La montagne Sainte-Geneviève portait peut-être le Capitole de Lutèce.

Il est certain, du moins, que ce n'était pas la une construction du bas empire. Les monnaies découvertes dans les fosses et les remblais antérieurs à l'édifice, sous les voies qui l'entourent, sont des pièces gauloises, des bronzes de Nîmes ou de Vienne, une monnaie presque à fleur de coin de Tibère, une autre en même état de Vespasien, frappée en 77 après J.-C. Les poteries sigillées sont de même âge. C'est de la céramique d'Arezzo, de la Graufesenque, de la première période de

Fig. 21. — Coupe du chemin de ronde sur l'édifice de la rue Soufflot, montrant les deux constructions du bâtiment (d'après Vacquer, dossier 71 [B. XXV], 122). Les constructions et terrains inclinés par des majuscules romaines sont de la première époque; les murailles et remblais de la seconde époque sont signalés par des majuscules droites.

Lezoux. Les marques sont contemporaines de celles qui se retrouvent à Pompéi, qui fut détruite en 79 après J.-C. Or des puits situés au-dessous des murs antiques voisins ont été comblés si hâtivement, que souvent des fonds se sont déclarés dans le terrain des voies. La construction du bâtiment est donc de peu postérieure au dépôt des derniers détritus; elle remonterait à la fin du règne de Vespasien. C'est sans doute aussi à cette époque qu'il faut rapporter plusieurs débris d'antéfixes dont l'une portait la marque du fabricant *Pistillus*. Le dessin des fragments conservés ressemble à celui d'une antéfixe d'Autun qui doit dater du premier siècle[2]. Enfin une constatation très curieuse faite par Vacquer sur le terrain nous fixera sur l'âge des ruines exhumées. En étudiant le terrain situé près du

---

[1] Vacquer, doss. 71 (B. XXV), 24, 33, 48, 50.
[2] J. Déchelette, *Les antéfixes céramiques de fabrique gallo-romaine*, dans le *Bull. arch. du Comité*, 1906, p. 38 et pl. XXIV, 9. — M. Déchelette considère que, généralement, ces antéfixes gallo-romaines sont du Ier siècle.

mur extérieur, Vacquer a remarqué qu'un des sols de la voie qui y touche était brûlé à sa partie supérieure. Ces traces d'incendie se poursuivaient jusqu'au fond d'une fosse située entre la rue et le mur, puis la fumée avait noirci la paroi septentrionale de la muraille. Le puits était rempli de poteries de bonne époque. Or le dépôt de ces poteries était nécessairement postérieur aux traces de feu qu'on retrouvait à la fois sur une surface de la voie et au long du mur, puisque c'était le fond de la fosse, et non la couche supérieure des détritus, qui était brûlé. Par conséquent, la voie et le mur étaient antérieurs au dépôt des poteries, et, comme ces tessons sont des débris du haut empire, l'édifice de la rue Soufflot est encore plus ancien (voir fig. 23).

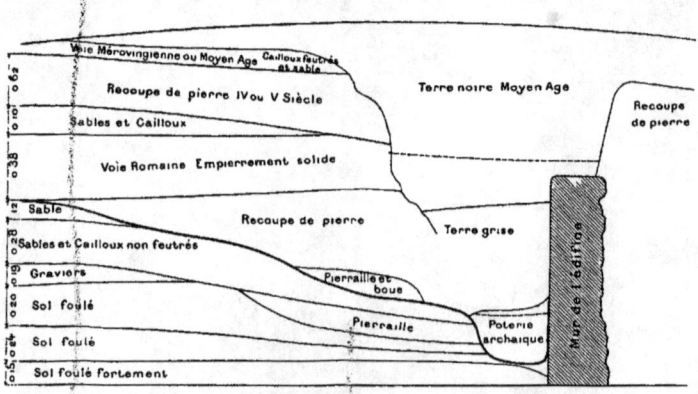

Fig. 23. — Coupe du terrain de la voie nord de l'édifice de la rue Soufflot (d'après Vacquer, dossier 71 [R. XXX] 26).
[Le trait fort marque la surface brûlée.]

Mais il peut d'autant moins être le camp permanent dont parle Ammien Marcellin, qu'il était détruit au temps de Julien. Il ne dut pas subsister très longtemps après la reconstruction que nécessita l'incendie. Un camp aménagé à basse époque, dès Aurélien, devrait fournir dans ses ruines beaucoup de monnaies de basse époque. Or on n'a découvert dans les remblais aucune monnaie postérieure à Victorin et Postume. En revanche, on en a trouvé une vingtaine du haut empire[1]. Il faut donc croire que l'édifice de la rue Soufflot, élevé à la fin du Ier siècle, fut rebâti après un incendie, mais qu'il cessa d'être fréquenté à peu près à l'époque des monnaies les plus récentes qu'on a retirées de ses ruines, c'est-à-dire dans la seconde moitié du IIIe siècle [2].

---

[1] Vacquer, dossier 71 (R. XXX), 26.
[2] Les monnaies trouvées dans l'édifice Soufflot sont nombreuses. Outre des pièces gauloises (dossier 71 [R. XXX], 14, 32, 33), on trouve des monnaies de Nîmes et de Vienne (24), 5 moyens bronzes et petits bronzes (?) d'Auguste (34, 91), 1 moyen bronze de Germanicus (28), 2 petits bronzes (?) de Tibère (24, 33), 2 moyens bronzes

CHAPITRE III.

C'est au bas de la montagne Sainte-Geneviève, au coin sud-ouest de la voie inférieure et de la rue Racine, que s'élevait le théâtre gallo-romain de Lutèce (voir plan IV). L'histoire de sa découverte mérite d'être relatée, car elle présente l'intérêt de nous renseigner à la fois sur les fouilles et sur la méthode ingénieuse dont usait Vacquer. Dans des travaux pour la construction des nouvelles cuisines du lycée Saint-Louis en mai-juin 1861[1], on trouva, au nord d'une rue romaine qui courait de l'Est à l'Ouest, deux murs très épais formant deux arcs de cercles concentriques à concavité tournée vers le Nord-Nord-Ouest. Le mur le plus méridional, arasé au niveau du sol antique, portait trois piliers larges de 1 m. 77 sur leur face extérieure dirigée vers le Sud; les piliers étaient séparés par des baies de 1 m. 76. En présence de ces murs courbes, Vacquer eut immédiatement l'idée qu'il se trouvait en présence des ruines d'un théâtre antique. Il savait en effet, pour avoir repéré la situation dans ces parages de la voie inférieure et de la voie romaine de la rue Racine, la position exacte du coin sud-ouest des deux rues antiques. Or, en décrivant la demi-circonférence dont le mur méridional découvert fournissait un segment, il constata qu'elle avait la voie Racine pour ligne diamétrale et que l'arc prolongé aboutissait vers l'orient au coin nord-ouest des deux voies. De plus, à partir d'un pilier en place, il reporta, sur tout le tracé du mur semi-circulaire extérieur, les dimensions de largeur d'un pilier, puis d'une baie. Deux piliers arrivaient exactement aux extrémités de la demi-circonférence. Ainsi se vérifiait doublement l'hypothèse de Vacquer. D'autres découvertes affermirent encore sa conviction. Le plan qu'il dessina enfin

---

[1] Quicherat (*Mélanges d'archéologie et d'histoire*, I, p. 464), Berry (*Topographie historique du vieux Paris, région occidentale de l'Université*, p. 2), le baron Poisson (*Rapport sur les donations du Musée historique de la Ville de Paris*, 1868, p. 10), ont eu connaissance de la découverte d'un théâtre sous le lycée Saint-Louis, mais ils ne lui accordent qu'une simple mention. C'est seulement en 1899, quand on fit un premier examen des dossiers Vacquer, qu'on découvrit toute une notice rédigée au brouil-

lon sur le théâtre Saint-Louis. On publia ce rapport dans la C. V. P., 7 déc. 1899, p. 356-362. La C. V. P. décida d'en vérifier les assertions. On retrouva en effet les murs signalés par Vacquer sous les cuisines du lycée Saint-Louis (C. V. P., 1" mars 1900, p. 82-84, *Première constatation matérielle des vestiges d'un théâtre gallo-romain situé sous le lycée Saint-Louis*). Alors on décida de poursuivre les fouilles inaugurées par Vacquer. On en dressa le devis (Ch. Sellier, *Rapport relatif aux fouilles à faire dans le lycée Saint-Louis*, C. V. P., 19 juillet 1900, p. 156-157). Mais, pendant l'exposition de 1900, on oublia un moment le projet. On le voit reparaître en 1901 (Ch. Sellier, *Question du théâtre gallo-romain du lycée Saint-Louis*, C. V. P., 25 avril 1901, p. 59). Enfin, en 1908, à l'occasion de la démolition d'un grand bassin réservoir au n° 7 de la rue Racine, on a retrouvé, à la place qu'indiquait Vacquer, deux portions des murs d'un vomitoire sud-occidental du théâtre. C'est là le seul progrès qu'on ait fait, depuis Vacquer, dans la connaissance du théâtre antique.

[2] de Néron (167, 34), 1 moyen bronze de Vespasien (26), 1 moyen bronze de Trajan (91), 1 grand bronze de Marc-Aurèle (161), 1 grand bronze de Faustine (41), 1 grand bronze du haut empire [?] (86), 1 denier d'argent de Gordien (51), 1 grand bronze de Postume, 2 petits bronzes de Victorinus (28, 30), une «dizaine de petits bronzes de Tétricus ou plutôt de Victorinus» (6); enfin, au voisinage de la voie romaine du boulevard Saint-Michel et dans des couches de terre bien plus hautes, 1 petit bronze du bas empire (7).

peut paraître audacieux dans le détail. La région de la scène est presque inconnue. Mais, s'il reste encore à dresser de façon plus précise la topographie du théâtre, du moins son existence est-elle incontestable.

Le théâtre Saint-Louis était sans doute enfermé entre quatre voies romaines dont on a reconnu trois : la voie de la rue Racine, la voie inférieure, et, au Sud, une voie fort épaisse, composée d'au moins deux rechargements successifs. Cette rue était très fréquentée, car c'est par elle qu'on accédait à l'édifice. Le diamètre extérieur du théâtre était de 71 m. 80, son rayon, du Nord au Sud, de 46 m. 85 [1].

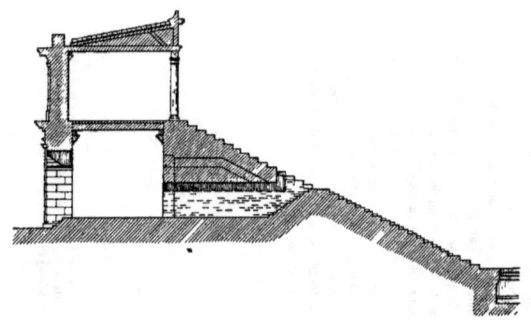

Fig. 24. — Théâtre romain de Lutèce. Section sur l'un des vomitoires.
(D'après un plan de Vacquer, exposé dans l'escalier de la Bibliothèque historique de la Ville.)

Du mur extérieur, arasé à hauteur du sol, s'élançaient des piliers supportant des pilastres sur lesquels devaient s'appuyer les voussoirs des voûtes d'arcades. Entre des piliers, larges de 1 m. 77, épais de 1 m. 34, s'ouvraient des baies de 1 m. 76 de plus grande largeur. Par elles on accédait à la galerie de pourtour, dont le sol était formé d'une simple couche de sable battu. En son milieu, la galerie était coupée de deux massifs d'époque légèrement postérieure au reste de la construction. Ils portaient des escaliers d'accès aux parties hautes de l'édifice. En effet, au-dessus de la galerie du rez-de-chaussée, il en existait une autre s'ouvrant sur le théâtre. Celle-ci était sans doute couverte, puisqu'on a trouvé dans les ruines la base attique d'une des colonnes qui devaient soutenir le toit. Le second mur circulaire dont on a découvert les vestiges servait d'appui à la cavea. La cavea était composée d'un remblai de marne et de terre à four très solide et très homogène qui portait des gradins. Au travers de cette masse étaient creusées trois galeries d'accès, concentriques, vers le mur du podium dont on n'a nulle part retrouvé

---

[1] D'après son diamètre, le théâtre de Paris était plus grand que celui de Djemila (Algérie), qui a 62 mètres de plus grande largeur et pouvait contenir environ 3,500 spectateurs, mais plus petit que celui de Philippeville (82 m. 40) où tenaient 5,000 ou 6,000 spectateurs. Le théâtre parisien était donc assez grand pour donner place à 4,500 spectateurs environ.

la trace. Au contraire, on a repéré le niveau du sol en sable de l'orchestre, à 1 m. 26 au-dessous du point le plus bas des escaliers qui mènent au podium. Du proscenium, de la scène et de ses dépendances, on a découvert trop peu d'amorces pour qu'on puisse en imaginer la disposition. L'ensemble était bâti en moellons de petit appareil; les angles étaient de pierre plus allongée. Sur les murs, on n'a pas trouvé trace d'enduit; à l'intérieur, leur masse était un blocage en mortier.

Dans son rapport, Vacquer ne fait qu'indiquer «l'époque paisible des Antonins» comme moment de la construction. Il est certain en effet que le théâtre, comme l'édifice Soufflot, ne fut pas construit dès les premiers temps de l'empire. Sous le remblai de la cavea, dans les terres antérieures à l'édifice, on a découvert un fragment de belle poterie rouge lustrée avec la marque SILVNVS (Silvanus)[1]. De même, une fosse d'âge plus ancien que la voie du Sud avait déterminé dans les couches du chemin un fontis; or on trouva encore dans cette fosse des fragments de poterie rouge lustrée, mais surtout une pièce de Néron ou de Vespasien[2]. La rue du Sud, et par conséquent le théâtre, sont moins anciens que cette monnaie. Enfin, dans le remblai même de la cavea, on a ramassé, outre quelques morceaux d'enduits de bonne époque, des fragments de très petits vases à bord droit strié, d'un modèle appelé par Vacquer «type Turgis»[3]. Or, si l'on se reporte à une pièce très curieuse du dossier 44[4] (Céramique) où Vacquer a dressé le tableau, d'après leur âge, de tous les types parisiens de céramique antique, on constate que, pour lui, les vases à bord droit strié du type Turgis sont contemporains de la fin du 1ᵉʳ siècle ou du début du 11ᵉ. Donc, comme ces débris se trouvent en plein massif de la cavea, ils sont antérieurs à la construction du théâtre. Celui-ci semble donc bien dater du début du 11ᵉ siècle, sous Trajan, Hadrien ou Antonin le Pieux. On ne peut rien dire de l'époque de sa destruction, car les seules monnaies découvertes dans les remblais voisins sont un Antonin et un Postume.

Les grands Thermes de la ville étaient situés de l'autre côté de la grande voie romaine de la rue Saint-Jacques, sur les premières pentes de la montagne Sainte-Geneviève, à l'Ouest, au Nord-Ouest, au Nord et à l'emplacement même du Collège de France (plan V)[5]. Il s'élevait en cette région un édifice important qui

---

[1] Vacquer, dossier 41 (Théâtre 1864), 22.
[2] Idem, ibid. (Théâtre), 25 et 92.
[3] Idem, ibid. (Céramique), 1.
[4] Ce nom donné par Vacquer à un type de céramique parisienne est celui du propriétaire d'un terrain où Vacquer reconnut ce type de poterie.

Silvanus se rencontre encore comme nom d'un potier de la Graufesenque, atelier du 1ᵉʳ siècle (Déchelette, Les vases céramiques grués de la Gaule romaine, I, p. 67 et 300).

[5] La première mention que j'ai rencontrée de l'édifice du Collège de France se trouve dans les papiers de Vacquer, dossier 97 (Rapports), 17 août 1878. Vacquer signale à ce moment «des fouilles pour des maisons en cours de construction dans

laissa peut-être au quartier, après sa disparition totale, son nom de Thermes. Celui-ci passa probablement de la localité aux ruines du bâtiment voisin qui subsistaient encore. Ainsi les *Thermes* de Julien auraient usurpé un titre qui revenait à de véritables bains publics qui sont tout proches d'eux.

la rue des Écoles, entre les rues de la Montagne-Sainte-Geneviève et Jean-de-Beauvais, situées près d'une région où abondent les vestiges de l'époque gallo-romaine». Il y trouva des traces de bâtisses importantes; et il ajoute : «Il est évident qu'il y eut en cet endroit un édifice considérable dont rien ne faisait soupçonner l'existence». Dans le dossier 97 (*Rapports*), 27 février 1879, il revient sur le même sujet. «Rue des Écoles, entre les rues des Carmes et Jean-de-Beauvais, on a retrouvé la suite des gros murs d'époque gallo-romaine que j'ai déjà signalés en cet endroit l'année dernière, mais leur totalité n'a pas été mise à découvert et ils paraissent s'étendre assez loin sous les vieilles maisons voisines. Il faut attendre la démolition de ces masures pour connaître l'étendue et peut-être la destination de l'édifice romain qui occupait cet emplacement situé entre les Thermes et les Arènes. Actuellement, les murs qui ont revu la lumière ne présentent pas un plan assez caractérisé pour qu'on puisse les attribuer à tel ou tel genre de monument. On peut cependant, en procédant par élimination, dire dès aujourd'hui que ce bâtiment n'est ni un théâtre, ni un amphithéâtre, ni des thermes (?).»

Des fouilles d'égout exécutées en avril-mai 1894, rue Jean-de-Beauvais et rue de Lanneau, permirent à Vacquer de faire une première vérification de son hypothèse. Le plan de ses découvertes en 1894 est inséré dans la *Topographie historique du vieux Paris, Région centrale de l'Université*, p. 99, avec la signature de Th. Vacquer, sans que les auteurs du volume, MM. Tisserand et Platon, fassent dans le texte même la moindre mention des fouilles. Heureusement elles sont étudiées en détail, à l'aide de notes et de croquis dans les Papiers Vacquer, dossier 25 (*Rive gauche*), sous-dossier *Jean-de-Beauvais*. L'étude de cette liasse a été le point de départ des recherches de 1903-1904.

La construction d'un égout, impasse Chartière (du 28 oct. au 2 nov. 1903), marqua le début d'une campagne de fouilles qui ne furent terminées que le 25 juillet 1904. Pendant neuf mois, sous la surveillance de M. Ch. Sellier, on explora, au moyen de puits, de galeries souterraines et de tranchées, la région des rues Jean-de-Beauvais, de Lanneau, Fromentel, de la place du Collège de France et de l'impasse Chartière. L'étude de ces fouilles est faite dans les articles suivants dont les plus importants, marqués d'un astérisque, sont de M. Ch. Sellier et de M. G. Villain :

*Ch. Sellier, *Vestiges de constructions gallo-romaines découverts impasse Chartière* (*C. V. P.*, 10 déc. 1903, p. 312-315).

Ch. Sellier et G. Villain, *Vestiges de constructions gallo-romaines découverts rue Jean-de-Beauvais, etc.* (*C. V. P.*, 21 janvier 1904, p. 19).

G. Villain, *Fouilles de l'impasse Chartière et de la rue de Lanneau* (*C. V. P.*, 11 févr. 1904, p. 47).

*Ch. Sellier, *Rapport présenté au nom de la 2ᵉ Sous-Commission sur les fouilles exécutées dans l'impasse Chartière, la rue de Lanneau et la rue Fromentel pour la recherche d'un édifice gallo-romain* (*C. V. P.*, 17 mars 1904, p. 128-136).

*G. Villain, *Observations sur le rapport précédent* (*C. V. P.*, 17 mars 1904, p. 135-136).

*Idem, *Communication au sujet des fouilles de l'impasse Chartière* (*C. V. P.*, 7 avril 1904, p. 152-153).

*Ch. Sellier, *Rapport présenté au nom de la 2ᵉ Sous-Commission sur la suite des fouilles exécutées dans le quartier du Collège de France pour la recherche des vestiges d'un édifice gallo-romain* (*C. V. P.*, 7 juillet 1904, p. 188-198).

*Idem, ibid. (*C. V. P.*, 10 nov. 1904, p. 218-220).

*Mesnager, *Résultats des analyses et essais auxquels ont été soumis divers échantillons de bétons provenant des fouilles du quartier du Collège de France* (*C. V. P.*, 10 nov. 1904, p. 221-222).

Ch. Sellier, *Dépenses effectuées pour l'exécution des fouilles du quartier du Collège de France* (*C. V. P.*, 10 nov. 1904, p. 223).

Tous ces articles de M. Ch. Sellier, très documentés, d'une précision technique remarquable, occupent environ 50 colonnes dans les bulletins de la *C. V. P.* Ils sont complétés par des planches et coupes publiés en annexe au procès-verbal de la *C. V. P.* du 12 janvier 1905 et reproduits pour la plupart dans mon travail. — J'ai cru devoir appeler le bâtiment gallo-romain du nom de «Thermes

CHAPITRE III.

Ceux-ci sont enfouis sous une couche de remblais plus modernes dont l'épaisseur varie suivant les endroits. L'arase supérieure des murs est à 0 m. 80 environ du sol actuel au bas de la côte, sous la rue Jean-de-Beauvais; mais, à mesure que le terrain s'élève, elle est elle-même plus profonde. Sous l'impasse Chartière, le point le plus élevé des ruines est à 1 m. 50 du niveau du pavé. Les fondations descendent en un point jusqu'à 7 mètres de profondeur.

Les limites de l'édifice nous sont inconnues à l'Est et à l'Ouest, mais il devait s'étendre au Nord jusqu'à la rue des Écoles[1], au Sud jusqu'à 100 mètres du fond de l'impasse Chartière. Les fouilles n'en ont mis à jour, jusqu'à présent, qu'une faible partie.

Les ruines explorées sont ainsi constituées dans leurs éléments essentiels[2]. Au milieu se trouve une grande salle circulaire (A) dont le centre est à l'entrée de la rue Fromentel. Elle est flanquée, au Sud et au Nord, sous l'impasse Chartière et la rue Jean-de-Beauvais, de deux autres salles (B et C) de même forme, dont seuls les hémicycles occidentaux sont repérés; à l'Est et à l'Ouest, sous les rues de Lanneau et Fromentel, d'une série de salles rectangulaires (D, E, F, G) incomplètement dégagées.

La grande salle du centre (voir fig. 25) forme une espèce de bassin de 16 m. 40 de diamètre intérieur, limité par un mur de briques enduit de ciment[3] dont la hauteur moyenne est de 1 m. 50 environ au-dessus du fond de cette cuvette. Le sol de ce bassin, en pente légère de l'Est à l'Ouest, est formé par un épais béton, qui repose lui-même sur une maçonnerie de moellons bruts[4]. Mais cette aire recouvre un sous-sol dont la disposition est curieuse. C'est un hypocauste circulaire comme la salle supérieure. Le centre forme une chambre d'environ 5 mètres de rayon, toute garnie de petits piliers ordonnés symétriquement et reposant sur un sol de constitution analogue à celui du plafond qu'ils portent[5]. La pièce est entourée par d'épais piliers[6] en forme de trapèze aux bases arquées en plan, séparés les uns des autres par des galeries rayonnantes dont une extrémité aboutit à la chambre centrale, l'autre à un couloir circulaire enveloppé lui-même par la muraille extérieure de la salle.

La partie des ruines situées à l'ouest de cette grande salle constituait comme un terre-plein bétonné ou dallé de liais[7], qui était presque de niveau avec l'arase supérieure du mur circulaire. Mais ce massif était creusé de souterrains dont l'un

---

[1] Voyez, dossier 97 (*Rapports*), 27 février 1879.
[2] Plan V; plan d'ensemble de l'édifice.
[3] Fig. 25 en *e*.
[4] Fig. 25 en *a* et *b*.
[5] Fig. 25 en *c* et *d*.
[6] Fig. 25 en *f*.
[7] Fig. 26. La cote de niveau est 44 m. 59, là où le dallage de liais recouvre encore le béton creusé à 44 m. 56. Ces dalles ont en effet 0 m. 03 d'épaisseur.

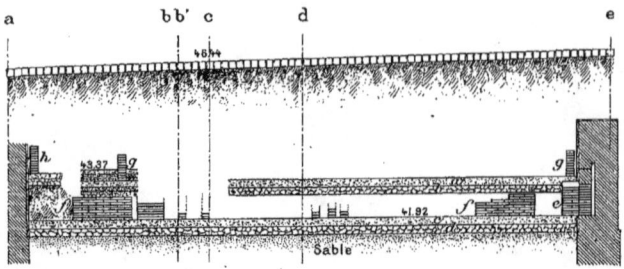

Fig. 25. — Édifice du Collège de France, coupe à travers la salle A du plan V
(d'après Ch. Sellier).

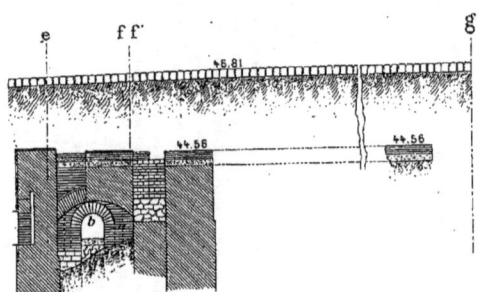

Fig. 26. — Édifice du Collège de France, coupe à travers les salles G H du plan V
(d'après Ch. Sellier).

Fig. 27. — Édifice du Collège de France. Niche semi-circulaire de la grande salle occidentale
(d'après une photographie de la C. V. P.).

CHAPITRE III.

nous est connu. En sondant tout contre le mur d'enceinte, on découvrit un petit puisard voûté en plein cintre, où débouchait par le Sud un égoût également cintré[1] (voir fig. 26). Plus à l'Ouest encore, le bétonnage continuait à même hauteur. Il formait alors le sol d'une vaste salle[2], assez mal connue, dont les deux murs est et sud, arasés à hauteur du béton, portaient au-dessus de lui des piliers espacés. Entre deux piliers des murs Sud, plus monumentaux que les autres, s'ouvrait une grande niche semi-circulaire, motif remarquable de décoration architecturale, au sol dallé de liais, aux parois enduites de mortier, et recouvertes de marbre blanc (voir fig. 27).

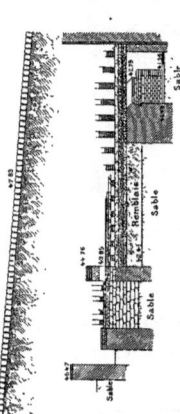

Fig. 28. — Édifice du Collège de France, coupe à travers la salle C du plan V
(d'après Ch. Sellier).

Au sud de la grande salle circulaire à l'entrée de l'impasse Chartière s'en développait une autre[3], de diamètre plus petit, dont le mur d'enceinte dépassait d'au moins 1 m. 60 le sol de béton[4]. Celui-ci recouvrait un hypocauste garni de ses petits piliers de briques. En un point même, au nord de la salle, au-dessous de l'hypocauste, un second sous-sol était constitué par une galerie de direction rayonnante (voir fig. 28 ci-dessus). On accédait à la partie méridionale par une baie voûtée fort basse[5]. On entrait alors dans une petite salle rectangulaire[6] dont le sol avait disparu, mais dont les piliers d'hypocauste aux bases encore bien alignées. Plus au Sud encore, un dernier compartiment s'ouvrait[7]. Son mur occidental, qui fut seul étudié complètement, était fortifié de piliers. L'un d'eux, plus massif que les autres, semble marquer de ce côté la limite de l'édifice; un puits pratiqué plus loin n'atteignit plus de ruines.

[1] Pl. V en H et fig. 26 en a et b.
[2] Pl. V en G.
[3] Pl. V en C.
[4] Fig. 28. — Dans cette partie de la coupe, on voit que le sol de béton repose sur de petits piliers d'hypocauste et qu'il s'arrête vers le Nord. Au delà on voit les piliers d'hypocauste dépasser la hauteur du niveau du béton. C'est que, dans cette partie, le sol de béton devait être plus élevé. On n'en a pas retrouvé trace.
[5] Pl. V en I.
[6] Pl. V en K.
[7] Pl. V en L.

La salle circulaire de la rue Jean-de-Beauvais[1] était de mêmes dimensions que celle de la rue Fromentel. En effet, l'arc du mur d'enceinte qu'on en découvrit a le même rayon. Mais son aménagement intérieur était quelque peu différent. La chambre centrale, où l'on repéra quelques piliers d'hypocauste, était entourée d'un épais massif de maçonnerie recouvert de béton sur lequel Vacquer aurait, en 1894, reconnu des gradins. De fait, à l'ouest de la salle, le massif s'abaissait vers la chambre circulaire par un gradin. Il était traversé par de petits couloirs rayonnants, également espacés, qui arrivaient, d'une part, à la chambre centrale, d'autre part, à une galerie circulaire, large à peine de 0 m. 40, enveloppée elle-même d'un mur.

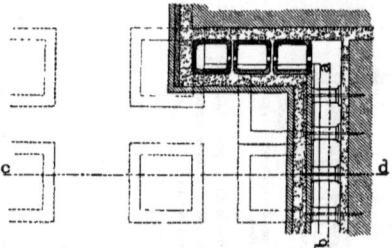

Fig. 29. — Édifice du Collège de France. Plan-coupe de la salle D du plan V
(d'après Ch. Sellier).

Les chambres de la rue de Lanneau n'ont pu être bien étudiées, sauf une seule, la plus septentrionale[2]. Celle-ci est particulièrement intéressante, parce que son appareil de chauffage est très bien conservé. Les piliers d'hypocauste, disposés régulièrement, sont faits de petites briques carrées de 0 m. 21 de côté sur 0 m. 04 d'épaisseur, dont la colonne est surmontée d'une brique carrée plus large (0 m. 30 de côté) formant chapiteau. Le plafond de l'hypocauste est construit d'autres briques carrées de 0 m. 60, qui reposent sur les piliers et portent elles-mêmes le béton du sol de la salle. La chaleur circulait aux murs de celle-ci, par un dispositif ingénieux. Une première paroi, composée d'un enduit caché vers l'intérieur de la salle sous un dallage de liais et recouvert vers l'extérieur d'un tuilage, était maintenue à 0 m. 12 d'une seconde paroi de brique au moyen d'un système de petits manchons disposés en quinconce et portés par des broches de fer qui les enfilaient et s'adaptaient par leurs extrémités aux deux parois. C'est dans ce vide qu'arrivait la chaleur de l'hypocauste (voir fig. 29, 30, 31). Le mur ainsi bâti formait à la salle un véritable matelas d'air chaud[3]. L'ensemble de l'édifice devait être desservi par des égouts dont on a découvert, au Nord, les canaux d'émission.

---

[1] Pl. V en B. — [2] Pl. V en D. — [3] Les figures 29, 30, 31 donnent, en plan, en coupe-élévation et en coupe, le détail de ce dispositif de tubulure.

CHAPITRE III.

L'édifice du Collège de France était un bâtiment très étendu, puisque les ruines mises à jour n'en représentent qu'une petite partie. Ce devait être aussi une solide et magnifique construction. Ses fondations sont profondément assises; son sous-sol repose déjà sur une couche épaisse de maçonnerie brute; ses murs épais sont de brique dans les parties d'hypocauste qui devaient être exposées à la chaleur; ailleurs, ils sont bâtis moins complètement de petits moellons en assises régulières, soit de moellons dont les étages alternent par séries avec des chaînons doubles ou triples de briques plates. Souvent ils sont enduits de mortier. Le sol des salles est un béton constitué de plusieurs couches, mais un dallage de liais à trouvé en beaucoup d'endroits, et le marbre blanc, qu'on a trouvé employé comme parement dans l'absidiole de l'Ouest, formait avec le liais le pavage de la salle circulaire de l'impasse Chartière. Enfin on a trouvé dans les remblais un chapiteau entier qui devait appartenir à ces thermes, puisque, en

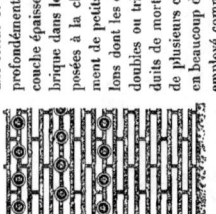

Fig. 3o. — Édifice du Collège de France. Coupe suivant a b du plan précédent (d'après Ch. Sellier).

un autre point des ruines, on a découvert un fragment qui provenait certainement d'un chapiteau de dimensions égales et de décoration identique. C'était une pièce composite, de style ionique, dont la volute était ornée, sur son retour, d'imbrications (voir fig. 32).

Si étendues que soient les ruines qu'on a découvertes de l'édifice, elles ne constituent qu'une faible partie de son ensemble. Elles permettent, du moins, de lui fixer une destination. Vacquer, procédant par élimination, prétendait que ce bâtiment n'était ni un amphithéâtre, ni un théâtre, ni des thermes[1]. Pourtant les dernières fouilles de 1903-1904 ont mis à jour un aménagement de bassins et d'hypocaustes assez complet, un système d'égouts assez développé, pour qu'on puisse se croire ici en présence de thermes. Bien plus, il n'est guère douteux, à en juger par la grandeur et la magnificence de la construction, que ces thermes ne soient les grands bains publics de Lutèce.

Leur date est encore incertaine. On n'a recueilli dans les remblais que des monnaies de basse époque, et, dans une poche de muraille, un lot de bronzes malheureusement trop frustes pour être identifiés. On a saisi en maint endroit non pas des traces de reconstruction, mais des signes certains d'un réaménagement, peut-être de deux. La salle circulaire centrale, dont le sous-sol est déjà un hypocauste, porte elle-même sur son sol les traces de deux piliers d'hypocauste[2]. On doit donc supposer qu'on transféra un jour l'hypocauste de l'étage inférieur à l'étage supérieur. Plus tard encore, on aurait exhaussé le sol en le bétonnant de

---

[1] Vacquer, dossier 97 (Rapports), 27 février 1879. — [2] Fig. 25 en g et g'.

nouveau, puisqu'un de ces piliers du second hypocauste est lui-même encastré dans une couche de béton qui s'élève à o m. 34 au-dessus du sol primitif de la

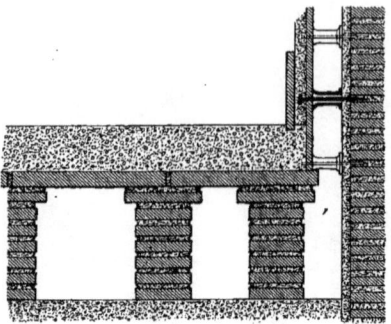

Fig. 31. — Édifice du Collège de France. Coupe suivant *c d* du plan précédent (d'après Ch. Sellier).

salle, et qu'un autre se dresse sur celle-ci[1]. Cependant tous ces réaménagements sont à peu près contemporains les uns des autres. En effet, une analyse chimique des bétons de la grande salle centrale a révélé que leur composition était presque

Fig. 32. — Édifice du Collège de France. Chapiteau trouvé dans les ruines (d'après une photographie de la C. V. P.).

identique[2]. Ces hypocaustes, soumis continuellement au feu, se fatiguaient assez vite, comme en témoignent les briques rongées du premier sous-sol. On devait donc les remplacer. Mais l'ensemble du bâtiment est bien d'une même période.

[1] Fig. 25 en *h*. — [2] Mesnager, *C. V. P.*, 10 nov. 1904, p. 221-222.

CHAPITRE III.

Il est probable qu'il est de haute époque, puisqu'il est aligné, comme le théâtre du lycée Saint-Louis, sur la voie romaine de la rue Saint-Jacques, puisque ses substructions ne sont pas bâties avec des matériaux empruntés à des édifices antérieurs; mais cette conclusion est encore incertaine; il faut espérer, des fouilles à venir, qu'elles la confirmeront.

Un peu à l'écart de la ville, les Arènes (voir plan VI) s'adossaient à la pente nord-orientale de la montagne Sainte-Geneviève qui s'étend entre la rue Rollin et la rue du Cardinal-Lemoine[1]. D'après le témoignage d'Alexandre Neckham, l'édifice était encore visible au XII⁰ siècle, « reconnaissable au grand cirque formé par l'arène et aux ruines immenses qui subsistaient près de la maison religieuse de Saint-Victor[2] ». Tout au début du XIII⁰ siècle, une partie en était encore au jour au temps où « li rois Phelipes commença Paris de murs à ceindre par devers Petit Pont[3] ». Il est probable que les matériaux des Arènes furent employés à la construction du rempart vers la porte Saint-Victor, comme les moellons de l'édifice Soufflot servirent de blocage aux murailles voisines des portes Saint-Michel et Saint-Jacques. Dès lors, les derniers vestiges du bâtiment romain disparurent, comme le constate l'auteur de « li fait des Romains » au XIII⁰ siècle, mais tout souvenir n'en périt pas, puisqu'un acte de 1284 signale les vignobles voisins de Saint-Victor et des murailles de Paris au lieu dit les *Arènes*[4] ». Aussi l'existence d'anciennes arènes était-elle généralement admise et leur emplacement très nettement délimité[5], quand, en 1869, les fouilles signalées par Vacquer ramenèrent au jour les premières ruines. En 1870, on dégagea toute la partie septentrionale de l'édifice. Mais son état de délabrement, la mauvaise volonté des pouvoirs

---

[1] Le livre essentiel sur les Arènes est celui de Ch. Normand, *Nouvelles antiquités gallo-romaines de Paris : Les Arènes de Lutèce ou le premier théâtre parisien*, in-8°, et un atlas de planches in-4°, Paris, s. d. — Il est suivi d'une bibliographie trop complète de la question, où les ouvrages utiles sont confondus au milieu d'articles sans valeur. Je n'en retiendrai que : Ropr. Roman, *Les Arènes de l'antique Lutèce* (*Annales de la Société centrale des Architectes français*, t. I, 1874-75, p. 131-167); Vacquer, *Journal officiel manuscrit des fouilles*, tenu du 15 mars 1883 au 17 juin 1883. Ce journal se trouve aujourd'hui dans les papiers Vacquer, dossier 70 (Arènes), pièces 9 à 12. En outre, j'ai découvert quelques renseignements intéressants dans les rapports de Vacquer (dossier 96), aux 5 avril, 22 novembre 1869; 10, 18, 24 et 31 janvier, 7 février et 28 mars 1870, et surtout dans le dossier 23 (*Amphithéâtre*, 1869-1870). Enfin j'ai découvert dans les cartons un croquis de reconstitution partielle au crayon et un dessin au lavis de quelques arcades du pourtour des Arènes, telles que Vacquer se les imaginait d'après les fragments découverts.

[2] Al. Neckham, *Bibl. nat.*, ms. lat. 276. — L. Delisle, *Bull. Soc. Ant. France*, 1858, p. 152, et Ch. Normand, p. 6-7.

Indicat et revisi descriptio magna theatrum
Cypridis; illud idem vetula ruina docet;
Durant illud opus fidei devotio; exacti
Victores prope stat religiosa domus.

[3] Paul Meyer, *Romania*, XIV (1885), p. 11 : « Li fait des Romains compilé ensemble de Saluste, de Suetone et de Lucain. Ot fet çi theatre es vingnes qui sont entre Sainte Genevriève et Saint Victor. De cel theatre que je vos di devoit encore une partie en estant au jor que li rois Phelipes commença Paris de murs à ceindre par devers Petit pont. » — Cl.-Ch. Normand, p. 9.

[4] Boulay, *Histoire de l'Université de Paris*, III, p. 238.

[5] Voir surtout Jaillot, *Mémoire*, p. 31.

publics, la jalousie de Vacquer à l'encontre d'archéologues rivaux, et surtout la déclaration de guerre, furent cause qu'on laissa la Compagnie des Omnibus bâtir un dépôt sur le lieu des découvertes. En 1883, on exhuma la partie méridionale, moins bien conservée encore que l'autre. Mais, cette fois, la Ville de Paris dut acheter le terrain à des conditions assez onéreuses, et l'on reconstitua très maladroitement, au milieu du square actuel, le tiers des arènes antiques[1].

Du moins, le plan général de l'édifice fut-il levé en 1869-1870 et 1883-1885. Il s'étendait au Sud jusqu'à la rue de Navarre, empiétait à l'Ouest sur la rue Monge, atteignait au Nord l'école de filles de la rue des Boulangers, à l'Est le réservoir de la Ville. Sa superficie était d'environ deux hectares. L'arène, en forme d'ellipse, avait 56 mètres sur son grand axe du Nord au Sud, 48 mètres sur son petit axe de l'Est à l'Ouest[2]. La plus grande longueur du monument était de 128 mètres.

L'arène (voir planche I, 1 et 2), au sol de terre battue, était limitée par le mur du podium qu'on a retrouvé au-dessus du sol antique sur un point, à 2 m. 80. Il était construit de petits moellons bien parementés et probablement recouverts d'un enduit (voir planche II, 1). A 1 m. 50 en avant du podium on a découvert en plusieurs points un dallage de pierres portant encore les traces de trous de scellement. Sans doute, ce seuil servait d'appui à une barrière circulaire qui ménageait ainsi un chemin de ronde au niveau de l'arène (voir planche II, 5). On descendait à celle-ci par deux couloirs[3]. Ces deux entrées dirigées suivant le grand axe, au Sud et au Nord de l'édifice, étaient larges de 4 mètres environ. Celle du Sud avait 28 mètres de longueur. Son mur occidental était orné d'une imposante décoration architecturale composée de deux niches semi-circulaires[4] (voir planche II, 2 et 3). Dans le mur du podium s'enfonçaient cinq réduits de forme rectangulaire, un à l'est du couloir septentrional, deux qui flanquaient le couloir méridional,

---

[1] L'histoire des fouilles des Arènes de 1869 à 1883 est racontée par Ch. Normand dans la première partie de son livre, la plus longue. Il y manque certains détails des plus amusants qui sont dans les papiers Vacquer, dossiers 23 (*Amphithéâtre, 1869-1870*) et 70 (*Arènes*). C'est là qu'on apprend à mieux connaître la lutte qui s'engagea entre Vacquer, inspecteur des fouilles de la Ville, et M. le vicomte de Ponton d'Amécourt, président de la Société de numismatique, pour décider qui aurait l'honneur de diriger les travaux. Le beau rôle revient à M. de Ponton d'Amécourt. La conduite de Vacquer ne fut pas toujours très correcte.

[2] Ch. NORMAND, p. 93.

[3] IDEM, p. 104-109, plan en C et D.

[4] Ces niches n'avaient pourtant pas été aménagées pour la simple décoration. S'il en avait été ainsi, on en aurait retrouvé de semblables, dans la même entrée, en face, et dans l'autre entrée, symétriquement ordonnées par rapport aux premières. Il n'en est rien. Ces niches semi-circulaires avaient pour but de résister à la poussée des terres de la colline aux flancs de laquelle les gradins de l'arène étaient disposés. Comme le sol naturel de la montagne Sainte-Geneviève s'abaisse du Sud au Nord, depuis l'entrée méridionale jusqu'à l'entrée septentrionale, et de l'Ouest à l'Est dans la direction de la scène, il n'y avait que le mur occidental de l'accès méridional qui eût besoin d'être renforcé. On constate l'existence de ces niches aux théâtres de Vieux et de Soissons, aux amphithéâtres de Trèves et de Saintes.

CHAPITRE III.

deux autres creusés aux deux extrémités du petit axe de l'arène (voir planche III, 2). Ils avaient été autrefois recouverts. Dans le réduit oriental s'enfonce un égout voûté qu'on a suivi pendant 22 mètres environ. Il évacuait les eaux de l'édifice (voir planche II, 4).

Le monument n'avait de gradins que sur la moitié occidentale de son ellipse, au revers de la Montagne. C'étaient des pierres inscrites dont certaines portaient le nom du propriétaire de la place (voir fig. 33). Une trentaine de rangées montaient du podium jusqu'à la précinction supérieure [1]. Cette graduation

Fig. 33. — Les Arènes. Pierres inscrites de la graduation, découvertes aux Arènes et dans le rempart de la Cité (d'après un cliché Emonts de la collection photographique de la Bibliothèque historique de la Ville de Paris).

était coupée de vomitoires qui la desservaient à découvert. Au sommet, il y avait sans doute une galerie couverte portée par des colonnes dont on a découvert des fragments et des chapiteaux. Au-dessous de cette galerie courait un ambulacre. On a repéré ses traces près de la première niche semi-circulaire du couloir méridional.

Les arènes de Paris présentaient cette disposition originale qu'en face des gradins il y avait, sur un terre-plein, au niveau supérieur du mur du podium, une véritable scène [2] (voir planche III, 1). C'était un mur parallèle au grand axe, décoré de niches alternativement carrées et demi-rondes, telles qu'on peut en voir devant l'orchestre de nombreux théâtres antiques. En arrière s'élevait sans doute le mur de scène dont on a découvert un fragment. Les Arènes de Paris étaient donc aménagées de façon à pouvoir servir à la fois de cirque et de théâtre [3].

[1] Selon Vacquer, il y avait 36 gradins dont 34 pour les sièges et 2 radoux, chiffres établis en calculant la largeur des pierres inscrites découvertes aux Arènes et dans le rempart.

[2] Ch. Normand, p. 117-118.
[3] Il en était de même à Drevant. Cf. G. Macon, *Le théâtre gallo-romain de Drevant*, dans le *Bull. arch. de Comité*, 1906, p. 64.

un velum pouvait recouvrir l'édifice en cas de besoin. On a, du moins, retrouvé dans les remblais des Arènes, dans la Cité, au cimetière Saint-Marcel, quelques pierres percées ou à demi creusées qui faisaient sans doute saillie en corniche sur le pourtour du mur extérieur et servaient de logements à des mâts auxquels s'accrochaient les extrémités de la toile (voir fig. 34).

Fig. 34. — Les Arènes. Pierre destinée à recevoir les mâts du velarium, découverte dans les fouilles du Marché aux Fleurs (d'après un cliché Barry de la collection photographique de la Bibliothèque historique de la Ville, don de la Commission du Vieux Paris).

La décoration architecturale et sculpturale du monument devait être très riche. Malheureusement, il n'en subsiste plus guère que des débris, quelques morceaux sculptés, des parties de corniche dont une pièce d'angle, des fragments de grosses colonnes cannelées et de chapiteaux corinthiens. Mais l'édifice formait un ensemble imposant avec son majestueux escalier de gradins qui descendait à flanc de colline jusqu'au podium, tandis qu'en face, au delà du mur de scène, la vue pouvait s'étendre sur un large paysage limité à l'horizon par la montagne de Belleville.

La construction des Arènes annonce un édifice de la meilleure époque. Mais on ne peut lui assigner une date précise. Les murs sont parementés de petits moellons de calcaire dont les rangées ne sont pas interrompues par des files de briques. Elles furent détruites de bonne heure. Des sépultures gallo-romaines sont creusées dans leur sol. Les squelettes sont en pleine terre et ne sont pas orientés. L'une des tombes contenait un de ces grands vases peints qui datent au plus tôt de la fin du IIIe siècle. Ce mode d'enfouissement, l'absence d'orientation, la présence de cette poterie marquent des tombes païennes qui ne doivent pas être postérieures au IVᵉ siècle. Donc, à ce moment, les Arènes étaient hors de service, puisqu'on y enterrait. On a, de plus, découvert en divers points de la Cité et du cimetière Saint-Marcel[1] des pierres percées qui servaient pour les mâts du velum. Mais surtout on a trouvé dans le rempart de la Cité des pierres qui avaient été arrachées à la gradination des Arènes. Comme le rempart de la Cité date, nous le verrons, de la fin du IIIᵉ siècle au plus tard, il faut qu'à ce moment déjà les Arènes de Lutèce aient servi de carrière dont on exploitait la pierre. Dès lors, Lutèce n'eut plus d'arènes.

Pour alimenter d'eau de source la ville de la rive gauche, on avait construit l'aqueduc d'Arcueil (plan VII en trois feuilles). C'est l'édifice parisien d'époque gallo-romaine qui nous est le mieux connu. Grâce à des rigoles parisien d'époque sources à Chilly, Morangis, Wissous, Paray et Rungis, l'eau du groupe de sources du plateau compris entre la Seine, l'Orge, l'Yvette et la Bièvre, était soigneusement drainée, attirée dans un bassin central[2] et dirigée par un conduit sur Lutèce. Ces eaux se sont aujourd'hui épuisées ou dispersées, si bien qu'il est peut-être aventureux de calculer le débit[3] de l'aqueduc gallo-romain par celui des sources qui jaillissent encore actuellement; mais on a pu, grâce au dépôt de tout ce qu'il faut tenir grand compte de la communication de M. Tesson, *Reconnaissance du bassin romain de Wissous*, C. V. P., 12 nov. 1903, p. 263-269. Enfin, pendant l'hiver 1906-1907, M. Gravereaux a fait exécuter à l'Hay des fouilles qui ont mis à découvert, en trois séries de points, la rigole de l'aqueduc. Elles font l'objet d'une lettre de M. Gravereaux, d'un rapport de M. Stamili et d'une communication de M. Tesson, publiés dans la *C. V. P.*, 9 mars 1907, p. 161-166.

[3] Avant Belgrand, tous ceux qui avaient étudié l'aqueduc croyaient que le regard central était le grand carré de l'aqueduc de Marie de Médicis à l'altitude de 75 m. 12. On ignorait alors l'existence de deux rigoles secondaires, de Chilly et de Wissous. Belgrand les découvrit et reconnut qu'il était impossible ou très difficile de les conduire au grand carré, puisque la source de Wissous jaillit à 70 mètres, celle de Chilly à 75 m. 40. Il fut donc amené à chercher ailleurs, à un niveau inférieur, le bassin qu'il trouva facilement.

[2] Je reprends ici une critique que Belgrand s'est faite implicitement à lui-même. Il évalue, en effet, d'abord le débit de l'aqueduc par celui des sources contemporaines à un débit moyen total de 2,600 mètres cubes en 24 heures. Mais, à un autre endroit, il obtient, par un procédé plus scientifique, des chiffres bien inférieurs.

[1] Cf. Ch. Normand, p. 124 à 129. Une de ces pierres a été retrouvée dans les dernières fouilles du Marché aux Fleurs.

[2] L'aqueduc fut signalé pour la première fois dans Paris par Corrozet, *La Fleur des antiquités*..., édition de 1530, p. 60. Il est particulièrement étudié par Boulay, *Mémoire sur les aqueducs de Paris* (*Mém. de l'Acad. des Inscript.*, XXX, 1764, p. 731-735), Cateux, *Antiquités*, II, p. 374-375, pl. CIV et CXI, et Jollois, *Mém.*, p. 125-142. — Belgrand (*Les travaux souterrains de Paris: Les eaux*, I, *Les anciennes eaux*, Paris, 1877, in-4° avec atlas in-folio) a consacré deux chapitres (chap. III et IV) à l'étude de l'aqueduc gallo-romain d'Arcueil. Son étude est définitive au point de vue purement hydraulique. Malheureusement, bien qu'il ait disposé, pour conduire son tracé, de 54 repères, il a négligé de situer exactement tous ces points sur sa carte (*Atlas*, pl. 7), si bien que l'étude topographique exacte est encore incomplète. De plus, le tracé de Belgrand dans Paris était fort hypothétique, car ses repères étaient trop peu nombreux. Il est possible de le compléter par Vacquer, dossier 41 (*Aqueduc d'Arcueil*), et par la *C. V. P.*, 6 octobre 1898, p. 21; 10 novembre 1898, plan; 3 avril 1899, p. 103-104; 1ᵉʳ juin 1899, p. 121; 28 mars 1901, p. 35; 14 mai 1903, p. 133; 12 novembre 1903, p. 271. Mais sur-

TABLEAU DE LUTÈCE SOUS LE HAUT EMPIRE.   81

tartre qui, sur un espace assez étendu, couvrait les parois de l'aqueduc jusqu'à une hauteur à peu près constante, évaluer la portée totale de la rigole à 1,987 mètres cubes en 24 heures [1], débit à peine suffisant aujourd'hui pour alimenter une population de 4,600 habitants [2].

Le tracé de l'aqueduc a été reconnu. Sa tête est un bassin situé dans la vallée de Rungis, sur son flanc nord, à 1 kilomètre environ au sud du village. L'altitude de son radier est 64 m. 12. C'est là que venaient se réunir les eaux du plateau [3]. La source la plus importante, captée à Chilly, était habilement dirigée par les points les plus bas d'une plaine presque horizontale jusqu'au lavoir actuel de Wissous. Sa rigole souterraine, jalonnée aujourd'hui par quatre cheminées, descendait à peine d'un mètre sur 2,386 mètres. Près du lavoir actuel, elle recevait les eaux d'un aqueduc venant de Chilly. De là, elle dévalait rapidement jusqu'au regard central dans lequel elle pénétrait par le Sud-Est (voir planche IV, 2). Elle y apportait presque la moitié des eaux qui alimentaient Lutèce [4]. A gauche, et tout près de cette rigole importante, dans la vallée de Wissous, une source plus modeste jaillissait au niveau des marnes; un petit conduit de 1,740 mètres, à pente irrégulière, l'amenait par le Sud-Ouest au bassin (voir planche V, 1). Une dernière rigole concentrait les sources de Rungis. Elle suivait d'abord le flanc gauche de la vallée en ménageant si fort sa pente, qu'on ne s'attendrait pas à la voir tomber, par un brusque crochet, dans le regard collecteur des eaux par son côté nord-est après un cours de 1,186 mètres (voir planche IV, 1). Ainsi, au point de départ de l'aqueduc principal, trois rigoles secondaires, d'un dévelop-

---

[1] C'est sur les repères situés entre le pont d'Arcueil et la rue de la Glacière, à Gentilly, que Belgrand a effectué son calcul. Or, entre ces deux points, le sous-sol est solide et l'aqueduc n'a pas dû se déverser, sauf par exception. Belgrand a donc pu mesurer la pente, constater sa régularité d'après la hauteur presque constante du dépôt d'eau sur les parois. Grâce à ces éléments, avec l'aide d'une formule dite de Prony, il a pu savoir le débit moyen de l'aqueduc. Cf. BELGRAND, p. 74-75.

[2] Belgrand donne le chiffre de 6,000 habitants parce que son premier calcul (cf. p. 80, note 4) lui fait évaluer le débit de l'aqueduc à 2,600 mètres cubes en 24 heures. J'ai rectifié ce chiffre d'après la seconde évaluation, et l'ai ramené à 1,987 mètres cubes.

[3] On connaît fort mal dans le détail la région d'origine des eaux de l'aqueduc et les sources qu'il captait. M. Tesson (*C.V.P.*, 9 mars 1907, p. 162) dit que «les sources n'ont pu être identifiées d'une manière certaine jusqu'à présent... Les travaux exécutés par le marquis d'Effiat, au milieu du xviie siècle, dans le but de retrouver les sources romaines et de les conduire dans son château de Chilly, ont évidemment bouleversé tout l'ancien régime des pierrées. D'un autre côté, l'ouverture des grandes routes dans la région et l'établissement du chemin de fer en tranchées ont certainement contrarié les dispositions naturelles d'autrefois. Nous avons constaté l'existence d'une abondante source inconnue jusque-là, et qui se trouve précisément sous le château de Chilly».

[4] Sur les anciens plans de la commune de Wissous, la bande de terrain qui borde l'aqueduc des deux côtés constituait autrefois un territoire communal. Celui-ci se poursuit pendant plusieurs centaines de mètres, dans une dépression large de 20 mètres, profonde de 3 mètres environ, qui marque, sans aucun doute, la zone de servitude de l'aqueduc antique. Celle-ci ne fut partagée entre les propriétaires de Wissous qu'au moment de la Révolution. Le chemin actuel des Édorcets, établi sur le passage de l'aqueduc, est comme un reste de cette ancienne propriété communale.

CHAPITRE III.

pement total de 8,550 mètres, lui avaient amené les eaux qu'il devait conduire sur Lutèce.

Il sortait du regard central par sa face nord-ouest (voir la planche V, 2). Recouvert certainement sur une partie, peut-être sur la totalité de son parcours[b] (voir planche III, 5), il restait souvent à fleur de terre[9], contournant à flanc de coteau tous les accidents de terrain, en ménageant d'autant plus sa pente que les détours qu'il faisait allongeaient sa route. On le suit fort bien, soit qu'il ait été repéré, soit qu'il révèle sa présence par les cultures plus maigres à son passage, sur le flanc gauche de la vallée du ru de Rungis, puis sur la rive droite de la Bièvre. En aval de Cachan, le conduit profite d'un défilé de la Bièvre, connu sous le nom caractéristique de Longboyau, pour passer, à 58 m. 85, de la rive droite à la rive gauche de la rivière sur les voûtes d'un aqueduc dont le tracé était si nécessaire, qu'après l'ingénieur romain les ingénieurs de Marie de Médicis et les modernes ont fait passer tout contre lui l'aqueduc du XVIe siècle et la rigole de la Vanne. D'Arcueil, où on l'a repéré dans plusieurs propriétés, il se dirige, tout proche du conduit de la Vanne, vers la rue de la Glacière, dans Gentilly, qu'il traverse en un point où il est encore visible, puis sa rigole s'éloigne de l'aqueduc actuel, plus élevé, pour contourner la butte de Montsouris. De là enfin, par la rue de la Tombe-Issoire, le faubourg et la rue Saint-Jacques, il entrait dans Lutèce. Un de ses branchements desservait sans doute l'édifice Gay-Lussac ; mais l'aqueduc était principalement destiné à alimenter l'édifice dit « des Thermes » et les grands bains. Il descendait donc depuis la rue Gay-Lussac, au long du bord occidental de la voie d'Orléans, où on l'a trouvé, rue Royer-Collard, rue Malebranche et, s'il faut en croire une courte communication de M. R. Cagnat, près du Collège de France[3]. Ainsi, depuis le regard de Wissous jusqu'aux Thermes, l'aqueduc se développait sur une longueur de quinze kilomètres environ et sa pente était si ingénieusement ménagée, que, jusqu'à la

---

[(1)] M. Tesson (C. V. P., 12 novembre 1903, p. 268) était déjà d'avis que l'aqueduc était recouvert, mais en aucun point encore on n'avait trouvé de trace certaine de cette couverture. Enfin, en 1907, on a constaté sur la rigole « l'existence d'une couverture en dalles calcaires brutes ». En un endroit « deux fragments de dalle adhéraient encore au glacis de scellements qui régnait au-dessus des murettes » portant « de nombreuses alvéoles d'encastrement des dalles ». (SIALOT, C.V.P., 9 mars 1907, p. 164). Il est certain pourtant que l'aqueduc ait été couvert sur tout son parcours ; il est en effet possible que la protection d'un dallage ne lui ait été nécessaire que là où le canal courait en tranchée profonde. Au contraire, aux endroits où il passait à fleur de terre, peut-être même un peu au-dessus

du niveau du sol, il était moins utile de le protéger. En tout cas la coupe si caractéristique de la rigole (C.V.P., 9 mars 1907, pl. 3) ne s'est pas présentée encore en d'autres points.

[(2)] M. Graveraux, dans sa lettre à la C.V.P. (C.V.P., 9 mars 1907, p. 161), dit qu'en un des trois points où il découvrit l'aqueduc sur une longueur de 5 mètres, il ne restait qu'un radier en mauvais état, surmonté par endroits d'un vestige de piédroit, et il ajoute : « Cette démolition n'est pas surprenante, car, si la rigole était intacte, elle ferait saillie sur le sol. »

[(3)] C. R. Acad. Inscr. et Belles-Lettres, 1894, p. 130. La communication de M. Cagnat est trop brève pour qu'on puisse affirmer qu'il s'agit bien là de l'aqueduc d'Arcueil.

rue Malebranche, au sommet de la montagne Sainte-Geneviève, il avait descendu de dix mètres à peine.

Si le tracé de l'aqueduc était habile, sa construction n'était pas moins remarquable. Le regard d'origine est un bassin carré de 3 m. 22 de côté intérieur, de 1 m. 70 de hauteur primitive (voir planches IV et V). A 0 m. 40 du fond, une banquette de 0 m. 58 de largeur laisse au fond une cuvette carrée. Les murs en sont fort épais, construits d'une maçonnerie de caillasse cimentée; le radier de la cuvette est de béton. Au milieu de chaque côté débouchent les aqueducs d'adduction et d'émission. L'aqueduc de Wissous et l'aqueduc principal se font face, tous deux voûtés; le petit aqueduc de Wissous et celui de Rungis sont d'étroits orifices en forme de trapèze dont la grande base était recouverte d'une dalle en pierre du pays et enchapée de béton.

L'aqueduc principal, partout où on l'a retrouvé, présente le même aspect. Ce sont trois plans droits, deux verticaux, un horizontal, formant un conduit de 0 m. 40 de largeur sur 0 m. 50 de profondeur moyennes (voir planche III, 3 et 4). L'épaisseur de ses côtés était de 0 m. 40, celle de son fond de 0 m. 23. L'ouvrage était en béton et la cuvette était revêtue d'une couche de ciment de tuileaux portant elle-même, sur les piédroits à l'intérieur, une couverte d'enduit fin de tuileaux. Les arcades, grâce auxquelles s'effectuait le passage de l'aqueduc, sont détruites. Cependant l'une d'entre elles est encore visible, partiellement engagée dans une construction moderne[1]. Elles étaient un peu mieux conservées au XVIe siècle[2]. Le mur romain se reconnaît à ses chaînes de petits moellons, coupées de rangées de briques, et à la voûte d'arcade de son archivolte, composée de deux hauteurs de moellons. L'ensemble du travail était si soigné, si solide,

---

[1] Voir une très belle photographie de Belgrand, p. 206-207. — Du temps de Caylus, les arcades étaient mieux conservées (*Antiquités*, II, pl. CIII).

[2] Le voyageur hollandais Van Buckel a laissé une description curieuse de ce qui subsistait de ces arcades, à la fin du XVIe siècle. Il parle aussi de la rigole de l'aqueduc. Van Buckel, *Description de Paris*, texte latin traduit par A. Vidier, *Mém. Soc. hist. Paris*, XXVI (1899), p. 71-72.

«A la première borne hors de la ville, au village d'Arcueil, on voit les restes d'une grande arche que les habitants, ramenant selon l'usage toutes les antiquités aux Sarrasins, appellent le mur des Sarrasins. Le nom de la localité me paraît venir de cette arche. Elle est située au delà de la porte Saint-Jacques, un peu à gauche de la route royale, entre deux hauteurs séparées par une petite rivière dont l'eau est très claire. Elle devait, je pense, autrefois, déverser ses eaux dans l'aqueduc. Des constructions plus récentes sont adossées aux ruines. Le propriétaire, très amateur d'antiquités, à ce qu'il paraît, les a étayées avec un mur en pierre. Dans la partie supérieure, on reconnaît la partie concave où passait l'eau, ou bien le conduit qui la contenait. On voit ainsi que ces ruines sont celles d'un aqueduc conduisant l'eau d'une colline à l'autre au-dessus de la vallée; de là, une conduite souterraine aboutissait aux Thermes de Julien. La preuve en est que, non loin de là, sur l'autre colline, il y a deux autres ruines dont j'ai pris un croquis..., et qu'à un jet de pierre, au sommet de l'autre colline, on voit des débris à demi brisés d'une conduite dont la forme est identique à celle qui a été retrouvée en 1544, au faubourg Saint-Jacques, juste dans la direction des Thermes. Cette conduite a un pied de diamètre et est en argile extrêmement dure.»

CHAPITRE III.

qu'aujourd'hui encore, après quelques réfections, c'est l'aqueduc romain qui alimente le château de Chilly-Mazarin. La pente du conduit était assez faible pour qu'on ait pu la renverser en partie.

L'aqueduc d'Arcueil ne fut pas construit d'une seule venue. On s'expliquerait mal la direction primitive de la rigole de Rungis et le ménagement sévère de sa pente, si l'on n'admettait que l'ingénieur romain a d'abord voulu canaliser seulement les eaux de Rungis. En outre, il serait bizarre que l'aqueduc de Wissous, qui passe si près de la petite source de Wissous, ne fait pas captée sur son passage si l'on n'estimait que le petit aqueduc de Wissous est une addition d'époque plus récente. Sur le parcours de l'aqueduc principal, on a saisi en plusieurs endroits la trace d'un exhaussement des parois verticales du conduit dont, sans doute, les dimensions étaient devenues trop réduites. Mais c'est surtout le regard central qui présente des signes de remaniements. La banquette qui borde le fond du bassin a été arrachée pour qu'on pût l'agrandir. Les eaux de Wissous, qui seraient arrivées avec peine au niveau supérieur de la banquette, ont leur radier au fond de la cuvette et débouchent par un orifice dont la façon grossière indique un travail postérieur à la construction du bassin. Toutes ces reprises témoignent de l'insuffisance des eaux primitivement conduites. Peut-être a-t-on cru d'abord pouvoir se contenter des eaux de Wissous, puis, au cours même des travaux, on s'est décidé à capter les eaux de Morangis et l'on a creusé le bassin destiné à concentrer toutes ces sources, en même temps que, par un crochet brusque, on y amenait en pente rapide la rigole de Rungis. Enfin on a capté la petite fontaine de Wissous. Ces remaniements sont un indice de l'importance croissante de la ville de la rive gauche. Si ses besoins d'eau augmentaient, on peut croire que le nombre de ses habitants augmentait en proportion.

Cependant tous ces travaux s'exécutèrent à haute époque. Si la construction n'en témoignait assez par elle seule, on en aurait une preuve dans la position relative où l'on a trouvé, vers la rue Gay-Lussac, la rigole d'Arcueil et la grande voie romaine qu'elle borde à l'Ouest. Celle-ci se compose de plusieurs couches. La route, dont l'âge correspond à celui de l'aqueduc, est moins large; elle s'arrête au pied du conduit, au-dessous de ses bords. Or cette route, recouverte encore par les deux autres qui sont gallo-romaines, doit être du haut empire, et Vacquer, qui sans doute avait fait des découvertes numismatiques dans les couches successives du chemin, prétend même que ce niveau serait contemporain de Marc-Aurèle[a]. L'aqueduc, contemporain de la voie, l'est aussi des grands bâtiments de la rive gauche (voir fig. 35).

---

[a] Vacquer date approximativement les couches de cette voie. C'est probablement qu'on est point, ou en un autre la voie, il avait découvert des monnaies dans les couches différentes de la voie, comme il l'avait fait pour la route passant rue de la Vieille-Estrapade. Malheureusement je n'ai trouvé dans ses papiers aucune note qui mentionne les trouvailles numismatiques faites dans la voie Saint-Jacques.

L'examen de la stratification de cette route permet de tirer encore une autre conclusion fort importante pour l'histoire de Lutèce. Il est probable que l'aqueduc cessa d'être en usage dès qu'on eut construit la route supérieure à celle de Marc-Aurèle, mais il est certain que la rigole n'était plus en service quand fut établie la large voie dont le niveau est supérieur à celui des bords de la rigole qu'elle recouvre. Dès lors, l'aqueduc n'était plus utilisé. Sans doute, il ne correspondait plus à un besoin : les bâtiments comme l'édifice de la rue Gay-Lussac et les Thermes étaient inhabités; le Paris de la rive gauche était devenu désert. L'aqueduc d'Arcueil, chef-d'œuvre parisien de bonne époque, se développa en même temps que la ville du haut empire, et disparut avec elle. A défaut d'autre document, il peut servir à son histoire.

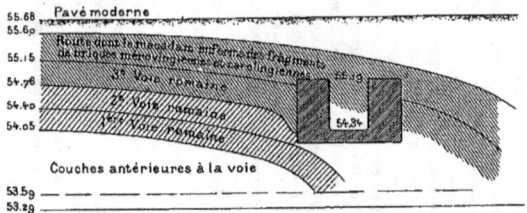

Fig. 35. — Position relative des différentes couches de la voie romaine de la rue Saint-Jacques et de l'aqueduc romain; coupe prise à la rencontre des rues Saint-Jacques et Gay-Lussac (d'après Vacquer, dossier 21 [*Voies*], 37 et 41). [Les hachures larges marquent la voie antérieure à l'aqueduc et la voie contemporaine de l'aqueduc. Les hachures serrées indiquent les voies plus récentes que l'aqueduc.]

Au bas de la montagne de Lutèce, entre les voies Saint-Jacques et du boulevard Saint-Michel, s'élevait le palais des Thermes[1] (plan VIII). Il en subsiste des ruines importantes, aujourd'hui bien dégagées; on a de plus, conservé le souvenir de quelques autres salles, démolies ou réaménagées pour le Musée de Cluny; on a enfin, dans les dernières fouilles, repéré des substructions qui permettent de deviner d'anciennes constructions[2]. On arrive ainsi, non pas à comprendre bien les Thermes, mais à se rendre un peu mieux compte de leur construction, de leur disposition, de leur âge.

[1] La bibliographie concernant les Thermes est assez riche. On la trouvera dans LEROUX DE LINCY, *Recherches sur les propriétaires et les habitants du palais des Thermes et de l'hôtel de Cluny*, append. 7, *Mém. Soc. Ant. France*, XVIII (1846), p. 58-62, et dans le *Bull. Mont. Sainte-Geneviève*, III (1899-1902), p. 251-252. Un seul auteur cependant en donne une description détaillée satisfaisante : c'est JOLLOIS, *Mémoire*, p. 89-111. Mais Jollois lui-même écrivait avant qu'on eût dégagé les ruines des Thermes du pâté de vieilles maisons dans lequel elles étaient cachées, si bien qu'il ne les a pas étudiées complètement. Pour les parties qu'il a décrites, j'aurai soin de renvoyer toujours à l'endroit où il en traite.

[2] Ces fouilles ont eu lieu en 1855-1856, pour la construction du boulevard Saint-Michel, et surtout en 1852-1856, pour la construction de la rue des Écoles.

86 CHAPITRE III.

La grande salle des Thermes[1] (voir planche double VI-VII) témoignerait, à elle seule, de l'importance du monument, moins peut-être par ses proportions imposantes que par la majesté[2] de son architecture et par la solidité massive de sa construction. Elle est rectangulaire. Au Sud s'ouvrent, entre deux grandes portes voûtées, trois niches dont l'une, celle du centre, est semi-circulaire, tandis que les deux autres sont rectangulaires. La face septentrionale correspond pour les portes à celle du Sud; mais, vis-à-vis des trois réduits, il y a une piscine bétonnée qui s'enfonce à un mètre au-dessous du sol de la salle. Les deux côtés de l'Est et de l'Ouest se ressemblent par leur décoration : trois niches voûtées dont l'une, celle du centre, est plus élevée. Chaque face est surmontée d'une grande voûte.

Fig. 36. — Édifice romain des thermes de Cluny. Console de la Grande Salle.
(d'après un cliché E. Pottier, photographie d'un moulage).

Sous les voûtes du Sud, de l'Est et de l'Ouest s'ouvrent trois fenêtres très hautes et très larges. Le mur nord de la piscine est percé d'une fenêtre de dimensions plus modestes. Du Nord, de l'Est, de l'Ouest, les voûtes forment berceau sur une largeur égale à celle de la piscine et viennent chacune s'appuyer en leur retombée sur une console en forme de proue de navire[3] (voir fig. 36); puis, en se combinant avec la voûte du Sud, elles se prolongent jusqu'au centre de la salle pour

---

[1] Plan VIII en A. Cette salle est décrite par Jollois, p. 95-99.

[2] Longueur 21 m. 24, largeur 11 m. 64, hauteur 14 m. 52 (Jollois, p. 94).

[3] Sur le moulage que M. Jullian a fait prendre de cette console, mieux conservée au Nord-Ouest qu'au Nord-Est, on reconnaît bien la forme générale de proue de navire, le bastingage du bateau, un rang de rames qui battent l'eau où nage un dauphin. A la proue, on distingue à grand'peine deux tritons qui de la main droite tiennent la conque dont ils soufflent, et de la main gauche portent la pale.

dessiner par leur entrecroisement des arcs fort bien arrêtés. L'épaisseur des murs de la salle est rendue sensible par une percée maladroite faite dans la niche centrale de l'Ouest; elle est à cet endroit d'environ 2 mètres. De même, la voûte n'a pas moins de 0 m. 65 d'épaisseur à sa clef; elle est si solide qu'elle portait jadis un jardin suspendu orné de fleurs et même de petits arbres[1]. Les murs intérieurs sont remarquablement parementés de moellons cubiques ou allongés au milieu desquels s'alignent en étages réguliers plusieurs chaînons de minces briques rouges dont la couleur tranche agréablement sur le fond terne de la pierre[2]. Les voûtes des portes et des fenêtres sont décorées d'archivoltes simples ou doubles, dont les voussoirs sont ou entièrement de brique, ou alternativement de brique et de pierre. A n'en pas douter, cette belle salle était aménagée pour des bains. Une petite piscine en occupe un coin. Dans les niches du Sud, on voit encore des trous par lesquels devaient passer des tuyaux conducteurs d'eau. Dans le sous-sol court du Nord au Sud, un grand égout dont la tranche apparaît assez semblable en ses proportions à l'aqueduc gallo-romain d'Arcueil[3] (voir fig. 37).

Par la porte du Sud-Est, on pénètre dans une petite chambre presque carrée qui s'éclaire de l'Ouest[4] (voir planche VIII, en 3). Ses murs de moellons cubiques sont décorés de voûtes de briques; le plafond est semblable à celui de la grande salle. Il est probable, si l'on en juge par les substructions qui subsistent, qu'une autre chambre[5], un peu plus petite encore, faisait pendant à la première au sud-ouest de la grande salle. Toutes deux recevaient la lumière d'une cour dont le sol est aujourd'hui détruit, si bien que le sous-sol en est à découvert et que la cour étroite et profonde ressemble à un vaste puits[6].

Si l'on sort de la grande salle des Thermes par la porte centrale de l'Est[7], on rentre aujourd'hui dans le Musée de Cluny, mais on est encore, à son insu, au milieu de constructions antiques. Les murs des salles modernes sont des murs romains recouverts soit d'un mince enduit, soit même d'une simple toile. On devine, d'après le plan des substructions, qu'on passait d'abord par une cour[8]

---

[1] Corrozet, édition de 1550, p. 102.

[2] Jollois (p. 95) croit que cet appareil de briques et de moellons n'était pas destiné à rester visible, et que tous les murs intérieurs ont été revêtus d'un enduit coloré rouge dont il subsisterait encore des parties assez considérables. Je n'en ai vu trace nulle part.

[3] Cf. Arnold van Buckel, *Description de Paris* (*Mém. de la Société hist. de Paris*, XXVI, 1899), p. 71, a bien décrit les ruines de la grande salle des Thermes. «L'appareil, la disposition des lieux et la solidité dénotent, sans doute possible, une construction romaine. L'intérieur est en briques si solidement cimentées, qu'on n'a pu jusqu'ici parvenir à les disjoindre et que la construction a résisté aux efforts répétés faits pour la démolir. Les voûtes y sont à quadruples compartiments dont les arêtes forment des angles au milieu......»

[4] Plan VIII, en B. — Jollois (p. 103) n'a pu y entrer par ce côté, car la porte était alors obstruée et la salle occupée par un magasin de papier; aussi la coupe qu'il en donne, pl. XV, n'offre-t-elle aucun détail.

[5] Plan VIII, en C.

[6] Plan VIII, en D.

[7] Jollois, p. 103.

[8] Plan VIII, en E.

avant d'entrer dans une salle légèrement plus petite que celle qui subsiste et qui lui ressemble assez par sa division en quatre compartiments souterrains[1]. De là, par des portes qui s'ouvraient au Sud, on pénétrait dans deux autres salles

Fig. 37. — Édifice romain des thermes de Cluny. Aqueduc souterrain
(d'après un cliché Barry).

carrées[2] dont l'ensemble forme aujourd'hui, au Musée de Cluny, la pièce des Tapisseries.

Les ruines situées à l'ouest de la salle à piscine sont mieux conservées. Une porte percée dans la niche méridionale de la face ouest conduit, à un niveau inférieur, dans une petite chambre au sol de béton fort épais, voûtée en plein cintre, avec culs-de-fours au Nord et au Sud[3]. Elle donnait sans doute par le Nord sur une

---

[1] Plan VIII, en F. — [2] Plan VIII, en G et H. L'une de ces salles fut détruite en 1737. Cf. Bonamy (*Mém. Acad. Inscr. et Belles-Lettres*, XV, 1743, p. 679). — [3] Plan VIII, en I.

courette couverte d'un toit moderne et dont le sol aujourd'hui défoncé laisse apercevoir la profondeur du souterrain[1].

Puis on arrive à cette salle rectangulaire[2] qui donne sur le boulevard Saint-Michel (voir planche VIII, 2). Ses dispositions essentielles se reconnaissent encore malgré l'état de délabrement des murs latéraux qui subsistent en ruines. La décoration consistait, au Nord et au Sud, en cinq niches alternativement rectangulaires et semi-circulaires avec culs-de-four, les niches rectangulaires occupant le centre et les deux extrémités. Les deux côtés de l'Est et de l'Ouest étaient ornés aussi en leur milieu d'un réduit en demi-cercle, dont l'un se reconnaît encore à son attache, tout contre le trottoir du boulevard.

Une porte ouverte dans le mur méridional permettait d'entrer dans une vaste salle rectangulaire[3] très allongée du Nord au Sud. Sur toutes les faces se creusaient des renfoncements. Celui du Nord était séparé de la salle par six colonnes avec entablement et tympan circulaire à découvert. On peut supposer la même disposition sur les trois autres côtés, et se figurer toutes ces colonnes comme les points d'appui de la voûte centrale.

Cette salle était flanquée, au Nord-Ouest et au Sud-Ouest, par deux chambres dont l'une, celle du Nord, subsiste entièrement réaménagée. L'autre n'existe plus qu'en substructions sous le sol de la rue[4]. Celle qu'on peut voir aujourd'hui se divise en deux parties[5], une portion rectangulaire de 6 m. 90 sur 5 m. 62, voûtée en plein cintre, et un recoin formant une galerie dirigée Est-Ouest, au fond nord-est de la salle. C'est par là sans doute qu'on devait sortir. Le mur septentrional est soutenu par une large voûte close avec archivolte de briques. C'est de l'Ouest surtout que venait la lumière par deux fenêtres dont les baies s'ébrasent vers l'intérieur; la plus haute, qui est aussi la plus petite, touche le plafond et semble s'appuyer sur une fausse arcade de pierre et de brique qui encadre le linteau supérieur de la grande fenêtre.

A l'est de la salle aux colonnes, deux autres sont reconnaissables[6], grâce à l'amorce de leurs murs et au plan de leurs substructions. Sur l'emplacement de l'une d'elles s'élève aujourd'hui cette annexe moderne de l'hôtel de Cluny où sont rangés les carrosses anciens de la collection du Musée.

Si l'on sort par une porte brutalement forée au milieu du mur nord de la salle qui donne sur le boulevard Saint-Michel, on entre dans le jardin de Cluny. Or l'étude attentive des murs gallo-romains qui le bordent au Sud et la connais-

---

[1] Plan VIII, en J.
[2] Plan VIII, en K.
[3] Plan VIII, en L. — Les ruines de cette salle n'ont pas été connues de Jollois. Vacquer, qui vit démolir les maisons de la rue des Mathurins, les étudia. Voir dossier 53 (*Thermes*), 40 et 52.

[4] Plan VIII, en M et N.
[5] Jollois (p. 107) fit véritablement la découverte de cette salle, dans une maison particulière, n° 65, rue de la Harpe, mais il n'en vit qu'une partie. Voir encore Vacquer, dossier 53 (*Thermes*), 21 à 49.
[6] Plan VIII, en O et P.

CHAPITRE III.

sance des substructions permettent d'affirmer que toute cette partie septentrionale des Thermes se composait de deux grandes salles rectangulaires[1], séparées l'une de l'autre par une cour dont les deux murs oriental et occidental subsistent encore et prolongent les murs latéraux de la piscine[2] (voir planche VIII, 1).

Ainsi, autour de la grande salle des Thermes se reconnaissent ou se devinent au Sud cinq ou six salles. Deux autres la flanquaient à l'Est et à l'Ouest, tandis qu'au Nord-Est et au Nord-Ouest s'allongeaient les deux vastes qu'on puisse encore soupçonner dans l'état actuel des ruines.

Tout cet ensemble de constructions est bâti sur des souterrains dont il est impossible aujourd'hui d'étudier le système. Les uns sont entièrement comblés, les autres ont été remaniés, divisés, recrépis, couverts de voûtes gothiques[3]. Ils ont servi de caves aux anciennes maisons de ce quartier. Sous le jardin de Cluny surtout, on ne reconnaît plus guère l'œuvre romaine qu'à certains pans de mur de petit appareil cubique et à quelques voûtes de briques remarquablement conservées. Quelques parties cependant ont gardé l'aspect antique. Le sous-sol de la grande salle des Thermes est traversé par deux galeries, l'une Sud-Nord, l'autre Est-Ouest, qui le divisent en quatre pièces voûtées en plein cintre[4]. Des souterrains du même genre se retrouvent, avec des dimensions plus restreintes, sous la piscine[5]. Du côté du boulevard, sous son trottoir oriental, on pénètre en des caves où l'on descendait par deux escaliers qu'on voit encore ; un égout les traversait du Sud au Nord[6].

L'étude des souterrains du palais permet de se rendre compte de son étendue. Celle-ci dépasse de beaucoup l'idée qu'on peut s'en faire d'après les constructions qui subsistent. A l'Ouest, on arrive jusqu'à la chaussée du boulevard Saint-Michel ; à l'Est, jusqu'à la tourelle centrale de la cour de Cluny ; au Sud on atteint le bord méridional de la rue du Sommerard ; au Nord surtout, j'ai reconnu des voûtes romaines jusqu'au voisinage du boulevard Saint-Germain.

Ce n'est pas encore là tout le palais. Vers le Nord, il est bien douteux qu'il ait touché, comme le croit Caylus, les bords de la Seine, car il est fort probable que les arrachements de murs antiques que vit cet archéologue près du petit Châ-

---

[1] Plan VIII, en Q et R. — C'est en étudiant le mur septentrional qui donne sur le jardin que j'ai fait cette constatation. On remarque en effet que les six voûtes qui s'y dessinent sont à intervalles réguliers, ce qui suppose qu'aucun mur de séparation dirigé du Sud au Nord n'interrompait leur ordonnance. En outre, des chaînes de briques se continuent sur toute la longueur du mur sans arrachement nulle part. Elles faisaient donc partie d'un même ensemble. Enfin la disposition des caves en quatre compartiments, caractéristique pour la grande salle des Thermes, se retrouve ici. On peut donc supposer que ces souterrains portaient une salle unique.

[2] Plan VIII, en S.

[3] On voit en particulier une magnifique voûte gothique dans une galerie qui court de l'Est à l'Ouest, au nord de la piscine.

[4] JOLLOIS, p. 100-101.

[5] IDEM, p. 102.

[6] IDEM, p. 89-90.

telet étaient sans relation avec les Thermes [1]. Vers l'Ouest, ses limites sont marquées par la Voie Inférieure qui le borde. Au Sud, Vacquer a reconnu, sur l'emplacement de la rue des Écoles, une série de cellules semblables à celles de l'édifice de la rue Soufflot, et, à l'entrée de la rue Champollion, un mur courant de l'Est à l'Ouest, bordé par une voie romaine [2]. Du côté de l'Est, plusieurs éboulements qui se sont produits, en particulier dans l'ancien couvent des Mathurins (théâtre actuel de Cluny) [3], font supposer que les souterrains s'étendaient jusqu'à la voie Saint-Jacques. En tout cas, on a découvert en 1888 des substructions antiques sous l'aile orientale de l'hôtel de Cluny, dans le vestibule qui mène au jardin.

Le nom qui désigne les ruines, «palais des Thermes», couvre deux traditions distinctes : l'une qui considère le monument comme des bains publics, l'autre qui veut y voir un palais impérial construit au bas empire. La première s'autorise d'un argument sérieux qu'on n'a pas donné, la seconde est probablement fausse.

Il est étrange en effet que, dans cet édifice destiné à des bains, on n'ait nulle part, dans les souterrains, reconnu d'hypocauste, dans les salles, des tuyaux de chaleur. Sans doute, il y a bien une piscine, mais elle est de dimensions si réduites qu'on ne peut en faire la partie essentielle de ce vaste bâtiment. Cependant le nom de Thermes a pour lui son antiquité. Dans les premiers textes français, en 1292, il apparaît sous la forme «palais de Termes [4]». Dans les chartes latines du XIIIe siècle, à côté des désignations de *Termae, Thermae*, on trouve celle de *Termini* [5]. La première mention qu'on en connaisse se lit dans une pièce de 1138, où Louis VII fait une donation à l'église de Saint-Benoît [6]. Mais le nom est certainement plus ancien. Les gens du XIIIe siècle qui appellent les ruines «palais de Termes, *palatium de Terminis*», ne saisissent pas le sens du mot. Le rédacteur de la charte de 1138, qui les dénomme plus justement, considère l'expression comme celle d'un lieu dit sans valeur significative, *juxta locum qui dicitur Termae*. Le nom de Thermes employé au XIIe siècle n'a pu être inventé à cette époque. S'il n'existait pas dès l'origine pour désigner le bâtiment, il date au plus tard de cette période de renaissance gréco-latine des IXe et Xe siècles. Peut-être à ce moment les vestiges étaient-ils encore assez importants pour qu'on pût imaginer la destination de l'édifice. Pourtant l'existence de grands bains publics dans le voisinage autorise plutôt à penser que le titre de Thermes leur appartint d'abord; il devint, après leur dis-

---

[1] Caylus, *Recueil d'antiquités*, II, p. 373.

[2] Vacquer, dossier 53 (*Thermes*), 10.

[3] Caylus, *Recueil d'antiquités*, II, p. 373.

[4] Cf. Leroux de Lincy, *Histoire de l'Hôtel de Ville de Paris*, Paris, 1846, in-4°, Append. II, page 110, extraits de l'«État des rentes et revenus du parloir aux Bourgeois, au mois de février 1292».

[5] La mention des Thermes revient dans les chartes du XIIIe siècle de l'Université de Paris : *Chartularium Univ. Parisiensis*, éd. Denifle et Chatelain, t. I (1889). On trouve *Thermae*, p. 519, 520; *Termae*, p. 349, 377, 396, 434; *Termini*, p. 271, 600.

[6] De Lasteyrie, *Cart. gén. de Paris*, p. 269, 369, 396.

CHAPITRE III.

parition, un nom de lieu[1] que le populaire attribua à l'édifice dont les ruines subsistaient encore dans la région.

Du moins, l'épithète de Thermes n'est-elle pas une invention médiévale. Il en est tout autrement de la tradition qui voit dans cette construction un palais impérial. Les trois chartes du XIe siècle qui parlent des Thermes ne les qualifient pas de ce titre. Pour la charte de 1138, c'est un simple quartier du faubourg de la rive gauche. En 1268 seulement, on voit apparaître le mot *palatium*[2] qui accompagne désormais celui de Thermes. Le bâtiment est placé sous le patronage de César dans un tableau de Paris écrit au XVe siècle par Guillebert de Metz[3]. Avant lui, Raoul de Presles nous apprend qu'après sa victoire sur Camulogène, César « fit le palais de Termes qui estait ainsi appelé pour ce que là se payaient les trehuz aux termes qui estaient ordonés »[4]. Cette opinion se maintint au XVIe siècle. Elle se retrouve dans les premières éditions de Corrozet. C'est seulement dans l'édition de 1561 qu'apparaît timidement l'idée que le « Palais des Termes » devait son nom aux bains que l'empereur Julien avait construits sur cet emplacement[5]. Le successeur de Corrozet, Nicolas Bonfons, attribue définitivement la construction du palais à Julien, en s'autorisant du texte d'Ammien Marcellin[6]. Désormais le nom de Julien est inséparable de celui des Thermes. Pourtant Dulaure[7], du Sommerard et Jollois font remonter, sans indiquer de raison sérieuse, l'antiquité de l'édifice jusqu'à Constance Chlore.

En réalité, il est peu probable que les Thermes aient été, sous le bas empire, le palais des empereurs militaires. Ceux-ci durent plutôt séjourner dans la Cité[8]. Mais la construction du bâtiment date de haute époque. Les Thermes semblent en effet en relation avec l'aqueduc d'Arcueil, qui est une œuvre du haut empire. En outre, les cellules méridionales situées sous la rue des Écoles ressemblent beaucoup à celles de l'édifice de la rue Soufflot. Enfin les fouilles conduites par Vacquer dans les terrains voisins des Thermes, et surtout sous les rues qui les entourent, ont amené la découverte de monnaies dont la série s'arrête à Marc-Aurèle. Il est donc probable que les Thermes furent construits dans la seconde partie du IIe siècle. Pourtant la présence de briques disposées en chaînes parmi leur matériaux est un indice d'une époque de construction encore plus

---

[1] La charte de 1138 semble bien autoriser cette hypothèse. Elle parle du lieu dit *Termas*, *rjuxta locum qui dicitur Termas*.

[2] Cf. Lebeuf, de Livry, *Recherches sur les propriétaires et habitants du palais des Thermes* (*Mém. de la Société des Ant. de France*), XVIII (1846), p. 96, note 1.

[3] *Paris et ses historiens aux XIVe et XVe siècles*, p. 138 (dans la *Collection de l'histoire générale de Paris*).

[4] Raoul de Presles, dans *Paris et ses historiens aux XIVe et XVe siècles*, p. 107-108 (*Collection de l'histoire générale de Paris*).

[5] Corrozet, édition de 1561, p. 11.

[6] Corrozet-Bonfons, édition de 1581, fol. 9 v°; Dulaure, *Histoire de Paris* (1821), I, p. 91; Du Sommerard, *Les arts du moyen âge*, Paris, 1838, 5 vol. in-8°, tome I, p. 12-13; Jollois, *Mémoire*, p. 109-110.

[7] Voir chap. II, p. 152-153.

basse⁽¹⁾. En tout cas, les Thermes apparaissent parmi les monuments de la rive gauche comme le plus récent. Bien loin d'avoir été le premier édifice important de la nouvelle ville, ce bâtiment a complété la cité au moment de sa plus grande extension sur la rive gauche.

L'étude des sépultures antiques de Paris apporte à l'histoire de Lutèce une contribution importante. On en a trouvé, dans le voisinage de Lutèce, plusieurs groupements. Jollois put suivre les fouilles d'un petit cimetière dans l'impasse Tivoli, près de la rue Blanche⁽²⁾. Il vit lui-même une dizaine de squelettes en pleine terre, sans orientation spéciale, mais on en exhuma au moins cinquante⁽³⁾. Il remarqua dans le sol qui avoisinait l'un d'eux des traces de bois décomposé, et il en conclut justement que le corps avait été enfermé dans un cercueil. Mais il crut que ce mode d'ensevelissement était exceptionnel⁽⁴⁾. Il attribua à une croyance religieuse la présence de grands clous à tête ronde de 4 centimètres de diamètre et de 12 à 13 centimètres de longueur, placés plus particulièrement aux pieds, près des épaules ou autour de la tête des cadavres⁽⁵⁾. Ces clous servaient tout simplement à joindre les planches de bois d'un cercueil; ils en restent les traces uniques, mais certaines.

Les seules pièces qu'on trouva, dans un éboulis de terre, furent deux monnaies de Constantin et de Crispus⁽⁶⁾, mais on ignore l'endroit précis où elles étaient situées, et leur nombre n'est pas suffisant pour permettre de dater le cimetière. Il faut remarquer cependant que les squelettes ne sont pas orientés, et que, d'autre part, la sépulture en pleine terre ou en bière est usitée dans les plus anciens tombeaux de Saint-Marcel, qui datent du IVᵉ siècle et sont tous orientés. On est donc autorisé à croire que le petit cimetière Tivoli servit jusqu'à la fin du IIIᵉ siècle. Sans doute, c'était le lieu d'inhumation d'une petite agglomération voisine de Montmartre, car il est trop éloigné de Lutèce pour avoir servi aux Parisiens.

La rive gauche est parsemée de sépultures de haute époque. Dans les sablières de Grenelle, on a fait la curieuse découverte de quelques fosses à incinération⁽⁷⁾. Sur le pourtour même de la ville, on a trouvé des tombes isolées ou groupées, rue de l'Odéon⁽⁸⁾ rue de Seine⁽⁹⁾, rue de Vaugirard⁽¹⁰⁾, mais il existait surtout un

---

⁽¹⁾ Il n'existe malheureusement pas d'étude générale sur la chronologie des monuments gallo-romains d'après leurs appareils.

⁽²⁾ Jollois, *Mémoire*, p. 1-10.

⁽³⁾ Idem, *ibid.*, p. 4.

⁽⁴⁾ Idem, *ibid.*, p. 9.

⁽⁵⁾ Idem, *ibid.*, p. 5.

⁽⁶⁾ Idem, *ibid.*, p. 7.

⁽⁷⁾ Cf. Rivière, *Bulletin archéologique du Comité des travaux historiques*, 1903, p. LXII, et *C.V.P.*, 12 novembre 1903, p. 242-250 : *Fouilles dans les sablières de la rue du Hameau* (XVᵉ arrondissement).

⁽⁸⁾ Vacquer, dossier 1 (*Sépultures*), 83.

⁽⁹⁾ Idem, *ibid.*, 83 et 85.

⁽¹⁰⁾ *Bull. Soc. hist. Paris*, III, 1876, p. 34-35. Vacquer, dossier 1 (*Sépultures*), 82; dossier 97 (*Rapports*), 7 novembre 1873. — Ch. Sellier, *C.V.P.*, 9 juin 1906, p. 177-178; 17 juillet 1906, p. 222.

CHAPITRE III

cimetière assez vaste sur l'emplacement de la rue Nicole et de son marché[1] (voir plan IX).

Toute cette région conserva, pendant le moyen âge, le souvenir de la nécropole ancienne qui l'emplissait de ses morts. On la désignait alors sous les noms de *Locus Cinerum*, de *Clos des Mureaux*, de *Fief des tombes*. Les esprits hantaient le château de Vauvert qu'en 1259 le roi abandonna aux Chartreux. Dans le territoire de Notre-Dame-des-Champs, il s'élevait encore, au début du VIIe siècle, un grand mausolée antique, long de plus de vingt pieds, qu'on regardait comme la tombe du géant Isoré, tué par Guillaume au court nez, le héros du *Moniage Guillaume*[2]. Le nom de la rue de la Tombe-Issoire rappelle cette légende et perpétue la tradition de ce champ funéraire.

Sauval avait déjà signalé des tombes dans le jardin des Carmélites. Un bas-relief funéraire représentait un « sacrificateur debout et, à ses pieds, un taureau tout prêt à être immolé ». Sur un autre tombeau, on voyait « gravé un licteur haut de quatre pouces, vêtu d'un pallium et d'un habit plissé aussi long que celui des sénateurs romains[3]. La pierre portait « en lettres majuscules et bien formées » l'inscription : VIBIVS HERMES EX VOTO. Dans une pièce de terre, au voisinage du couvent, il se fit, après 1630, une découverte que Sauval ne vit pas, et qu'il rapporte en des termes si bizarres qu'on ne comprend pas bien ce qu'il a voulu dire[4]. Aussi faut-il se contenter de noter la trouvaille, sans savoir en quoi

---

[1] Le cimetière de la rue Nicole n'a été ni fouillé, ni étudié de façon très scientifique. Le propriétaire d'un terrain de la rue Nicole où l'on a fait quelques découvertes leur a consacré une monographie de grande valeur : L. Lavair, *Un coin de Paris ; le cimetière gallo-romain de la rue Nicole*, Paris, in-8°, s. d. Un article de M. R. de Lasteyrie (*Notice sur un cimetière romain découvert à Paris, rue Nicole* [*Bull. Soc. hist. Paris*, V, 1878, p. 100-111]), témoigne qu'il y a pris quelques renseignements auprès de Vacquer. — Voir encore J. Quicherat, *Compte rendu des fouilles exécutées rue Nicole* (*Bull. Soc. Ant. France*, 1878, p. 105-107). Outre ces deux notices, j'ai eu à ma disposition un plan au 1/50° des fouilles faites en vue de la construction de la maison d'angle de la rue d'Enfer (aujourd'hui rue Denfert-Rochereau) et de l'avenue de l'Observatoire (fouilles de 1870). Le plan, daté du 1er mai 1870, fut offert par l'auteur, F. de Murat, à la bibliothèque de la ville de Paris en 1899 (Gustave Clatron, dossier un[e] arrondissement). J'y ai trouvé situées 20 tombes environ. Vacquer (dossier 16 [rue Nicole], 86 pièces) m'a fourni de précieux renseignements. Enfin j'ai été tenu au courant des fouilles récentes par MM. Ch. Sellier, *C.V.P.*, 5 avril 1900, p. 110, et Guffroy, *C.V.P.*, 9 juillet 1903, p. 234.

[2] Toutes ces légendes sur le cimetière antique de la rue Nicole ont été fort bien étudiées par M. F. Lot dans ses *Notes sur le Moniage Guillaume* : I, *Tombe Isoire ou Tombe Isoré ?* (*Romania*, XXVI, 1897, p. 481-491).

[3] Sauval, II, p. 337.

[4] Le renseignement fourni par Sauval «o présente sous une forme extraordinaire (II, p. 337) : « Les mêmes Carmélites... ayant compris dans leur clos une pièce de terre du voisinage et creusant là pour y faire une chapelle, rencontrèrent, à quatorze pieds de rez de chaussée, une cave et dedans, vers le milieu, un homme à cheval, deux hommes derrière lui et un petit enfant, tous trois à pied et debout. Dans l'un des doigts de la main gauche d'un de ces piétons était passé l'anneau d'une lampe de terre rouge qui ne brûloit plus... qui ressembloit à un pied chaussé d'un brodequin tout couvert de clouds, où, si l'on veut, à la *caliga elacata* des soldats Romains. Il falloit que ce fût un joueur, car de la droite il tenoit une petite tasse en

---

94

elle consistait exactement. Ces sépultures remarquables n'étaient pas isolées; elles faisaient partie d'un vaste cimetière qui renfermait «une quantité d'autres de coffres de squelettes et de têtes ayant des médailles à la bouche [1]. On les découvrit au début du xviie siècle, quand on se mit à construire sur l'emplacement de Notre-Dame-des-Champs et aux environs.

Le cimetière dont Sauval avait signalé la richesse ne fut exploré de nouveau qu'à partir de 1870. Un plan inédit fait connaître l'existence d'une vingtaine de tombes sous la maison d'angle des rues Denfert-Rochereau et de l'Observatoire. En 1873, dans les fouilles pour la construction du marché Nicole, Vacquer repéra à peu près 50 sépultures; en 1878, au nord même du marché, on en découvrit encore 150 avec des stèles inscrites (fig. 38). Enfin, en 1903, parmi quelques squelettes, on trouva, rue Cassini, une belle stèle de forgeron (voir planche IX, 1). Le cimetière Nicole ne dépassait pas à l'Est la voie Saint-Jacques, mais il empiétait légèrement à l'Ouest sur la Voie Inférieure [2]. Il s'étendait vers le Nord jusqu'au jardin des Pères de l'Oratoire; au Sud, dépassant le terrain de la Maternité, il allait jusqu'à la rue Cassini. Sur cette vaste superficie, on a trouvé quelques sépultures à incinération [3]; mais la plupart des morts ont été inhumés soit en pleine terre, soit dans des cercueils de bois. On n'a rencontré que quelques sarco-

Fig. 38. — Cippe funéraire typique du cimetière romain de la rue Nicole (d'après un cliché Emonts de la collection de la Bibliothèque historique de la Ville de Paris).

forme d'écuelle de terre encore avec trois jettons dedans et trois dés d'ivoire gros comme la moitié du pouce et presque tous pétrifiés, ainsi que les terres et les carrières d'alentour. Le petit enfant serroit de la droite avec les doits une cueillier d'ivoire dont le manche était long d'un pied, et sembloit la vouloir porter dans un grand vaisseau de terre proche de lui qu'on trouva plein d'une liqueur si odoriférante qu'ayant été cassé par hasard, l'air en fut tout embaumé. Dans sa bouche aussi bien que dans celle des autres figures une médaille de bronze de Faustine la mère et d'Antonin le Débonnaire, apparemment pour payer le naulage de Caron.» — Sauval répète plus brièvement ailleurs ces mêmes renseignements (I, p. 20), mais il ajoute : «Mademoiselle du Verger, qui a fait un amas très curieux de médailles..., m'a montré la tasse avec un des dés et un des jettons qu'elle a recouvré et gardé précieusement.»

[1] Sauval, II, p. 337.

[2] C'est peut-être une preuve que la voie du boulevard Saint-Michel est au moins quelque peu postérieure à la voie Saint-Jacques qu'elle double.

[3] Elles sont signalées par M. R. de Lasteyrie. Vacquer en a découvert en face de la porte de l'hôpital de la Maternité qui donne sur le boulevard de Port-Royal.

96   CHAPITRE III.

phages de pierre[b]. Aucune tombe n'est orientée. Au voisinage des corps sont disposées un grand nombre de poteries, toutes de bonne époque. Dans la bouche, dans un œil, dans une main des cadavres est placée une monnaie de maulage. Toutes les monnaies sont, suivant M. R. de Lastéyrie, des II° et III° siècles. Vacquer, plus précis, signale 21 médailles dont la plupart sont de Trajan, d'Hadrien, d'Antonin le Pieux, de Marc-Aurèle[2]. Mais les plus anciennes remontent à Vespasien et Domitien. La dernière, trouvée dans les terres, est de Gallien (253-268). Enfin, s'il faut en croire M. Toulouze, il en aurait vu lui-même quelques-unes, dont la plus récente serait une pièce de Florien (276)[3].

On a donc enseveli au cimetière Nicole très avant dans le I°r siècle, puisque l'on y a repéré quelques sépultures à incinération; on y enterra surtout aux II° et III° siècles, période à laquelle se rapportent les quelques inscriptions funéraires qu'on a trouvées; les inhumations cessèrent dans la seconde moitié du III° siècle, après Florien. Si l'on songe à l'étendue du cimetière, à son long usage, on se rend compte que les 250 tombes qu'on a relevées au cours des trente-cinq dernières années ne représentent, isolées au milieu de ce vaste champ mortuaire, qu'une faible partie de sa population. Pourtant, dans ce quartier neuf, les fouilles ne réservent plus guère de surprises à l'histoire de la ville de haute époque.

Ainsi la ville gallo-romaine du haut empire débordait hors de l'île sur la rive gauche. Elle a gravi la montagne Sainte-Geneviève. Ce devait être une belle cité, régulière, aux monuments somptueux, aux rues larges et rectilignes. La colline était couverte d'édifices officiels, couronnée du grand temple de la ville. Cette région de Lutèce apparaît plus spécialement destinée à la vie publique et au culte. Elle n'était pas très peuplée. Les habitants vivaient surtout dans l'île et dans le bas quartier de la rive gauche, aux abords du Petit pont. Ils ne devaient pas être très nombreux. Le théâtre est de dimension moyenne. Les arènes, lieu de réunion où l'on accourait de tout le pays environnant, pouvaient contenir de 8,000 à 9,000 spectateurs. L'aqueduc débitait à peine assez d'eau pour alimenter une population de 4,500 à 5,000 hommes. On ne peut donc comparer Lutèce aux grandes villes gallo-romaines du Sud-Est. Bien plus, malgré l'ignorance où nous sommes encore des cités de toute la région

---

[1] L'un de ces sarcophages présentait une particularité remarquable. C'est un cercueil d'enfant. Quand on scella avec du mortier le couvercle, il coula dans le cercueil une quantité de ce mortier suffisante pour couvrir la figure du petit cadavre. La face fut véritablement moulée en creux. On a pu ainsi reproduire les traits de l'enfant. Un exemplaire du moulage se trouve à Carnavalet. Cf. *Guide explicatif du Musée Carnavalet*, p. 50, et Tulouzx, *Sur deux masques d'enfant de l'époque romaine trouvés à Lyon et à Paris* (*Bulletin monumental*, XII, 1886, p. 120-142, avec héliogravure). A l'époque chrétienne surtout, on a souvent noyé le corps du mort dans de la chaux; voir S. Girau, *Musée de Téboessa*, p. 77-78. Il ne semble pas qu'il s'agisse ici d'une semblable coutume.

[2] Vacquer, dossier 16 (rue Nicole), 48.

[3] Toulouze, *Rev. arch.*, 1884, I, p. 224-227.

baignée par la Seine et ses affluents, il ne semble pas que Lutèce soit, parmi elles, l'une des plus importantes. Les ruines antiques de Sens s'étendent sur une surface bien plus grande; son musée lapidaire est riche en débris magnifiques; la ville antique était desservie par quatre aqueducs. Lillebonne même, la cité de la basse Seine, apparaît plus développée. Il n'y a donc pas à s'étonner si les textes antiques gardent sur Lutèce le même silence qu'ils observent pour Rouen, cette grande cité qui devait pourtant devenir, au IIIe siècle, la capitale de la deuxième Lyonnaise.

CHAPITRE IV.

LA POPULATION PARISIENNE SOUS LE HAUT EMPIRE.

Si l'étude du sous-sol de notre ville permet de se rendre compte de la topographie de Lutèce, de dresser un plan sommaire de ses principaux monuments, d'essayer presque leur reconstitution; si l'archéologie fait entrevoir la cité de haute époque, elle nous renseigne à peine sur le Parisien qui l'habitait. Pourtant on peut recueillir sur lui quelques renseignements, en analysant, à défaut de textes, les inscriptions, les stèles funéraires et religieuses et surtout le monument des Nautes avec son cortège de pierres sculptées. Si faibles que soient ces indices, il est cependant curieux de les grouper[1].

Les inscriptions parisiennes sont certainement presque toutes, sinon toutes, une œuvre locale. En effet, elles sont, à de rares exceptions près, gravées dans la pierre parisienne par excellence, sur des plaques de calcaire grossier[2]. En outre, on peut les considérer en général comme contemporaines de la cité de haute époque. Quelques-unes proviennent en effet du cimetière Nicole, qui cessa d'être un lieu d'inhumation au IIIe siècle[3]; d'autres ont servi aux Arènes et sont gravées sur des gradins dont on a retrouvé les pareils dans les fondations du rempart qui date de la fin du IIIe siècle[4]; d'autres encore furent employées comme matériaux dans les édifices de basse époque[5], à l'intérieur de l'île, mais par la même, et surtout par leur épigraphie, elles leur sont de beaucoup antérieures. Il n'est pas jusqu'à quelques inscriptions trouvées dans le cimetière de basse époque à Saint-Marcel qui ne soient des pierres retravaillées pour servir à des

---

[1] La même méthode a été employée par M. Jullian, dans son étude sur *Bordeaux romain d'après les inscriptions. Inscriptions romaines de Bordeaux* (t. II, p. 51-63), mais il disposait de matériaux bien plus riches que les nôtres.

[2] Toutes les inscriptions parisiennes sont gravées sur calcaire grossier (*C. I. L.*, XIII, 1, 3026-3055), sauf quatre qui sont gravées sur marbre (3028, 3029, 3030, 3050) et une sur plomb (3051). Trois n'ont pas été conservées; on ignore la matière sur laquelle elles étaient gravées (n°s 3031, 3034, 3035 a). Les autres (12 numéros du *C. I. L.*) sont inscrites sur le calcaire grossier. Le seul n° 3035 contient les inscriptions de 58 pierres provenant primitivement des Arènes. Les inscriptions découvertes récemment dans les fouilles du Marché aux Fleurs et du Palais de Justice sont toutes gravées sur le calcaire grossier.

[3] Cf. chap. III, p. 96. Ce sont les n°s 3028, 3031, 3037, 3038, 3041, 3049, 3044 et 3046.

[4] Cf. ch. VII, p. 166 et note 2.

[5] Ce sont les n°s 3032, 3039, 3048. L'inscription 3039, en particulier, « a été sciée longitudinalement à mi-hauteur des lettres de la ligne supérieure ». Cf. Mowat, *Rem. sur les inscript. ant. de Paris*, p. 49.

cercueils chrétiens et ne datent, malgré le lieu de leur découverte, des trois premiers siècles[1].

Ces inscriptions si bien localisées, contemporaines de notre première cité gallo-romaine, seraient d'une grande utilité pour l'histoire, si leurs fragments n'étaient trop incomplets. Cependant elles ne se dérobent pas tout à fait à l'étude. Elles sont généralement d'une très mauvaise épigraphie[2], difficilement déchiffrables. Leurs lettres sont irrégulières, inégales, gravées peu profondément. Les lapicides qui les tracèrent étaient des ouvriers locaux, malhabiles, ignorants des règles de la belle épigraphie méridionale. Si le style des phrases inscrites nous échappe, car les fragments conservés sont trop courts, l'orthographe même des mots indique l'emploi à Paris de ce latin vulgaire, langue parlée plus familière aux Gaulois que la langue classique qu'on écrivait[3].

C'est surtout l'onomastique des inscriptions parisiennes qui peut nous fournir quelques renseignements sur le Parisien du haut empire. Les pierres gravées des Arènes portent sans doute les noms des personnages qui siégeaient sur les gradins de l'amphithéâtre pendant les représentations. Un très grand nombre de ces inscriptions ne sont pas lisibles. Mais certaines peuvent se déchiffrer. Or il semble bien, au premier abord, que les noms qu'elles portent soient romains. Quelques-uns sont de lecture douteuse : *Gratus* (?) (3035, 24), *I[n]ventus* (3035, 17), *L. Apri* (3035, 36). D'autres, incomplets, ont cependant une terminaison bien latine, [*M*(?)]*arianus* (3035, 1); la plupart enfin se lisent certainement : *Severu[s]* (3035, 10), *Mame[rtus]* (3035, 11), [*P*]*ostumus* (3035, 22), *Tetricus* (3035, 23), [*M*]*arcellus* (3035, 40), *Quintus* (3035, 46), *Verus* (3035, 47). Mais on ne doit pas, d'après ces quelques noms, conclure à l'origine latine de tous ceux qui sont gravés sur les pierres des Arènes. Beaucoup, au contraire, ne sont sans doute illisibles que parce qu'ils appartiennent à la langue celtique qui nous est mal connue. Un fragment de nom gaulois ne suffit pas à suggérer le mot complet. Cependant on peut reconnaître des formes celtiques dans des fragments comme ...*rixti* (3035, 50) et *Re...igmnicsi* (3035, 41). L'étude des noms inscrits sur les gradins des Arènes laisse pressentir, à côté d'une population déjà romanisée, une autre encore fidèle à l'onomastique celtique, ce qui peut être un signe de son attachement aux usages gaulois.

Les inscriptions funéraires confirment cette opinion. Nombreux sont, sans doute, les noms latins ou latinisés qu'elles portent. Ce sont des hommes : *Geminius*

---

[1] Les inscriptions 3033 et 3052 du *C.I.L.*, XIII, seraient de basse époque. Il en est de même des inscriptions de l'exarque Aurelius Albanus et du soldat Fortunatus, découvertes au Marché aux Fleurs.

[2] Hirschfeld, *C. I. L.*, XIII, 1, préface aux inscriptions de Paris, p. 466.

[3] Je reviendrai sur l'inscription des Nautes; qu'il me suffise de signaler le nominatif *vivos* (3039), *possui* (3043), *conjuncx* (3045), *M[ax-s]imi* (dans *Bulletin de la Société des Antiquaires de France*, 1906, p. 413).

100   CHAPITRE IV.

(3037), *Vibius Hermes* (3031), *P. Atilius* (3040), *P. Attilius* (3031), *Reginius Rhenicus* (3045), *L. Gavilius Perpetu(u)s* (3042), *Major*, *Aurelius Albanus* [1], *Fortunatus*; des femmes : *Maxinilla* (3044), *Domitilla* (3041), *Accasia Mariola* (3038), *Maxima*, *Aprilia* [2]. Mais des personnages à nom gaulois sont couchés dans le cimetière Nicole, au voisinage de morts qui portent un nom romain. *Lugiola* est bien un nom de femme à désinence romaine, mais le radical ne se retrouve nulle part dans l'onomastique latine, tandis qu'il est fréquent dans l'onomastique gauloise et se retrouve en particulier dans la forme masculine *Lugios* [3]. *Sapposa* (3045), *Liugena*, *Bellicoria* [4] sont des noms de physionomie plus franchement celtique. On connaît aussi, par le début de l'inscription dédiée par Sapposa, le commencement du nom de son mari; la forme *Reza...* autorise à penser que le radical du mot était gaulois. Un Parisien s'appelle *Solimarus* [5], nom vulgaire reconnu dans de multiples inscriptions et dans la poterie sigillée. Un citoyen de Paris enseveli à Bordeaux s'appelle *Sordus* [6]. Dans l'onomastique locale, les noms celtiques sont aussi nombreux que les romains.

Il semble même, malgré la rareté des exemples, qu'on puisse remarquer à Paris l'application de quelques règles qu'on a établies pour des villes plus riches que la nôtre en inscriptions, Lyon et Bordeaux par exemple. Les filles de *Liugena* portent des noms gaulois comme elle : *...ajea*, *Liugena Belliconia*. Mais déjà le fils d'un Gaulois comme *Solimarus* s'appellera *Geminius*. Cependant le nom romain peut apparaître dans une famille sans s'y implanter définitivement. Le mari de *Sapposa* semble porter un nom celtique, mais son père est *Reginius Rhenicus*. On voit de deux sœurs l'une porter un nom à radical gaulois, *Lugiola*, l'autre un nom à radical latin, *Celia...* On a trace à Paris de cette lente évolution, à la marche hésitante, à la fin de laquelle l'onomastique romaine a triomphé. Les quelques morts chrétiens de Saint-Marcel dont nous connaissons les noms s'appellent *Ursinianus* et *Vitalis*, *Ursina* et *Barbara*. Mais déjà nous sommes aux IVe et Ve siècles, nombreux étaient sans doute encore les Parisiens, surtout les gens du peuple, qui portaient des noms gaulois, comme *Solimarus*, le père d'un tailleur d'habits. L'onomastique parisienne nous indique déjà que l'habitant de notre cité avait gardé le souvenir de ses origines. Il y avait encore des Gaulois à Paris sous le haut empire.

---

[1] *Bull. Soc. Antiq. France*, 1906, p. 412.
[2] Cf. Ac. Inscr. Belles-Lettres, 1906, p. 261.
[3] Cf. Holder, *All-celtischer Sprachchatz*, II, col. 306-307.
[4] *Bull. Soc. Ant. France*, 1906, p. 412. — Li*tugena* a une fille dont le nom se termine, dans l'inscription, par la terminaison celtique -*ea*.
[5] Cf. A. de Longpérier, Œuvres, III, p. 246-250 : *Stèle antique trouvée dans le jardin de l'abbaye de Port-Royal à Paris, le 2 octobre 1873.* — Quant à l'inscription d'*Atepomarus*, elle est, à juste titre, considérée comme fausse dans le C. I. L., XIII, fasc. 1, 318. — Cf. A. de Lönkefaum, Œuvres, III, p. 343-347 : *Le nom gaulois Atepomarus*.
[6] Jullian, *Inscriptions de Bordeaux*, I, p. 164, et surtout *Bull. Soc. Hist. Paris*, XXIII, 1896, p. 139 : *Un civis Parisinus dans une inscription de Bordeaux*.

Si l'on met à part l'autel des Nautes et ceux qui l'accompagnent, les monuments figurés de Lutèce sont moins intéressants encore pour l'histoire locale que les inscriptions. Les stèles funéraires réunies au Musée Carnavalet présentent des personnages habillés de la toge ou de la tunique romaine, la tête souvent recouverte par l'un des plis du vêtement qui revient sur leur poitrine. Il n'y a rien dans leur tenue, dans leurs attributs, qui attire l'attention sur un détail particulier aux bas-reliefs parisiens. Quelques-uns de ceux-ci, pourtant, nous renseignent sur les métiers qu'on exerçait à Lutèce. On connaissait déjà par une inscription du cimetière Nicole le tailleur *Geminius*. En 1903, rue Cassini, dans la même nécropole, on a mis au jour une stèle représentant un homme à figure ronde et robuste, coiffé du pileus, le torse ceint d'un lourd tablier de cuir. Il portait contre l'épaule gauche l'instrument de sa profession, des tenailles à bouts plats, emblème du forgeron (voir planche IX, 1). Plus tard encore, dans les dernières fouilles du Marché aux Fleurs, on a retiré de deux gros murs de basse époque toute une série de bas-reliefs à scènes de métiers [1]. Sur l'un d'eux, à trois personnages, on aperçoit, entre les têtes de deux d'entre eux, des poissons appendus à un anneau, comme sur un monument du Musée de Metz. Les morts en question exerçaient la profession de pêcheurs ou de poissonniers (voir planche IX, 2). Sur un second, deux hommes en costume de travail semblent appliquer à un mur la règle d'architecte; ce sont peut-être des maçons (voir planche IX, 4). Ailleurs, un homme assis tient par une anse un grand vase dans lequel un autre verse le liquide d'un récipient plus petit. Un autre monument représente, en son tableau inférieur, un négociant occupé à compter l'argent qu'il reçoit d'un personnage placé en face de lui, tandis que, dans le tableau supérieur, des esclaves apprêtent pour le départ un chariot à quatre roues où l'un d'eux verse encore la marchandise que, sans doute, leur maître vendait (voir la planche IX, 3). Enfin, il y a quelques mois à peine, en un mur romain découvert non loin de l'angle sud-occidental du Tribunal de commerce, on a dégagé une pierre dont le bas-relief donne encore le spectacle d'une scène de négoce (voir la planche IX, 5)[2]. Toutes ces stèles classent Paris après Sens parmi les villes de notre région qui ont fourni des bas-reliefs dits « professionnels ». Malheureusement ils sont en trop mauvais état pour qu'on puisse se rendre compte des scènes qu'ils représentent. On ne pourrait faire à Paris, à l'aide des monuments de ce genre, ce qui serait possible pour Trèves, Sens et quelques autres villes, une petite histoire économique de la cité.

---

[1] Tous ces bas-reliefs sont décrits et étudiés par M. Héron de Villefosse, dans les *C. R. de l'Ac. des Inscr. Belles-Lettres*, 1906, p. 253-255, et dans le *Bull. Soc. Ant. France*, 1906, p. 411-413. — Je ne crois pas que le bas-relief représentant un fléau de balance soit de même famille. Ses dimensions en font plutôt un fragment de décoration architecturale.

[2] Ce tableau est encore décrit par M. Héron de Villefosse, *C. R. Ac. Inscr. Belles. Lettres*, 1910, p. 271-272, avec photographie; *Bull. Soc. Hist. Paris*, XXXVII, 1910, p. 18.

102   CHAPITRE IV.

La religion parisienne nous est un peu mieux connue par les siècles, les statues et statuettes religieuses qu'on a trouvées dans le sous-sol. On adorait à Lutèce les dieux romains, Jupiter[1], Mars[2], Apollon[3] (voir planche X, 3), Bacchus[4], Pluton[5], Minerve[6], Vénus[7], Diane[8]. On a même trouvé trace chez nous de ces cultes orientaux des déesses-mères[9] et d'Isis[10] dont les villes voisines ont aussi gardé le souvenir. Mais à Paris, comme dans toutes les cités gallo-romaines, le dieu le plus communément honoré doit être Mercure, représentant d'une divinité gauloise populaire. Les bronzes, les bas-reliefs et les statues de calcaire grossier qui le représentent sont nombreux[11] (voir planche X, 5). Il avait un temple à Montmartre, dont le nom primitif était *Mons Mercore*. Il est à Lutèce resté si profondément gaulois, que sur une base quadrangulaire de Saint-Germain où il figure, on a, près de lui, sur la face voisine, sculpté sa parèdre, une divinité purement celtique, Rosmerta[12] (voir planche X, 1 et 2). C'est une femme majestueuse, dont le type, l'allure, les vêtements se rapprochent de ceux de la Junon romaine; mais elle porte comme emblème le caducée.

Les indications de détail que nous ont déjà fournies les inscriptions et les

---

[1] 1 bronze à Carnavalet (*Guide explicatif*, p. 49), 1 bronze dans la coll. Ch. Magne (*Rép. archéolog. des objets recueillis dans les fouilles du 1er arrondissement*, dans le *Bull. Mont. Sainte-Geneviève*, I, p. 60).

[2] 1 à la Bibl. nat. (*Catal. bronzes antiques Bibl. nat.*, n° 199, p. 89), 1 (?) dans la collection Ch. Magne (*Rép. arch.*, p. 77), 1 à Saint-Germain (S. Reinach, *Bronzes figurés*, p. 57).

[3] Bas-relief du Musée de Saint-Germain, n° 1225 (*Catal. du Musée*, p. 33), 1 bronze dans la collection Ch. Magne (*Rép. arch.*, p. 72), 1 bronze à Carnavalet (*Guide expl.*, p. 49).

[4] Statuette de Bacchus au Musée de Cluny, non cataloguée (cf. E. Bervan, *Découverte d'une statuette de Bacchus rue des Fossés-Saint-Jacques, Paris, de Soye, s. d., in-8°. — 1 bronze, collect. Ch. Magne (*Rép. arch.*, p. 57). Cf. Micux, *Le culte de Bacchus au mont Lencofinu*, dans *Bull. Mont. Sainte-Genev.*, I, p. 109 et suiv.

[5] Statuette provenant de Belleville (*Catal. Cluny*, n° 407).

[6] 3 bronzes, collection Ch. Magne (*Rép. arch.*, p. 64 et 65); 1 bronze, Musée de Saint-Germain (S. Reinach, *Bronzes figurés*, p. 44).

[7] 1 bronze, Vénus pudique, collection Ch. Magne (*Rép. arch.*, p. 66), 1 terre cuite; Vénus analymène (*Rép. arch.*, p. 74).

[8] 1 bronze, Musée de Saint-Germain (S. Rei-nach, *Bronzes figurés*, p. 51); 1 bas-relief d'un autel du Musée de Cluny (*Catal.*, n° 5) dont une face doit représenter Diane. — Cf. encore I. Quicherat, *Autel de Diane dans l'église Sainte-Geneviève*, dans le *Bull. Soc. Ant. France*, 1860, p. 50-51.

[9] Statuette de terre blanche, déesse-mère, collection Ch. Magne (*Rép. arch.*, p. 76); voir aussi peut-être, dans la même collection, 1 bronze représentant une matrone tenant un enfant dans ses bras (*Rép. arch.*, p. 60).

[10] M. Ch. Magne et M. Capitan possèdent chacun une Isis dans leur collection (cf. Ch. Mucux, *Les divinités païennes de l'ancienne Lutèce sur la rive gauche*, dans *Bull. Mont. Sainte-Geneviève*, t. III, 1902, p. 144-145).

[11] 3 bronzes au Musée Carnavalet (*Guide expl.*, p. 49), 1 dans la collection Magne (*Rép. archéolog.*, p. 63), 3 siècles au Musée Carnavalet (*Guide explicatif*, p. 46), 1 statuette de pierre dans la collection Capitan, une face d'une base quadrangulaire au Musée de Saint-Germain, n° 1225 (*Catalogue du Musée*, p. 33), une des divinités d'un autel du Musée de Cluny.

[12] Une face de base quadrangulaire au Musée de Saint-Germain, n° 1225 (*Catalogue du Musée*, p. 33). Voir C. Jullian, *Gallia*, Paris, 2e édit., 1902, in-12, p. 280. La face où il est représentée Rosmerta y est reproduite.

représentations figurées peuvent être groupées et précisées par l'étude d'un ensemble de monuments importants, l'inscription des Nautes et les autels qui l'accompagnent.

On a déjà signalé l'importance qu'avait l'inscription des Nautes pour l'histoire commerciale, sinon politique, de Lutèce[1]; mais elle est surtout intéressante au point de vue de son histoire morale[2]. L'inscription est gravée sur l'une des faces d'un autel dont les trois autres sont sculptées. Cet autel des Nautes, qui appartient au Musée de Cluny, ne peut être séparé de trois autres conservés au même musée, chacun à quatre faces sculptées, et de quatre cubes de pierre exposés au Musée Carnavalet et décorés chacun sur un ou deux côtés. Ce n'est pas, à mon avis, qu'on doive attribuer aux Nautes la dédicace de tous ces monuments. Les pierres du Musée Carnavalet sont des fragments d'une sorte de piédestal dont on a pu, par une ingénieuse hypothèse, reconstituer l'ensemble[3]. Quant aux quatre monuments de Cluny, ils diffèrent entre eux par les proportions, si bien qu'il est peu vraisemblable qu'ils soient issus d'une même conception artistique. Cependant l'épigraphie des inscriptions, le style de la sculpture, l'unité des représentations religieuses, font de tous ces autels des œuvres à peu près contemporaines les unes des autres. Elles sont, comme la dédicace des Nautes, de la première moitié du 1er siècle. Toutes sont, en outre, des œuvres parisiennes, exécutées dans la pierre calcaire du pays. Leurs inscriptions et surtout leurs bas-reliefs constituent donc, pour l'histoire morale de Lutèce, un ensemble de documents d'autant plus importants qu'ils sont bien localisés et datés.

Le premier autel, dont il ne subsiste que le bloc supérieur, porte sur sa face principale l'inscription suivante, encadrée (voir planche XI, 1) :

```
       TIB·CAESARE
       AVG·IOVI·OPTVM
                       o
       MAXSVMO
       NAVTAE·PARISIACi·
       PVBLICE·POSIERV
                        Nt.
```

Sur une des faces, on distingue trois personnages : deux de face, vêtus de la toge à la romaine; le troisième, tourné vers la gauche, de profil, couronné, le

---

[1] Voir chap. II, p. 22-24.

[2] Une étude d'ensemble sur les autels dits «des nautes» a été faite par M. R. Mowat (*Rem. sur les inscriptions antiques de Paris*, p. 149). Il indique la bibliographie de la question (p. 1, note). Voir aussi E. Desjardins (*Géogr. de la Gaule rom.*, III, 260-270) et les notes du *C. I. L.*, XIII, 1, 3026. Mais surtout les questions relatives à la religion celtique ont été renouvelées par des travaux plus récents, dont les meilleurs sont ceux de M. Salomon Reinach, résumés dans ses *Antiquités nationales : Description raisonnée du Musée de Saint-Germain-en-Laye*, II, *Bronzes figurés de la Gaule romaine*. L'histoire parisienne peut profiter de ces études auxquelles elle a fourni des éléments importants.

[3] Voir plus loin, p. 105-106.

sceptre devant lui. Le bandeau du cadre porte l'inscription : *Semani Uselani*[a] (voir planche XI, 2). Sur un autre côté, trois vieillards à moustache et à barbe longues, coiffés d'une sorte de bonnet, tiennent de la main droite une lance dressée, et de la main gauche un lourd bouclier hexagonal. Le premier, plus vieux, porte au bras droit un objet dont le cercle incomplet devait s'achever sur la partie inférieure, aujourd'hui perdue, du monument. Dans le cadre, on déchiffre l'inscription *Eurises*. Les trois personnages se dirigent vers la gauche (voir planche XII, 1). Ils sont suivis, sur une autre face, de trois jeunes gens imberbes, vêtus et armés comme eux (voir planche XII, 2).

Le second autel[b], entièrement conservé, représente «Jupiter debout, tenant le sceptre de la main gauche levée, vêtu d'une longue tunique qui laisse le côté droit du torse à découvert. Sur le sol, à la droite du dieu, est posé un aigle. Au-dessus de la figure, sur le cadre, on lit *Jovis*» (voir planche XIV, 1). Sur la deuxième face est sculpté «Vulcain debout, vêtu d'une courte tunique d'artisan qui laisse à découvert la partie droite du torse, le bras droit tout entier et la partie inférieure du bras gauche; la main gauche tient des tenailles; inscription *Volcanus*» (voir planche XIV, 2). La troisième face représente un taureau portant sur le dos une longue housse (*dorsuale*), debout sous un arbre à feuilles longues semblables à celles du saule. «Une grue est placée sur sa tête. Deux autres sont adossées sur la croupe de l'animal; inscription *Tarvos Trigaranus*» (voir pl. XIV, 4). Enfin, sur le dernier côté, c'est « un bûcheron vêtu exactement comme Vulcain, tenant de la main droite une hache avec laquelle il s'apprête à frapper un coup dans un saule au tronc noueux, dont il saisit une branche dans la main gauche; inscription *Esus* » (voir planche XIV, 3).

Un autre autel, dont il n'existe plus que la moitié supérieure, représente sur sa face principale un dieu chauve dont la tête cornue porte dans chaque corne un torques votif. Les premiers plis du vêtement apparaissent; on distingue sur le cou l'amorce d'un torques. D'après la taille du personnage, il devait, selon l'ingénieuse remarque de M. Mowat, être accroupi pour tenir tout entier dans un cadre double de celui qui subsiste; inscription *Cernunnos* (voir planche XV, 1). Deux autres côtés portent deux personnages semblables, jeunes, vêtus de la tunique, la main gauche armée de la lance. A leur droite, on aperçoit une tête de cheval dont ils tiennent le mors de la main droite. Sur le cadre d'une face, on déchiffre *Castor* (voir planche XIV, 3). L'autre personnage est Pollux. La dernière face représente un dieu barbu tourné vers la droite, vêtu comme Esus et Vulcain; il va frapper un serpent avec sa massue qu'il brandit de la main droite. Sans

---

[a] C'est la lecture de Mowat avec lequel s'accorde à peu près le *C. I. L.*, XIII, 3026.
[b] J'emprunte presque textuellement cette description de l'autel à l'article de Salom. Reinach, *Tarvos Trigaranus* (*Revue Celtique*, XVIII, 1897, p. 253).

doute est-ce un Hercule gaulois. Dans le cadre au-dessus du personnage, on déchiffre péniblement l'inscription fragmentaire *Smer* (voir planche XIV, 2).

Le quatrième autel est trop défiguré pour qu'il puisse se décrire complètement. Le bloc inférieur manque. Sur chaque côté sont sculptés deux personnages. Ici, un Mars à tête couverte du casque, avec une lance à la main, est voisin à droite d'une déesse sans attributs distincts, qui devrait être une Minerve. Là, ce sont deux divinités nues. Puis on distingue une Fortune portant de la main gauche une corne d'abondance et, sur le cadre, le fragment d'inscription *For*[*tuna*?]. Enfin, d'un autre côté, on aperçoit très nettement à droite un personnage qui semble être un Mercure [1].

En 1867, dans les fouilles entreprises pour la construction du nouvel Hôtel-Dieu, on découvrit, en différents points des chantiers, quatre blocs sculptés sur deux faces. Le plus important représente, sur un côté, au-dessous d'une ligne d'imbrications, un dieu à trois visages, barbu, vêtu d'une tunique courte, ample de plis, mais serrée au ventre, par-dessus laquelle est jeté un manteau qui retombe sur ses épaules; il tient de la main gauche une tête de bélier, de la droite une bourse (voir planche XIII, 1). Sur la face située à gauche du dieu, un petit génie, joufflu et gras, emporte, en courant vers la droite, un casque sur ses épaules (voir planche XIII, 4). Les deux autres côtés sont bruts. Trois autres pierres sont décorées sur une face, l'une, d'un génie détachant ses cnémides (voir planche XIII, 3), l'autre, d'un génie emportant un bouclier (voir planche III, fig. 5), la dernière, d'un génie qui suspend une épée (voir planche XIII, 2). Sur un côté voisin de celui qui est orné d'un génie, elles sont recouvertes d'imbrications : les deux premières, à droite; la troisième, à gauche. Il est bien évident que ces pierres, de proportions analogues, de décoration semblable, sont les éléments d'un tout qui ne nous est pas parvenu complètement, mais qu'on peut essayer de reconstituer par hypothèse [3]. Les faces brutes étaient cachées, les trois faces imbriquées étaient visibles; mais, comme elles sont sans sujet, elles étaient reléguées à la partie

---

[1] On croit généralement qu'il s'agit d'un Mercure dont la tête porte des ailerons. On pourrait pourtant être en présence d'une divinité cornue.

[2] M. Mowat (*Remarques sur les inscriptions antiques de Paris*, p. 349) indique 1871 comme date de la découverte des fragments de ce monument. Il a pu les voir alors au magasin du boulevard Morland, mais ils furent découverts en 1867. — Cf. Vacquer, dossier 96 (*Rapports*), 25 mars 1867.

[3] C'est à M. Mowat que revient l'honneur d'un premier essai de reconstitution du monument. Tout récemment, M. E. Ksiger (*Deux monuments du dieu tricéphale gaulois*, extrait des *Annales du XXI*e Congrès de la Fédération archéologique et historique de Belgique*, II, p. 123-137) a critiqué le travail et a proposé une autre reconstruction dont M. A. Blanchet (*Les bas-reliefs trouvés à l'Hôtel-Dieu en 1867*, dans le *Bulletin de la Soc. Hist. de Paris*, XXXVI, 1909, p. 201-205) a montré les défauts. A son tour, celui-ci s'est exercé à un nouvel agencement des pièces. Il semble bien qu'à tous ces systèmes il faille préférer celui qu'indique M. E. Espérandieu (*Recueil général des bas-reliefs de la Gaule romaine*, IV, p. 221) et que nous avons adopté. Mais, que l'on dispose de façon ou d'autre les blocs du monument, le sujet qu'il représente reste un désarmement de Mars.

CHAPITRE IV.

postérieure du monument. On ne peut les juxtaposer sur un seul rang, car toutes trois sont voisines d'une face décorée d'un génie. Mais deux pierres à imbrications peuvent s'accoler, les génies s'opposant sur les deux côtés latéraux du monument. La troisième se place naturellement au-dessus de celle qui lui correspond par la disposition de ses reliefs et de ses ornements. Il devait donc y avoir huit blocs disposés en un massif de deux étages. L'arrière était simplement imbriqué, les côtés étaient décorés chacun de quatre génies chargés d'une arme. En avant, on comptait peut-être quatre, mais plutôt deux représentations figurées[1], dont l'une, celle du dieu à trois visages, nous est conservée. Cette divinité, d'aspect débonnaire, était sans doute voisine d'un Mars armé de toutes pièces que, sur les côtés, les génies dépouillent de son attirail. Le monument représentait donc un désarmement de Mars.

La description de toutes ces pièces sculptées est moins intéressante pour l'histoire de l'art à Paris que pour celle de la pensée parisienne. Les inscriptions en sont curieuses. Elles se distinguent d'abord par la langue vulgaire dans laquelle elles s'expriment et qu'on retrouve dans l'orthographe des mots *optumo*, *maxsumo*, *posierunt* (inscription des Nautes, premier autel), et surtout dans le nominatif *Jovis* (inscription du deuxième autel). Mais cet emploi du latin vulgaire est si général en Gaule, qu'il n'y a pas lieu de s'étonner quand on le constate à Paris au 1ᵉʳ siècle.

Pourtant un mot de l'inscription latine des Nautes se présente avec un aspect original. Il reste, malgré son adaptation latine, spécifiquement celtique. C'est justement le mot qui désigne les Nautes parisiens, le terme *Parisiacus*[2]. Ce n'est pas qu'on ne rencontre quelquefois le suffixe *-orus* associé à un radical gaulois pour désigner une ville de Gaule, mais cette désinence est principalement employée pour qualifier des *fundi* ruraux qui sont devenus nos villages. Surtout elle est inusitée pour former des adjectifs ethniques. On se sert d'ordinaire, en ce cas, soit du nom même du peuple dont on fait un adjectif, soit d'un composé dont le radical est ce nom et le suffixe une forme d'apparence, sinon toujours d'origine, latine, *-icus*, *-inus*, *-ensis*, etc. La bonne langue devait suivre cette règle pour l'ethnique de *Parisius*; on trouve en effet dans Ammien un homme *natione Parisius*; et ce *Serdus* lui-même, ce Parisien établi dans la grande cité gallo-romaine de Bordeaux, est un *civis Parisius*. Mais le parisien vulgaire devait affectionner cette forme *Parisiacus*, car, si elle est la première à désigner nos habitants, elle survivra vivace dans les ouvrages mérovingiens. Grégoire de Tours préfère ordi-

---

[1] Sur la face antérieure du monument, il y avait plutôt deux quatre représentations figurées. Car les imbrications indiquées au-dessus du dieu aux trois visages devaient se poursuivre à l'étage supérieur et le recouvrir complètement.

[2] Cf. W. Schulze, *Zur Geschichte lateinischer Eigennamen*, Berlin, 1904, in-4°, dans les *Abhandlungen der Konigliehen Gesellschaft der Wissenschaften zu Göttingen*, neue Folge, V, n° 5, p. 11 et suiv.

nairement l'expression *urbs Parisiaca* à *Parisius*. La désinence *-acus*, associée à *Parisius* dans une inscription latine officielle, nous est un indice de la survivance du langage celtique à Paris au 1ᵉʳ siècle.

Le gaulois transparaît surtout dans ces noms de divinités qui sont à peine latinisés dans leur terminaison. L'un nous révèle le radical *smer* ou *smert*, qu'on retrouve ailleurs dans des composés, comme épithète gauloise du dieu Mercure [1]. *Tarvos trigaranus* est le taureau aux trois grues [2], Esus, le dieu patronymique de personnages gaulois [3], Cernunnos, le dieu cornu [4]. Tous ces noms sont passés dans la langue latine, comme ces divinités ont été hospitalisées dans le panthéon romain.

Enfin la langue primitive apparaît dans ces inscriptions de l'autel des Nautes, *Eurises, Senani Useiloni*, que les celtisants ont renoncé provisoirement à traduire [5]. Il suffit pour nous de constater sa présence. Si on la trouve usitée au 1ᵉʳ siècle sur un autel officiel dédié par la corporation des Nautes à Jupiter Optimus Maximus, il n'y a pas lieu de s'étonner que les gens des IIᵉ et IIIᵉ siècles qu'on a retrouvés au cimetière Nicole en aient gardé la trace en leur nom, et qu'un mort chrétien du cimetière Saint-Marcel ait porté sur la poitrine une inscription gravée sur plomb, à peine déchiffrable et incompréhensible, mais certainement rédigée en gaulois [6].

Cette persistance du langage celtique est déjà un indice de la vivacité des traditions gauloises en notre ville. Mais le fond de l'âme parisienne se révèle à nous dans ses croyances religieuses. Les dieux romains sont en bonne place dans le panthéon local; on honore Vulcain, Mercure, Mars, les demi-dieux Castor et Pollux. Dans l'inscription de l'autel des Nautes, le Parisien adresse ses hommages religieux non seulement à Jupiter Capitolin, mais encore à l'empereur Tibère [7]. Les bas-reliefs du monument séparés en trois tableaux représentent une seule et même scène, la procession des anciens et des jeunes de la corporation se dirigeant vers Tibère, qu'on voit couronné, porteur du sceptre, à droite de l'une des faces [8]. Pourtant cette cérémonie qui se déroule en l'honneur de l'empereur et de Jupiter Capitolin est, au fond, de caractère tout gaulois. L'offrande que porte le chef des

---

[1] Voir Mowat, *Remarques sur les inscriptions parisiennes*, p. 34. — Cf. Holder, *Altkeltischer Sprachschatz*, II, p. 1593, et, près de Paris, une inscription de Melun, *C. I. L.*, XIII, 1, 3023 : *Atesmerio*.

[2] S. Reinach, *Tarvos Trigaranus* (*Rev. Celt.*, 1897, p. 253-266).

[3] Holder, *Alt-celtischer Sprachschatz*, I, 1475-1479.

[4] Idem, *ibid.*, I, col. 993, et Salom. Reinach, *Bronzes figurés*, p. 186.

[5] Bibliogr. de ces discussions dans le *C. I. L.*, XIII, 1, p. 467.

[6] Th. Vacquer (*Lettre sur une inscript. gauloise trouvée à Paris*, dans *Rev. arch.*, 1879, I, p. 111) essaie de la déchiffrer. Hirschfeld la donne d'après le moulage de Saint-Germain (*C. I. L.*, XIII, 3051), mais il hésite sur la langue de l'inscription.

[7] De Pachtere et Jullian, *Le Monument des Nautes parisiens*, 1°.

[8] Idem, *ibid.*, 3ᵉ et 4°.

CHAPITRE IV.

dédicants est un énorme torques, semblable à ceux d'or massif qu'offraient les Gaulois à leurs dieux [1], aussi pesant peut-être que ce collier de cent livres qu'ils offrirent à Auguste [2]. Les Nautes portent l'équipement militaire, mais c'est l'équipement gaulois, le bouclier hexagonal ou ovale, fait de lattes de bois réunies par la bande de métal qui part de l'umbo. Ils semblent enfin, avec leur large vêtement et leur bonnet à double bande, vêtus suivant les rites archaïques. Le dieu et l'empereur qu'ils révèrent sont romains, mais ils honorent en Gaulois.

On sent, en quelque sorte, cette fusion des deux religions celtique et romaine opérer dans le monument qui représente le désarmement de Mars. L'épée, les

Fig. 3o. — Les trois faces sculptées de l'autel des Nautes parisiens. (Leur assemblage représente le cortège des Nantes vers Tibère ?) — Dessin d'après les photographies de la Revue des Études anciennes. — Clichés Berthaut.

cnémides, le bouclier rond, le casque à haut cimier qu'emportent les petits génies sont bien des armes latines, et l'on imagine volontiers, sur la face antérieure, perdue, du bas-relief, Mars équipé à la romaine, la poitrine protégée de la cuirasse, la tête couverte et mi-cachée par le casque, les mains portant le bouclier et la lance, le glaive court à la taille. Mais, dès qu'il a dépouillé cette enveloppe guerrière, c'est un dieu gaulois qui apparaît, ce dieu à trois visages si fréquent dans les représentations figurées du panthéon gallo-romain [3], dieu pacifique dont l'animal favori est le bouc, peut-être le Mercure gaulois [4].

Il est encore, dans la religion parisienne, des divinités qui nous restent plus mystérieuses parce qu'elles ont mieux gardé leur pureté celtique. *Tarvos Trigaranus* n'est pas une victime offerte en sacrifice à Jupiter, mais un dieu, comme les personnages qui ornent les trois autres faces de l'autel où il est représenté [5]. Le

---

[1] De Pauzier et Jullian, *Le Monument des Nautes parisiens*, [1].
[2] Quintilien, *Inst. orat.*, VI, 3, 79.
[3] La liste de ces trouvailles de dieux tricéphales a été dressée par Salom. Reinach, *Bronzes figurés*, p. 187-191.
[4] S. Reinach, *Mercure tricéphale : Revue d'histoire des religions*, 1907, III, p. 27-80. Je ne crois pas, comme M. Reinach, que cet ensemble monu-
mental commémore un désarmement des Gaulois, qui aurait été ordonné et exécuté vers l'an 15 après J.-C. L'hypothèse de ce désarmement n'est fondée que sur un texte de Strabon, dont l'auteur de l'article s'exagère la précision. En outre, il est impossible de fixer la date à laquelle remonte la dédicace du monument.
[5] Mowat (Esnarguet sur les inscriptions parisiennes, p. 26-28), suivi par *C. I. L.* XIII, 1,

dieu bûcheron Esus abat de la hache les branches d'un saule dont il semble tenir le tronc de la main gauche. Le dieu *Smer*... (?), Hercule gaulois, va frapper de sa massue un serpent. Tous deux sont vêtus, comme Vulcain, d'une courte tunique d'artisan qui leur laisse découverte la partie droite du torse. Ils ressemblent à l'ouvrier romain, mais leurs actes doivent exprimer des symboles religieux, familiers à l'âme gauloise, mais qui nous restent encore mystérieux malgré d'habiles essais d'explication.

La figure la plus étrange encore est celle de Cernunnos. Sa tête chauve est surmontée de cornes, le torques gaulois entoure son cou et s'accroche à ses cornes; il est accroupi. On retrouve fréquemment par toute la Gaule, ici, des dieux cornus[1], là, encore des dieux «exaltant» le torques[2], là, des dieux accroupis[3] comme des bouddhas. Le Cernunnos parisien résume ces figures et porte ces attributs ensemble. Mais le dieu à trois visages porteur d'une tête de bélier et le dieu cornu qui voisinent à Paris doivent être apparentés, peut-être même identifiés. Sur un bas-relief de Beaune, un dieu tricéphale est debout près de deux dieux assis dont l'un est cornu et a des pieds de bouc[4]. Une statuette d'Autun représente un petit dieu accroupi qui tient sur ses genoux deux serpents à tête de bélier; il porte au cou un torques; deux petites têtes sont accolées à son crâne. Ses cornes étaient insérées autrefois dans de petits trous encore visibles au revers de la tête[5]. Le Cernunnos parisien est un type semblable, il fournit seul une épithète, peut-être un nom qui permet de qualifier toutes ces divinités analogues si communes en Gaule. Cernunnos apparaît comme un dieu celtique par excellence vis-à-vis du Jupiter Optimus Maximus de la religion romaine officielle. Il est remarquable que les autels parisiens en fournissent deux représentations.

On a voulu localiser dans la région située entre Loire et Seine quelques-uns de ces dieux dont on a trouvé les figures sculptées sur les bas-reliefs de notre ville. On a fort ingénieusement montré que Teutates, Taranis, Esus, nommés par Lucain dans une description de la Gaule, devaient être les divinités caractéristiques des peuples dont cet auteur n'avait pas encore parlé en ce passage, c'est-à-dire

---

p. 467, traduit *Tarvos trigaranus* par «le taureau et trois grues». M. R. Mowat prétend même voir un point après l'*i* de *Trigaranus*, qui séparerait *Trigaranus* en deux mots. En réalité, ce point n'existe pas (E. Desjardins, *Géogr. de la Gaule rom.*, III, p. 268, note 2). — Pour M. S. Reinach, *Bronzes figurés*, p. 120, 121, note 3, et surtout *Tarvos trigaranus* (*Revue Celtique*, XVIII, 1897, p. 253-266), le taureau serait un animal divin, le taureau cosmique, comme les branches de l'arbre qui le surmontent dans le monument parisien seraient celles de l'arbre cosmique dont le bûcheron Esus fend le tronc sur la face voisine. Au moins, *Tarvos trigaranus* est-il bien un dieu comme Jupiter, Vulcain et Esus dont les noms sont sur les cadres des bas-reliefs qui les représentent.

[1] S. Reinach, *Bronzes figurés*, p. 193-195.
[2] Idem, *ibid.*, p. 198-200.
[3] Idem, *ibid.*, p. 191-193.
[4] Idem, *ibid.*, p. 188.
[5] Idem, *ibid.*, p. 185, n° 177 (14658). *Cernunnos* (?, 3 figures.

110   CHAPITRE IV.

de ceux qui habitaient justement le pays entre Loire et Seine [1]. Bien plus, on a fait l'hypothèse qu'Esus était le dieu des seuls Parisiens. Cette thèse subtile méritait d'être rectifiée plus habilement encore. Sans doute les divinités mentionnées par Lucain président bien aux destinées des peuples d'entre Seine et Loire, mais le plus puissant d'entre eux, c'est justement cette nation Carnute dont les dieux doivent diriger le panthéon celtique, comme ses druides gardaient autrefois les traditions religieuses de toute la Gaule [2]. Esus, le dieu d'un autel parisien, mais aussi le dieu «tout-puissant», redevient bien cette divinité panceltique dont on voulait restreindre l'horizon et diminuer les pouvoirs.

Dès lors, si le pays parisien ne nous fait pas connaître ses dieux topiques, du moins, voisin du pays carnute, il est encore au Ier siècle une terre d'élection de la vieille religion celtique. Les autels des nautes sont peut-être les monuments les plus importants qui figurent ses dieux et représentent ses symboles. Ils nous disent aussi combien l'âme parisienne restait, au Ier siècle, profondément gauloise.

[1] S. Reinach, Teutates, Esus, Taranis. (Rev. Celtique, XVIII, 1897, p. 137-194.)
[2] C. Jullian, Notes gallo-romaines, Remarques sur le plus ancienne religion gauloise (Rev. des Études anciennes, IV, 1902, 1902-1903-1904). Sur la question, voir spécialement : D'une hypothèse contre l'existence d'un Teutatès panceltique (Revue des Études anciennes, IV, 1902, p. 217-221).

CHAPITRE V.

PARIS ET LES INVASIONS BARBARES.

Les invasions barbares qui, dès la fin du IIe siècle, ravagèrent la Gaule, se portèrent aussi sur Lutèce. Elles détruisirent la ville du haut empire, largement étendue sur la rive gauche de la Seine, et forcèrent les Parisiens à se bâtir une cité nouvelle enfermée dans l'île. Mais, en même temps que la topographie de la ville se modifiait, les besoins de la défense romaine attirèrent à Paris des troupes, des officiers impériaux, des empereurs même. Ainsi les invasions barbares provoquèrent, par contre-coup, la romanisation complète de Lutèce, tandis qu'elles mettaient en valeur l'importance stratégique de sa position.

S'il fallait s'en tenir aux textes écrits, on ne saurait presque rien du passage des Barbares à Paris. Si Paris n'eut pas à souffrir dès la fin du IIe siècle des incursions germaines, il n'y échappa certainement pas dans la seconde moitié du IIIe. Orose nous apprend qu'à partir de 256 les Francs ravagèrent la Gaule pendant douze ans[1]. Avant Postume, « le flot des Barbares couvrait le pays »[2]; « les provinces étaient épuisées »[3]. Après lui, la plus grande partie des villes gauloises fut ravagée et incendiée[4]. A la mort d'Aurélien, les Gaules furent véritablement au pouvoir des Germains, qui s'y promenaient en toute sécurité[5] et y prenaient soixante ou soixante-dix[6] villes, les plus florissantes du pays. Paris dut être maintes fois sur la route de ces Francs qu'on voit vers 261-263 descendre des bords du Rhin jusqu'à Tarragone, et pousser leurs incursions jusqu'en Afrique.

Aux désastres causés par les Barbares seraient même venus s'ajouter, dans la région parisienne, les ravages des Bagaudes. S'il fallait en croire l'auteur de la Vie de saint Babolein qui se réclame d'Orose, les Bagaudes chrétiens, sous le commandement d'Aclianus et d'Amandus, se seraient installés à Saint-Maur-des-Fossés, dans un camp romain bâti par César, pour y organiser la résistance contre l'empire.

---

[1] Orose, VII, 41, 2.

[2] Trebellius Pollio, Gallieni, 4, 5 : « Postumus... Gallias ab omnibus circumfluentibus barbaris validissime vindicavit. »

[3] Eutrope, IX, 9, 1 : « Per decem annos ita imperavit (Postumus) ut consumptas paene provincias ingenti virtute et moderatione reparavit. »

[4] Cf. Trebellius Pollio, Triginta Tyr., 5, 4 : «.....Nam plerasque Galliae civitates..... quaeque interfecto Postumo subita inruptione Germanorum et direpta fuerant et incensa..... »

[5] Vopiscus, Probus. 13, 5-7 : « (Probus) Gallias petit quae omnes... interfecto Aureliano a Germanis possessae (fuerant). Tanta autem illic proelia et tam feliciter gessit ut a barbaris... sexaginta per Gallias nobilissimas reciperet civitates. Et cum jam in nostra ripa, immo per omnes Gallias securi vagarentur... »

[6] Vopiscus. Probus. 15, 4 : « Septuaginta urbes nobilissimae captivitate hostium vindicatae. »

CHAPITRE V.

Maximien Hercule marcha sur eux. A Martigny, il fit massacrer cette fameuse légion thébaine qui avait refusé de combattre des chrétiens; puis, arrivé à Saint-Maur devant le camp des Bagaudes, il les assiégea longtemps, triompha d'eux enfin, les fit périr par le fer et le feu, et démolit leur retraite [1]. Mais la Vie de saint Babolein est l'œuvre d'un moine de Saint-Maur qui écrivait au xie siècle, vers 1060 [2]. Orose, auquel il se réfère, et par delà Orose, Aurelius Victor [3], parlent bien d'une expédition dirigée en 286 par Maximien Hercule contre les Bagaudes gaulois et leurs chefs Aelianus et Amandus, mais ils ne disent rien du lieu où le César les battit. La légende, déjà très postérieure, qui rattache à cet épisode historique le martyre fabuleux de la légion thébaine n'est pas plus précise [4]. C'est donc un nom de lieu, *Castrum Bagaudarum*, porté jadis par Saint-Maur-des-Fossés, qui apparaît comme le seul fondement du récit médiéval. Ce nom était sans doute fort ancien. Bien que la première charte originale de l'abbaye dénomme l'endroit *Fossatus* [5], il n'y pas de raison de mettre en doute ici le témoignage de la Vie de saint Babolein. L'auteur reconnaît bien qu'au viie siècle le lieu était déjà dit *Fossatensis*, mais il prétend qu'auparavant c'était le *Castrum Bagaudarum* [6]. Toutes les chartes fausses auxquelles la Vie de saint Babolein servit de modèle répètent l'affirmation, mais certaines ajoutent que le peuple ignorant usait encore de ce terme [7]. Le langage populaire est le meilleur garant de l'antiquité du mot, mais ses dénominations géographiques sont sans valeur pour l'histoire. Ému encore du souvenir légendaire de ce mouvement bagaude qui pendant deux siècles troubla la Gaule, le peuple vit sans doute au xie siècle un refuge des révoltés. Le récit du moine repose sur un nom de lieu, mais ce nom de lieu lui-même ne désigne qu'un retranchement romain à l'abri duquel l'imagination populaire installa des Bagaudes [8].

---

[1] *Via sancti Baboleni* (*Recueil des Historiens de France*, t. III, p. 568 a).

[2] Sur la date de la vie de saint Babolein, cf. Henry Thavnes, *Recherches sur l'histoire de l'abbaye de Saint-Maur-des-Fossés, 639-1118* (École des chartes. Positions de thèses, 1890, p. 159-166).

[3] Orose, vii, 25, 5.

[4] *Passio sancti Maurilii et Thebeorum militum*. (Acta Sanct. Bolt., 22 sept., VI, p. 342-343).

[5] Prrt, *Dipl.*, p. 64, l. 18: « in ipso loco Fossatus». Cette charte est de Childebert III (695-711).

[6] *Vita sancti Baboleni* (*Recueil des Historiens de France*, t. III, p. 565 9): « Castellum... vocitatum castrum Bagaudarum ab antiquis, quod jam tunc (au viie siècle) locus dicebatur Fossatensis. »

[7] Charte de donation de Saint-Maur au diacre Blickgisile, Prrt, *Dipl.*, p. 178, l. 30: « Illum videlicet castellionem quem Fossatus dicitur et quem vulgariter lingua castrum vocat Bagaudorum. » — Cf. encore II.-L. Boavten, *Du recueil des chartes mérovingiennes...*, Paris, 1850, in-8°, p. 47 ; « Illum videlicet castellionem qui Fossatus dicitur quem rusticitas castrum vocat Bagaudarum », et p. 49 : « Ad monasterium quod vocatur Fossatus quem ignara rusticitas castrum vocat Bagaudorum. » — Cf. enfin L. Arvraz, *Mém. Soc. hist. Paris*, XIX, 1892, p. 13 : « loco deserto... quem ignara rusticitas castellum vocat Bagaudorum ».

[8] Le nom de *Castrum Bagaudarum* serait un nom de lieu du même genre que ceux de *Cave Sarrazine*, *tour de Ganelon*, *Gannes*, etc., appliqués à des ruines romaines.

Il n'existe donc pas de témoignage historique des troubles qui désolèrent le pays parisien, mais les découvertes archéologiques permettent d'y suppléer. M. A. Blanchet, dans un livre ingénieux [1], a démontré que les dates d'enfouissement de trésors monétaires romains correspondaient avec celles des invasions germaniques, et il a même dressé, des trésors romains découverts, un catalogue général que l'on peut compléter et préciser pour Paris et ses environs.

Le 29 juin 1860, on signala, dans les fouilles entreprises pour la construction d'une maison au coin nord-ouest du boulevard Saint-Michel et de la place de Médicis, un trésor que les ouvriers se partagèrent et vendirent. Je ne sais comment Poey d'Avant put le voir et l'étudier, mais il l'évalue à 30,000 francs et date sa dernière monnaie de 184; Vacquer, qui put en recueillir 20 pièces et les analyser, y indique un Albin et un Septime-Sévère. La cachette fut donc faite dans les dernières années du IIe siècle ou au début du IIIe [2].

Le 22 janvier 1867, on découvrit, dans le jardin du Luxembourg, un petit dépôt de 66 pièces romaines de grand bronze, dont la dernière est encore un Septime-Sévère frappé sous la troisième puissance tribunicienne de cet empereur. L'enfouissement eut lieu après 195 [3].

La même année, le 16 septembre, au fond d'une tranchée ouverte dans la deuxième cour du Lycée Napoléon (Henri IV), on exhuma un trésor, enfermé dans une cave romaine, entre des tuiles à rebords qui avaient laissé s'échapper une partie de leur contenu. Il y avait 773 pièces d'or, d'une valeur vénale de 17,000 francs. Une monnaie du quatrième tribunat de Caracalla (201), à fleur de coin, marque à peu près la date du dépôt [4].

En construisant la nouvelle Orangerie, à l'ouest du Palais du Luxembourg, Scellier de Gisors mit au jour une cachette de 700 grands bronzes et de 200 médailles d'argent; les dernières pièces étaient de Volusien (251-253) [5].

---

[1] A. BLANCHET, *Les trésors des monnaies romaines et les invasions germaniques en Gaule*, Paris, 1900, in-8°. L'auteur y développe une idée déjà présentée auparavant par M. Jullian dans la *Revue historique*.

[2] Ce trésor porte le n° 326, p. 182, du catalogue de Blanchet. Cf. *Revue numismatique*, 1860, p. 341-344, note de Poey d'Avant; R. MOWAT, *Le trésor de Monaco*, Paris, 1880, in-8°, p. 5, extrait des *Mém. Soc. Antiq. France*, XL, 1879, p. 164, et surtout VACQUER, dossier 69 (*Lycée Napoléon*), 18-21.

[3] Ce trésor est sans aucun doute le n° 331, p. 183, du catalogue de Blanchet. Mais M. Blanchet n'en connut que les spécimens exposés au Musée Carnavalet. VACQUER, dossier 68 (*Luxembourg*), 114, dresse une liste des 66 pièces découvertes.

[4] Ce trésor est le n° 327 du catalogue de Blanchet, p. 182-183. Cf. *Rev. archéol.*, 1873, I, p. 433; *Revue numismatique*, 1874-1877, p. 322; *Bull. Soc. Ant. France*, 1867, p. 143-146; R. MOWAT, *Le trésor de Monaco*, p. 5, extrait des *Mém. Soc. Ant. France*, XL, 1879, p. 164. — Le document le plus exact est dans VACQUER, dossier 69 (*Lycée Napoléon*), *passim*, où est dressé un catalogue complet de la trouvaille.

[5] Ce trésor n'est pas indiqué par Blanchet. J'en ai trouvé le signalement dans SCELLIER DE GISORS, *Le Palais du Luxembourg*, p. 14 et 15, ainsi que dans LENOIR, *Paris à travers les âges. Lutèce*, p. 14.

114   CHAPITRE V.

Le 15 mars 1904, dans une cour de l'Asile départemental de Nanterre, on trouva 1,978 monnaies de bas argent. Les plus récentes étaient représentées par 9 Gallien, dont le dernier était daté de sa deuxième puissance tribunicienne (254). Le trésor fut enfoui en 255 ou 256, mais certainement avant le début du règne de Postume (256), puisqu'on n'a pas rencontré de pièces de cet empereur[1].

Un autre dépôt de billons aux effigies de divers empereurs, de Gordien le Pieux à Gallien, est indiqué par Vacquer. Il aurait été découvert aux numéros 238 ou 240 de la rue Saint-Jacques[2].

Rue de l'Arbalète, en 1886, on déterra un vase en terre cuite qui renfermait 307 monnaies de petit bronze de Valérien à Claude II[3].

Peut-être est-ce aussi un trésor qu'on découvrit en 1893-1894, rue Monsieur-le-Prince. On ne signala cependant que «des fragments de vases et des tuiles de l'époque gallo-romaine, ainsi que des monnaies de bronze de Tétricus»[4].

En juin 1904, on trouva, à l'angle de la rue d'Ulm et de la place du Panthéon, dans un petit vase de bronze, une collection monétaire de 73 pièces de bronze et de potin. La dernière monnaie reconnue était un Probus[5].

En 1907, près de la rue et Hautefeuille en bordure du boulevard Saint-Germain, en établissant les fondations d'une nouvelle maison, on a recueilli, enfermé dans un vase de terre, un trésor en monnaies de bronze, toutes de Tétricus[6].

Enfin quand, en 1807, on creusa le bassin de la Villette, Grivaud de La Vincelle prétend qu'on découvrit 2,500 pièces de bronze dont les dates s'échelonnaient de Dioclétien à Constantin. L'enfouissement devait avoir été fait vers l'an 310[7].

Si l'on met à part la dernière trouvaille, les autres se groupent en deux catégories. Trois cachettes ont été faites sous Septime-Sévère entre 193 et 203; cinq, peut-être six autres, de Volusien à Probus (251-273). A constater ces deux périodes d'enfouissement à Paris, on pourrait déjà conclure que ce sont aussi deux périodes troublées de l'histoire gallo-romaine de Lutèce. Mais ces découvertes ne se limitent pas à Paris. Sur cinquante-huit trésors retrouvés en Gaule,

---

[1] Ce trésor est analysé dans la C. V. P., 7 juillet 1904, p. 184-186.
[2] Vacquer, dossier 25 (Rive gauche), 144.
[3] N° 329, p. 183 du catalogue de Blanchet. Cf. Rev. arch., 1886, I, p. 301.
[4] N° 330, p. 183 du catalogue de Blanchet. Cf. Bulletin de numismatique, II, 1893-1894, p. 165.
[5] Cette trouvaille a fait l'objet d'une communication de M. Cl. Magne aux Antiquaires de France en février 1905 (Bull. Soc. Ant. France, 1905, p. 136).
[6] Je dois la connaissance de ce trésor à M. Magne qui en conserve cent pièces environ dans sa collection.
[7] N° 328, p. 183 du catalogue de Blanchet. Cf. Grivaud de La Vincelle, Recueil des monuments antiques, Paris, 1817, in-4°, tome II, p. 257, 270, 275.

contemporains de Commode et de Septime-Sévère, vingt-cinq l'ont été dans le département de la Seine et onze dans les départements voisins[1], dont quatre en particulier dans celui de Seine-et-Oise qui enclôt le nôtre[2]. La proportion des cachettes augmente encore de façon caractéristique sous les empereurs qui se succèdent d'Émilien à Probus, de 253 à 282, puisque, sur les 868 trésors gallo-romains catalogués par A. Blanchet, 356 sont de cette période. Dans la grande banlieue parisienne, en Seine-et-Oise, on connaît les trouvailles de Neauphle, d'Ermont, de Mérobert, de Boissy-sans-Avoir, de Sonchamp, de Thoiry[3]; en Seine-et-Marne, celles de Favières, de Sennetru, de Saint-Soupplets, de Meaux, de Mouy-sur-Seine, de Poligny, de Châteaubleau[4]. La cachette datée de Constantin n'est pas isolée non plus, puisque soixante-trois sont contemporaines de cet empereur, en particulier deux dans l'Oise, trois dans l'Aisne, deux dans l'Eure, et deux dans le Loiret. Peut-être même peut-on indiquer une concordance de date entre l'enfouissement du trésor vers 310 et une invasion franque de cette même année[5].

Les craintes que Paris éprouva étaient légitimes. Les ruines gallo-romaines de notre région présentent presque partout des traces de destruction et d'incendie. Sans doute, on ne constate généralement que les dernières dévastations de la fin du IVe et du début du Ve siècle[6], et l'on trouve peu de signes de ces invasions du IIe siècle dont le mal fut ensuite réparé. Mais le désastre causé par celles du IIIe, sous les Trente Tyrans, fut si terrible qu'en beaucoup d'endroits la vie s'arrêta pour jamais dès cette époque, puisque, parmi les cendres de bien des villas gallo-romaines, la série des monnaies retrouvées ne dépasse pas cette date. On a fait souvent cette constatation dans l'Oise, où les observations sont scientifiques.

---

[1] J'ai légèrement modifié les chiffres donnés par Blanchet, p. 34-35, en reportant de Marc-Aurèle à Septime-Sévère la date d'enfouissement d'un trésor parisien, et en ajoutant à sa liste un trésor trouvé à Survilliers et contemporain de Commode.

[2] Trésors nos 333, 335, 335 de Blanchet, et trésor de Survilliers. *Moniteur universel*, 23 février 1867, d'après Vacquer, dossier 69 (*Lycée Napoléon*), 34.

[3] Le trésor de Neauphle est signalé dans la *Comm. Antiq. et Arts de Seine-et-Oise*, 1888, p. 77. Celui d'Ermont (n° 334, page 184 de Blanchet) est étudié plus précisément dans la même revue, 1886, p. 303 et suiv. La trouvaille de Mérobert est le n° 340, page 185 de Blanchet; celle de Boissy-sans-Avoir, le n° 342, p. 186; celle de Sonchamp, le n° 339, p. 185; le trésor de Thoiry est signalé dans le *Bull. arch. du Comité*, 1908, p. LXIII.

[4] Une seule des découvertes monétaires de Seine-et-Marne est indiquée par Blanchet, celle de Favières, n° 344, p. 186; le trésor de Sennetru est signalé dans le *Bull. Soc. hist. et arch. de Provins*, 2e sér., 1896, p. 18-19; celui de Saint-Soupplets, dans la *Soc. arch. des sciences, lettres, arts de Seine-et-Marne*, VIII (1874-1877), p. CII-CIII; enfin c'est un mémoire de M. le chanoine Denis, résumé dans le *Bull. archéol. du Comité*, 1893, p. XVII, qui indique les autres comme correspondant à la période de Probus (276-282).

[5] Blanchet, p. 61.

[6] C'est le cas des ruines d'Ozouer-le-Trézée (*Mém. Soc. arch. de l'Orléanais*, IV, 1858, p. 159), de Courbanton (*ibid.*, XX, 1885, p. 122 et 129), de Gannes (*ibid.*, XXVIII, 1902, p. 632); c'est aussi le cas de nombreuses villas de l'Oise (cf. Grave, *Notice archéol. sur le département de l'Oise*, Beauvais, 1856, p. 117-183).

116   CHAPITRE V.

En Seine-et-Oise, les bâtiments incendiés de Septeuil[1], de Souzy-la-Briche[2], des Guinets[3], de Guerville[4] ont été détruits à cette époque.

Paris ne put échapper à cette dévastation. Les murs et le terrain gallo-romains de la ville portent les marques d'un incendie général. Je ne veux pas seulement parler de l'édifice de la rue Soufflot, dont toutes les pierres sont noircies par le feu et qui fut rebâti après ce premier désastre[5]. Les murs des Arènes sont salis par la fumée (voir planche XVI, 2[6]). Dans la région du Luxembourg, sur un sol de béton antique, on trouve diverses couches de terres fortement brûlées[7]; au pied d'un mur romain, les gravois et les décombres sont mêlés de charbons et de cendres[8]. En un endroit, l'épaisseur de ces cendres atteint o m. 26[9]; enfin on rencontre, de-ci, de-là, du torchis brûlé[10]. Les mêmes signes d'incendie se reconnaissent rue d'Ulm, dans l'ancienne maison des Jésuites[11]. Le sous-sol de la Sorbonne et des rues voisines est noirci d'une couche de charbon et de blé torréfié dont la hauteur est quelquefois de o m. 40[12]. Aux numéros 16 et 18 de la rue Saint-Séverin, les cendres mêlées de décombres romains montent à o m. 70 ou o m. 80.[13] A l'extrémité orientale de la ville, on aurait, au dire d'ouvriers, remarqué dans le sol de l'École polytechnique, avec des monnaies romaines et de belles poteries, une masse considérable de blé brûlé[14]. Ce phénomène d'incendie devait être si général, que Vacquer ne le notait plus guère, mais il s'étonne de trouver, un jour, au n° 64 de la rue de la Montagne-Sainte-Geneviève, un beau mur romain sans trace de feu[15]. Le fait lui paraît extraordinaire.

On peut affirmer que la Cité fut épargnée, puisqu'on ne retrouve pas dans l'île ce même niveau d'incendie qu'on repère sans cesse sur la rive gauche. L'île put, sans doute, s'isoler en coupant ses ponts.

On ne peut rien dire de certain sur la date de ce désastre, peut-être même ne se produisit-il pas en une fois. Il est au moins permis de conjecturer l'époque à

[1] *Société des sciences morales de Seine-et-Oise*, III, 1853, p. 68.
[2] *Comm. antiq. et arts de Seine-et-Oise*, 1886, p. 24.
[3] *Ibid.*, 1891, p. 13, et 1901, p. 104.
[4] *Ibid.*, 1891, p. 131 et suiv.
[5] Pour l'édifice de la rue Soufflot, voir notre chapitre III, p. 62.
[6] Cette très curieuse photographie représente le mur oriental du couloir d'accès septentrional des Arènes, découvert en 1870. Le couloir est déblayé bien au-dessous du niveau de son ancien sol. Cependant la ligne de ce sol est si nettement marquée sur la photographie, qu'on pourrait calculer sa pente vers l'arène. En effet, tandis que la partie supérieure du mur est toute noircie par le feu, la partie inférieure, protégée par la terre qui formait le sol de la galerie d'accès, est bien plus blanche et se détache très nettement. Cf. Vacquer, dossier 23 (*Amphithéâtre*), 58.
[7] Vacquer, dossier 68 (*Luxembourg*), 34.
[8] *Ibid.*, *ibid.*, 16.
[9] *Ibid.*, *ibid.*, 18.
[10] *Ibid.*, *ibid.*, 17, 18 et 98.
[11] *Ibid.*, dossier 25 (*Rive gauche*), 89.
[12] *Ibid.*, *Science et Nature*, III, n° 69, 21 mars 1885, p. 260-261 : *Les Fouilles de la Sorbonne*; et le dossier 25 (*Rive gauche*), 140 et 186.
[13] *Ibid.*, dossier 25 (*Rive gauche*), 197.
[14] *Ibid.*, *ibid.*, sous-dossier de 58 pièces.
[15] *Ibid.*, dossier 25 (*Rive gauche*), 12.

laquelle il fut consommé d'après les monnaies les plus récentes trouvées dans les ruines gallo-romaines. La maison David n'a donné que deux monnaies, d'Alexandre Sévère et de Gallien[1]; mais déjà, dans les fouilles de la Sorbonne, rue Victor-Cousin, près de la rue Cujas, on a découvert, parmi les tuiles et le blé brûlé, six pièces dont un Gallien et un Claude le Gothique. Les médailles signalées rue Monsieur-le-Prince étaient des Tétricus[2]. La série monétaire s'arrête, dans l'édifice Gay-Lussac, à Tétricus[3]; dans l'édifice de la rue Soufflot, à Victorin[4]. Les derniers morts enterrés dans le cimetière Nicole ont pour pièces de naulage un Gallien[5] et même un Florien (276)[6]. Chacune de ces constatations n'aurait pas grande valeur en elle-même, mais elles se groupent, et surtout elles confirment les données fournies par les trésors découverts à Paris. On peut donc dire que Lutèce, après avoir éprouvé, à la fin du IIe siècle, des craintes assez vives et peut-être les premières atteintes de l'invasion, passa, dans la seconde moitié du IIIe siècle, par une crise violente. En 280 au plus tard, la ville de la rive gauche était détruite.

[1] VACQUER, dossier 25 (*Rive gauche*), maison David, 5 pièces.
[2] BLANCHET, n° 330, p. 183.
[3] Voir plus haut, p. 58.
[4] Voir plus haut, p. 65, note 2.
[5] VACQUER, dossier 16 (*Rue Nicole*), 48. La monnaie de Gallien a été trouvée dans les terres d'une fosse.
[6] TOULOUZE, *Revue archéologique*, 1884, I. p. 124-127.

CHAPITRE VI.

LE CHRISTIANISME À PARIS À L'ÉPOQUE GALLO-ROMAINE.

L'histoire primitive du christianisme à Paris ne peut pas être reconstituée. Les origines en sont obscurcies par des légendes. On peut du moins critiquer les traditions, étudier leur genèse, déterminer leur ancienneté pour juger de leur valeur historique. Les évêques gallo-romains de Paris ne nous sont guère connus que par une liste sèche de noms. Mais cette sèche nomenclature nous permet de fixer avec vraisemblance le moment où se constitua notre église parisienne. Elle mérite plus de créance que les Vies de saint Marcel et de sainte Geneviève, écrites par des hagiographes très postérieurs, ignorant les gestes véritables de ces grands patrons de la ville. Les lieux où se développa d'abord le christianisme local nous sont plus familiers que les personnages. Un texte de Grégoire de Tours, bien interprété, nous indique l'endroit où fut bâtie l'église primitive, dans une bourgade voisine de Paris. C'est à l'ancien bourg Saint-Marcel, en effet, qu'on a découvert, ces dernières années, un grand cimetière chrétien dont les premières tombes sont gallo-romaines. La critique des légendes d'origine, la lecture de la liste épiscopale, l'étude attentive de Grégoire de Tours, les fouilles archéologiques, peuvent donc, malgré tout, fournir sur les débuts et les premiers développements du christianisme parisien quelques détails intéressants.

On s'accorde pour reconnaître en saint Denis le premier évêque de Paris. Mais on discute la date de son épiscopat. Une tradition voit en lui le même personnage que saint Denis l'Aréopagite, disciple direct de saint Paul. Une autre, sans le confondre avec cet évêque athénien, en fait un missionnaire du pape saint Clément, évêque de Rome du Ier siècle. Une dernière enfin le compte au nombre des sept évêques qui, vers 250, vinrent de Rome pour évangéliser les Gaules. On ne peut éprouver la valeur de ces traditions qu'en recherchant leur origine.

La première fut développée par Hilduin[1], abbé de Saint-Denis, vers 835. Frappé de l'ignorance où l'on était alors de la vie d'un saint[2] devenu le patron de la Gaule et des empereurs francs, Hilduin se préoccupa d'y remédier. En septembre 827[3], une ambassade de l'empereur byzantin Michel, dont faisait

---

[1] Hilduin, *Vita Sancti Dionysii*, édit. Migne, *Patrologie latine*, CVI, p. 14-50.
[2] Idem, *ibid.*, Prolog., II, 2, col. 14 : «Notitia ipsius paucis nostrorum cognita, plurimis adhuc incognita.»
[3] Une ambassade byzantine vint trouver Louis

partie l'économe de l'église de Constantinople, vint apporter des livres grecs authentiques que Louis le Pieux remit à l'abbé de Saint-Denis[1]. C'est là qu'Hilduin trouva matière pour identifier saint Denis de Paris et saint Denis l'Aréopagite. Saint Denis, maître athénien converti au christianisme par saint Paul et consacré évêque d'Athènes par l'apôtre, vint à Rome après la persécution de Néron. Il y trouva Clément, évêque de la ville, qui lui suggéra le projet de convertir la Gaule. Saint Denis s'établit à Paris, bâtit une église, constitua le clergé, évangélisa les populations avec l'aide de l'archiprêtre Rustique et de l'archidiacre Éleuthère. Mais cette propagation victorieuse de la foi inquiéta Domitien, qui dirigea contre Denis le préfet Fescennius Sisinnius. Après de longs tourments, saint Denis subit, avec Rustique et Éleuthère, la passion sur la colline de Montmartre. Ensuite, par un miracle extraordinaire, le bienheureux ramassa sa tête coupée et la transporta deux milles plus loin, à six milles de Paris, dans un endroit où une pieuse femme, Catulla, l'ensevelit. La grande trouvaille d'Hilduin, en cette légende, fut, avec quelques épisodes miraculeux, l'idée d'assimiler le saint d'Athènes et le saint parisien. Cette tradition, qui fit fortune sans guère être discutée jusqu'au xviie siècle, ne mérite pourtant pas d'attirer l'attention et de retenir la critique, puisqu'on la saisit à sa source chez Hilduin.

La seconde tradition, à laquelle Hilduin se rattache encore, puisqu'il fait passer saint Denis l'Aréopagite par Rome, considère saint Denis comme un missionnaire direct de saint Clément. Elle se trouve explicitement dans la *Passio sanctorum Dionysii Rustici et Eleutherii*[2], composée vers l'an 800, et dans une rédaction de la Vie de sainte Geneviève, un peu postérieure[3]. Elle est aussi contenue implicitement dans les *Gesta Dagoberti*, antérieurs de peu de temps à l'œuvre d'Hilduin, qui placent le martyre de saint Denis au temps de Domitien, à la fin du i[er] siècle de l'ère[4]. Une charte de 724 la mentionne pour la première fois[5]. Il est vrai

---

à Compiègne en octobre 833 (Boehmer-Muhlbacher, *Regesta Imperii*, I, 2ᵉ édit., 926 a); mais Louis était déposé depuis peu, et l'ambassade ne vit à Compiègne qu'une assemblée réunie sous la présidence de Lothaire. Il est peu probable qu'Hilduin ait été assez malhabile pour rappeler, en 835, à Louis, réinstallé sur le trône, l'assemblée de 833. Mais on sait que Louis résidait à Compiègne quand il reçut, en septembre 827, une ambassade de Michel, l'empereur byzantin (Boehmer-Muhlbacher, *op. cit.*, 842 b). C'est alors que furent apportés les manuscrits dont parle Hilduin.

[1] Hilduin, *Vita Sancti Dionysii, Pref.*, II, 4, col. 16 : "Authenticos autem eosdem libros graeca lingua conscriptos quando oeconomus ecclesiae Constantinopolitanae et ceteri missi Michelis, legatione publica, ad vestram gloriam Compendio functi sunt, in ipsa vigilia solemnitatis sancti Dionysii pro munere magno suscepimus."

[2] *Pass. S. Dionysii*, chap. iii, 15 (*Mon. Germ. hist., Auct. ant.*, IV, 2, p. 103, l. 11).

[3] Cette rédaction est éditée dans les *Monum. Germ. hist., Script. rer. Merov.*, III, p. 215-238.

[4] *Gesta Dagoberti*, 3 (*Monum. German. hist., Script. rer. Merov.*, II, p. 401, l. 27).

[5] La charte est éditée par J. Havet, *Questions mérovingiennes*, p. 242-246. Le passage qui rapporte la légende (p. 243) est celui-ci : "Beatus Dyonisius cum sociis suis Rustico et Eleotherio qui primi post apostholorum sub urdinacione beati Climenti Petri apostholi successoris in hanc Galliarum provincia advenirunt..."

CHAPITRE VI.

qu'on ne possède de cette charte qu'une copie du xɪvᵉ siècle, et que le passage pourrait être interpolé; mais on connaît le copiste de la charte, Tripet; on sait, d'après une autre pièce qu'il transcrivit et dont on possède encore l'original, qu'il était habile et consciencieux⁽¹⁾. L'orthographe du document est aussi barbare que celle des documents mérovingiens de cette période. On peut donc penser que la charte de 724 est exactement recopiée. Or celle-ci a pour modèle en son début le précepte fameux de 654 où Clovis II soustrait les biens de l'abbaye de Saint-Denis à l'autorité de l'évêque⁽²⁾. Mais, dans la charte de 654, il n'est pas parlé de la tâche confiée par saint Clément à saint Denis. Il est possible qu'on ait connu déjà cette tradition sans que l'auteur de cette charte crût devoir en faire mention; pourtant il semble bien qu'elle naquit et se développa entre 654 et 724.

J. Havet a cru pouvoir en indiquer la source directe⁽³⁾. Selon lui, si l'on se reporte à certains manuscrits de l'*Historia Francorum* de Grégoire de Tours, où manquent les livres VII à X et quelques chapitres des livres I à VI, on voit que le passage du livre I, où il est question de saint Denis au nombre des missionnaires du iiiᵉ siècle, est assez voisin de celui où l'on mentionne le martyre de saint Clément sous Trajan et la persécution contemporaine de Domitien. Une lecture rapide a donc pu rattacher le nom de saint Denis à ceux de Clément ou de Domitien, et donner naissance à l'idée que saint Denis, envoyé de saint Clément, avait été martyrisé sous Domitien.

Il est impossible d'admettre cette hypothèse. Il faut en effet prêter au rédacteur de la charte de 724 une vertu d'inattention bien extraordinaire pour supposer qu'il ait pu se tromper sur un texte si clair⁽⁴⁾. La persécution de Domitien y est indiquée; puis, à propos d'elle, Grégoire parle de l'exil de saint Jean à Pathmos et de sa mort. Le martyre de saint Clément est si nettement placé sous Trajan, à l'époque d'une autre persécution, que, pour ne laisser aucune place au doute, la date de la passion de ce pape est deux fois mentionnée à la tête et à la fin du chapitre I, xxvɪɪ. Enfin le passage bien connu qui traite de la mission des sept évêques en Gaule au milieu du iiɪᵉ siècle, et qui commence par *Hujus tempore*, se rattache bien plus naturellement à la phrase précédente, qui débute par *Sub Decio imperatore*, qu'à celles où il est question de saint Clément et de Domitien, à 15 et 23 lignes de distance.

Mais, en admettant même qu'une telle erreur ait pu se produire une fois, on ne s'explique guère qu'elle ait pu se renouveler dans la *Passio*, la *Vita sanctae Genovefae* et les *Gesta Dagoberti*. J. Havet l'avait si bien senti, qu'il fut obligé d'admettre

⁽¹⁾ Havet, *Questions mérovingiennes*, p. 262, note 2. — ⁽²⁾ Imem, *ibid.*, p. 236-241. — ⁽³⁾ Imem, *ibid.*, *Les origines de Saint-Denis*. Appendice I, 1, p. 218-221. — ⁽⁴⁾ J'analyse le passage de Grégoire de Tours d'après l'édition Omont, p. 19.

que les hagiographes n'ont pas eu sous les yeux le texte même de Grégoire de Tours, mais qu'ils ont emprunté leur erreur à la charte de 724. Cette hypothèse est plus invraisemblable encore que la première. Si l'auteur des *Gesta Dagoberti*, un moine de Saint-Denis, le dernier en date de ces écrivains, a pu lire le diplôme de 724 [1], il n'est guère possible d'admettre que le rédacteur de la *Vita sanctae Genovefae*, sans doute un moine de l'abbaye de Sainte-Geneviève [2], ait eu pour modèle cette pièce enfermée dans les archives de l'abbaye de Saint-Denis; mais il l'est encore moins de croire que le prêtre méridional, peut-être toulousain [3], qui écrivit la *Passio sanctorum Dionysii Rustici et Eleutherii* se soit inspiré de ce document pour faire remonter au temps de saint Clément la mission de l'évêque parisien.

En réalité, cette tradition a une origine plus sérieuse qu'une mauvaise lecture du texte de Grégoire de Tours, puisque, du temps même de celui-ci, il existait déjà une légende qui voyait en saint Clément le patron d'une mission chrétienne en Gaule. Grégoire raconte en effet que, sous l'épiscopat de Palladius de Saintes [4], son contemporain, on dut transporter les reliques de saint Eutrope, premier évêque de la ville, dans une nouvelle basilique. On s'aperçut alors, à l'examen du corps, qu'il portait à la tête les traces d'un coup de hache. Jusque-là, en l'absence d'un récit de sa passion, on ignorait tout du saint, même s'il avait été martyr. Dès cette découverte, on le consacre martyr, on voit en lui un évêque ordonné par saint Clément et envoyé par ce pape dans les Gaules. Il est peu vraisemblable que l'hagiographe de saint Eutrope ait eu le premier l'idée de rattacher un saint gaulois à l'évêque romain du 1er siècle. Celui-ci jouissait en Gaule, au VIe siècle, d'une grande célébrité dont Grégoire lui-même nous est témoin. On y lisait sa passion [5]. A Limoges, le prêtre Aridius possédait des reliques de saint Clément, et opérait, grâce à elles, un miracle [6]. Dès cette époque, il se forma une tradition qui considéra saint Clément comme le patron du christianisme en Gaule. On a vu comment, au temps de Palladius, saint Eutrope devint son missionnaire. C'est plus tard seulement, mais de la même façon, que les moines de l'abbaye de Saint-Denis, pour donner plus d'autorité morale à leur saint, le mirent aussi sous la protection de saint Clément.

Cette seconde tradition, expliquée dans sa formation et datée approximative-

---

[1] Il est à remarquer que les *Gesta Dagoberti* parlent du martyre de saint Denis sous Domitien, et non de sa mission sous l'épiscopat de saint Clément, le seul fait qu'indique précisément la charte de 724. Ce n'est donc pas de la charte que l'auteur des *Gesta Dagoberti* a tiré le renseignement qu'il donne.

[2] Voir l'appendice IV relatif à la *Vita Sanctae Genovefae*.

[3] J'admets ici, sur l'origine de la *Passio*, les idées mêmes de J. Havet, *Questions mérovingiennes. Les origines de Saint-Denis*. Append. I, 3 (p. 223-225) : « *La Passio sanctorum Martyrum Dionisii, Rustici et Eleutherii* ».

[4] Grégoire de Tours, *Liber in gloria Martyrum*, 55 (éd. Krusch, p. 526).

[5] Idem, *ibid.*, 35 (éd. Krusch, p. 510, l. 10).

[6] Idem, *ibid.*, 36 (éd. Krusch, p. 511).

ment, ne peut mériter aucune confiance pour l'histoire de nos origines chrétiennes. Si elle naquit si tard, c'est qu'elle était en contradiction avec une autre qu'on trouve exprimée dans Grégoire de Tours[1]. Saint Denis de Paris aurait été envoyé de Rome vers 251, sous l'empereur Dèce, avec six autres évêques pour évangéliser les Gaules. Il serait venu à Paris où, après avoir souffert bien des tourments au nom du Christ, il aurait terminé sous le glaive sa vie terrestre. Cette tradition trouve généralement crédit. J. Havet lui-même considère que « l'affirmation de Grégoire de Tours qui fait de saint Denis un contemporain de Dèce est, en somme, le seul renseignement historique sur l'époque où vécut le premier évêque de Paris »[2].

Cette confiance paraît encore exagérée. Il faut d'abord renoncer à considérer saint Denis comme un missionnaire romain[3]. On ne trouve, en effet, aucune trace de cette tradition avant Grégoire de Tours. Le texte de la Vie de saint Saturnin à laquelle Grégoire se réfère directement dit seulement que saint Saturnin, premier évêque de Toulouse, inaugura ses fonctions sous les consulats de Dèce et de Gratus; mais il ne parle ni de l'origine romaine du saint, ni d'autres évêques, ses compagnons. En outre, si l'on étudie les personnages que l'*Historia Francorum* donne pour contemporains de saint Denis, on constate que deux au moins d'entre eux, saint Gatien de Tours et saint Austremoine de Clermont-Ferrand[4], doivent être postérieurs au milieu du IIIe siècle. Dès lors, la tradition rapportée par Grégoire est sans valeur. Elle date d'un temps où le christianisme triomphant éprouva le besoin de coordonner l'histoire de ses efforts dans la période militante, où la papauté devenue déjà prééminente voulut avoir dirigé la propagande de la foi à travers la Gaule.

Mais si saint Denis n'est pas un envoyé de Rome, peut-on du moins assurer qu'il ait bien fondé l'église de Paris au milieu du IIIe siècle. Le fait n'est pas certain, mais il est vraisemblable. On sait par la liste épiscopale[5] que le quinzième évêque de Paris, Héraclius, siégeait en 511 au concile d'Orléans[6]; que le sixième, Victurinus, est peut-être le même qui, en 346[7], approuva la réhabilitation de

---

[1] Grégoire de Tours, *Hist. Francorum*, I, 30 (éd. Arndt, p. 48).
[2] J. Havet, *Questions mérovingiennes : Les origines de Saint-Denis*, Appendice I, 1, p. 231.
[3] Mgr Duchesne indique (*Fastes épiscopaux*. Paris, 2e édit., 1907, p. 49) que cette tradition lui semble suspecte. On n'a pas remarqué qu'Hilduin, très habile dans la critique, avait déjà signalé les points sur lesquels Grégoire de Tours lui paraissait attaquable. Cf. *Vita sancti Dionysii*. Prol., II, 8, col. 17 : « Et quod Gregorius Turonensis, sicut in passione Sancti Saturnini legisse

se meminit, sex attestatur memoret istum ipsum (Dionysium) tempore persecutionis Decii sub beato Sixto cum aliis sex episcopis quam u vera vel passionis requamquam eas dictis in nationi reasonom consonant, in has regiones fuisse directum. »
[4] Duchesne, *Fastes épiscopaux*, I, 2e éd., p. 10 et 21.
[5] Sur la liste épiscopale de Paris, voir ci-dessous, p. 129.
[6] Duchesne, *op. cit.*, II, p. 466.
[7] Loc., *ibid.*, p. 465.

saint Athanase. Le premier évêque de Paris, saint Denis, peut donc bien avoir institué l'église locale vers 250.

L'antiquité de saint Denis est encore affirmée par la célébrité dont il jouissait bien avant la fondation de l'abbaye. Grégoire le représente déjà comme un saint populaire, dont l'autorité, loin de se limiter à Paris, s'étend à la Gaule entière. Une femme possédée appelle au lit de mort de saint Yrieix de Limoges les grands patrons du christianisme gaulois. On voit venir saint Denis, avec saint Julien de Brioude, saint Privat de Mende, saint Martin de Tours, saint Martial de Limoges, saint Saturnin de Toulouse[1]. L'évêque de Paris n'a pas seulement une église près de sa ville, il en possède une autre à Bordeaux, construite dès le début du vi⁰ siècle par l'évêque Amelius[2]. Déjà il est aussi reconnu comme martyr. Grégoire le salue souvent de ce titre[3]. On précise même la mort dont il mourut. Il périt, selon Grégoire, par le glaive (*gladio imminente*)[4], et Fortunat nous dit qu'on lui trancha la tête[5]. Aussi, bien qu'on ne puisse retrouver la légende de saint Denis plus haut que le milieu, que le début du vi⁰ siècle, elle se présente déjà sous une forme élaborée qui témoigne de sa vieillesse. Saint Denis, martyr populaire au vi⁰ siècle, est bien celui que la liste épiscopale invite à placer au iii⁰ siècle.

Saint Denis aurait souffert le martyre avec Rustique et Eleuthère sur la colline de Montmartre, dont le nom (*mons Martyrum*) garde encore le souvenir de cette passion. Cette tradition, autrefois très discutée, et vivement attaquée par J. Havet[6], tend à reprendre faveur. Elle a été défendue par E. Le Blant[7], plus récemment par M. F. Bournon[8], et M. A. Longnon semble partager cette opinion[9]. Peut-on savoir autre chose que la date vraisemblable de l'épiscopat de saint Denis, connaître l'endroit qui fut le lieu d'épreuve du christianisme local?

On accuse Hilduin d'avoir inventé la légende qui place à Montmartre le martyre de saint Denis et de ses compagnons[10]. Les défenseurs mêmes de la tradition

---

[1] Grégoire de Tours, *Hist. Francor.*, X, 29 (éd. Arndt, p. 442).

[2] Fortunat, *Carmina*, I, xi, 5 (*Mon. Germ. hist.*, Auct. ant., IV, pars I, p. 13).

[3] Grégoire de Tours, *Hist. Francor.*, V, 32 (édition Arndt, p. 224, l. 22 et 23); *Liber in gloria Martyrum*, 71 (édition Krusch, p. 535, · l. 22).

[4] Grégoire de Tours, *Hist. Francor.*, I, 30 (éd. Arndt, p. 48, l. 12).

[5] Fortunat, *Carmina*, I, xi, 14 : «vertice subposito colla secunda dedit».

[6] J. Havet, *Questions mérovingiennes : Les origines de Saint-Denis*, p. 211-214.

[7] E. Le Blant, *Inscriptions chrétiennes*, I, p. 270-277.

[8] F. Bournon, *Rectifications et additions à l'Histoire de la ville et de tout le diocèse de Paris*, p. 522-523.

[9] A. Longnon, *L'étymologie du nom de Montmartre: Soc. Ant. de France, Mém. du Centenaire*, Paris, 1904, in-4°, p. 251-253.

[10] Hilduin, *Vita sancti Dionysii*, XXXVI, p. 50 : «Quorum memoranda et gloriosissima passio e regione urbis Parisiorum in colle qui antea mons Mercurii, quoniam inibi idolum ipsius principaliter colebatur a Gallis, nunc vero mons Martyrum vocatur, sanctorum Domini gratia.»

reconnaissent qu'il fut le premier à l'exprimer[1]. Pourtant elle lui est antérieure. Les *Miracula sancti Dionysii*, dont les deux premiers livres furent composés en l'an 831[2], disent que la colline de Montmartre, qui se nommait autrefois *Mont de Mars*, s'appela ensuite, par un heureux changement, *Mont des Martyrs*[3]. Les *Gesta Dagoberti*, que les *Miracula* ont connus, affirment que saint Denis fut tué *in prospectu ipsius civitatis*, puis enseveli par les mains d'une femme, Catulla, au bourg de *Catulliacus* (Saint-Denis)[4]. Cet endroit, situé en vue même de la Cité, ne peut être Saint-Denis, placé bien loin au delà de l'horizon parisien, mais Montmartre qui domine Paris. Une série de manuscrits de la Vie de sainte Geneviève rapporte qu'elle fit bâtir une église en l'honneur de saint Denis[5]. Pendant la construction, il advint que la boisson manqua. Quelle que soit la nature de cette boisson, eau ou vin, il est certain que si l'église dont il est parlé dans la *Vita sanctae Genovefae* avait été située à Saint-Denis même, on n'aurait pas eu besoin d'aller jusqu'à Paris pour y chercher à boire[6]. D'après ce passage de la *Vita sanctae Genovefae*, il semble bien déjà que, dans l'opinion de son rédacteur, l'église bâtie par sainte Geneviève était située à Montmartre. Un autre détail de cette œuvre fournit à cet égard une preuve décisive. On y dit[7] que saint Denis, premier évêque de Paris, subit le martyre in *quarta ab eodem urbe*(m). Il ne peut être ici question que de Montmartre, et non pas de Saint-Denis. On sait en effet que le bourg de *Catulliacus* (Saint-Denis) est situé à six milles de Paris[8]. Krusch avait senti la difficulté. Il se tira d'affaire en sous-entendant *leuga* après *quarta*[9]. La lieue gauloise étant de 2,222 mètres, quatre lieues gauloises équivaudraient à peu près à six milles romains. Mais il est à remarquer que d'autres manuscrits de la Vie, corrigeant *quarta* en *quarto*, ajoutent le mot *milliario*[10] après *urbe*(m). Ainsi l'endroit où fut martyrisé saint Denis est bien à quatre milles de Paris, et ce n'est pas le bourg de *Catulliacus*. Pourtant il semble bien que la colline de Montmartre soit, en ligne droite, trop rapprochée de Paris pour en être dite à quatre milles; mais

---

[1] Le Blant, *Inscriptions chrétiennes*, I, p. 270.
[2] C'est ce que je démontrerai dans une étude que je prépare sur cet important ouvrage hagiographique.
[3] *Miracula sancti Dionysii*, II, chap. 38; *Acta sanct. ord. S. Bened.*, saec. III, II, p. 359.
[4] *Gesta Dagoberti*, 3 (*Monum. Germ. hist.*, *Script. Rer. Merov.*, II, p. 401, l. 30).
[5] *Vita S. Genovefae*, 24 (*Mon. Germ. hist.*, *Script. Rer. Merov.*, III, p. 224).
[6] *Ibid.*, ch. 17 (*Mon. Germ. hist.*, *Script. Rer. Merov.*,, III, p. 221, l. 20 et suivantes. Le passage (chapitre 17 moins la première phrase) cité par Krusch ne se trouve pas dans la famille de manuscrits d'où Kohler a tiré son édition. (Cf. Appendice IV.)

[7] *Vita S. Genovefae*, chap. 17 (*Monum. Germ. hist.*, *Script. Rer. Merov.*, III, p. 221, l. 20 et suiv.).
[8] *Passio S. Dionysii*, III, 28 (*Mon. Germ. hist., Auct. ant.*, IV, pars 2, p. 104,l. 36), et Hilduin, *Vita S. Dionysii*, XXXIV (Migne, col. 48).
[9] *Vita S. Genovefae* (*Mon. Germ. hist., Script. Rer. Merov.*, III, p. 221, l. 20).
[10] *Ibid.*, p. 221, l. 40.
[11] *Ibid.*, p. 215, l. 15-16 : « In Nymptoderiae parochia quae septem ferme millibus a Parisius urbe abest. »

j'ai montré que la route de Paris à Saint-Denis n'était pas directe et qu'elle empruntait d'abord le trajet de la voie de Senlis jusqu'à ce qu'elle eût dépassé le pas de la Chapelle. De là, longeant au Nord la colline de Montmartre, elle se dirigeait sur Saint-Denis. Il se peut donc que le bord occidental de Montmartre ait été situé, sur le chemin de Saint-Denis, entre le troisième et le quatrième mille, de telle sorte que l'expression in *quarto* (*lapide* ou *milliario*) exprimait bien sa distance de Paris. De plus, si l'on se reporte à l'œuvre d'Hilduin, on lit que saint Denis décapité opéra le miracle de se redresser, de prendre sa tête qui avait roulé à terre et de la transporter, jusqu'à deux milles de Montmartre[1], au lieu où il fut enseveli, à six milles de Paris[2]. Montmartre était donc situé à deux milles en deçà du lieu où fut enterré saint Denis, c'est-à-dire à quatre milles de la Cité. Il est donc certain que, pour certaine rédaction de la Vie de sainte Geneviève[3], l'endroit où saint Denis fut martyrisé était bien déjà Montmartre[4]. Hilduin n'est donc pas responsable de la tradition. Il ne fit que l'exprimer nettement, mais elle avait déjà cours avant lui, au début du ixe siècle.

Pourtant cette légende n'était pas alors très vieille et ne mérite pas créance, puisque la *Passio*, plus jeune à peine de quelques années, n'en parle pas et laisse entendre que les martyrs furent ensevelis à l'endroit où ils subirent le supplice[5].

On s'appuie cependant, pour autoriser la tradition, sur deux faits. On constate qu'il existait à Montmartre une église appelée le Saint-Martyre, que son antiquité rendait vénérable. On découvrit près d'elle une crypte très ancienne, qui aurait été bâtie pour commémorer la passion de saint Denis.

En réalité, c'est vers 1096 seulement qu'on trouve la première mention certaine d'une petite église appelée vulgairement *Sanctum Martyrium*[6]. Elle avait appartenu à des laïques avant de passer à l'église de Saint-Martin-des-Champs. Il est possible, mais nullement certain, que les *Miracula sancti Dionysii* parlent de cette église[7]. Si cette mention se rapporte bien à cet édifice, il était, au début du ixe siècle, assez ancien déjà, puisque sa charpente de bois tombait en pourriture. Mais rien ne dit qu'il fût appelé dès cette époque *Sanctum Martyrium*, et, s'il

---

[1] Hilduin, *Vita S. Dionysii*, chap. xxvii (Migne, col. 47).

[2] Cf. Idem, *ibid.*, chap. xxxii (Migne, CVI, col. 48).

[3] La récension C qui vient d'être proposée par C. Kunstle comme la plus ancienne ne connaît pas encore la tradition du martyre de saint Denis à Montmartre. (Voir appendice IV, p. 181, note).

[4] La tradition du moyen âge considérait bien l'abbaye du Saint-Martyre dont je vais parler comme une œuvre de sainte Geneviève. Guillebert de Metz, *Description de la ville de Paris* (dans *Paris et ses historiens...*, p. 231).

[5] *Passio S. Dionysii*, III, 26, 27, 28 (*Mon. Germ. hist., Auct. ant.*, IV, pars 2, p. 104).

[6] De Lasteyrie, *Cart. gén. de Paris*, p. 142.

[7] *Mirac. S. Dionysii*, II, 38 (*Act. Sanct. Ord. S. Bened., saec.* iii, pars 2, p. 359) : «Instanti etiam anno, cum ecclesiae quae est in locum qui olim (ut perhibent) Mons Martis, nunc felici mutatione Mons Martyrum dicitur, opifices consumptam situ contignationem deponerent...»

CHAPITRE VI.

avait déjà reçu ce nom, c'est sans doute à une date postérieure à la tradition qui voudrait s'en prévaloir. De plus, cette vieille église était, en 1096, un petit sanctuaire (*parva ecclesia*) bien indigne de la célébrité du martyre qu'il commémorait. Enfin, chose étrange, elle n'était pas la propriété de Saint-Denis, mais de laïques, et, loin de devenir en 1096 un bien de l'abbaye, elle entrait dans la censive de Saint-Martin-des-Champs. Tous ces détails montrent bien qu'au vi[e] siècle le *Sanctum Martyrium* n'avait pas la réputation qu'on lui attribue aujourd'hui. La plus vieille église de Paris, lieu véritable du supplice du premier évêque de la ville, aurait été plus honorée, et les moines de Saint-Denis auraient eu soin de ne pas laisser tomber en des mains étrangères le sanctuaire primitif de leur patron.

Pourtant un procès-verbal officiel de 1611 signale la découverte, à l'est de la chapelle, d'une crypte creusée à même le plâtre, avec un autel rudimentaire et, sur les parois, des croix et des fragments d'inscriptions tels que DIO, MAR, CLE-MIN. Ce fut, pour Doublet, le refuge «des premiers chrétiens qui n'osaient s'assembler que sous terre»[1], le sanctuaire où saint Denis célébra la messe, pour Du Breul, la crypte commémora l'emplacement du martyre de saint Denis[2]. Le Blant[3] a repris l'analyse du procès-verbal de cette trouvaille, et adopté, après une longue discussion, l'idée du P. Du Breul.

Pourtant il est d'abord à noter qu'un écrivain presque contemporain, Sauval, considère déjà cette opinion comme «si mal fondée, qu'elle ne mérite pas qu'on la réfute»[4]. Il marque bien les circonstances dans lesquelles se fit la trouvaille. La chapelle du Saint-Martyre avait été ruinée pendant le siège de Paris par Henri IV. L'abbaye de Montmartre manquait d'argent et ne pouvait subvenir aux frais de la reconstruction. Cette découverte de la crypte vint si bien à point et fut exploitée par une réclame si habile, qu'on ne peut s'empêcher de soupçonner la bonne foi des religieuses de Montmartre. L'abbé Lebeuf lui-même la mit en doute[5].

Je l'admets pourtant. Mais le procès-verbal de 1611 est trop succinct, la gravure qui représente la crypte trop peu détaillée, pour qu'on puisse assimiler ce souterrain aux catacombes de la Rome chrétienne. Si les inscriptions MAR, DIO fit graver une «Représentation d'une chapelle souterraine qui s'est trouvée à Montmartre près Paris, le mardy 12e jour de juillet 1611...» (Paris, 1611, in-fol.). Cette pièce se trouve à la Bibl. nat., *Hist. de France par estampes*, l. XV, année 1611. J'en ai vu une reproduction d'après don Marrier (*Sancti Martini de Campis historia*, p. 345), dans la revue *Le vieux Montmartre*, 3e série, t. I, p. 61. La gravure ne présente d'ailleurs aucun caractère intéressant qui puisse nous renseigner sur la valeur archéologique du procès-verbal.

[1] Doublet, *Histoire de l'abbaye de Saint-Denis*, Paris, 1625, in-4°.
[2] Du Breul, *Théâtre des antiquités*, édition de 1612, p. 1160.
[3] Le Blant, *Inscriptions chrétiennes*, I, p. 270-277.
[4] Sauval, I, p. 352.
[5] Lebeuf, éd. Augier et Bournon, t. I, p. 452. — Lebeuf assigne à cette découverte la date du 13 juillet 1611 et raconte la visite faite par Marie de Médicis. — Cf. aussi Sauval, t. I, p. 356. L'abbaye de Montmartre, pour susciter les offrandes,

LE CHRISTIANISME À PARIS À L'ÉPOQUE GALLO-ROMAINE. 127

sont le début des mots *martyres* et *Dionysie*, il n'y a pas de raison pour les considérer comme des formules acclamatoires familières aux premiers chrétiens, et le nom de CLEMINs serait, bien plutôt que le nom d'un pèlerin ou d'un martyr inconnu de notre ville, celui du pape romain auquel se rattache cette légende de saint Denis dont j'ai démontré l'âge récent. La crypte n'est donc pas un monument antique, et, quand bien même elle le serait, rien n'indique que ce sanctuaire ait marqué l'endroit où saint Denis subit le martyre.

Il ne reste donc rien de cette légende, glorieuse pour Montmartre, que le nom même de la colline. Or Hilduin nous avertit déjà que la forme *Mons martyrum* n'était pas primitive, et que Montmartre portait le nom de *Mons Mercurii* du temps où l'idole de Mercure y était adorée. Mais cette première dénomination existait encore au viie siècle. L'auteur du chapitre vi, 55, du pseudo-Frédégaire, qui écrivait en 742[(1)], appelle en effet Montmartre *Mons Mercore*. Ainsi la tradition n'était pas encore formée qui devait placer sur la montagne la passion de saint Denis. Elle se constitua sans doute du viie au ixe siècle, sous deux influences. L'abbaye de Saint-Denis, dont le marché se transporta entre 673 et 710[(2)] vers le pas de la Chapelle, entre Saint-Martin et Saint-Laurent, acquit alors à Montmartre ses premiers territoires et étendit ses ambitions à toute la colline. Le meilleur moyen de justifier ses convoitises était de revendiquer cette terre pour prix du sang versé par le patron du monastère. Mais surtout, pendant ces deux siècles, par une évolution phonétique dont le détail nous échappe, la forme *Mons Merc(o)re*[(3)], accentuée populairement non pas sur la pénultième, mais sur l'anté-

---

[(1)] Krusch, *Mon. Germ. hist.*, *Script. Rer. Merov.*, II, p. 3.

[(2)] Le marché de Saint-Denis était situé primitivement près de l'abbaye. Des diplômes successifs des rois mérovingiens lui confirmèrent ses immunités. Or un diplôme de Childebert III, daté de 710, dit : «Et quatenus antehactis temporebus, clade intercedente, de ipso vigo Sancti Dionysii ipse marcadus fuit emutatus et ad Parisius civetate, inter Sancti Martini et Sancti Laurente baselicis ipse marcadus fuit factus...» (De Lasteyrie, *Cart. gén.*, p. 23). Le diplôme confirme au nouveau marché les immunités de l'ancien. Mais il est évident que cette phrase est introduite ici parce que, depuis le dernier diplôme royal de confirmation d'immunité, le marché a changé ses assises. Or le dernier diplôme antérieur à celui de Childebert III est de son père, Thierry III (673-691). Il est mentionné dans la charte de 710. C'est donc entre 673 et 710, mais très probablement à une date voisine de 710, que le marché se transféra de Saint-Denis au pas de la Chapelle.

[(3)] J'indique ici brièvement la solution d'un problème posé par J. Havet, qui donnait déjà ses conclusions (*Questions mérovingiennes : Origines de Saint-Denis*, p. 212-213 et 213, note 1). Il se trompait en effet, comme M. Longnon l'a démontré, en faisant venir Montmartre d'une forme *Mons Mercurii*. Mais si M. Longnon a prouvé par des exemples analogues que *Mons Mercurii* ne pouvait, accentué sur *cu*, donner Montmartre, où la syllabe tonique aurait disparu, il n'a pas songé que la forme *Mons Mercore*, employée par Frédégaire, pouvait au contraire avoir son accent transporté de *co* sur *Mer*. (Voir J. Gilliéron, *Les noms gallo-romains des jours de la semaine*, dans l'*Annuaire de l'École des hautes études*, 1908-1909, p. 18-19.) Le fait ne peut s'expliquer, mais il se constate dans les formes françaises *mercredi*, *dimerore*. De même *Mons Mercore* pouvait donner *Montmercre*, puis, par dentalisation du *c* entre deux *r* (E. Bourciez, *Phonétique française*, Paris, 3e édit., 1907, in-12, § 181, Rem. iii, p. 202), *Montmertre* ou *Montmartre*.

CHAPITRE VI.

pénultième, a pu se transformer assez, par le changement du *e* de *Merc(o)re* en élément dental, pour donner cette forme parlée, voisine de la forme *Montmartre*, qu'au temps d'Hilduin un moine savant recomposa dans le latin *Mons Martyrum*. Et c'est ainsi que le nom même du lieu devint une garantie de la tradition que l'abbaye voulait répandre.

Ce n'est là qu'une hypothèse sur l'histoire du mot[1]. Fort heureusement, une découverte archéologique vient la confirmer[2]. Au sommet de la colline de Montmartre[3], à sept kilomètres à l'est d'Avallon, on a retrouvé, en 1822, parmi les ruines d'un temple, un fragment sur marbre de l'inscription dédicatoire de l'édifice. Le temple était consacré à Mercure[4]. N'est-on pas en droit de penser que le Montmartre avallonnais doit son nom au dieu qu'on honorait sur sa cime? De même, le Montmartre parisien ne garde-t-il pas, malgré l'apparence, le souvenir de Mercure plutôt que la mémoire des martyrs, patrons de l'abbaye[5]?

La légende sacrée de Montmartre ne semble donc pas mériter le crédit qu'on tend à lui rendre. Il ne faut pas en accorder plus à celle qui place le lieu du supplice de saint Denis à l'endroit même où il fut enseveli. Cette tradition plus ancienne que la première n'est pourtant rapportée, implicitement que dans la *Passio*, explicitement que dans une rédaction de la Vie de sainte Geneviève qui ignore la mission de saint Denis au temps du pape saint Clément. On ne parle jamais ailleurs, particulièrement dans les chartes les plus anciennes[6], que du lieu où le saint est enterré. Mais on sait que les Vies de saints mérovingiennes installèrent souvent la passion de leur héros sur l'emplacement même de leur sépulture. Il n'est donc pas étonnant que le bourg de *Catulliacus*, qui posséda

---

[1] On ne saurait présenter cette hypothèse sans marquer son caractère conjectural. Il faudrait, pour que cette démonstration fût convaincante, que la prononciation de l'*e* de *Mercore* ait été, dans la langue populaire du vᴵᴵᴵ-ⅺe siècle, voisine de celle du *a*. Or cette transformation n'est pas assurée. Pourtant les *Miracula S. Dionysii* en fournent une preuve indirecte. Pour eux, le mont des Martyrs n'était pas autrefois le *Mons Mercorei*, mais le *Mons Martis*. Il faudrait encore que le *e* entre deux r eut, des lors, tendance à devenir une dentale. Nous savons que le latin *carr(e)re* a donné *Chartre*, mais on ignore, en l'état actuel de la science, à quel moment cette évolution s'opéra. Mais, en admettant même qu'un début du vᴵᵉ siècle elle se soit à peine amorcée, n'est-il pas possible que le rapprochement provoqué par les moines de Saint-Denis entre les formes populaires contemporaines de *Mons Mercurii* et de *Mons Martyrum* n'ait brusqué l'assimilation de la première à la seconde?

[2] E. Petit, *Le temple de Mercure sur le Montmartre d'Avallon* (Bull. Soc. sciences hist. et nat. de l'Yonne, LVIII, 1904, p. 319-328).

[3] Le lieu appelé *Montmartre* après la découverte en 1822 d'un temple qu'on crut, d'après le nom de la colline, consacré à Mars, se nomme, sur le plan original du cadastre, le *Montmartre* (E. Petit, art. cité, p. 319). C.I.L., XIII, 2889.

[4] L'inscription est ainsi conçue : *Deo Mer(curio) ex stipi(u)s[...] [c]iura Jul...*

[5] Cf. E. Petit (art. cité, p. 327), qui signale, comme nous, la singulière analogie d'origine entre le Montmartre avallonnais et le Montmartre de Paris.

[6] La charte du 22 juin 654 est la première qui place le martyre de saint Denis au lieu même de sa sépulture.

d'abord le tombeau de saint Denis, ait été considéré par la légende comme le théâtre de son martyre.

Cette critique des légendes de saint Denis a montré combien l'histoire de nos origines chrétiennes est obscure. Le patron de l'église parisienne est inconnu, la vénération qui s'attache à Montmartre est téméraire. Grégoire de Tours nous fournit du moins une date très vraisemblable pour les débuts de l'épiscopat local, le milieu du IIIe siècle.

Du christianisme parisien aux IVe et Ve siècles nous ne savons à peu près rien. Cependant un sacramentaire du IXe siècle[1] contient une liste d'évêques de Paris dont Mgr Duchesne a montré la valeur. Nous connaissons ainsi les quinze évêques gallo-romains de Paris. Ce sont : *S. Dionisius, Mallo, Massus, Marcus, Adventus, Victorinus, Paulus, Prudentius, S. Marcellus, Vivianus, Felix, Flavianus, Ursisenus, Apedemius, Eraclius*.

Presque tous ces personnages ne sont guère pour nous que des noms. Le deuxième, Mallo[2], a souvent été identifié avec le premier évêque de Rouen, Mallonus. Cette hypothèse est d'autant plus vraisemblable que, si le nom de Mallo[3] est assez peu fréquent dans les inscriptions latines, celui de Mallonus[4] ne se trouve pas ailleurs à ma connaissance. Si Mallo et Mallonus sont bien le même personnage, Mallo, deuxième évêque de Paris, aurait été en même temps le fondateur de l'église de Rouen, alors métropole de la seconde Lyonnaise, dont dépendait Paris. La communauté parisienne, la plus ancienne en ces régions, aurait étendu son activité jusqu'à Rouen.

J'ai déjà parlé du sixième évêque, Victurinus, qui siégeait peut-être à Paris en 344, date à laquelle un Victurinus[5] adhéra, avec trente-trois autres prélats gaulois, à la décision du concile de Sardique qui réhabilitait saint Athanase.

---

[1] Ce sacramentaire (Bibl. nat., ms. lat. 2291), décrit dans *Le Cabinet des manuscrits*, III, p. 266, est analysé par Léop. DELISLE, *Mémoire sur d'anciens sacramentaires* (dans *Mémoires de l'Académie des Inscriptions et belles-lettres*, XXXII, 1re partie, p. 148), qui publie le début de la liste épiscopale. Cette liste est rééditée par Mgr DUCHESNE (*Fastes épiscopaux*, II, p. 460), qui en établit la valeur.

[2] Abbé LEBEUF, *Histoire de la ville et de tout le diocèse de Paris*, édit. Augier, I, p. 2. — DUCHESNE, *Fastes épiscopaux*, II, p. 465, et I, 1re édition, p. 12.

Mgr Duchesne, en la seconde édition du tome I des *Fastes épiscopaux*, ne rapproche pourtant plus les deux noms.

[3] *C.I.L.*, XII, 2452, 2454, 2454 a (?).

[4] Pour le nom de *Mallonus*, cf. DE VIT. *Onomasticon*.

[5] Mgr Duchesne n'ose pas affirmer qu'il s'agisse bien d'un seul personnage, car le nom de *Victurinus* est commun. Cependant l'hypothèse est d'autant plus vraisemblable, qu'à cette époque où les églises locales de la Gaule étaient loin d'être toutes constituées, la décision du concile de Sardique fut approuvée par trente-trois autres évêques dont nous connaissons les noms et parmi lesquels on ne voit pas d'autre Victurinus. D'autre part, le dépouillement des listes épiscopales conservées ne m'a pas fait trouver d'autre Victurinus parmi les premiers évêques gaulois. Il y a donc très grande chance que le Victurinus de 344 soit l'évêque de Paris qui, par son rang dans la liste du diocèse, peut se placer à cette date.

CHAPITRE VI.

Le huitième, Prudentius, est nommé dans la Vie de son successeur, saint Marcel.

Saint Marcel est un personnage célèbre dans l'histoire ecclésiastique parisienne, mais on ne sait rien de véritable sur lui. Pourtant, au vi^e siècle, à la demande de saint Germain, sa vie fut composée par Fortunat[1]. Mais, de l'aveu même de l'auteur, la mémoire du saint était alors effacée[2]. Aussi l'œuvre de Fortunat est-elle vide; elle n'est précise que sur deux points. Elle nomme le prédécesseur de saint Marcel[3]: il y avait donc, sans doute, déjà un catalogue épiscopal à Paris. Elle indique le jour de la mort de saint Marcel, le 1er novembre[4]: notre église devait donc avoir son martyrologe. Le nom de saint Marcel était en effet, si peu célèbre, qu'il n'est inscrit dans aucun des manuscrits anciens du martyrologe de saint Jérôme[5]. Il ne figurait pas dans la recension primitive d'Auxerre. C'est à l'évêque saint Germain que saint Marcel doit sa première réputation; les chanoines de son église furent intéressés à l'accroître.

A côté des évêques, l'hagiographie parisienne ne signale qu'un seul personnage, sainte Geneviève. La sainte nous est connue par Grégoire de Tours et par sa Vie. Malheureusement cette *Vita sanctae Genovefae* est un document assez postérieur qui ne mérite guère confiance, et quand bien même, comme son auteur l'affirme, il aurait été composé dix-huit ans seulement après la mort de sainte Geneviève, il ne contient, de l'aveu même de ceux qui défendent son antiquité, aucun renseignement biographique précis[6]. Il faut donc s'en tenir sur sainte Geneviève aux seules données de Grégoire[7]. Or celui-ci ne rapporte de sa vie qu'un fait légendaire, le miracle qu'elle opéra en ressuscitant un mort, mais on sait par lui la date approximative de la mort de Geneviève, puisqu'elle fut ensevelie dans la basilique des Saints-Apôtres construite par Clovis et Clotilde, sans doute dans les premières années du vi^e siècle. Les quelques paroles que Grégoire lui consacre donnent l'idée d'une sainte sans grande réputation. Ses pouvoirs miraculeux étaient assez particuliers. Elle avait pour spécialité la guérison des fiévreux. A la fin du vi^e siècle, cependant, elle était assez connue pour figurer dans la recension auxerroise du martyrologe, s'il faut en juger par sa présence, au 3 janvier, dans les plus anciens manuscrits de ce texte.

---

[1] Fortunat, *Vita S. Marcelli* (Mon. Germ. hist., Auct. ant., IV) pars 2, 49-54).
[2] Idem, *ibid.*, II, 8 (p. 50, l. 6-14).
[3] Idem, *ibid.*, IV, 20 (p. 51, l. 23).
[4] Idem, *ibid.*, X, 50 (p. 54, l. 16).
[5] *Martyr. Hier.*, édition Duchesne et de Rossi, 1er novembre. C'est seulement dans un manuscrit (*Richenoviense I*), composé entre 827 et 869, qu'on marque la fête de saint Marcel au 1er novembre.
[6] Je consacre un appendice à la Vie de sainte Geneviève. J'y résume les discussions sur son âge et je donne mon opinion sur la question. Comme certaines des anecdotes qu'elle renferme pourraient servir à l'histoire gallo-romaine de Paris, je dois dire pour quelles raisons je ne la considère pas comme un document intéressant pour le ve siècle.

[7] Grégoire de Tours, *Hist. Franc.*, IV, 1, éd. Arndt, p. 142, l. 13. — *In gloria confessorum*, 89 (éd. Krusch, p. 805).

LE CHRISTIANISME À PARIS À L'ÉPOQUE GALLO-ROMAINE. 131

A défaut de renseignements très nombreux sur les premiers personnages importants du christianisme parisien, on peut indiquer d'une façon presque certaine l'endroit de Paris où cette religion se développa d'abord : c'est le bourg Saint-Marcel.

C'est là que fut, sans doute, construite la première église. Grégoire de Tours raconte en effet que, dans un village voisin de Paris, il y avait un tombeau en plein air sur lequel un clerc parvint à déchiffrer cette inscription : *Hic requiescit Crescentia sacrata Deo puella*. C'était une sépulture chrétienne dont l'antiquité devait être assez grande déjà, puisque personne n'avait gardé le moindre souvenir de cette femme. Or Grégoire indique que ce tombeau n'était pas très éloigné d'une église : « Tumulus erat in vico Parisiorum, haud procul a loco in quo senior, ut aiunt, ecclesia nuncupatur. »

Malheureusement, ce texte a été bien différemment interprété et ne peut s'éclaircir qu'à l'aide d'une analyse philologique fondée sur d'autres textes de Grégoire. On ne s'entend ni sur les mots *senior ecclesia*, ni sur la valeur de *ut aiunt*. On discute enfin sur le sens du mot *vicus*.

L'expression *senior ecclesia* est fort embarrassante. L'abbé Lebeuf voyait dans ce passage l'indication de l'église cathédrale de Paris[1], située, comme on le sait par d'autres textes de Grégoire de Tours, dans la partie sud-orientale de l'île. Mais s'il est vrai que très souvent *senior ecclesia* peut s'entendre d'une cathédrale[2], c'est là une signification qui ne peut s'appliquer à ces *ecclesiae seniores*[3] que Grégoire signale à Tours. Ces églises sont les sanctuaires *principaux* de la ville, et ce sens est d'autant plus nécessaire que le rédacteur de la deuxième Vie de sainte Bathilde traduit par *praecipuae* le mot *seniores* joint à *basilicae* dans la première Vie[4]. Le terme *senior* n'exprime pas ici une idée d'antiquité, puisque les deux basiliques dont il est fait mention dans la Vie de sainte Bathilde sont celles de Saint-Vincent et de Saint-Denis, qui sont au VIIe siècle parmi les plus récentes de Paris.

Malgré tout, dans le texte précité de Grégoire de Tours, je crois qu'il s'agit bien de l'église *la plus vieille* de Paris. Entre les deux mots *senior* et *ecclesia* s'intercale l'expression *ut aiunt*. On l'interprète généralement en considérant *senior ecclesia* comme une formule trop hardie que l'auteur aurait eu besoin d'atténuer. Mais *senior ecclesia* se retrouve souvent à l'époque mérovingienne[5], et Grégoire lui-même l'emploie plusieurs fois sans jamais s'en excuser[6]. Le sens de *ut aiunt*

---

[1] A. Lebeuf, *Dissert. sur l'hist. ecclés. et civile de Paris*, I, p. 297.

[2] Du Cange, au mot *Ecclesia* (*ecclesia senior*).

[3] Grégoire de Tours, *In gloria Martyrum*, 46 (Krusch, p. 519, l. 8).

[4] *Vita S. Bath.* (Mon. Germ. hist., Script. rer. merov., II, p. 493, l. 18).

[5] Cf. *Formulae Andecavenses*, édition Zeumer, p. 22, l. 13, 20. — Pour être passée dans les formules, l'expression devait être comprise couramment.

[6] Grégoire de Tours, *In gloria Martyrum*, 22 (éd. Krusch, p. 501, l. 19); 46 (p. 519, l. 9); *Hist. Franc.*, II, 16 (éd. Arndt, p. 82, l. 17).

CHAPITRE VI.

est tout autre. Il marque une idée de tradition. Le passage signifie que la tradition parisienne considère l'église dont il s'agit comme *senior*. Or il est bien clair que, si l'on traduit par « église cathédrale » ou même « église principale », l'idée de faire intervenir la tradition locale paraît ridicule ou inutile. Le sens du mot *senior* est ici nécessité par celui de *ut aiunt* : le tombeau de Crescentia était situé tout près du lieu où se trouve l'église qui est, dit-on, l'église la plus vieille[1] (de Paris).

Cette église primitive de Paris était, d'après la tradition que rapporte Grégoire de Tours, située *in vico Parisiorum*. Le mot *vicus* n'a jamais, chez cet auteur, le sens de « rue ». Il ne peut désigner non plus le chef-lieu d'une cité, ni ses faubourgs pour lesquels Grégoire réserve le mot de *suburbanum*. Il marque toujours une bourgade indépendante. Le *vicus* dont il est ici question indique bien un village voisin de Paris et distinct de la ville.

Il est même probable que, dans l'esprit de Grégoire de Tours, ce *vicus Parisiorum* était « le Bourg » par excellence, le bourg chrétien par opposition à la ville. Grégoire de Tours aime à localiser de façon précise les événements qu'il raconte. Du moins, si le nom du lieu lui échappe, il fait suivre le mot général (*locus*, *villa*, *vicus*) dont il use de *quidam*. L'expression *in vico Parisiorum* peut d'autant moins être une exception à cette règle, que Grégoire de Tours connaissait très bien Paris pour y avoir séjourné plusieurs fois. Il aurait donc précisé le nom de ce bourg où s'élevait la première église de Paris, si le mot de *vicus* n'avait été le nom même du village. Cette hypothèse est évidemment confirmée par Grégoire de Tours lui-même ; il nous apprend qu'à Tours et à Clermont-Ferrand, ses deux villes familières, il existait le *Vicus*, comme en témoigne la topographie religieuse de Sens. Le monastère de Saint-Pierre-le-Vif s'éleva, un peu à l'écart de la ville, sur un cimetière des premiers chrétiens de Sens, dans un endroit où ceux-ci durent se grouper de leur vivant. Or la charte fausse de fondation de l'abbaye la fait élever sur l'emplacement d'une villa appelée *Vicus* : « Trado etiam villam meam indominicatam Vicum nomine. » Le nom même de Saint-Pierre-le-Vif, comme l'a montré M. Prou[2], conserve le souvenir de ce bourg chrétien de Sens ; c'était primitivement *Sanctus Petrus de Vico*, par opposition à l'église du même nom sise à l'intérieur de l'enceinte urbaine. De même, le *Vicus Parisiorum* est à la *Civitas* ce que le bourg de Sens était à la ville.

---

[1] Ce sens, qui doit être le plus ancien, se retrouve à mon avis dans ce texte de Grégoire de Tours où il parle d'une église de Clermont-Ferrand : « ... quae nunc constat et senior intra muros civitatis habetur. » (éd. Arndt. *Hist. Franc.* II, 16, p. 82, l. 17).

[2] Grégoire de Tours, *Hist. Franc.*, I, 33, (éd. Arndt, p. 50, l. 8); X, 31 (éd. Arndt, p. 443, l. 13).

[3] Prou, *Étude sur les chartes de fondation de l'abbaye de Saint-Pierre-le-Vif*, fasc. in-8°, Sens, Duchemin, 1894 ; particulièrement p. 19, note 2.

L'emplacement de ce village peut être déterminé de façon très probable. Le passage même de Grégoire de Tours qui parle du tombeau de Crescentia semble bien indiquer que cette sépulture avec inscription remontait déjà à une époque assez éloignée. Il n'était donc, sans doute, pas situé au milieu d'un de ces cimetières mérovingiens qui se fondèrent autour des basiliques nouvellement construites dans les faubourgs de Paris. Or il n'est qu'un endroit où l'on ait enseveli régulièrement les chrétiens avant l'époque mérovingienne, c'est le cimetière Saint-Marcel. C'est aussi le seul où l'on ait trouvé jusqu'ici des inscriptions chrétiennes. On est donc invité à placer là le bourg où fut enterré Crescentia et où se trouvait l'église la plus vieille de Paris.

Un autre texte de Grégoire de Tours vient fortifier cette hypothèse. Il nous apprend que le bourg Saint-Marcel existait bien dès cette époque. Parlant du tombeau de saint Marcel, il nous dit qu'il était dans un bourg de la ville, *in vico ipsius civitatis*[1]. Or on sait qu'avant d'être transféré dans l'église cathédrale au temps des invasions normandes, le corps de saint Marcel reposait dans l'église à laquelle l'évêque a donné son nom. Cette église, aujourd'hui définitivement détruite[2], était située dans le pâté de maisons compris entre le boulevard Saint-Marcel, l'avenue des Gobelins, la rue de la Reine-Blanche et la rue Michel-Peter. C'est autour de l'église qu'était groupé, dès l'époque mérovingienne, le village qu'on appellera, au moins dès le début du xii° siècle, le bourg Saint-Marcel ou Saint-Marcel[3].

Je n'en conclurai pas cependant que l'église primitive de Paris, qui subsistait encore au temps de Grégoire de Tours, était l'église Saint-Marcel[4]. Sans doute, celle-ci est bien antérieure à 811, date où elle est mentionnée pour la première fois[5]. Le prêtre Ragnemod, qui devait devenir évêque de Paris après saint Germain, fut guéri de la fièvre quarte pour avoir prié toute une journée et dormi toute une nuit près du tombeau de saint Marcel[6]. La sépulture devait donc être déjà enfermée dans une basilique. Pourtant il n'est pas fait mention de cette église dans la Vie du saint par Fortunat, qui n'aurait pas manqué, à défaut d'autre détail, d'en parler si elle avait déjà existé. Mais des fouilles archéologiques récentes ont amené la trouvaille sur le terrain de l'église Saint-Marcel de briques moulurées et de terres cuites à modillons qui ressemblent tellement à celles qu'on a découvertes dans la basilique mérovingienne de Saint-Vincent, qu'on doit

---

[1] Grégoire de Tours, *Liber in gloria Confessorum*, 87 (éd. Krusch, p. 804).

[2] On détruisit le corps de l'église Saint-Marcel au début du xix° siècle, mais il en restait une tour qui subsista jusqu'en 1873.

[3] De Lasteyrie, *Cartulaire de Paris*, p. 207, charte de 1119.

[4] A. Longnon, *Géogr. de la Gaule au vi° siècle*, p. 354. — Bournon, *Additions et rectifications à l'Histoire de la ville... de Paris*, p. 85.

[5] De Lasteyrie, *op. cit.*, p. 39.

[6] Grégoire de Tours, *Liber in gloria Confessorum*, 87 (éd. Krusch, p. 804).

CHAPITRE VI.

admettre que les deux sanctuaires sont contemporains[1]. Saint Germain, qui voulut développer la renommée de saint Marcel, fit d'abord composer la Vie du saint par Fortunat, puis édifier cette église où Ragnemod, déjà prêtre après avoir été diacre, trouva la guérison miraculeuse de son mal. Ce n'est donc pas ce bâtiment nouveau qu'on pouvait, au vi⁰ siècle, considérer comme l'église primitive de Paris. Celle-ci était située dans le bourg Saint-Marcel, mais ce n'était pas l'église Saint-Marcel.

Il n'y a pas lieu de s'étonner de trouver la première église de Paris dans un village voisin de Paris. Ce village existait depuis longtemps déjà, et ce dut être le berceau du christianisme local.

Situé au débouché de rues romaines de Paris, près d'un gué de la Bièvre, au départ de la route de Melun, le bourg Saint-Marcel fut en outre le premier centre des carrières parisiennes[2]. C'était, parmi les endroits où l'exploitation fut possible à ciel ouvert, le plus proche de la ville[3]. L'extraction de la pierre était facile aux flancs de la vallée de la Bièvre, et la qualité des matériaux était excellente, puisqu'au xvii⁰ siècle un rapport d'architectes officiels les déclare supérieurs à tous autres[4].

Il est tout naturel que les premiers chrétiens de Paris se soient groupés dans un village[5] situé, à haute époque, non loin de la ville, mais cependant à l'écart. Le culte y fut, et trouvait des cachettes[6]. Le bourg fut, pour Paris, ce *vicus christianorum*[7] dont Grégoire de Tours signale la présence dans les deux villes qu'il connaît

---

[1] *Les débris provenant des deux basiliques mérovingiennes sont exposés au Musée Carnavalet, salle Charlemagne, dans deux vitrines situées l'une en face l'autre.* Voir SOLLIER et DUMOLIN, *Guide explicatif du Musée Carnavalet*, p. 63 (vitrine haute contre le trumeau, côté du jardin) et p. 65 (vitrine haute contre le trumeau, côté de la cour), et VAQUER, dossier 2 (*Cimetière Saint-Marcel, ouest de l'église*), 43.

[2] HERCAUT DE THURY, *Description des catacombes de Paris*, Paris, 1815, p. 138.

[3] C'est, en effet, en ce point que le calcaire grossier qui s'enfonce de plus en plus profondément du Sud au Nord sous Paris remonte assez haut pour affleurer aux flancs de la vallée de la Bièvre.

[4] LABORDE, édition du *Rapport de l'Académie royale d'architecture sur la provenance et la qualité des pierres employées dans les anciens édifices de Paris et des environs*, *Mém. et Dissert.*, Paris Leroux, 1852, in-8°, p. 205. Visite de la Commission aux Cordeliers Saint-Marcel : « On a aussi remarqué dans leur enclos des pierres qui se sont assez dures et d'un grain fin. Ce que l'on a considéré, c'est que, soit que ces pierres aient été mieux choisies, soit qu'elles soient de meilleure nature et taillées, il n'y a rien dans tous les bastiments qu'on a veus tant anciens que modernes qui soit mieux conservé que celles-là. »

[5] On a trouvé quelques vestiges de murs romains dans l'ancienne église Saint-Marcel (VAQUER, dossier 9, 20) et au voisinage de la rue Vésale: mais l'antiquité du bourg Saint-Marcel est surtout attestée par des fragments de tuiles romaines qui se sont très souvent rencontrés dans la terre (VAQUER, dossier 96 [*Rapports*], 11 mai 1868).

[6] Grégoire nous parle de ces cachettes à propos du culte primitif des chrétiens de Tours et de Saint-Gatien. *GREGORIUS DE TURON. Hist. Franc.*, X, 31 (éd. Arndt, p. 453, l. 8) : «... *per cryptas et latibula*... (*Gatianus*) *mysterium solemnitatibus dominica celebrabat*.»

[7] *GREGORIUS DE TURON. Hist. Franc.*, I, 33 (éd. Arndt, p. 50, 8) : «... *vicum quem christianorum vocant*. — A Clermont, du temps même de Grégoire, le bourg avait conservé son nom. GRÉ-

le mieux, Clermont-Ferrand et Tours. Le centre chrétien de cette dernière cité avait son cimetière [1]. On a, de même, découvert à Paris une vaste nécropole chrétienne où les premières inhumations remontent à l'époque gallo-romaine.

La période pendant laquelle on enterra dans le cimetière Saint-Marcel [2] s'étend sur douze siècles environ [3], et les tombes repérées sont au nombre de plus de 500. Malgré les violations de sépultures et le vol de leur mobilier [4], malgré le désordre

---

GOIRE DE TOURS, *Hist. Franc.*, X, 31 (éd. Arndt, p. 443, l. 13) : «...sepultus est in ipsius vici cimeterio qui erat christianorum». Comme il n'a pas été parlé de ce *vicus* auparavant, il est certain, d'après la présence de *ipsius*, que le membre de phrase *qui erat christianorum* porte sur *vici* et non sur *cimiterio*.

[1] GRÉGOIRE DE TOURS, X, 31 (éd. Arndt, p. 443, l. 13) : «...in ipsius vici cemeterio».

[2] Malgré une tradition constante qui situait au bourg Saint-Marcel l'emplacement du plus ancien cimetière de Paris, malgré la découverte faite en 1753 (*Hist. Ac. Inscr. Belles-Lettres*, XXV, p. 151, *Sépultures anciennes découvertes à Paris en 1753*, et LEBEUF, *Histoire de la ville et de tout le diocèse de Paris*, éd. Augier, I, p. 127) de 64 cercueils chrétiens fort anciens «dans un jardin formé sur le terrain de l'ancien cimetière Saint-Marcel jusque derrière l'église de Saint-Martin», on contesta, jusqu'au milieu du XIXe siècle, l'existence d'une nécropole antique à Saint-Marcel. — Jaillot, pourtant si bien inspiré généralement, disait (*Rech. crit., Quartier de la place Maubert*, p. 40) : «Il est certain que saint Marcel, évêque de Paris, fut enterré en ce lieu vers 436(?), mais je n'ai point trouvé qu'il y eût là une chapelle, ni un cimetière public.»

Mais les fouilles engagées dès 1846, conduites avec vigueur surtout de 1868 à 1877, pour le percement des avenues modernes qui se croisent au carrefour des Gobelins, ont amené la découverte d'un très vaste cimetière principalement romain et mérovingien. Pourtant les trouvailles sont à peine signalées par VACQUER, *Bull. Soc. hist. Paris*, 1874, p. 23; A. DE LONGPÉRIER, d'après Vacquer, *C. R. Acad. Inscr. Belles-Lettres*, 1871, p. 378; 1873, p. 220-223 et 1877, p. 191-193; M. Toulouze, dans des articles sans grande valeur pour des journaux, et *Rev. archéol.*, 1881, I, p. 14-17; 1882, p. 366-367. Heureusement Vacquer, sans presque rien écrire d'elles, a suivi attentivement presque toutes ces fouilles. Un grand nombre de ses dos-

siers s'en occupent. Ce sont les dossiers 2, 3, 4 (67 pièces), 8 (60 pièces), 9 (39 pièces), 10 (28 pièces), 11 (56 pièces), 12 (51 pièces), 13 (76 pièces), 14 (63 pièces), 15 (17 pièces), notes et croquis très difficiles à déchiffrer, et surtout, dans les Rapports (dossiers 96 et 97), toute une série de notices qui s'étendent de 1866 à 1877.

Après Vacquer, on signale encore quelques découvertes : Ch. MAGNE. *Bull. Mont. Sainte-Geneviève*, II, 1897-1898, p. 120-126, et *C. V. P.*, 6 juillet 1899, p. 230 (aux 11 et 12 *bis*, avenue des Gobelins); Ch. SELLIER, *Vestiges du cimetière antique de Saint-Marcel*, *C. V. P.*, 12 oct. 1899, p. 261 (rue Scipion). Enfin M. Charles Sellier a signalé, dans une note, la trouvaille, à la fin de septembre 1904, de cinq ou six sarcophages, rue des Gobelins, n° 14 (*C. V. P.*, 10 novembre 1904, p. 223-224). Outre ces indications de fouilles, il n'existe rien sur le cimetière antique de Saint-Marcel qu'une simple mention d'A. LENOIR, *Lutèce*, 2e édition, 1885, p. 50, et de BOURNON (*Addit. à Lebeuf*, p. 89), et surtout une courte notice de Ch. SELLIER dans le *Guide explicatif du Musée Carnavalet*, p. 31-32.

[3] Du IVe au XVIIe siècle. On a découvert en 1869 des fosses du XVIe (VACQUER, dossier 96 [*Rapports*], 22 mars 1869).

[4] La plupart des sépultures ont été fouillées et vidées de tout ce qu'elles pouvaient contenir de précieux. Vacquer s'en plaint souvent (dossier 96, [*Rapports*], 6 juillet 1868 et 22 août 1870). Les trouvailles de mobilier furent même d'abord si rares que, dans un rapport du 10 février 1868, Vacquer signale le premier objet découvert par lui dans une sépulture de ces régions : une épingle antique! Il faut lire, au 10 juillet 1868, le curieux récit de la découverte d'une belle bouteille de verre aux pieds d'un cadavre. Cependant on a mis au jour tant de sépultures, qu'on a fini par constituer à Carnavalet toute une vitrine (*Guide explicatif du Musée*

CHAPITRE VI.

apporté quelquefois par les nouvelles inhumations parmi les anciennes, on peut reconnaître à plusieurs caractères l'âge des tombeaux et particulièrement les gallo-romains et romano-mérovingiens.

Parmi ceux-ci, quelques-uns avaient encore une partie de leur mobilier, toute une série de poteries aux couleurs variées, des IVe et Ve siècles, dont les plus curieuses sont relevées d'ornements peints, soit en blanc sur fond rouge, soit en gris brun sur fond blanc. La verrerie y est assez riche. On y trouve aussi des bracelets, des boucles de ceinture, et surtout des fibules en bronze de forme cruciale. Une sépulture du Ve siècle a même fourni un fragment de suaire en laine brune remarquablement conservé[1]. Sur la poitrine ou dans une main des cadavres, on a rencontré des monnaies de naulage. La série semble en être assez nombreuse, mais elle est mal établie[2]. Elle s'étend depuis Hadrien jusqu'aux derniers empereurs. Mais les monnaies de la fin du IIIe et du IVe siècle sont les plus courantes, et datent par leur ensemble les premières inhumations.

L'antiquité des tombeaux peut aussi se calculer d'après les matériaux employés à leur construction et d'après le procédé d'ensevelissement. Les sépultures les plus anciennes sont des fosses. Les unes sont en pleine terre; d'autres portent trace d'un cercueil de bois reconnaissable encore aux clous qui environnent le mort; d'autres enfin sont recouvertes d'un dallage de pierre ou de tuiles[3]. Ensuite viennent les sarcophages rectangulaires[4] en pierre brute au couvercle plat; puis, à l'époque mérovingienne, les auges en forme de trapèze avec couvercle en chaperon et les tombes en plâtre ornées de cercles, de croix et de chrismes; enfin les tombes carolingiennes en pierre blanche et, jusqu'au XIIe siècle, les fosses maçonnées. Les inhumations les plus récentes, comme les plus vieilles, sont en pleine terre, mais elles sont très rares. Parmi les tombeaux en pierre d'époque gallo-romaine, les plus intéressants et les plus nombreux sont taillés dans des pierres déjà travaillées, arrachées à d'anciens édifices du haut empire[5]. Quelques-uns sont en un morceau à la taille du mort[6]. Des colonnes lisses ou cannelées[7] sont évidées pour servir à des

Carnavalet, 2e salle. Vitrine haute contre le trumeau, côté du jardin, p. 53-54).

[1] Vaquer, dossier 96 (Rapports), 19 avril 1869. — Guide explicatif du Musée Carnavalet, vitrine basse contre la 2e fenêtre côté de la cour, p. 65.

[2] Je ne mentionne que les monnaies lisibles signalées dans Vaquer: dossier 9, 9, Hadrien; dossier 11, 42, Valentinien; dossier 11, 37 et 42, deux monnaies du IVe siècle: dossier 11, 4, bronze de Constantin II; dossier 13, 2, Hadrien; dossier 13, 6, Tétricus et Victorinus; dossier 13,

12, Gratien; dossier 13, 61, Julien; dossier 13, 64, Magnence. — Le Guide explicatif du Musée Carnavalet indique, en outre, une monnaie de bronze d'Antonin le Pieux (p. 33).

[3] Vaquer, dossier 96 (Rapports), 18 mai 1868, 22 août 1870.

[4] Idem, ibid., 22 mars 1869.

[5] Idem, ibid., 6 décembre 1867, 27 janvier 1868, 19 avril 1869, 19 juillet 1869, etc.

[6] Idem, ibid., 22 mars 1869.

[7] Idem, ibid., 9 décembre 1867; dossier 97 (Rapports), 12 septembre 1871.

cercueils, principalement à des enfants. La borne milliaire de 307 [1], plusieurs tronçons d'architraves [2], deux énormes fragments de fronton sont creusés en sarcophages. Ces blocs évidés portent en lettres de 19 centimètres, l'un, l'inscription FIL. SACER. PARI, l'autre M·ADIEC [3] (voir planche XVI, 1). Les couvercles sont quelquefois des stèles antiques, des bas-reliefs qui représentent un personnage debout [4] ou une néréide assise sur un cheval marin [5]. Ce sont aussi des pierres inscrites, d'un âge plus ancien que l'auge qu'elles recouvrent. Vacquer signale, au 22 août 1870, la découverte, sur une sépulture du ve siècle, d'une dalle de marbre portant quelques lettres d'une très belle épigraphie [6]. Enfin, en 1873, sous les vieux murs de fondation de la tour Saint-Marcel, on trouva l'inscription dédiée à Ursinianus, vétéran du corps des Ménapiens, par sa femme Ursina [7]. Elle protégeait un sarcophage romain auquel elle n'était pas destinée primitivement, puisqu'elle ne forme qu'une partie du couvercle et qu'elle est sans relation avec l'autre. Sans doute, Ursinianus était déjà un chrétien [8] enseveli au cimetière Saint-Marcel au IVe siècle; son tombeau fut presque immédiatement violé, et la pierre votive qui le recouvrait servit au ve siècle pour une nouvelle sépulture.

On reconnaît enfin l'âge des inhumations à leur niveau relatif. Certains endroits présentent en effet un amoncellement curieux, si bien qu'on trouve jusqu'à quatre couches superposées de squelettes [9]. Les ensevelissements en pleine terre sont les plus profonds, puis viennent les auges de pierre ou de plâtre, enfin les fosses en maçonnerie. Ce qui prouve la très haute antiquité du cimetière, c'est que quelques murs romano-mérovingiens bâtis sur son terrain sont élevés au-dessus de sarcophages gallo-romains qui recouvrent déjà des squelettes en pleine terre. Ainsi, dès les premiers temps mérovingiens, le cimetière était déjà si peuplé qu'avant l'apparition des tombes en plâtre, deux couches de morts étaient superposées vers la rue de la Collégiale.

Le cimetière Saint-Marcel avait une très grande étendue. Au Sud, on l'a repéré jusque dans la Manufacture des Gobelins [10]; au Nord, rue du Petit-Moine, au voisinage même de la Bièvre. A l'Est, quelques sépultures ont été retrouvées dans

---

[1] *Guide explicatif du Musée Carnavalet*, p. 36.

[2] Vacquer, dossier 96 (*Rapports*), 26 juillet 1869; dossier 11 (*Cimetière, ouest de l'église*), 47.

[3] *Guide explicatif du Musée Carnavalet*, p. 39-40. — *C. I. L.*, XIII, 1, 3034, 3036.

[4] Vacquer, dossier 96 (*Rapports*), 19 juillet 1869.

[5] Idem, dossier 97 (*Rapports*), 15 mai 1874.

[6] Idem, dossier 96 (*Rapports*), 22 août 1870.

[7] *C. I. L.*, XIII, 1, 3033. — Longpérier,

Journal officiel du 16 octobre 1873; *C. R. Acad. Inscr. et Belles-Lettres*, 1873, p. 288.

[8] Le Blant, *Inscriptions chrétiennes* (*Nouveau Recueil*), p. 33, n° 25, considère cette inscription comme chrétienne à cause d'une palme qui se trouve sur la pierre.

[9] Vacquer, dossier 96 (*Rapports*), 11 mai 1868.

[10] Idem, dossier 13 (*Cimetière, boulevard Arago*), 12; dossier 96 (*Rapports*), 25 avril 1870.

138   CHAPITRE VI.

l'ancien Marché aux Chevaux[1], mais elles sont isolées; cependant, de ce côté, on enterra jusqu'à la rue Scipion[2], à l'Ouest, jusqu'à la rue Pascal[3]. Plus les inhumations sont récentes, plus l'emplacement du cimetière se restreint; il se resserre autour de l'église Saint-Marcel qui était situé presque au coin sud-est du boulevard Saint-Marcel et de l'avenue des Gobelins. C'est là qu'on trouve des cercueils utilisés plusieurs fois[4]. La terre est si bourrée de morts, que, sur un espace de 650 mètres carrés, on mit au jour 116 sarcophages et un nombre au moins aussi grand de sépultures à même la terre[5]. Au voisinage immédiat de l'ancienne tour, 20 sépultures étaient accumulées sur 30 mètres carrés[6]. Les chaperons et les plâtres mérovingiens sont presque tous cantonnés, près de l'église, sur l'ancienne place de la Collégiale et dans le pâté de maisons qui bordent au Nord le boulevard Saint-Marcel, entre l'avenue des Gobelins et la rue de la Collégiale. Le cimetière carolingien a quelques tombes sur la bordure occidentale de l'avenue, mais son groupement principal ne s'étend pas plus loin que la nécropole mérovingienne. Quant aux tombes plus récentes en maçonnerie, elles s'accolent littéralement aux fondations de l'église. Le cimetière romain est le plus étendu; il occupe donc tout le territoire qui a été délimité d'abord, et les inhumations sont assez nombreuses jusque sur ses bords. En 1869, au numéro 22 de la rue des Gobelins, on a trouvé 18 sépultures antiques sur une superficie de 110 mètres carrés[7], mais la densité des tombes est surtout très grande sous les maisons d'angle de toutes les avenues qui aboutissent au carrefour des Gobelins. Un petit cimetière d'enfants est localisé au coin des boulevards de Port-Royal et Arago[8].

Le cimetière Saint-Marcel est entièrement occupé par des tombes chrétiennes. Les morts sont orientés la tête à l'Ouest, les pieds à l'Est. Deux sarcophages seulement ont été retrouvés dans une direction anormale[9]. Mais, comme bien des cercueils ont été violés, il est fort possible que ces deux tombeaux aient été déplacés. En outre, on a découvert, près de l'église, une auge de pierre qui portait sur un de ses côtés latéraux une inscription funéraire, gravée par les soins de Sappossa à la mémoire de son mari. Elle serait précédée de l'invocation D. M. (*Dis Manibus*)[10]. On serait donc ici en présence d'un tombeau païen. Mais il faut d'abord

---

[1] Vacquer, dossier 96 (*Rapports*), 24 août et 4 septembre 1868. — Corrozet et Sauval signalent la découverte de tombes.
[2] Idem, dossier 15 (2ᵉ *famille Maison*), 16.
[3] Idem, dossier 96 (*Rapports*), 20 avril 1868.
[4] Idem, dossiers 9, 3, 4 (*Saint-Hippolyte*), 16.
[5] Idem, dossier 96 (*Rapports*), 2 octobre 1871.
[6] Idem, *ibid.*, 22 août 1870.

[7] Vacquer, dossier 96 (*Rapports*), 22 juillet 1869.
[8] Idem, dossier 95 (*Rapports*), 9 décembre 1867, 20 juin 1868; dossier 13 (*Cimetière, boulevard Arago*), 64.
[9] Idem, dossier 13 (*Cimetière, boulevard Arago*), 63-64, 15 et 16 avril 1873.
[10] *C. I. L.*, XIII, 1, 3065, où la transcription r[ivus] est inexacte : il faut lire v[ivus].

LE CHRISTIANISME À PARIS À L'ÉPOQUE GALLO-ROMAINE.   139

remarquer que la partie de la pierre où sont écrites les deux lettres D.M. est presque entièrement enlevée à coups de ciseau, si bien que la restitution n'est pas sûre. Elle est pourtant fort raisonnable, car l'épigraphie de cette inscription est très belle et la boucle des P, bien ouverte, témoigne assez que la gravure date du Ier siècle [1]. Cependant le tombeau est orienté. Il est donc certain qu'on se trouve ici en présence d'un cercueil païen qui fut sans doute apporté à Saint-Marcel pour être utilisé de nouveau. On songea, avant de l'employer une seconde fois, à détruire la première inscription; on commença même le travail. Le tombeau qui porte l'inscription de Sappossa renferma donc un personnage païen du Ier siècle, avant de recevoir, à la fin de l'époque gallo-romaine, la dépouille d'un chrétien.

Outre l'épitaphe d'Ursinianus, on n'a trouvé dans le cimetière Saint-Marcel qu'une seule inscription chrétienne, celle que Vitalis consacra «à sa très chère épouse Barbara qui vécut 23 ans 5 mois et 28 jours». Il lui souhaite la paix éternelle, *pax tecum permaneat*. Le centre de l'inscription est occupé par le monogramme constantinien ☧, flanqué des deux lettres grecques α et ω. Au-dessous, deux colombes sont posées dans un coin du champ. L'épigraphie est du Ve siècle [2].

Quand on enterra Barbara dans le cimetière Saint-Marcel, le christianisme devait déjà posséder son église dans la Cité même. Mais on ne sait rien ni de la date de construction de la première cathédrale, ni de son emplacement exact. Sans doute Fortunat, dans un épisode de la Vie de saint Marcel, fait comprendre que l'église cathédrale était située dans l'île, au voisinage de l'eau, dès le prédécesseur du saint, Prudentius. Mais Fortunat écrivait au VIe siècle, et, comme il ne sait rien sur saint Marcel, il est fort possible qu'il situe arbitrairement l'église du IVe siècle à l'emplacement de celle du VIe. De même, dans la Vie de sainte Geneviève, il est parlé d'un baptistère [3] qui se trouvait dans la Cité, sans doute au voisinage de l'église cathédrale; mais on ne peut accorder à cette œuvre qu'une confiance limitée pour l'époque dont elle parle. Grégoire de Tours, le premier, nous permet, d'après quelques détails de son récit, d'installer l'église cathédrale à l'extrémité orientale de l'île [4]. Sans doute, le premier édifice s'élevait tout au bord de la rivière, accolé au rempart, sous le bas côté méridional de l'église Notre-Dame. On n'en a découvert aucun vestige. Mais on peut conjecturer son emplacement d'après la position même de la cathédrale mérovingienne. Celle-ci s'élève directement au-dessus des deux édifices gallo-romains de la

---

[1] Mowat, *Remarques sur les inscriptions antiques de Paris*, p. 54-55.

[2] L'inscription de la chrétienne Barbara a été découverte en 1753 dans le faubourg Saint-Marcel avec 64 sarcophages de pierre sans épitaphe. Voir Leblant, *Inscriptions chrétiennes de la Gaule* (d'après Lebeuf), I, n° 202, p. 277-278. L'inscription se trouve aujourd'hui à la Bibliothèque nationale.

[3] *Vita S. Genovefae* (Mon. Germ. hist., Script. rer. Merov., t. III, p. 223).

[4] Grégoire de Tours, *Hist. Franc.*, VI, 32, éd. Arndt, p. 273.

CHAPITRE VI.

place du Parvis. Ses fondations s'avancent à l'Ouest à quelque trente mètres en avant de la façade de notre cathédrale actuelle, et les débris de colonnes, les fragments de chapiteaux qu'on a trouvés dans le sol permettraient d'en essayer une reconstitution d'ensemble [1].

Mais, dès les débuts de l'époque mérovingienne, il y avait déjà, malgré ce que prétend Lebeuf [2], plusieurs églises à Paris. On peut l'affirmer d'après un passage de Grégoire de Tours. Celui-ci nous apprend qu'un incendie qui ravagea la ville en 585 épargna seulement les églises [3]. Aux abords même de la Cité se dressèrent les premiers monastères. Les invasions barbares du IIIe siècle détruisirent la ville de la rive gauche et forcèrent Paris à s'enfermer dans l'Ile, derrière une enceinte. Elles eurent donc pour effet de changer la topographie et la physionomie de Lutèce. Puis le christianisme vint achever cette transformation. A l'abri du rempart surgirent les premières églises. Autour des monastères voisins de la Cité, des bourgades vinrent se grouper et repeupler, à la façon d'essaims, la rive gauche abandonnée. Dès la basse époque romaine, cette nouvelle ville se dessine. C'est elle qu'il faut maintenant décrire.

[1] Vacquer, dossier 67 (Parvis Notre-Dame). — [2] Lebeuf, Histoire de la ville et de tout le diocèse de Paris, éd. Augier, p. 3. — [3] Grégoire de Tours, Hist. Franc., VIII, 33, éd. Arndt, p. 349. l. 29-30.

CHAPITRE VII.

TABLEAU DE PARIS À BASSE ÉPOQUE.

Ce sont les invasions du IIIe siècle, et non pas celle de 406, qui provoquèrent la construction dans la plupart des villes gallo-romaines d'enceintes fortifiées[1]. Le rempart de Lutèce date aussi de cette époque[2].

Dans les fouilles de l'église Saint-Landry, en 1829, on découvrit pour la première fois le rempart gallo-romain de Paris[3]. L'on crut sur la foi d'une pièce de Magnus Maximus trouvée près du rempart, que celui-ci était postérieur à la monnaie et datait par conséquent de la fin du IVe siècle ou du début du Ve. On allait même jusqu'à voir, dans les débris sculptés que la muraille recélait, des fragments d'un arc de triomphe élevé par Magnus Maximus pour célébrer sa victoire sur Gratien, en 383. L'édifice aurait été détruit après la défaite et la mort de l'usurpateur, après 388[4].

Cependant il n'est pas douteux que Paris ait été fortifié avant cette date. Grégoire de Tours n'est pas, en effet, le premier à nous parler des portes et des murs de Paris[5]. Sulpice-Sévère nous apprend que saint Martin guérit, à la porte

---

[1] Deux thèses générales sont en présence pour l'âge des remparts des villes gallo-romaines. L'une présentée par le colonel DE LA NOE (*Principes de la fortification antique depuis les temps préhistoriques jusqu'aux croisades*, Paris, 1890, in-8°), soutient que la plupart des villes gallo-romaines de l'intérieur ne furent fortifiées qu'à la fin du IVe ou au début du Ve siècle. L'autre est représentée par SCHUERMANS (*Remparts romains d'Arlon et de Tongres*, in *Bull. des Comm. royales d'art et d'archéologie de Bruxelles*, XVI (1877), p. 451 et suiv.; XXVII (1888), p. 37 et suiv.; XXIX (1890), p. 24 et suiv. Cette théorie nouvelle, vérifiée par des découvertes locales, a été adoptée pour toutes les villes des trois Gaules par C. JULLIAN (*Inscriptions romaines de Bordeaux*, t. II, p. 296 et suiv.), et développée par A. BLANCHET, *Les enceintes romaines de la Gaule*, Paris, 1907, in-8°.

[2] Pour les remparts gallo-romains de Paris, voir l'ouvrage général de A. BONNARDOT (*Dissertations archéologiques sur les anc. enceintes de Paris*, 1852, in-4°, et *Appendice*, Paris, 1872, in-4°) et surtout la note de JULLIAN, *Date de l'enceinte gallo-romaine de Paris* (*Revue des études anciennes*, 1902, t. IV, p. 41-45, et *Bull. Soc. hist. Paris*, 1902, p. 37-42). Jusqu'à cette note, l'opinion généralement admise, exprimée par A. Lenoir (*Lutèce*, 2e édit., p. 35), était que l'enceinte parisienne datait des premières années du Ve siècle. Plusieurs notes de Vacquer permettent d'affirmer qu'après une étude approfondie des nombreux fragments de l'enceinte, il était arrivé à l'idée défendue par M. JULLIAN dans *Gallia*, 1892, p. 105 et 280 (cf. aussi LONGNON dans la *C. V. P.*, 28 janvier 1898, p. 8). Nous avons montré au chapitre V qu'après les invasions du IIIe siècle, la construction d'un rempart s'imposait.

[3] JORAND, GILBERT et DULAURE, *Fouilles de Saint-Landry*, in *Mém. Soc. ant. France*, IX, p. 1-19.

[4] Je montrerai plus loin (Appendice V) que Gratien ne fut pas défait par Magnus Maximus à Paris.

[5] GRÉGOIRE DE TOURS, *Hist. Franc.*, IV, 26 (éd. Arndt, p. 161, l. 16); VII, 4 (p. 293, l. 8); VIII, 33 (p. 349, l. 4 et 10).

142   CHAPITRE VII.

de la ville, un lépreux. Or Sulpice-Sévère écrivait vers 400[1], et, comme il est contemporain de saint Martin, il faut admettre que le rempart existait en 383, au moment du passage de saint Martin à Paris[2]. Ammien Marcellin, officier de Julien en Gaule, qualifie Lutèce de *castellum*[3]. Enfin le meilleur manuscrit du *Misopogon* de Julien[4] dit explicitement que le mur embrassait l'île entière en son circuit. Il existait donc au moment où Julien habitait Paris, de 358 à 360. Mais, quand bien même on n'ajouterait pas foi à ce texte, il est invraisemblable que Julien, qui pendant l'hiver 356-357 avait failli être surpris par les bandes franques dans une ville fermée comme Sens[5], se soit réfugié l'année suivante dans Paris, ville ouverte, plus exposée que Sens à cause de sa position avancée.

On peut encore, par hypothèse, remonter plus haut. Les grandes villes du Sud-Ouest de la Gaule sont fortifiées à la fin du IIIe siècle. Toulouse, Bordeaux, Périgueux, Saintes, Angoulême, Poitiers, Bourges, Angers ont déjà des remparts[6]. *Cenabum* surtout fut sans doute restauré par Aurélien, qui l'aurait doté d'une enceinte. Or on sait quelle dépendance stratégique rattacha toujours Paris à Orléans. Si Orléans, sur la Loire, commande à tout le pays aquitain, Paris, sur la Seine, est la clef de la grande route d'Orléans. Il fut donc sans doute fortifié vers le même temps.

Au nord de la Seine, Beauvais, Senlis, Meaux, Reims, têtes de routes sur Paris, ont des remparts. Sur la Seine, Rouen, Melun, peut-être Lillebonne, sont déjà des places fortes. Sur l'Yonne, Auxerre et Sens gardent la route de Paris sur Autun. Lutèce, carrefour de routes venant du Nord, passage important sur la Seine, place qui dépendait de Sens, ne peut être restée ville ouverte. Elle souffrit, comme les autres cités, des invasions du IIIe siècle. Comme elles, elle fut fortifiée dès la fin de ce siècle.

L'enceinte gallo-romaine de Paris (plan X) a été reconnue sur un grand nombre de points[7]. On la découvrit tout d'abord sous l'église Saint-Landry

---

[1] WATTENBACH, *Deutschlands Geschichtsquellen*, 7° éd., 1904, p. 68.

[2] SULPICE-SÉVÉRE, *Vita S. Martini*, XVIII, 3. Ce passage de saint Martin à Paris doit se placer au moment de son premier retour de Trèves, vers 383. — Je tire cette indication d'un travail inédit de M. Bouiilier du Retail, thèse soutenue à l'École des chartes en 1905.

[3] AMMIEN MARCELLIN, XV, 41, 3.

[4] JULIAN (*Revue des études anciennes*, 1902, p. 44, note 2) se sert du texte fourni par les meilleurs manuscrits de Julien, le *Vossianus* 77, le *Marcianus* 251, les *Monacenses* 113 et 461, qui portent : ἐστὶ δ'οὖ μεγάλη νῆσος ἐγκειμένη τῷ ποταμῷ καὶ τῷν αὐτὴν κύκλῳ πᾶσαν τὸ τεῖχος κατειληφέναι.

[5] AMMIEN MARCELLIN, XVI, 3, 3.

[6] Voir les articles de Schaermans cités plus haut.

[7] On a cru que le mur découvert en 1711 sous Notre-Dame était un fragment de rempart, mais la *Dissertation ou observations sur les restes d'un ancien monument trouvé dans le chœur de l'église Notre-Dame de Paris le 16 mars 1711* (FÉLIBIEN, *Histoire de Paris*, I, p. CCXXXI) parle de deux anciens murs appliqués l'un contre l'autre qui traversaient ensemble toute la largeur du chœur. L'un avait 5 pieds, l'autre environ 2 pieds 1/2 d'épaisseur. Le nombre,

en 1829[1]; puis, en 1847, dans les fouilles du parvis Notre-Dame, on en repéra deux tronçons[2]. On la releva sur un grand parcours pendant qu'on construisait, de 1860 à 1864, la caserne de la Cité[3]. En même temps on l'a retrouvée, au Nord, sous le Tribunal de Commerce[4]. Puis, quand on bâtit le nouvel Hôtel-Dieu[5], Vacquer suivit les traces de la muraille depuis la rue de la Cité jusqu'à la rue d'Arcole[6], sous l'ancienne église Saint-Denis-de-la-Châtre[7] au passage des rues de Glatigny[8], du Milieu-des-Ursins[9], Saint-Landry[10]. En 1897, dans les travaux de fondation d'une maison au coin du quai aux Fleurs et de la rue du Cloître-Notre-Dame[11], on la releva sur plus de 60 mètres et l'on dégagea 13 mètres d'un seul tenant. Sa direction était si nette qu'en joignant ce dernier repère au point déjà noté rue d'Arcole, on détermina l'endroit où devait passer le rempart sous la rue de la Colombe. Les fouilles exécutées en 1898 l'y firent découvrir[12]. Enfin on vient de la retrouver sur 35 mètres, entre la rue Chanoinesse et la rue des Ursins[13]. Le tracé de l'enceinte gallo-romaine s'établit donc facilement, sauf à ses deux extrémités orientale et occidentale. On n'a pas exécuté de fouilles sous le Palais de Justice[14] et les tranchées exécutées dans le jardin de l'Archevêché sont restées sans résultat[15].

Le mur de Lutèce embrassait bien tout le circuit de l'île. Mais il ne s'étendait pas jusqu'à la rivière même. Il en est toujours distant de 20 à 35 mètres. Aussi, tandis que la superficie totale de l'île primitive était de 10 hectares[16], le terrain,

---

la direction, la faible épaisseur des murs de 1711 ne permettent pas de reconnaître en eux un fragment du rempart.

[1] *Mémoires de la Société des Antiquaires de France*, IX, p. 1-19. — Vacquer, dossier 50 (*Hôtel-Dieu*), 77.

[2] Cf. *Statistique monumentale*, explication des planches, p. 20.

[3] Vacquer, dossier 62 (*Cité, Trib. Commerce*), passim.

[4] Idem, ibid. (*Cité, Tribunal de Commerce*), 75 et 82.

[5] La construction de l'Hôtel-Dieu eut lieu en 1866-1867.

[6] Vacquer, dossier 63 (*Cité*), 97-101 et 106.

[7] Idem, dossier 50 (*Hôtel-Dieu*), 3.

[8] Idem, ibid., 36, croquis.

[9] Idem, ibid.

[10] Idem, ibid.

[11] C. V. P., 28 janv. 1898, p. 6.

[12] C. V. P., 19 janv. 1899, p. 20.

[13] C. V. P., 11 avril 1908, p. 82-84.

[14] M. Normand croyait avoir découvert le mur d'enceinte dans les parages méridionaux du Palais de Justice (*C. V. P.*, 25 mai 1907, p. 213). Mais M. Sellier (*C. V. P.*, 25 mai 1907, p. 222-225) me semble avoir démontré qu'il s'agissait en l'occurrence de l'ancien mur d'enceinte du Palais dans les substructions duquel on peut d'ailleurs avoir réemployé des matériaux antiques. Les fouilles de 1910 près de la grille de la cour du May n'ont pas atteint le mur d'enceinte.

[15] *C. V. P.*, 2 mars 1899, p. 86. C'est dans les papiers de Vacquer que j'ai découvert tant de repères nouveaux du rempart. M. Sellier a dressé trois plans partiels de la Cité où sont indiquées les découvertes qu'il connaissait. J'ai cru devoir compléter ces travaux dans un plan d'ensemble du rempart romain de la Cité. (Plan X.)

[16] Vacquer, dossier 63 (*Cité*), 2. — La cité gallo-romaine avait 180 mètres de plus grande largeur, 490 mètres de plus grande longueur. La superficie restreinte de la Cité du bas empire ne doit pas étonner. Melun, dans ses remparts, n'avait que 4 hectares; Senlis, qui pouvait s'étendre à l'aise hors d'une île, n'avait que 7 hectares et demi de superficie (Vacquer, dossier 65 (*II° Lyonnaise*), 45 et 10.

144   CHAPITRE VII.

encadré par le rempart, n'en avait que huit. Toute la ville du bas empire tenait en ces limites.

Le mur, partout où on l'a découvert, présentait les mêmes caractères de construction[1]. Les fondations, posées directement sur le sol, sont épaisses de 2 m. 50 au moins. Elles consistent en plusieurs assises de grosses pierres de taille posées à sec. Ce sont des blocs arrachés à des édifices antérieurs, s'il faut en juger par

Fig. 40. — Mur romain de la cité, coupe en épaisseur (fouilles de la rue d'Arcole en 1869), d'après un cliché Emonts de la collection photographique de la Bibliothèque historique de la Ville.

les trous de louve dont ils sont marqués. Souvent leur partie cachée à l'intérieur du rempart contient des fragments d'inscriptions, de sculptures. Au-dessus du sol, le mur d'enceinte pouvait être bâti de petits moellons dont les étages étaient coupés de chaînons de briques[2]. Il n'est pas probable qu'il ait été interrompu par des tours. De même, les ponts n'étaient pas défendus par des châtelets. Les fouilles du Petit Pont n'ont pas exhumé de fortifications gallo-romaines. Sans doute, il n'y avait pas besoin de ces défenses avancées, puisqu'il était toujours facile, en cas de danger, de détruire les ponts de bois qui reliaient la Cité aux

[1] L'étude de la construction du mur d'enceinte pourrait se faire en détail d'après de nombreux documents. Il en existe des plans et des coupes (*Statist. monum.*, pl. XX). Vacquer en a dessiné des croquis et en a pris une photographie près de la rue d'Arcole (doss. 63, *Cité*, 106); enfin il en existe deux photographies et un plan, annexés au rapport de la C. V. P., du 28 janvier 1898. De plus, j'ai eu entre les mains d'autres photographies inédites (clichés E. Pottier).

[2] Bien qu'on n'ait pas découvert à Paris de traces de ce mode de construction, on peut présumer, d'après l'étude des remparts gallo-romains de même époque, que c'était un procédé général. Voir en particulier Grandmaison, *Destruction des murs gallo-romains de Tours*, Bull. arch. Comité, 1883, p. 124.

rives de la Seine. Dans l'île, en arrière des ponts s'ouvraient dans le rempart deux portes. Saint Martin, suivant Sulpice-Sévère, entra par l'une d'elles[1]; l'existence des deux nous est attestée, au vi[e] siècle, par un passage de Grégoire de Tours[2].

En franchissant la porte du Nord, puis le grand pont, on trouve, sur la rive droite, deux endroits habités, le monceau de Saint-Jacques-de-la-Boucherie et le monceau de Saint-Gervais. Sur le premier, on a retrouvé, entre la rue Saint-Martin et la rue Nicolas-Flamel, sur l'emplacement actuel de la rue de Rivoli, une salle souterraine dont la construction datait du ive siècle[3]. Tout à côté se trouvaient un puits à margelle, une petite rigole et quelques meules antiques. Mais ce qui prouve surtout la présence, dès cette époque, d'habitations, c'est la couche de tuiles et de poteries qui jonche le sol, c'est le caractère même de la terre, qui, loin d'être appropriée à la culture, est chargée de cendres, de charbon, de scories, de débris provenant de fours, si bien que Vacquer serait tenté de placer là un petit faubourg industriel. L'âge de ce quartier est indiqué par les monnaies qu'on a découvertes dans le sol. Elles sont presque toutes du bas empire.

Au delà du marécage[4] qui s'étendait sur la place actuelle de l'Hôtel-de-Ville, la vie se manifeste déjà sur le talus où, dès le vi[e] siècle, s'élevait l'église Saint-Gervais-et-Saint-Protais, mentionnée par Fortunat[5]. Au-dessus du sable naturel du monceau et d'un premier sol de terre noire végétale, Vacquer a étudié, dans les fouilles de 1847, un second niveau, d'époque gallo-romaine, où il a découvert, avec des monnaies de Valentinien et de Gratien, les traces d'une voie du bas empire couverte de débris contemporains. On a trouvé, dans la rue François-Miron, les vestiges d'une maison faite en tuiles et en briques romaines, aux parements calcinés[6]. Enfin, au milieu d'un cimetière mérovingien important, mais encore mal connu[7], on a mis au jour quelques sépultures

---

[1] Sulpice-Sévère, *Vita S. Martini*, XVIII, 3.

[2] Grégoire de Tours, *Hist. Franc.*, VIII, 33 (éd. Arndt, p. 349, l. 4).

[3] J'emprunte ces renseignements sur les constructions et vestiges de la rive droite au dossier 49 de Vacquer (*Saint-Jacques-de-la-Boucherie*), et surtout à un rapport qui y est contenu.

[4] J'ai déjà parlé des fouilles qui avaient signalé ce marécage sur la place de l'Hôtel-de-Ville (*C.V.P.*, 27 juin 1901, p. 106-107; 10 oct. 1901, p. 141-145.

[5] Fortunat, *Vita Sancti Germani*, LV, 148 et LXV, 176 (*Mon. Germ. hist., Auct. ant.*, IV, 2, p. 23, l. 1, et p. 25, l. 3).

[6] Th. Vacquer, *Mémoire sur les sépultures découvertes à plusieurs époques dans le quartier de l'Hôtel-de-Ville* (*Revue archéolog.*, IV, 1847, p. 348-359).

[7] Ce cimetière s'étend autour de l'église Saint-Gervais, sous le vieux quartier qui l'environne. On y fit, dès 1612, rue de la Tixeranderie, vis-à-vis de celle du Mouton, des découvertes de tombes anciennes. Cf. P. Pétau, *Antiquae Supellectilis Portiuncula*, réédité par Sallengre dans le *Nov. Thesaurus Antiq. Rom.*, Venise, 1735, II, p. 1017. — Vacquer (dossier 1, *Cimetières chrétiens*) signale un grand nombre de tombes fouillées autour de la rue des Barres; elles ne semblent pas antérieures à la période mérovingienne.

CHAPITRE VII.

gallo-romaines, semblables par leurs caractères à celles de la vaste nécropole de Saint-Marcel.

La rive gauche est désormais déserte. Les ruines des édifices de haute époque constituent de véritables carrières où s'approvisionnent les constructeurs des nouvelles maisons de l'île. Dès le début des fouilles exécutées dans les Arènes, Vacquer avait remarqué l'absence des grosses pierres de taille qu'on avait dû employer pour cet édifice; il les supposait arrachées et utilisées pour le rempart[1]. Son hypothèse se confirma quand, en 1870, dans les premières fouilles des Arènes, on mit au jour quelques gradins sur lesquels se lisaient des lettres. Ces pierres, par leur largeur, leur hauteur, leur coupe, l'épigraphie des inscriptions qui les couvraient, ressemblaient exactement à celles qu'on avait découvertes déjà dans les fondations de l'enceinte gallo-romaine, en 1867 sous la place du Parvis, en 1867 sous le nouvel Hôtel-Dieu[2]. Sur l'emplacement de l'ancienne église Saint-Pierre-aux-Bœufs, au coin de l'Hôtel-Dieu, on a trouvé quelques pierres percées qui servaient sans doute à porter les mâts du velum des Arènes. Une autre du même genre vient du cimetière Saint-Marcel. L'édifice de la rue Soufflot porte aussi des traces d'exploitation. Berty, qui remarqua de grands trous au bas des chaînes de moellons, s'était cru en présence de baies véritables. Mais Vacquer a observé que l'incendie qui avait laissé des traces au long des murailles n'avait pas pénétré à l'intérieur des baies et sali tous leurs tableaux. Les grands trous béants marquaient donc l'emplacement de pierres de taille qui avaient été arrachées après l'incendie du bâtiment. A certains détails de décoration, recueillis dans les ruines du bâtiment Soufflot, on peut penser que le magnifique linteau découvert dans les fondations de l'édifice Régnard dans la Cité en provenait

[1] Vacquer, dossier 96 (Rapports), 5 avril 1869.

[2] Juex, ibid., 18 janvier 1870. — En réalité, on n'a pas trouvé, en 1870, seize pierres inscrites aux Arènes comme le prétend A. de Longuérue (Journal des Savants, oct. 1873, p. 641-656). Les seize pierres dont il parle ont été découvertes en 1867, dans les fouilles pour la construction du nouvel Hôtel-Dieu (note de Vacquer aux mains de M. Sellier, et dossier 96, Rapports, 22 et 29 juillet 1867). Elles faisaient partie d'un fragment du rempart mis à jour à ce moment par Vacquer sous l'ancienne rue du Milieu-des-Ursins. En 1870, aux Arènes, on en découvrit quelques unes, non pas deux (Guide explicatif du Musée Carnavalet, p. 27), mais au moins cinq (Vacquer, dossier 96, Rapports, 18 janvier, 24 janvier et 28 mars 1870). De ces pierres inscrites, deux furent conservées et vinrent rejoindre au dépôt de la Ville, boulevard Morland, celles qu'on y avait apportées en 1867. Quand, en 1879, on fit l'inventaire du magasin, sans Vacquer probablement, on crut que toutes les pierres inscrites avaient été trouvées en 1870 aux Arènes, car Vacquer avait tenu cachées ses découvertes de 1867. De là cette erreur de Longpérier. Après les fouilles de 1847, 1867, 1870, on retira encore deux pierres inscrites des Arènes, en 1883; puis, en janvier 1898, seize autres dans les fondations du rempart découvert sous la maison d'angle du quai aux Fleurs et de la rue du Cloître-Notre-Dame (C. V. P., 28 janvier 1898, p. 7, et C. R. Ac. Inser. Belles-Lettres, 1898, p. 89, Rapport de MM. Cagnat et Héron de Villefosse). En résumé, seules, sur les quarante-huit pierres conservées, quarante-quatre proviennent du rempart de la Cité et quatre seulement des Arènes. Mais on en a trouvé au moins quelques autres, depuis égarées, dans les Arènes.

(voir fig. 41)[1]. On sait que les tombes gallo-romaines de Saint-Marcel étaient creusées dans des pierres déjà travaillées[2]. Il ne serait pas étonnant que ces blocs de fronton évidés qui portent les inscriptions monumentales FIL SACER PARI et M·ADIEC aient été arrachés, eux aussi, à l'édifice de la rue Soufflot. Ce seraient deux fragments de la dédicace[3].

Fig. 41. — Fragment d'architrave appartenant sans doute à l'édifice romain de la rue Soufflot et retrouvé dans l'île de la Cité parmi les matériaux d'une construction de basse époque (d'après un cliché Emonts de la collection photographique de la Bibliothèque historique de la Ville).

Tandis que l'on détruit, la voirie s'empare aussi des constructions abandonnées. Les Arènes surtout, avec leur fosse immense, se remplissent de détritus dès l'époque du bas empire. On a pu constituer au Musée Carnavalet plusieurs

[1] Vacquer avait trouvé dans l'édifice de la rue Soufflot des motifs semblables, dossier 71 (*R XXX*), 201; c'est pourquoi, sans doute, il insère dans ce dossier toute une série de dessins se rapportant à ce beau fragment d'architecture, qui par le détail de son ornementation, ne peut appartenir qu'à la seconde construction du bâtiment.

[2] Voir chap. vi, p. 136-137.

[3] Il est à remarquer que les lettres des deux inscriptions sont de même caractère épigraphique et, à moins d'un demi-centimètre près, de taille analogue. R. MOWAT (*Rem. sur les inscr. de Paris*, p. 55-56), en confrontant le premier fragment avec d'autres inscriptions gallo-romaines, a cru qu'il s'agissait ici d'un prêtre (SACER[*dos*]) à l'autel de Lyon, Parisien de cité. L'inscription se reconstituerait à peu près ainsi : ... *fil., sacer*[*doti ad aram Rom*(*ac*) *et Aug*(*usti*), *civitas*] *Pari*[*siorum*]. De même, il a interprété de la façon suivante le fragment MADI, [*porticu*]M ADIEC[*it*] (p. 56). L'hypothèse est acceptée par le *C. I. L.*, XIII, 1, 3036. Je n'ose pas m'aventurer si loin. Je ferai remarquer que l'inscription FIL SACER PARI se présente sous l'aspect suivant :

```
FIL SACER
     PARI
```

Il reste donc, avant le PARI de la seconde ligne, un champ libre qui n'a jamais porté aucune lettre, alors que la restitution de Mowat exigerait la présence à cet endroit de l'abréviation de *civitas*. Néanmoins les conjectures de Mowat sont bien séduisantes, si l'on admet que ces inscriptions proviennent de l'édifice Soufflot. On se représente volontiers la construction de l'édifice Soufflot faite aux frais d'un ancien magistrat municipal ayant exercé les hautes fonctions de prêtre à l'autel de Rome et d'Auguste. Le [*porticu*]M ADIEC[*it*] serait tout à fait d'accord avec la description que j'ai présentée de l'édifice Soufflot. Enfin les beaux caractères datent cette inscription monumentale du 1ᵉʳ siècle, qui me semble aussi être l'époque de la première construction de l'édifice Soufflot.

tableaux de poteries avec les tessons qu'on a trouvés dans les ruines[1]. Tous les âges, toutes les variétés y sont représentés depuis le XIe siècle jusqu'au XVIe siècle. Dans les couches profondes du remblai, on a rencontré surtout des monnaies du bas empire. Bien loin d'en conclure que les Arènes aient subsisté jusque-là, j'y verrais plutôt une preuve de leur mise hors service dès cette époque.

Ainsi, par destruction et remblaiement, la ville de la rive gauche disparaît. Le moyen âge ne connaîtra plus d'elle qu'un fragment d'une construction à demi ruinée, les Thermes, un nom de lieu, le clos des Arènes, et peut-être quelques légendes sur le château de Hautefeuille et le cimetière Nicole.

Désormais la vie urbaine dépasse si peu le Petit Pont, qu'à l'époque mérovingienne des cimetières s'établiront autour des premières églises de la rive gauche. Je ne parle pas seulement des cimetières de Sainte-Geneviève, de Saint-Étienne-des-Grès, de Saint-Benoît. À la porte même de la Cité, autour de Saint-Julien-le-Pauvre et de Saint-Séverin, sur les côtés de l'ancienne rue romaine, s'étendent deux nécropoles assez vastes dont on a découvert des tombes à plusieurs reprises.

Mais ces cimetières ne s'établirent qu'à l'époque mérovingienne. Jusque-là l'emplacement inhabité fut surtout livré à la culture. Vacquer eut l'occasion d'étudier attentivement le sol au moment des fouilles pour la construction de l'égout du boulevard Saint-Germain. Il a constaté que le terrain était constitué par une terre tourbeuse ou marécageuse, noire et grasse, devenue excellente pour la production agricole[2]. On y apporta des immondices comme engrais. Parmi ces détritus, on a trouvé quelques poteries d'époque assez avancée qui marquent l'âge de ce niveau[3]. C'est peut-être dès cette époque que la vigne fit son apparition sur la montagne Sainte-Geneviève. Julien constate qu'on la cultive dans la région[4]. Elle dut prospérer d'abord sur ces pentes où s'étaleront plus tard les clos de la rive gauche. Les vignes, au XIIe siècle, avoisinaient les Thermes[5] où se trouvait installé un pressoir. En 1194, elles étaient cultivées dans le clos de Garlande qui touchait au Petit Pont[6]. Enfin, dans un diplôme de Henri Ier, vers 1045, une église suburbaine, sans doute Saint-Benoît, est appelée Saint-Bach[7]. Sans prétendre, comme on l'a fait, localiser sur la montagne Sainte-Geneviève un temple de Bacchus, il n'est pas possible de considérer comme une simple erreur de transcription d'un scribe cette mention d'une église de Saint-Bach. Il est plus vraisemblable de penser que des vignes, consacrées d'abord à Bacchus,

[1] *Guide explicatif du Musée Carnavalet*, 2e travée, p. 30.

[2] VACQUER, dossier 25 (Rive Gauche), sous-dossier : *Égout du boulevard Saint-Germain, rue Thénard*.

[3] IDEM, *ibid*.

[4] JULIEN, *Misopogon*, éd. Hertlein, p. 438.

[5] DE LASTEYRIE, p. 369, charte de 1161-1168, et p. 396, charte de 1168-1177.

[6] IDEM, *ibid*., p. 226.

[7] IDEM, *ibid*., p. 120.

prospérèrent ensuite sur la colline, au même endroit, sous le patronage de saint Bach, personnification chrétienne du dieu païen.

L'étude des alentours immédiats de Lutèce montre que la population presque entière s'était concentrée dans l'île, derrière les remparts. Cependant Paris, loin de diminuer d'importance avec les invasions, vit se concentrer en garnison les troupes romaines. L'administration militaire dut introduire dans la Cité de nouveaux habitants et construire des édifices qui restreignirent encore la place laissée à l'habitation privée. Dans la seconde moitié du IVe siècle, plusieurs empereurs s'arrêtèrent à Paris, quelquefois pour de longs séjours. Ils attirèrent avec eux tout un personnel qui vint encore se presser dans l'île. Il advint donc, après la période des invasions du IIIe siècle, que Paris, enserré dans un espace cinq fois plus petit qu'auparavant, dut recevoir en ses murailles une population plus nombreuse, dont la place était d'autant plus limitée que des bâtiments militaires et impériaux durent aussi trouver place dans la petite Cité.

Dans ces conditions nouvelles, l'île subit un réaménagement qui la transforma complètement en un court délai. C'est pour cette raison qu'il ne reste plus de la Cité de haute époque que quelques pans de murs ensevelis dans un remblai contemporain très riche en souvenirs archéologiques. Pour Vacquer, la plupart des constructions romaines qu'on trouve dans l'île datent du IVe siècle[1]. Leur âge se reconnaît à plusieurs caractères. Tout d'abord, leur sol et les remblais correspondants renferment surtout des monnaies du bas empire. En outre, le niveau de leurs salles est généralement plus élevé que celui des constructions de haute époque. Sur la place du Parvis, un pavage et un dallage antérieurs au rempart sont à 2 m. 50 environ au-dessous du sol actuel. Une construction toute voisine, postérieure au rempart, descend par ses caves à 4 mètres, 4 m. 50; mais le sol véritable des caves est à moins de 2 mètres de profondeur. De plus, la construction des murailles est défectueuse, les parements et les enduits sont moins beaux, mais surtout il entre dans les fondations des fragments ouvrés provenant d'édifices antérieurs. Enfin les constructions de basse époque sont le plus souvent ordonnées par rapport au mur du rempart et aux rues qui lui sont perpendiculaires. Ceci est vrai surtout pour les maisons qui sont voisines de l'enceinte; mais comme, dans cette ville, dont la plus grande largeur est de 185 mètres, les murs les moins rapprochés de l'enceinte ne sont pas éloignés d'elle de plus de 100 mètres, il est presque toujours possible de se rendre compte de leur âge d'après leur direction.

Grâce à cette reconnaissance des murs, on peut se donner une idée de l'activité constructrice qui s'exerça dans la Cité de la basse époque et des hauts temps mérovingiens. Quelquefois un bâtiment présente des signes de remaniements

---

[1] VACQUER, dossier 63 (*Cité*), 95. — J'ajouterai : au plus tôt.

CHAPITRE VII.

importants; ses murs ont des parements dissemblables, d'autres ne sont pas liaisonnés avec les murs antérieurs et leur sont surajoutés; des murs romains sont accotés à des murailles romano-mérovingiennes. Le plus souvent, les constructions sont superposées. Dans les fouilles de l'ancienne rue de la Calandre, on a trouvé des murs de trois époques différentes, dont les derniers étaient peut-être déjà les fondations primitives de l'église carolingienne de Saint-Éloi[1]. Sur l'emplacement du parvis de Notre-Dame, au-dessus de deux bâtiments, déjà superposés, de haute époque, s'en élève un troisième de basse époque, dont il reste des vestiges nombreux. Au-dessus d'une des salles de cette construction se dressent encore les piliers d'hypocauste d'une autre, dont ils sont les seuls vestiges. Enfin, au VIᵉ siècle, l'église cathédrale mérovingienne vient s'installer sur cet emplacement où déjà se sont succédé, peut-être en moins de cinq siècles, quatre bâtisses différentes [2].

Ces démolitions successives, ces remaniements incessants ne vont pas sans une surélévation importante du terrain de la Cité. C'est le sol, non le sous-sol, d'une salle du premier bâtiment de basse époque qui porte, sur la place du Parvis, ces piliers d'hypocauste dont on vient de parler. Le sous-sol de cette seconde salle, à la base des piliers, était donc au même niveau que le sol de la première, à 1 m. 30 au-dessous de l'ancien pavé de la place. C'est dire que le sol véritable du deuxième édifice, à plus forte raison le sol de la basilique mérovingienne, était déjà au moins de niveau avec le sol contemporain. Il est donc difficile de croire qu'il fallait autrefois de ce côté monter un escalier de plusieurs marches pour atteindre le niveau actuel du porche de Notre-Dame. On n'a découvert aucune trace de ces gradins dans les fouilles, et l'étude des niveaux romano-mérovingiens rend cette supposition peu vraisemblable. L'exhaussement de l'île est général. En plein centre de la Cité, sur l'emplacement de l'Hôtel-Dieu, le dallage des salles de l'édifice Régnard est à 33 m. 73[3]. Tout près, un mur de haute époque s'élève à 32 m. 30; au-dessus, des fondations nouvelles sont dérasées à 34 m. 96[4]. La voie de grès gallo-romaine qui traverse la Cité est repérée à 33 m. 44, 33 m. 91, 34 m. 10[5]. Comme l'altitude moyenne de l'île actuelle est de 35 m. 40, on voit que, dès la fin de la période romaine, le sol s'était déjà exhaussé en quelques points jusqu'à toucher ce niveau, mais il lui était en général inférieur d'un mètre. Le sol s'est plus exhaussé durant les deux siècles du bas empire que du VIᵉ siècle à nos jours.

Le remblai antique n'a jamais moins de 0 m. 80, sauf au voisinage du Tribunal de Commerce, du Marché aux Fleurs et du Palais de Justice. Il atteint quelquefois

---

[1] Vacquer, dossier 62 (*Trib. de Commerce, Cité, États-majors*), 38.

[2] A. Lenoir, *Statistique monumentale*, époque gallo-romaine, planche XVII.

[3] Vacquer, dossier 62 (*Trib. de Commerce, Cité, États-majors*), 55.

[4] Imn, dossier 50 (*Édifice Régnard*), 68.

[5] Imn, dossier 63 (*Cité*), 3.

2 mètres. Avec lui, on passe de la cité gallo-romaine à la cité mérovingienne; mais il est limité distinctement à sa partie supérieure par une couche de cendres et de charbons recouverte de tuiles, au milieu de laquelle on reconnaît des murs brûlés. On trouve là les traces d'un grand incendie qui semble s'être étendu à toute l'île (voir fig. 42). C'est sans doute celui de l'année 585 dont les ravages sont décrits par Grégoire de Tours[1]. C'est lui qui détruit vraiment la cité romaine de basse époque. Il marque certainement, toujours dans le cadre du rempart antique, le début d'un changement topographique de Paris. La ville de basse époque, la première ville mérovingienne, subsista, en se remaniant sans cesse, du IIIe au VIe siècle.

Les deux extrémités orientale et occidentale de la ville semblent avoir été réservées à des édifices officiels. La place du Parvis fut occupée presque entièrement par deux grands bâtiments, dont on ne connaît que la partie méridionale[2]. Ils étaient séparés par une rue qui se dirigeait, du rempart, vers le Nord. Du plus oriental des deux bâtiments, il reste les vestiges de sept caves au-dessus desquelles apparaissent, en quelques endroits, les traces d'un sol véritable de béton et les premières assises de moellons des salles. Une cave subsiste fort bien conservée. Un escalier, qui flanque le mur ouest du compartiment, y descend. Les marches en sont supportées par un

Fig. 42. — Niveau de l'incendie mérovingien dans l'île de la Cité (Fouilles du Marché aux fleurs, 1906, d'après une photographie inédite de la Commission du vieux Paris, cliché Barry.)

massif de beau parement; elles sont en pierre de roche d'un grain fin. Les quatre murs sont construits en petit appareil bien échantillonné. Une porte voûtée, de 2 m. 30 de hauteur, offrait une issue vers les souterrains du Nord. La cave devait être éclairée par un soupirail ménagé dans le mur ouest. La construction soignée de cette partie, l'étendue de l'édifice, dont les seules parties connues

---

[1] Grégoire de Tours, *Hist. Franc.*, VIII, 33 (édition Arndt, p. 349, l. 30). D'après une tradition rapportée par Grégoire de Tours, aucun incendie n'avait encore atteint la Cité : «Aiebat enim hanc urbem quasi consecratam fuisse antiquitus, ut non ibi incendium praevaleret.» Cette tradition est d'accord avec ce qui a été dit de l'incendie du IIIe siècle.

[2] Pour les édifices du Parvis, j'ai utilisé surtout, outre les indications de la *Statistique monumentale* (pl. XVII et XVIII et explication des planches), le dossier 67 (*Parvis Notre-Dame*) des papiers de Vacquer, intéressant surtout comme préparation à ces planches de la *Statistique monumentale* que Vacquer a dessinées. Les meilleurs renseignements qu'il contient sont relatifs à la basilique mérovingienne.

s'étendent sur 28 mètres de l'Est à l'Ouest et 29 mètres du Sud au Nord, peut-être aussi les fragments de mosaïques qu'on a retrouvés à l'intérieur des murs de la basilique mérovingienne sont autant d'indices que ce bâtiment avait une destination publique.

L'autre édifice, à l'ouest du premier, est d'époque plus avancée. Généralement l'appareil en est petit, irrégulier, peu soigné. Il est caractérisé par une salle située sur un hypocauste de disposition spéciale. Au lieu d'être bâti sur piliers, cet hypocauste est constitué par des galeries dont l'une part du milieu du mur méridional de la cave pour aboutir au centre, tandis que les quatre autres partent de ce centre et se dirigent en diagonale vers les coins de la cave. Aux angles de celle-ci, des tuyaux à demi incrustés dans la maçonnerie dirigeaient la chaleur vers la salle du dessus. Ce bâtiment, qui touchait au Sud au rempart, s'étendait très haut vers le Nord, puisqu'on a reconnu ses murailles, grâce à leur direction et à leur construction, jusque sous l'ancienne église Saint-Christophe, au nord-ouest du parvis actuel.

On commence à connaître mieux la partie ouest de l'île. Au-dessus d'un édifice assez riche, de haute époque, on a découvert, en 1847, des murs épais bourrés de pierres travaillées, de grosses colonnes, dont l'épaisseur correspondait plutôt à ces dernières murailles qu'aux constructions plus minces du premier bâtiment, enfin les traces d'un hypocauste de basse époque[1]. Il y a quelques mois, au cours de fouilles en la cour du May, on a reconnu, à 60 mètres au nord d'un des murs trouvés en 1847, son prolongement même. Un grand bâtiment couvrait donc cette région. C'était sans doute le palais militaire et impérial. On a montré, à propos des Thermes, qu'il ne faut accorder aucun crédit à cette tradition médiévale qui en fait un palais de César, puis de Julien, et la demeure des empereurs du IVᵉ siècle. Tous les arguments, au contraire, sans être décisifs chacun en particulier, s'accordent pour situer vraisemblablement ce palais dans la Cité[2]. Dans les villes gallo-romaines de basse époque, si souvent bâties sur le même type, on a remarqué, appuyé au rempart, un vieil édifice servant de donjon, de citadelle. On l'a retrouvé à Saintes, à Bayonne, à Bordeaux, à Senlis, à Meaux. Ce serait, à Paris, le bâtiment situé sous le Palais de Justice. Julien dut y habiter à l'abri des murailles. Ce palais devint sans doute la demeure des rois mérovingiens. C'est derrière l'enceinte des remparts que Frédégonde enferma ses trésors après le meurtre de Chilpéric. C'est dans la partie occidentale de l'île qu'elle devait habiter, si l'on analyse en détail le récit de la mort d'un de ses grands, Leudaste, tué sur son ordre[3]. Celui-ci vient dans l'église cathédrale,

---

[1] *Statistique monumentale*, planche IX et explication de la planche. VACQUER, dossier 63 (*cité*), 36 à 60.

[2] C. JULLIAN, *Le Palais de Julien à Paris* (C. R. de l'Académie des Inscriptions et belles-lettres, 1902, p. 14-17.)

[3] Grégoire de Tours, *Hist. Franc.*, VI, 32 (édit. Arndt, p. 272-273).

implorer la clémence de la reine. Celle-ci le chasse furieusement. Au moment où le cortège royal sort de la messe, Leudaste le suit jusqu'à la grande rue de la Cité (*platea*). Il s'arrête là aux étalages des marchands voisins du Petit Pont. A ce moment surviennent des esclaves envoyés par la reine pour s'emparer de lui. Il veut s'enfuir par le pont; mais les planches du pont étant disjointes, sa jambe se prend entre deux poutres et s'y brise, il est pris. Or le palais royal ne pouvait pas être du côté par où Leudaste tenta de s'enfuir; il n'était donc pas sur la rive gauche de la Seine; on sait qu'il n'était pas non plus sur la rive droite. Il était donc dans l'île. De plus, il était à l'ouest de la grande rue, puisque le cortège royal, sorti de la cathédrale, a dépassé cette voie jusqu'à laquelle Leudaste l'a suivi. C'est de l'ouest de l'île que les esclaves de Frédégonde durent venir contre Leudaste, ce qui explique sa tentative de fuite par le Petit Pont. Or les fouilles faites sous la caserne de la Cité et le Tribunal de Commerce ne permettent pas de supposer qu'un bâtiment antique très important se soit élevé au centre de l'île. Il faut donc placer la demeure de Chilpéric et de Frédégonde à cet endroit où l'on a découvert ces longs murs massifs, indice d'une grande construction. C'est là que, depuis l'époque carolingienne, s'est perpétuée la tradition du palais royal, devenu le palais du Parlement, le «Palais».

Au centre et au nord de l'île se sont groupées les maisons d'habitation. Quand s'exécutèrent les fouilles pour la construction de la caserne de la Cité[1], on mit au jour des murs dans la partie réservée aux États-Majors et sous l'ancienne rue de la Calandre. A l'ouest de l'ancienne rue aux Fèves, au-dessous des substructions de l'église détruite de Saint-Martial, on trouva quelques salles avec des vestiges d'hypocauste et des murs couverts d'enduits peints[2]. Plus au Nord, quand, en 1844, on traça la nouvelle rue de Constantine à travers les vieilles rues médiévales encore vivantes, on vit, à la bordure nord d'une voie romaine, les ruines de quatre salles[3]. L'une était dallée de pierres, l'autre carrelée de tuiles à rebords, une troisième était chauffée, car on voyait poindre les orifices de ses tuyaux d'hypocauste encore en place. Les terrains de l'Hôtel-Dieu furent encore mieux reconnus en 1866-1867[4]. Les découvertes y furent assez riches pour que Vacquer ait pu, un moment, espérer se former une idée du quartier à l'époque gallo-romaine[5]. Partout, dans les ruelles de ce vieux Paris, on mit au jour des murs de basse époque. Sous la rue Haute-des-Moulins, sous les églises Saint-Denis

---

[1] Les fouilles pour la construction de la caserne de la Cité eurent lieu en 1860 et sont étudiées dans Vacquer, dossier 62 (*Trib. de Commerce, Cité, États-majors*).

[2] Vacquer, dossier 62 (*Trib. de Commerce*), 15 à 24.

[3] Idem, dossier 63 (*Cité*), 140 à 166. — *Statist. monum.*, pl. XVI et explication de la planche.

[4] Les fouilles pour la construction de l'Hôtel-Dieu sont étudiées dans les dossiers 59 (*Édifice Régnard*), 50 (*Hôtel-Dieu, fouilles*) et dans le dossier 96 (*Rapports*).

[5] Vacquer, dossier 96 (*Rapports*), 26 novembre 1866.

CHAPITRE VII

de-la-Châtre et Saint-Symphorien[1], sous les rues Haute-des-Ursins[2], de Glatigny[3], Saint-Landry[4], plus au Sud, sous les rues des Marmouzets[5] et de la Licorne[6], enfin près de la rue d'Arcole, au voisinage de l'église Saint-Pierre-aux-Bœufs, partout on a découvert des vestiges d'habitations, trop insuffisants, il est vrai, pour qu'on puisse noter autre chose que des traces sur un plan, mais assez nombreux pour qu'on se représente combien les maisons étaient pressées les unes contre les autres.

Parmi ces maisons, quelques-unes méritent une mention spéciale, parce qu'elles sont mieux construites et plus importantes. L'une était sise au nord de la rue Saint-Christophe, près de l'angle sud-est de l'Hôtel-Dieu. C'est là qu'on trouva, au long de la rue d'Arcole, les fondations complètes d'une salle, les traces de quelques autres et le conduit d'une rigole antique. Au milieu de ces substructions, à côté de pierres percées, on mit à jour une grosse base de colonne, qui avait dû servir, elle aussi, pour le sous-œuvre. Sous la rue Haute-des-Ursins, un autre bâtiment présente, au voisinage d'un puits, une salle paroumentée à l'intérieur, contre laquelle est adossé un escalier[7]. Il y avait là, au pied des murs, des traces de placages de marbre. Des monnaies de Constantin et de ses successeurs fournissaient un indice sur l'âge de la construction. Enfin, dans les fouilles récentes du Marché aux Fleurs, on a repéré, sur plus de trente mètres, deux murs épais reliés à leur extrémité occidentale par un troisième, seuls vestiges d'un grand bâtiment de cette région.

L'édifice Régnard[8] était, sans doute, la plus importante de toutes les maisons antiques de ce quartier. Il s'élevait sur l'emplacement d'une construction plus ancienne[9] dont quelques murs, un premier hypocauste, un sol inférieur attestent l'existence. Si ses limites, à l'Ouest et au Sud, sont fournies par deux rues romaines, on ignore ce qu'elles étaient sur les deux autres faces. L'enduit qui revêt la face septentrionale du dernier mur, découvert dans la direction du Nord, indique que ce devait être un mur intérieur[10], et comme on a repéré quelques piliers isolés au nord encore de cette longue muraille, on est autorisé à croire que le bâtiment s'étendait plus loin de ce côté.

C'est, sans aucun doute, un édifice de basse époque. La direction de ses murs

---

[1] Vacquer, dossier 50 (*Hôtel-Dieu*), 7, 8.
[2] Idem, *ibid.*, 26 et 38.
[3] Idem, dossier 96 (*Rapports*), 10 décembre 1866.
[4] Idem, *ibid.*
[5] Idem, *ibid.*, 19 août 1867.
[6] Idem, dossier 50 (*Hôtel-Dieu*), 36 et 38.
[7] L'édifice Régnard, déblayé pour la première fois en 1844 (*Statistique monumentale*, pl. XV et

explication de la planche), fut étudié à nouveau en 1866-1867. Je garde à l'édifice le nom que lui a donné Vacquer d'après le propriétaire de l'immeuble sis jadis rue de Constantine, n° 11, au milieu de l'Hôtel-Dieu actuel. Je n'ai pas de moyen de le mieux repérer.
[8] Croquis de Vacquer, dossier 59 (*Édifice Régnard*), 55.
[9] Cf. Vacquer, dossier 59 (*Édifice Régnard*), 55.

et des rues qui l'encadrent le marque déjà. On a, de plus, trouvé dans les fondations des morceaux de sculpture et surtout le beau linteau qui décore aujourd'hui la salle de Ligneris au Musée Carnavalet[1]. Les nombreuses monnaies qu'on y a ramassées sont presque toutes du bas empire. L'édifice servit très longtemps, puisque le grand mur du Nord a subi des réfections où l'on reconnaît un grossier travail des derniers temps. Il devait exister encore au moment du grand incendie qui, en 585, détruisit la Cité, puisque la couche de cendres, caractéristique de cet incendie, recouvre directement son sol[2].

De cet édifice, une seule partie nous est bien connue : elle est située au Nord. Elle consiste en cinq salles, dont deux à l'Est, avec un hypocauste très bien conservé[3]. Un aqueduc[4], repéré en plusieurs points, dessert l'édifice et sort par le Nord pour se prolonger très loin, puisqu'on l'a retrouvé jusqu'au voisinage du rempart. La construction du bâtiment est soignée. Les murs, assez épais, sont d'un petit appareil fort régulier de moellons coupés, à peine au-dessus du sol, par trois rangées de briques[5]. A l'intérieur, quelques murs sont enduits. Les hypocaustes, dont quelques piliers de brique à chapiteaux de brique subsistent encore en place, sont remplis d'une couche épaisse de cendres[6]. Le sol de ces salles, sauf une seule, est dallé de fines pierres de liais d'un si beau poli, qu'on croirait du marbre. L'ensemble donne l'impression d'une demeure assez riche, que rien pourtant n'engage à considérer comme un édifice public.

Au sud de ce bâtiment, aux abords du Petit Pont, se groupait tout un quartier dont les traces archéologiques ont disparu, mais dont on peut se figurer l'importance et l'aspect dès la fin du ve siècle par les quelques renseignements que Grégoire nous fournit sur lui à la fin du vi^e siècle. Près de la porte qui s'ouvrait vers le midi[7] étaient réunies les maisons des marchands[8], d'où partit, en 585, l'incendie qui ravagea la ville. Sur la grande rue qui traverse la Cité, Leudaste s'arrête aux boutiques, examine les objets précieux, l'argenterie, les parures qui y sont exposées, et se flatte de pouvoir acheter ce qui lui plaît, parce qu'il possède beaucoup d'or et d'argent[9]. On se figure donc, près du pont, un ensemble de maisons d'orfèvres et de bijoutiers, un petit coin peuplé de riches commerçants. Peut-être le séjour des empereurs du ive siècle à Paris y attira-t-il dès lors cette population d'étrangers, de Syriens[10], qu'on y trouve installée au vi^e siècle.

---

[1] *Guide explicatif du Musée Carnavalet*, p. 46.
[2] Vacquer, dossier 59 (*Édifice Régnard*), 18,47.
[3] Voir *Statistique monumentale*, pl. XV.
[4] Voir encore *Statistique monumentale*, pl. XV.
[5] Les trois rangées de briques se détachent très nettement sur la coupe du mur ouest de l'hypocauste.
[6] Ces cendres, visibles sur la photographie de l'hypocauste au bas des piliers, le sont plus encore sur un premier croquis, dossier 59 (*Édifice Régnard*), 56.
[7] Grégoire de Tours, *Hist. Franc.*, VIII, 33 (éd. Arndt, p. 349 : l. 4.) : «...portam quae ad mediam diem pandit egressum».
[8] Idem, *ibid.*, VIII, 33 (éd. Arndt, p. 348, l. 27).
[9] Idem, *ibid.*, VI, 32, (éd. Arndt, p. 273).
[10] Idem, *ibid.*, X, 26 (éd. Arndt, p. 438).

CHAPITRE VII.

Eusebius, qui remplaça l'évêque de Paris Ragnemod en 591, était un marchand syrien, et sa qualité d'évêque ne l'empêcha pas de faire construire, à l'intérieur de la Cité, sans doute dans ce quartier marchand du midi, une maison avec boutiques, que l'évêque du Mans, Bertram, possédait en 616[1]. On sait aussi que, pendant le haut moyen âge, la population juive de Paris était établie près de la porte du Sud. La plus vieille rue des Juifs longeait le rempart méridional depuis la rue actuelle de la Cité jusqu'au boulevard du Palais. C'est une des voies qui apparaissent les premières avec un nom distinct. Le *vicus qui dicitur Judaeorum* est cité dans une charte de 1119[2].

Si l'on peut caractériser déjà la ville de basse époque par des traits empruntés à la ville du haut moyen âge, c'est que, dans le cadre du même rempart, celle-ci se forme déjà. Un système de rues étroites dessert la Cité. La voie centrale est la vieille route qui rejoint les deux ponts de bois établis sur le bras du fleuve. Ses couches nombreuses témoignent de son importance. En face de la porte de la caserne, on a découvert une première voie romaine de sable terrier et de pierrailles à 32 m. 15; au-dessus, un rechargement plus caillouteux, à 32 m. 48, puis en plusieurs points, à une altitude variant de 33 m. 44 à 34 m. 10, une rue pavée de grès[3]. On a cru d'abord reconnaître dans ces grès le pavage de Philippe-Auguste, mais cette route est inférieure à tout remblai bas-romain et mérovingien. Elle est à 1 mètre de la couche de charbon et de cendres qui rappelle l'incendie de 585. Elle est donc de beaucoup antérieure à lui. Elle a subi elle-même des remblaiements. A 0 m. 70 au-dessus des grès, on a trouvé une nouvelle voie constituée par des plaquettes irrégulières. Ce dut être la rue de très basse époque, car elle est immédiatement recouverte par le niveau d'incendie[4]. On n'a malheureusement pu mesurer nulle part sa largeur totale.

Autour du rempart courait un véritable boulevard, qu'on a reconnu en un point, près de la rue d'Arcole; c'est une ruelle de 1 m. 39 de largeur[5].

Les rues s'alignaient suivant deux directions : suivant l'enceinte et suivant la rue centrale. Sans doute, quelques-unes étaient tout simplement les rues du haut empire; il semble cependant que la plupart soient postérieures au rempart. Les voies qui suivaient de l'Est à l'Ouest l'ancienne rue des Marmousets, du Nord au Sud l'ancienne rue aux Fèves[6], passent sur des murailles romaines antérieures. La voie de la rue de la Vieille-Draperie ne date, près du point où elle va rejoindre la rue de la Cité, que de la fin du IVe siècle au plus tôt, puisqu'on a découvert, au-dessous, de la poterie rouge guillochée de cette époque et, immédiatement au-dessus, les cendres et les charbons mérovingiens[7].

---

[1] De Lasteyrie, *Cartulaire*, p. 8.
[2] Invx, *ibid.*, p. 206.
[3] Vacquer, dossier 63 (*Cité*), 31, avec croquis.
[4] Invx, dossier 63 (*Cité*), 3.
[5] Vacquer, dossier 63 (*Cité*), 95.
[6] Invx, dossier 61 (*Trib. de Commerce, Cité, États-majors*), 33.
[7] Invx, dossier 63 (*Cité*), 34.

Quelques-unes de ces rues sont simplement constituées de macadam, d'autres sont pavées[1] ou mêmes dallées[2]. Elles sont toutes très étroites. Une seule atteint 5 m. 10[3], les autres ont généralement 3 mètres[4]. La voie de la rue de la Vieille-Draperie n'a que 2 m. 95[5], celle de la rue aux Fèves, 1 m. 50[6], le boulevard de l'enceinte, 1 m. 39. La différence est curieuse des larges voies de la rive gauche aux ruelles de la nouvelle cité.

Comme Lutèce a changé d'aspect dès le III° siècle, elle change aussi de nom. Le fait est commun à l'ensemble des villes gallo-romaines qu'on en vient à désigner comme les peuples dont elles sont le chef-lieu, mais il est assez curieux à étudier dans notre ville, parce qu'on peut suivre et dater approximativement toutes les transformations de son nom jusqu'à la dernière forme latine d'où dérive le terme moderne. L'emploi du mot *Lutecia* ou *Luticia*[7] se maintient assez longtemps, puisqu'on le trouve encore dans l'Itinéraire d'Antonin[8]. Puis, sur le milliaire de 307, on voit apparaître l'expression de *Civ(itas) Par(isiorum)*, qui s'applique non pas à toute la cité, mais à la ville même des Parisiens, puisque c'est le point de départ d'un comput de distance[9]. En 358, Julien appelle Paris πολίχνη τῶν Παρισιῶν[10], traduction du latin *civitas Parisiorum* avec une nuance de diminutif dans πολίχνη. Il nous prévient cependant que le terme de Lutèce était encore en usage dans la langue locale, et Ammien Marcellin, comme pour confirmer Julien, se sert encore une fois du nom de Lutèce[11]. Dans la *Notitia Galliarum*[12], la forme officielle *civitas Parisiorum*, encore employée à la fin du IV° siècle, est négligée pour l'expression courante de *Parisii*, qu'on trouve dans Ammien Marcellin[13], le Code Théodosien[14], Sulpice-Sévère[15] et la *Notitia Dignitatum*[16]. Mais déjà, dans les meilleurs manuscrits de ce dernier document, on lit la forme indéclinable de *Parisius* à côté de la forme déclinable *Parisii*[17]. Elle doit être adoptée définitivement au V° siècle, puisque Zosime parle d'un événement qui s'est déroulé ἐν τῷ Παρισίῳ[18]. Le nominatif Παρίσιον ou Παρίσιος est une traduction du latin considéré par un Grec non plus comme un ancien accusatif pluriel, mais comme

---

[1] Vacquer, dossier 63 (*Cité*), 141.
[2] Idem, *ibid.*, 27.
[3] Idem, dossier 50 (*Hôtel-Dieu*), 15.
[4] Idem, *ibid.*, 68.
[5] Idem, dossier 63 (*Cité*), 88.
[6] Idem, *ibid.*, 27.
[7] Pour l'orthographe meilleure de *Luticia* au lieu de *Lutecia* et *Lutetia*, voir *C.I.L.*, XIII, fasc. 1, p. 464 et K. Zangemeister, *Zur Geographie des römischen Galliens und Germaniens* (Neue Heidelb. Jahrbücher), 1892, p. 8 et 12.
[8] *Itin. Anton.*, éd. Parthey et Pinder, p. 175, 183, 184.
[9] O. Hirschfeld, *Die roemischen Meilensteine*, Sitzungsberichte der kœn. preuss. Akad. der Wissenschaften, 1907, p. 199.
[10] Julien, *Misopogon*, éd. Hertlein, p. 438.
[11] Ammien Marcellin, XV, 11, 3 (éd. Gardthausen, I, p. 72, l. 14).
[12] *Notitia Galliarum*, IV, 8 (éd. Seeck, p. 265).
[13] Ammien Marcellin, XVII, 2, 4; 8, 1; XVIII, 6, 16; XX, 1, 1; 4, 11; 8, 2; XXI, 2, 1.
[14] *Code Théodosien*, VIII, 1, 11; X, 19, 3; XI, 1, 13.
[15] Sulpice-Sévère, *Vita Martini*, 18, 3.
[16] *Not. dignit. Occ.*, XLII, 66 (éd. Seeck p. 219).
[17] *Ibid.*, 23 (éd. Seeck, p. 216).
[18] Zosime, III, 9, 1.

CHAPITRE VII.

un nominatif singulier. On ne connaîtra plus que cette expression indéclinable jusqu'à la période carolingienne, où doit réapparaître, à côté de *Parisii*, le vieux nom de *Lutecia*, et même sa forme grecque sous l'aspect le *Lucoticia*.

C'est dans cette ville nouvelle que Julien vint passer deux hivers au moins, au cours de ses campagnes en Gaule. Aussi lui consacre-t-il dans le *Misopogon* quelques lignes reconnaissantes qui achèvent de la décrire[1]. C'est une toute petite île enfermée dans les murs de son rempart, abordable seulement par deux ponts de bois. Le fleuve au milieu duquel elle est étendue est paisible et régulier. Son eau est très agréable à contempler, tant elle est limpide; elle est aussi très bonne à boire, et les habitants, qui n'en ont point d'autre, viennent la puiser à la rivière. L'hiver est assez doux à Paris, et la clémence de la température est si grande, qu'on voit croître aux environs une vigne de bonne qualité et que même quelques figuiers se montrent, mais si frileux, qu'on doit, pendant la mauvaise saison, les envelopper d'un manteau de paille.

Julien avait plaisir à séjourner dans notre ville. Peut-être, malgré sa position avancée dans le nord de la Gaule, Paris devait-il à la protection des collines environnantes et au souffle des vents marins du Nord-Ouest[2] une température plus douce qui convenait bien à un homme du midi. Peut-être aussi la simplicité de vie de ces Gaulois septentrionaux n'était-elle pas pour déplaire à ce rude caractère. Peut-être enfin, quand il rappelle «sa chère Lutèce», se souvient-il des grands événements qui s'y passèrent et qui l'élevèrent à l'empire[3]. Mais Paris n'était pas seulement une ville aimable où un empereur s'arrêta deux hivers par hasard; Paris fut pour Julien moins un lieu de villégiature qu'une place forte bien située. Si les empereurs militaires du IVᵉ siècle vinrent y séjourner, c'est que Paris, abrité dans son île derrière un rempart, était devenu une ville militaire importante.

[1] Julien, *Misopogon*, éd. Hertlein, II, p. 438. — [2] Iбем, *ibid.*, II, p. 438. — [3] Iбем, *ibid.*, II, p. 440.

CHAPITRE VIII.

PARIS VILLE MILITAIRE AUX IVᵉ ET Vᵉ SIÈCLES.

Pendant les trois premiers siècles, le cadre administratif dans lequel la cité des Parisiens avait été enfermée subsista. Mais il fut modifié à la fin du iiiᵉ siècle, puis à la fin du ivᵉ. Vers 297, la Lyonnaise fut démembrée en deux provinces, et Paris dut faire partie de la première Lyonnaise avec Lyon pour métropole [1]. Vers 385, une nouvelle division des deux Lyonnaises fit passer Paris dans la 4ᵉ Lyonnaise ou Sénonaise, avec Sens pour métropole.

Parmi les cités de cette province, Paris mérite une place à part comme ville militaire. Le fait nous est garanti par Ammien Marcellin, qui écrivait vers 380 le récit des campagnes romaines des trente années qui venaient de s'écouler, et par la *Notitia Dignitatum* [2], rédigée vers 400.

Ce ne fut pas seulement, pour les empereurs militaires du ivᵉ siècle qui défendirent la frontière du Nord et de l'Est, une ville de passage. On sait que quelques-uns y séjournèrent longtemps. Julien y installa ses quartiers d'hiver en 357-358, puis en 359-360. Valentinien vint s'y fixer en 365 et en 366. On peut même calculer sinon la durée exacte, du moins la durée minima de ces séjours et leur époque approximative.

Le premier hivernage de Julien à Paris fut le plus court. Il allait sans doute s'installer à Reims, après cette fameuse campagne contre les Alamans signalée par la victoire de Strasbourg, quand son lieutenant Sévère, qui revenait du Nord vers Reims même, fut attaqué par deux bandes franques [3]. Julien vint à son secours et enferma les Francs dans deux forts donnant sur la Meuse [4]. Il finit par triompher après un siège de 54 jours en décembre 357 et en janvier 358. C'est après seulement qu'il vint à Paris [5]. Or si le siège dura 54 jours en décembre et en janvier, il ne put se terminer au plus tôt que dans la dernière semaine de janvier;

---

[1] Le fait n'est nulle part affirmé; mais la division en deux Lyonnaises existait encore du temps d'Ammien Marcellin. Or cet auteur attribue Sens à la première Lyonnaise. Paris dut avoir le même sort que Sens dont il avait jadis dépendu politiquement, dont il devait de nouveau, un siècle plus tard, dépendre administrativement. Il est vrai qu'Ammien considère *Tricassius* (sic) comme relevant de la seconde Lyonnaise. Mais a-t-il ici songé à Troyes (*Tricasses*)? Si oui, il peut y avoir en cette attribution de Troyes à la seconde Lyonnaise une simple erreur de copiste.

[2] *Notitia Galliarum*, IV, 8 (éd. Seeck, p. 265).
[3] Ammien Marcellin, XVII, 2, 1.
[4] Idem, *ibid*, XVII, 2, 2.
[5] Idem, *ibid.*, XVII, 2, 4.

160   CHAPITRE VIII.

et, si l'on tient compte de la distance qui sépare la Meuse de Paris, Julien n'arriva dans notre cité qu'aux premiers jours de février 358. A Paris, il s'occupa d'un vaste travail de réorganisation destinée à réparer les forces de la Gaule épuisées par l'impôt et l'invasion. C'est sans doute aussi pendant ce séjour que se place l'accident qui manqua lui coûter la vie. Il faillit être asphyxié par un réchaud que le froid, extraordinaire cette année-là, le força d'admettre dans sa chambre [1]. Julien nous dit bien qu'il était alors César; mais il portait encore ce titre au début de l'hiver de 359-360. Il est remarquable pourtant que l'année de l'accident, Julien, pour donner une idée du froid, raconte que la Seine roula d'énormes glaçons et fut sur le point d'être prise. Cet hiver exceptionnel est bien le même que celui où l'on assiégea les Francs sur la Meuse dont on devait, selon Ammien Marcellin, casser les glaces pour empêcher la fuite des Barbares sur le fleuve congelé [2].

L'hivernage de Julien se termina, cette année-là, de très bonne heure. On sait en effet positivement qu'il ne patienta pas jusqu'au mois de juillet [3], époque à laquelle les auxiliaires gaulois se mettaient ordinairement en campagne. Il n'attendit même pas l'arrivée des vivres d'Aquitaine qui ne pouvaient parvenir à Paris qu'après la période des froids et la fonte des neiges [4], c'est-à-dire au plus tôt à la fin d'avril; mais il chargea ses troupes de vingt jours de biscuit et partit avec l'intention de terminer deux expéditions en cinq ou six mois [5]. Julien dut donc quitter Paris au début d'avril 358. Son premier séjour dans notre ville dura environ deux mois.

Son hivernage de 359-360 fut plus long et marqué par un événement décisif dans sa carrière : son élévation au rang d'Auguste par les soldats. A la vérité, on ignore quand Julien arriva, mais ce fut sans doute de bonne heure, car en 359 la campagne contre les Alamans se termina après l'incendie des moissons en pays ennemi [6]. Julien dut donc s'établir dans ses quartiers d'hiver aussitôt après cette exécution. En tout cas, il était à Paris au début de 360. C'est de là qu'il envoya Lupicin, maître de la cavalerie, contre les Pictes et les Scots révoltés de Grande-Bretagne [7]. Il y était encore quand éclata la sédition militaire qui le proclama Auguste. Or, si cette révolte éclata, c'est que l'empereur Constance, en route déjà de Constantinople contre les Perses [8], exigea de Julien ses meilleures troupes et des contingents gaulois qui devaient être arrivés en Syrie au début du printemps. Constance était encore à Constantinople le 4 février, puisqu'il y signe à cette date une constitution [9]. L'ordre de Constance ne put donc arriver à Paris qu'à la fin de février

(1) Julien, *Misopogon*. Édit. Hertlein, p. 439.   (6) Ammien Marcellin, XVIII, 2, 19.
(2) Ammien Marcellin, XVII, 2, 3.   (7) Ibid., XX, 4, 1.
(3) Idem, *ibid.*, 8, 1.   (8) Idem, XX, 4, 1.
(4) Idem, *ibid.*, 8, 1.   (9) *Code Théodosien*. Édit. Mommsen-Meyer, I,
(5) Idem, *ibid.*, 8, 2.   p. ccxxv.

ou au début de mars [1]. C'est donc en mars 360 que Julien fut élevé à l'empire. Il était alors à Paris. Mais, après cet événement, il y séjourna longtemps encore. On sait, en effet, qu'il hésita quelque temps avant d'informer Constance de sa démarche [2]. Puis ses envoyés à Constance furent si bien retardés en Italie, en Illyrie, puis en Asie Mineure, par le mauvais vouloir des fonctionnaires de la poste impériale, qu'ils ne trouvèrent Constance qu'à Césarée sur la route d'Édesse [3]. Mais Constance ne fut au plus tôt à Césarée que quelques jours après le 17 mai 360, date à laquelle il signe une constitution à Hiéropolis, située à 500 kilomètres environ en arrière de Césarée [4]. Ce fut seulement dans les derniers jours de mai que l'envoyé de Constance, Léonas, put partir de Césarée, porteur des ordres de l'empereur à Julien. Léonas fit diligence [5]; il put donc arriver au début de juillet 360. Julien était encore à Paris où il reçut Léonas [6]. C'est alors seulement qu'il partit contre les Francs Attuaires. Le séjour de Julien à Paris dura donc, au moins, de janvier à juillet 360, c'est-à-dire six mois.

Julien ne revint plus à Paris, qu'un long séjour lui avait rendu familier. Il disparut dans l'Orient et périt dans la guerre contre les Perses. Mais quand, après le règne éphémère de Jovien, Valentinien et Valens se furent partagé l'empire, Valentinien, quittant sa capitale Milan, vint à Paris, sans doute avec l'intention d'y passer l'hiver de 365-366 et d'y préparer la campagne prochaine. Ammien Marcellin nous apprend qu'il était sur le point d'arriver, aux calendes de novembre [7]; il y était au contraire depuis quelques jours au moins, puisqu'une de ses constitutions est datée du 18 octobre 365 [8]. Mais il venait sans doute d'y arriver, car il était à Aquilée le 1er octobre [9]. Il séjournait encore à Paris le 10 et le 12 décembre, où il signa deux autres constitutions [10]. Il fit sans doute, ensuite, une courte apparition à Reims, plus près de ces Alamans qui, toute l'année, avaient impunément ravagé la frontière; mais, au début de l'année 366, quand Carietton eut été battu par les Alamans, après les calendes de janvier [11], c'est de Paris que

---

[1] On ne peut savoir exactement le nombre de jours qui était nécessaire à un messager rapide, avec l'aide des postes impériales, pour venir de Constantinople à Paris. Pourtant la rapidité des communications devait être très grande. On sait, par exemple, que Valentinien apprit la révolte de Procope contre son frère Valens à Constantinople, au moment où il allait arriver à Paris. Or l'événement date du 28 septembre 365, et Valentinien dut arriver à Paris vers le 18 octobre. Une vingtaine de jours auraient donc suffi pour venir de Constantinople à Paris. Le fait ne surprendra pas, si l'on songe que Libanius cite l'exemple d'un voyage d'Antioche à Constantinople effectué en six jours.

[2] Ammien Marcellin, XX, 8, 2 et 3.
[3] Idem, XX, 9, 1.
[4] Code Théodosien. Édit. Mommsen-Meyer, I, p. ccxxxv.
[5] Ammien Marcellin, XX, 9, 4.
[6] Idem, XX, 9, 6.
[7] Idem, XXVI, 5, 8. — Il est vrai que la tradition est ici incomplète et peu sûre.
[8] Code Théodosien. Édit. Mommsen-Meyer, I, p. ccxlv.
[9] Idem, ibid.
[10] Idem, ibid.
[11] Carietton avait été envoyé après les calendes de janvier 366 (Ammien Marcellin, XXVII, 1, 1).

162   CHAPITRE VIII.

fut envoyé contre les Barbares le nouveau général romain, Dagalaïf⁽¹⁾. On ignore si Valentinien resta plus longtemps dans notre ville, ou s'il la quitta immédiatement pour résider à Reims, lieu d'où sont datées presque toutes ses constitutions de 366. Pourtant il n'est pas douteux qu'il fit encore cette année-là une courte apparition à Paris. Il y était pour recevoir Jovin, le maître de la cavalerie, qui avait écrasé les Alamans⁽²⁾. On peut même fixer approximativement l'époque de cette réception triomphale et, par conséquent, de ce nouveau séjour de Valentinien à Paris. C'est en effet à peu près au même moment que Valentinien reçut de Valens la tête du révolté Procope, que son frère avait battu en Asie Mineure à Nacolie⁽³⁾. Or Procope fut vaincu le 27 mai et tué le lendemain⁽⁴⁾. C'est donc à la fin de mai que sa tête fut expédiée à Valentinien. Valentinien, qui était à Reims ce mois-là, y resta jusqu'au 15 juin⁽⁵⁾. Comme on ne l'y retrouve que le 8 octobre, on peut supposer qu'après le 15 juin, il vint de Reims à Paris où il reçut la tête de Procope. Quelques jours après, Jovin l'y rejoignit. Paris vit sans doute les fêtes qui célébrèrent ces deux grands triomphes, la victoire de Jovin sur les Alamans, celle de Valens sur Procope.

Auprès de ces empereurs installés à Paris pour de longs séjours, on sent la présence d'un nombreux entourage. La femme de Julien, Hélène, était avec lui pendant l'hiver de 360. Le soir où éclata la révolte militaire, Julien reposait dans une chambre voisine de celle de sa femme⁽⁶⁾. Puis, quand il eut paru devant les soldats qui l'acclamaient, il fut invité à se coiffer d'un diadème et, comme il affirmait n'en pas avoir, on voulut lui faire ceindre celui d'Hélène⁽⁷⁾. Celle-ci était venue avec sa maison, puisque c'est un de ses officiers qui avertit Julien d'un complot que tramaient contre lui les envoyés de Constance⁽⁸⁾. Auprès de Julien on trouve, en 358, le préfet du prétoire des Gaules, Florentius, dont il repoussa les expédients financiers⁽⁹⁾. Celui-ci y était encore au début de l'hiver 359-360, avant de partir pour Vienne, ainsi que Lupicin, le maître de la cavalerie, que Julien dépêcha contre les Pictes et les Scots. Au moment de la sédition de 360, on constate la présence à Paris des envoyés de Constance : Nébridius, Pentadius, Décentius⁽¹⁰⁾, et plus tard Léonas⁽¹¹⁾. Des officiers de Julien jouent leur rôle dans cette affaire : Sintula, tribun des écuries⁽¹²⁾; Pentadius, maître des offices, et Euthérius,

⁽¹⁾ Ammien Marcellin, XX VII, 2, 1.
⁽²⁾ Idem, XXVII, 2, 10.
⁽³⁾ Idem, XXVII, 2, 10.
⁽⁴⁾ Consularia Constantinopolitana (Chronica minora, I, p. 241). Socrate dit qu'aussi que Procope périt à la fin de mai. Ces deux sources sont plus dignes de foi que le Chronicon paschale, qui fait erreur en plaçant cette mort à la fin de juin.
⁽⁵⁾ Code Théodosien, Édit. Mommsen-Meyer, I, p. CCLIV.

⁽⁶⁾ Julien, Epistola ad Senatum Populumque Atheniensem. Éd. Hertlein, p. 366, l. 4-5.
⁽⁷⁾ Ammien Marcellin, XX, 4, 17.
⁽⁸⁾ Julien, Epistola ad Senatum Populumque Atheniensem. Éd. Hertlein, p. 367, 3.
⁽⁹⁾ Ammien Marcellin, XVII, 3.
⁽¹⁰⁾ Julien, Epistola ad Senatum Populumque Atheniensem, Éd. Hertlein, p. 364, l. 25-26.
⁽¹¹⁾ Ammien Marcellin, XX, 9, 6.
⁽¹²⁾ Idem, XX, 4, 3, et XX, 5, 1.

comte des domestiques [1]. Ce fut probablement aussi le séjour de Julien à Paris qui détermina la réunion dans notre ville du concile de 360 [2], où les évêques gaulois condamnèrent un dogme de l'arianisme et rejetèrent de l'Eglise l'évêque d'Arles, Saturninus. Cette population de cour, cette assemblée d'évêques durent remplir alors la ville, où ce concours extraordinaire faisait affluer toutes les ressources, mais était cause en même temps d'une plus grande cherté de la vie [3].

Les Parisiens ne restèrent pas simples spectateurs de la révolte militaire qui fit du César Julien un Auguste. A l'annonce d'un complot contre Julien, ils se réunissent sur la place publique, écoutent la harangue que leur adresse un officier d'Hélène et doivent se porter avec les troupes sur le palais [4]. Plus tard, à l'arrivée de Léonas, messager de Constance, Julien réunit sur le champ d'exercices les soldats et le peuple [5]. La lecture des ordres de Constance, qui veut ravaler le nouvel empereur au rang de César, provoque l'indignation de tous. Les soldats saluent en Julien le protecteur de leurs droits militaires et nationaux. Les Parisiens, au nom des provinciaux gaulois [6], acclament en lui le général qui les délivra de l'invasion barbare, l'administrateur qui les soulagea d'injustes prestations. Sans doute Julien provoqua cette manifestation, mais les Parisiens s'y prêtèrent de grand cœur, car la présence au milieu d'eux du réformateur avait rendu plus sensibles chez eux les bienfaits de ses réformes. Ainsi Paris ne fut pas seulement le théâtre d'une élection impériale, mais les Parisiens y participèrent. Julien fut un peu l'empereur de « sa chère Lutèce » [7].

Si Paris fut habité par des empereurs, c'est qu'il était devenu une ville militaire. Les Celtes et les Pétulants, installés dans une cité voisine, ne devaient faire qu'y passer en 360, mais leur révolte eut sans doute pour résultat de prolonger leur séjour. Les scutaires et les gentils, troupes d'élite qui formaient à l'empereur une garde du corps, campèrent à Paris avec lui [8]. Paris avait son camp

---

[1] Ammien Marcellin, XX, 8, 19. — Le Pentadius dont il s'agit ici, homme de confiance de Julien (Ammien Marcellin, XX, 8, 19), ne peut être le même que l'envoyé de Constance dont Julien parle comme de son ennemi (Julien, op. cit., éd. Hertlein, p. 363).

[2] Concilia (éd. Labbe et Cossart, 1715, in-fol., I, p. 727.

[3] Expositio totius mundi. Éd. Riese, Geographi latini minores, p. 121, § 58.

[4] Julien, Epistola ad Senatum Populumque Atheniensem. Éd. Hertlein, p. 367.

[5] Ammien Marcellin, XX, 9, 6.

[6] Idem, XX, 9, 7.

[7] Ces idées sur le rôle des Parisiens dans ces événements sont indiquées par les textes. Pourtant il faut se garder de peser sur elles plus qu'elles ne l'autorisent. C'est pourtant ce qu'a fait M. Luc de Vos, dans trois articles (Revue des Études grecques, XXI, 1908, p. 426-433; Revue de Philologie, XXIV, 1910, p. 156-166; Revue des Études anciennes, XII, 1910, p. 47-60, 66). Toute l'argumentation sur laquelle reposent les deux premiers travaux a pour point de départ une correction arbitraire d'un texte de Libanius, Orat., XVIII, 85 (éd. R. Fœrster, II, p. 273) qui ne se rapporte lui-même ni à l'année 360, ni à la ville de Paris. Dans le troisième, l'auteur s'efforce de tirer une conclusion précise d'un texte d'Ammien Marcellin (XX, 9, 7) qui n'est qu'une simple période oratoire.

[8] Quand Constance eut réclamé des troupes en 360, c'est eux que Julien expédia les premiers (Ammien Marcellin, XX, 4, 3 et XX, 5, 1). Il les avait sans doute sous la main.

164   CHAPITRE VIII.

permanent[1], son champ d'exercices[2], et probablement son magasin militaire où Julien prit, en 358, vingt jours de biscuit. D'après la *Notitia dignitatum*, des colonies de *gentiles* sarmates[3] étaient distribuées depuis *Cora* (Saint-Moré?)[4] jusqu'à Paris sous le commandement d'un préfet. Ces Barbares ont laissé leurs traces dans la topographie, dans l'Yonne à *Sarmasia*[5], lieu mentionné en 877, à Sermizelles[6], non loin de Saint-Moré et à Sermoise[7]; en Seine-et-Marne, à Sermaize[8], en Seine-et-Oise, à Sermaize[9]. Si l'on considère que Saint-Moré est, au sortir des forêts du Morvan, une étape sur la route d'Autun à Paris, on s'explique qu'on ait installé au voisinage de cette voie des colonies militaires destinées à la protéger. Au début du vᵉ siècle, le chemin de Saint-Moré à Paris, en avant de l'Yonne et de la Seine, constituait un véritable boulevard de défense[10].

Il n'est pas probable que le préfet des Sarmates ait résidé à Paris, limite de son commandement vers l'Ouest, mais un autre y était installé, celui de la flottille de la Seine que la *Notitia dignitatum* appelle *classis Anderetianorum*[11]. Le rôle de cette force militaire devait être très important et son champ d'action assez vaste, puisqu'il n'existait dans le nord de la Gaule qu'une autre flotte qui surveillait le *litus Saxonicum*. Encore cette dernière était-elle maritime. La *classis Anderetianorum* était, au contraire, fluviale. Seule de son espèce dans le bassin de la Seine, établie au centre même de la région qu'elle surveillait, elle était chargée de la police du fleuve et de ses affluents. Par l'Oise et par l'Aisne surtout, elle pouvait s'avancer au cœur de la Belgique seconde, sans cesse inquiétée par les incursions barbares.

---

[1] Ammien Marcellin, XX, 4, 14.

[2] *Ibid.*, XX, 9, 6, et XXI, 2, 1.

[3] *Notitia Dignit. Occ.*, XLII, 66 (éd. Seeck, p. 219).

[4] Max Quantin, *Dict. topogr. de l'Yonne*, Paris, 1862, 1 vol. in-4°, p. 117.

[5] *Dict. topogr. de l'Yonne*, p. 119 : «*Sarmasia super fluvium Sedona in pago Senonico*, lieu détruit, commune de Perdiguy, canton de Ligny, arrondissement d'Auxerre, sur le bord du Serain».

[6] *Dict. topogr. de l'Yonne*, p. 123 : «Sermizelles, arrondissement et canton d'Avallon, *Sarmicellae* en 1199».

[7] *Dict. topogr. de l'Yonne*, p. 123 : «hameau de la commune de Fleury, canton d'Aillant, arrondissement de Joigny».

[8] Hameau de la commune de Bois-le-Roi, arrondissement et canton de Fontainebleau. — *Sarmesia* (Longnon, *Obit. de la prov. de Sens*, p. 74).

[9] Commune du canton nord de Dourdan, arrondissement de Rambouillet.

[10] Il existe bien d'autres traces de ces colonies sarmates, surtout dans la Nièvre, l'Yonne, la Marne, l'Oise, mais elles relèveraient d'autres préfets dont quelques-uns sont signalés dans la *Notitia dignit. Occid.*, XLII (éd. Seeck, p. 219).

[11] *Notitia dignit. Occid.*, XLII, 23 (éd. Seeck, p. 216). On pense généralement que la flotte doit son nom au village d'Andrésy, soit que les habitants de ce village en aient fourni les marins, soit plutôt qu'il ait été le lieu de stationnement des bateaux. Mais alors on ne s'explique pas qu'à côté d'une *classis Anderetianorum* près de Paris, on trouve, dans la *Notitia dignit. Occ.*, XLI, 17 (éd. Seeck, p. 216), un préfet *militum Anderetianorum* sous les ordres du duc de Mayence à *Vico Julio* (Germersheim?). Le village d'Andrésy n'a pas dû fournir ces deux contingents. D'autre part, la forme latine d'où dérive Andrésy est *Anderisiacum*, qu'on retrouve à la base d'autres noms de localités françaises : Andrezé (Maine-et-Loire), Andrésy (Loiret), etc. Il est douteux qu'il y ait quelque relation entre le nom d'Andrésy et celui de la flottille militaire de la Seine.

L'armée romaine a laissé d'autres traces à Paris. On a découvert, au cimetière Saint-Marcel, une pierre sculptée représentant un cavalier. Le cheval se dirige vers la droite et foule aux pieds un ennemi. Le guerrier qui le monte tient de la main droite une lance. Un fantassin le suit. Ce bas-relief parisien est la stèle funéraire d'un soldat de la cavalerie auxiliaire [1].

Fig. 43. — Cavalier auxiliaire.
(D'après un cliché Emonts de la collection de la Bibliothèque historique de la Ville.)

Un fragment d'inscription fait mention d'un soldat de la légion xxx Ulpia Victrix, qui dédie sans doute un monument funéraire à un compagnon d'armes [2]. Or la xxxe légion était, sous le haut empire, détachée à la garde de la Germanie Inférieure [3]; dans la *Notitia Dignitatum*, elle fait encore partie de la garnison des Gaules [4].

Une autre inscription funéraire nous fait connaître un soldat vétéran *de Menapis* [5]. L'épigraphie du monument semble le dater de la fin du IIIe ou du début du IVe siècle. Ce vétéran, installé à Paris, habitait sans doute au voisinage de son corps d'origine. On retrouve, dans la *Notitia Dignitatum*, les troupes ménapiennes de l'armée des Gaules, à Saverne, en qualité de *legio comitatensis* [6].

---

[1] C'est, en effet, ordinairement de cette façon que sont représentés les cavaliers auxiliaires. Il existe au Musée de Saint-Germain quelques moulages de stèles avec inscriptions qui ressemblent à celle de Paris. Salle XXII, n°s 24427, 27469, 2251, 2428, 2440, 24429.

[2] *C. I. L.*, XIII, 3032.

[3] Cf. Mommsen, *Das römische Militärwesen seit Diocletian.* Hermes, XXIV (1889), p. 204.

[4] *Notitia dignit. Occ.*, VII, 108 (éd. Seeck, p. 137).

[5] *C. I. L.*, XIII, I, 3033.

[6] *Notitia dignit. Occ.*, V. 75, 224, VII, 83, XLI, 16 (éd. Seeck, p. 118, 125, 136, 214).

CHAPITRE VIII.

Les dernières fouilles du Marché aux Fleurs ont fait découvrir deux inscriptions nouvelles relatives à des soldats. L'une, ingénieusement complétée par M. Héron de Villefosse, signale un soldat vexillaire de l'armée de Germanie. L'autre, plus importante, est d'un exarque, bas gradé d'un corps de cavaliers auxiliaires, sans doute d'un *numerus* de cavalerie dalmate[1].

Malgré leur petit nombre, l'importance des documents parisiens de caractère militaire est fort grande. Il est en effet remarquable qu'aucune autre ville de la quatrième Lyonnaise, sauf la métropole, Sens, n'en ait fourni. On en trouve au contraire à Reims, à Châlons-sur-Marne, à Soissons, à Amiens, dans toutes les cités du Nord dont les routes convergent vers Paris.

Si des corps de troupes stationnaient à Paris, si d'un port fluvial de la région une flotte surveillait à la fois la Seine et ses affluents, si des colonies sarmates défendaient la ligne de Seine, enfin si des empereurs venaient s'enfermer à Paris pour un hiver, c'est que la ville avait dès lors une grande importance stratégique. De Paris on s'avançait, par Reims[2], contre les Alamans du Rhin moyen, mais surtout on marchait par Tongres contre les Francs de Toxandrie[3]. Nous avons déjà vu que les incursions franques du IIIe siècle et du début du IVe siècle avaient dû se porter sur Paris. La ville fortifiée, plus à l'abri d'un coup de main que Sens, grâce à sa position insulaire, devint un point d'où l'on surveilla les peuples du Rhin inférieur. C'est après une lutte de deux mois contre des bandes franques sur la Meuse, qu'en 358 Julien se rendit à Paris[4] pour y préparer la campagne prochaine qui devait justement commencer par une expédition contre les Saliens de Toxandrie[5]. En 360 encore, c'est de Paris qu'il marche contre les Francs Attuaires, les voisins à l'Est des Saliens[6]. Ainsi l'importance militaire de Paris est en relation avec les progrès des Francs du Nord-Est. Elle ne peut que croître à mesure qu'ils s'avancent vers la Somme. Quand ils atteindront cette rivière avec Clodion, et qu'ils seront maîtres d'Amiens[7], Paris, que cette place d'avant-garde avait jusque-là protégé, verra reculer sur lui la défense romaine.

Malheureusement on ne peut suivre ce développement de Paris au Ve siècle. Des quelques pages que nous possédons sur l'histoire de cette époque en Gaule, une ligne à peine concerne Paris qui mérite confiance. Du moins, elle nous marque

---

[1] Héron de Villefosse, 1906, *C. R. de l'Ac. Inscr. Belles-Lettres*, 1906, p. 28, et *Bull. Soc. ant. de France*, 1906, p. 414.
[2] Ammien Marcellin, XXVI, 5, 14.
[3] *Ibid.*, XVII, 8, 3.
[4] *Ibid.*, XVII, 2, 4.
[5] *Ibid.*, XVII, 8, 3.
[6] *Ibid.*, XX, 10, 2.
[7] Il faut bien avouer que Grégoire de Tours, qui nous apprend la conquête par Clodion du pays jusqu'à la Somme, ne parle pas de la prise d'Amiens. Mais comme Amiens est la grande position stratégique sur cette rivière, le fait est si probable, que Bovicon dit déjà au XIe siècle que Clodion s'en empara, et même — ce qui est faux — qu'il en fit sa capitale (dom Bouquet, III, p. 4, c.).

la conclusion de ces progrès dont Ammien signale les débuts. Au retour de son expédition contre les Wisigoths, Clovis installa sa capitale à Paris [1].

Mais, avant de devenir une ville du pays franc, Paris fut au nombre des cités qui constituèrent sous Egidius, le dernier maître de la milice, une Romania indépendante. Celui-ci commandait en effet à Soissons, où sa capitale était installée [2]; il était maître au Sud du pays jusqu'à la Loire, puisqu'on le voit engager contre les Wisigoths envahisseurs une bataille près d'Orléans [3]. Son territoire était donc compris entre ces limites du Nord au Sud, et Paris en dépendait.

On ignore quelle fut la condition de Paris, depuis 464, année de la mort d'Egidius, jusqu'à 486, date de la bataille de Soissons, car on ne sait pas quelles étaient la qualité et les possessions territoriales de ce comte Paul qu'on voit guerroyer avec Childéric contre les Saxons et mourir sous les murs d'Angers [4]. On ignore encore si Syagrius, le fils d'Egidius et son successeur à Soissons [5], comptait Paris au nombre des villes de son domaine.

Du moins, la position même de la capitale de Syagrius à Soissons, au nord de Paris, nous est une preuve que Paris ne pouvait faire partie du royaume franc dès Childéric. On accuse la Vie de sainte Geneviève de fournir ce faux renseignement, et les défenseurs de son authenticité reconnaissent eux-mêmes le trouver dans son texte. Voici pourtant le passage. «Tout païen qu'il était, Childéric, roi des Francs, portait à Geneviève un respect et une affection ineffables; à tel point qu'un jour, pour ne pas se voir enlever par elle des prisonniers qu'il destinait à la mort, il quitta la ville en commandant de fermer la porte derrière lui [6].» On ne peut considérer cet ordre comme une marque certaine de la souveraineté de Childéric sur Paris. Tout au plus, le reste du texte indique-t-il le passage du roi franc dans la ville. Il n'y a rien là qui puisse étonner, si l'on songe que Childéric eut l'occasion de combattre pour les Romains, au sud de la Seine, vers Orléans et vers Angers. Enfin, si le rédacteur de la Vie de sainte Geneviève avait considéré Childéric comme roi à Paris, il n'aurait pas été assez illogique pour parler, quelques chapitres plus loin, d'une longue guerre ou d'un siège que la ville soutint pendant dix ans contre des Francs qui ne peuvent être que ceux de Clovis [7]. Si l'hagiographe est trop souvent sujet à caution, il ne faut pourtant pas lui faire grief de ce qu'il n'a pas dit.

Paris resta donc indépendant de la royauté franque au moins jusqu'à la chute de Syagrius, après la bataille de Soissons. On sait qu'après sa victoire, Clovis mit

---

[1] Grégoire de Tours, *Hist. Franc.*, II, 38 (éd. Krusch, p. 102, l. 14).
[2] Idem, *ibid.*, II, 27 (éd. Krusch, p. 88, l. 3).
[3] Marius d'Avenches (*Chronica Minora*, II, p. 232). *Chron. Gall.* (*ibid.*, I, p. 664).
[4] Grégoire de Tours. *Hist. Franc.*, II, 18 (éd. Krusch, p. 83, l. 11).
[5] Grégoire de Tours, *Hist. Franc.*, II, 27 (éd. Krusch, p. 88, l. 3).
[6] *Vita Genovefae*, chap. 26 (édit. Krusch, p. 226).
[7] *Ibid.*, ch. 29 (éd. Künstle, p. 15) et ch. 35 (éd. Krusch, p. 229).

168   CHAPITRE VIII.

la main sur les territoires du vaincu[1], Paris tomba-t-il dès cette époque en son pouvoir ? Un texte du *Liber historiae Francorum*, dont Junghans a établi la valeur parmi les légendes de l'œuvre, marque que la conquête franque se fit en deux étapes, jusqu'à la Seine, avant le mariage de Clovis, en 493 et plus tard jusqu'à la Loire[2]. Dans l'opinion de l'auteur, la ligne de Seine était conquise en 493, puisque le fidèle Aurélien, qui décida l'union de Clovis avec Clotilde, reçut en récompense le comté de Melun[3]. Melun était, comme Paris, une ville forte enfermée dans une île de la Seine. Si Clovis la possédait déjà, il était aussi maître de Paris, cité sur laquelle convergeaient les routes de trois grandes cités que Clovis occupait, Amiens, Soissons et Reims.

Pourtant certaines rédactions de la Vie de sainte Geneviève parlent d'un siège de Paris qui, suivant quelques manuscrits, aurait duré dix ans (*bis quinos, ut aiunt, annos*[4]), selon d'autres, cinq ans seulement (*quinus annus*[5], *quinis annis*[6]). Ces derniers ne méritent pas confiance. Ayant en effet senti l'invraisemblance d'un siège de dix années, leurs rédacteurs ont pris sur eux de corriger une tradition plus ancienne; mais cette correction est si maladroite, qu'elle apparaît facilement. En effet, le distributif *quinos* employé seul n'a pas de sens, et jamais ailleurs, dans la Vie de sainte Geneviève, on ne trouve le nombre distributif comme équivalent du nombre cardinal correspondant. Au contraire, là cette œuvre semble affectionner particulièrement la combinaison du distributif avec un adverbe de quantité, *bis*, *ter*, *denies* pour exprimer un nombre cardinal double, triple ou décuple. Ainsi la leçon *bis quinos* est la seule qui mérite attention. A l'en croire, Paris aurait été assiégé dix ans par les Francs.

Pourtant ce que l'on connaît de l'histoire de Clovis après sa victoire sur Syagrius rend assez improbable ce long siège. En 491, il s'engagea dans une guerre contre les Thuringiens du bas Rhin; en 496, il lutta contre les Alamans. Il fut distrait par des entreprises qui durent l'empêcher de se livrer continuement au siège de notre ville. Comme, d'autre part, après son mariage avec Clotilde, ou tout au moins sa conversion au christianisme (496), il fut maître du pays jusqu'à la Loire, on ne voit pas bien à quel moment peut se placer le siège de Paris dans la chronologie du règne de Clovis.

D'ailleurs une lutte si longue aurait sans doute laissé d'elle quelque autre souvenir dans les annales franques; et surtout si le siège eut lieu tout à la fin du

[1] Grégoire de Tours, *Hist. Franc.*, II, 27 (éd. Krusch, p. 88, l. 11).
[2] *Lib. hist. Franc.*, 14 (éd. Krusch, p. 260).
[3] *Ibid.*, 14 (éd. Krusch, p. 260, l. 8). — Je n'entends pas dire par là que je crois en rien à l'histoire du fidèle Aurélien, mais le passage du *Liber historiae Francorum* montre bien qu'au vii⁰ siècle on pensait que Clovis était, au moment de son mariage, maître de la ligne de Seine.
[4] *Vita Genovefae*, ch. 35 (éd. Krusch, p. 229, l. 19).
[5] *Ibid.* (l. 14).
[6] *Ibid.*

PARIS VILLE MILITAIRE AUX IVe ET Ve SIÈCLES.

ve siècle, il est étrange que ce biographe de sainte Geneviève, qui prétend avoir écrit dix-huit ans après la mort de la sainte, vers 520, ne connaisse cette époque que par une vague tradition, « *bis quinos, ut aiunt, annos* ». Il est donc difficile de croire au siège de Paris[1]. Le Rédacteur de la Vie de sainte Geneviève était un lettré qui connaissait Virgile[2]. Il fit certainement au poète quelques emprunts de forme. Il peut fort bien avoir inventé un siège de Paris aussi long que celui de Troie[3]. La mémoire de son héroïne, active pourvoyeuse des Parisiens affamés, ne pouvait que gagner à cette réminiscence de savant. Mais ce qui est légende pour Troie ne peut devenir histoire en s'appliquant à Paris.

Ce fut donc vers 486 que Paris devint une ville du royaume franc, mais elle n'en fut la capitale que quelque vingt ans après, à l'issue de la campagne contre les Wisigoths. La date de l'installation de Clovis à Paris peut être déterminée de façon sûre. La bataille de Vouillé se place en 507, au milieu de l'année ou à l'automne. Puis Clovis passa l'hiver de 507-508 à Bordeaux[4]. L'année 508, il fut occupé à soumettre les cités aquitaines qu'il n'avait pas encore enlevées; il s'empara d'Angoulême, il séjourna dans Tours, où il reçut les honneurs que lui conférait l'empereur Anastase; puis, de Tours, il vint à Paris où il s'établit à demeure[5]. Ce fut donc en 508 que Paris devint pour un moment la capitale de tout le royaume franc.

La raison qui décida Clovis à installer à Paris le siège de son gouvernement est très simple. Tant que Clovis restait en deçà de la Loire, les grands intérêts de la royauté franque étaient surtout dirigés vers le Rhin. Elle était bien postée à Soissons, grand carrefour de routes du Nord. Mais quand, en 507-508, Clovis eut dépassé la Loire et conquis l'Aquitaine, le caractère de son pouvoir changea et le point d'équilibre de son royaume se déplaça. Roi germain jusque-là, Clovis devint alors un souverain gallo-franc. Il eut à surveiller en même temps les peuples germaniques des bords du Rhin et, par delà l'Aquitaine, les Wisigoths d'Espagne. Le choix de Paris comme capitale correspond à cet agrandissement du royaume franc et aux nouveaux besoins de sa politique. C'est pourquoi Clovis vint siéger à Paris au retour même de son expédition contre les Wisigoths d'Aquitaine.

La date de 508, importante dans les annales mérovingiennes, marque donc une étape dans l'histoire parisienne. Paris, qui fut à basse époque un centre de la

---

[1] Dans la rédaction G (éd. Künstle, ch. 29, p. 15), il n'est plus question de ce siège de dix ans. Mais son auteur, qui semble en plusieurs autres passages témoigner quelque aversion aux chiffres précis, a certainement ici remanié et commenté de façon vague un texte plus court qui signalait ce siège. (Cf. Ch. Kohler, *Rev. hist.*, CVII, 1911, p. 396.)

[2] *Vita Genovefae*, préface de l'édition Krusch, p. 208.

[3] *Ibid.*, p. 204.

[4] Grégoire de Tours, *Hist. Franc.*, II, 37 (éd. Krusch, p. 102, l. 4).

[5] Idem, *ibid.*, II, 37-38 (édition Krusch, p. 102).

CHAPITRE VIII.

défense romaine contre les barbares du Nord-Est devait grandir d'importance à mesure même que ceux-ci avançaient. Les progrès de cette ville militaire furent enfin consacrés par la décision de Clovis victorieux. Mais, en même temps, ce choix marque les débuts de la ville comme capitale politique. Quand, à la mort de Clovis, ses fils se partageront le royaume franc, les plus âgés préféreront à Paris Metz, Orléans et Soissons[1]. Mais cinquante ans plus tard, à un nouveau partage, Paris est l'apanage du plus puissant, puis de l'aîné des frères[2].

Enfin, quelques années après, en 567, la possession de Paris constitue un avantage trop marqué pour qu'on laisse la ville dans un des lots de l'héritage. C'est la possession commune des rois francs, et l'un n'y peut entrer sans la permission des deux autres[3]. En 508, Clovis s'installait à Paris parce que la ville était une position stratégique excellente. Dès 567, l'importance politique de Paris était si bien reconnue, que le roi franc qui y siégeait était véritablement le roi de France.

[1] Longnon, *Géogr. de la Gaule au vi° siècle*, ch. 11.
[2] Grégoire de Tours, *Hist. Franc.*, IV, 22 (éd. Arndt, p. 158-159). Cf. Longnon, p. 121 et 349.
[3] Grégoire de Tours, *Hist. Franc.*, VI, 27 (p. 266, l. 16-17), et VII, 6 (p. 294, l. 4-5). — Cf. Longnon, p. 349.

CONCLUSION.

Au moment de la conquête romaine, Lutèce était une petite bourgade, enfermée dans un îlot de la Seine, rejointe par deux ponts de bois aux rives du fleuve. Au Sud, la montagne Sainte-Geneviève la dominait; au Nord s'étendait une plaine basse, marécageuse, surmontée de quelques monceaux de gravier. Cité d'abord difficile, dans un pays impénétrable, coupé de « monts », de bois, de marais, Lutèce, malgré sa position sur la Seine, était un peu à l'écart des grandes voies commerciales. Cependant des raisons stratégiques, le besoin de surveiller à la fois la Belgique et le pays d'entre Seine et Loire, appellent pour la première fois sur elle l'attention de César et provoquent contre les Parisiens l'expédition de Labiénus.

Sous le haut empire, les chemins de la région s'aménagent, et Lutèce devient un carrefour de routes locales; le commerce de Seine se développe, et Lutèce, avec les nautes parisiens, devient une escale importante sur cette voie fluviale. Prospère, elle est bientôt à l'étroit dans son île, elle déborde sur la rive gauche, gravit les pentes de la montagne Sainte-Geneviève et couronne enfin de ses édifices le sommet de la colline. Avec ses larges rues droites, ses maisons opulentes, ses constructions officielles, son théâtre, ses arènes, peut-être son temple, l'édifice de la rue Soufflot et ses bains publics, le palais des Thermes, son aqueduc et son cimetière situé au sortir de la ville, au bord de la route d'Orléans, Lutèce réalise au IIe siècle un type complet de cité gallo-romaine; cependant les Parisiens semblent ne pas avoir perdu le souvenir de leur passé de Gaulois.

Mais, dès la fin du IIe siècle, les incursions barbares inquiètent Lutèce; à la fin du IIIe siècle, les invasions la détruisent par l'incendie. En 280, la belle cité gallo-romaine de la rive gauche n'existait plus. En même temps, le christianisme faisait chez nous son apparition. Il dut vivre d'abord furtivement à l'écart, au bourg Saint-Marcel, puis il y construisit la première église parisienne et y installa son cimetière au voisinage du saint édifice. Après les ravages de l'invasion, la ville rentre dans l'île pour s'abriter derrière un rempart. Dans les limites étroites de l'enceinte, enserrée entre le palais à l'Ouest et plus tard la première cathédrale à l'Est, la ville du bas empire, avec ses rues étroites et sa population pressée, est déjà celle du moyen âge. L'île devient la « Cité », comme Lutèce devient Paris.

Mais si Paris est petit par ses dimensions, si Julien lui donne comme à Besançon, capitale de la Séquanaise, le nom de $\pi o\lambda i\chi\nu\eta$, la ville menacée par les invasions franques du Nord-Est se transforme en une cité militaire, visitée des

CONCLUSION.

empereurs, dont l'importance croît avec les progrès mêmes des Francs. Enfin Clovis en devient maître, puis en 508, après la conquête de l'Aquitaine, il s'y installe à demeure. Paris devient alors une capitale mérovingienne pour les mêmes raisons militaires qui, en 53 avant J.-C., y avaient déjà attiré César.

Ainsi la ville gauloise s'épanouit à haute époque romaine, hors de l'île, sur la montagne Sainte-Geneviève, puis elle y rentre sous le coup des invasions franques dont les menaces continuelles, les progrès, le triomphe font d'elle une place militaire, puis une capitale.

APPENDICE I.

LA BATAILLE DE LUTÈCE.

La bibliographie de la bataille de Lutèce est fort riche, je ne citerai parmi les ouvrages généraux où le sujet est traité que :

Napoléon III, *Histoire de Jules César,* II, p. 245-249;

Desjardins (E.), *Géographie de la Gaule,* II, p. 686-690.

Mais le problème a suscité de véritables polémiques et des études spéciales. J'indique pour mémoire :

Carra de Vaux, *Expédition de Labiénus contre Lutèce,* Amiens, Delattre, 1876, in-8°, dernier défenseur de la thèse périmée de Dulaure qui, plaçant *Agedincum* (Sens) à Provins, à droite de la Seine, renverse tout l'ordre de la campagne de Labiénus;

Houssaye (H.), *Le premier siège de Paris,* Paris, 1876, qui, sous ce titre bizarre, délaie longuement les quelques chapitres de César, mais donne dans ses notes une bibliographie complète du sujet.

Les quatre articles importants sur la question sont ceux de :

Saulcy (F. de), *La première bataille de Paris* (*Revue Contemporaine,* 1858, II, p. 707-724);

Lenormant (Ch.), *Note sur la bataille livrée par Labiénus sous les murs de Paris* (*Rev. archéol.,* 1861, p. 265-290);

et surtout :

Quicherat (J.), *Du lieu de la bataille entre Labiénus et les Parisiens* (*Mém. Soc. ant. France,* XXI, p. 384-432, réédité dans les *Mélanges d'archéologie et d'histoire,* I, p. 207-233);

Sieglerschmidt (H.), *La bataille de Paris en l'an 52 avant notre ère* (*Rev. archéol.,* 1905, II, p. 257-271), article bien critiqué par Blanchet (A.), *Remarques sur la bataille de Paris en l'an 52 avant notre ère* (*Ibid.,* 1906, I, p. 173-176) et Seymour de Ricci, *La bataille de Paris* (*Ibid.,* 1906, I, p. 209-210).

Toutes ces études, et surtout la meilleure, celle de Quicherat, pèchent par un grave défaut. Elles ne restent pas dans les limites du texte de César. Elles pèsent sur le sens des

174 APPENDICE I.

phrases et des mots pour donner au récit une précision topographique qu'il n'a pas. César, en effet, connaissait sans doute mal les lieux, puisqu'il ne signale de lui qu'un seul passage très rapide à Lutèce même. En outre, il n'a pas assisté en personne à l'expédition; il résume la bataille d'après un rapport de Labiénus. Enfin, dans ce récit, il n'a pas, à préciser la topographie du pays et du combat, le même intérêt que les modernes à l'y rechercher. Aussi, en raison même de l'imprécision de César, les thèses les plus ingénieuses, comme celle de Quicherat qui place la bataille en face de Vitry-sur-Seine, et celle de Siegler-schmidt qui situe le camp romain à Saint-Cloud, et même les plus bizarres (Toulouze, *La bataille de Morsang-Soisery* [*Rev. arch.*, 1891, II, p. 163-185]), peuvent trouver leur justification dans le texte. Peut-être est-il encore préférable de s'en tenir à l'hypothèse la plus simple : placer le camp de Camulogène sur la montagne Sainte-Geneviève, celui de Labiénus sur le monceau Saint-Gervais, faire passer la Seine au gros de l'armée romaine à 4 milles en aval de la Cité vers Auteuil, et localiser la bataille dans la plaine de Grenelle. C'est ce que fait M. Jullian[1]. Mais plutôt, sans s'acharner à vouloir trouver dans le récit de César des détails qu'il ne fournit pas sur la bataille[2], il vaut mieux, en la racontant, ev-traire les quelques renseignements précis qu'elle donne sur le peuple, le pays des Parisiens et sur Lutèce.

[1] Jullian, *Histoire de la Gaule*, III, p. 460-463.
[2] M. A. Blanchet (*Rev. archéol.*, 1907, I, p. 175) arrive à la même conclusion en constatant combien le rapport de Labiénus sur la bataille est incomplet. « On s'étonne que le rapport de Labiénus ait passé sous silence tant de difficultés vaincues en si peu de temps. Devons-nous reprocher ces lacunes à Labiénus ou à César, qui a peut-être résumé trop brièvement le récit des succès de son lieutenant? En tout cas... le rapport de Labiénus, tel que nous pouvons le lire, n'est ni clair, ni complet. »

APPENDICE II.

LE PRÉTENDU AQUEDUC GALLO-ROMAIN DIT DE CHAILLOT [1].

En 1734, Buache aurait trouvé en bas de la colline de Chaillot, au ponceau de Chaillot, les restes d'un aqueduc, qu'il crut gallo-romain. Caylus (*Antiquités*, II, p. 375-376, pl. CVIII, CIX, CXII) signale de nouvelles découvertes des conduits de cet aqueduc « sur la nouvelle place Louis XV » (place de la Concorde). En 1781, on mit à jour, dans le jardin du Palais-Royal, un bassin carré de construction romaine de 20 pieds de côté. Dulaure y voit le réservoir de l'aqueduc de Chaillot (*Histoire de Paris*, 1821, I, p. 67). Jollois (*Mémoire*, p. 77) indique trois découvertes des conduits aux points H, G, F de la planche I annexée à son travail. Belgrand (*Les anciennes eaux de Paris : Aqueduc romain de Chaillot*, p. 25-32), raisonnant sur les données de Jollois, démontre que l'eau ne peut venir de Chaillot, puisque les tuyaux passent dans les Champs-Élysées et sur la place de la Concorde à 33 mètres, tandis que le niveau de l'argile plastique n'est à Chaillot que de 26 mètres. L'origine de l'aqueduc serait plutôt vers Auteuil, où l'argile plastique se relève assez pour permettre une dérivation vers Lutèce.

L'aqueduc se présente sous l'aspect d'une conduite composée de tuyaux en poterie emboîtés les uns dans les autres. Chacun a 0 m. 75 de long, 0 m. 15 de diamètre intérieur, 0 m. 027 d'épaisseur. Le conduit est enroché dans un massif de béton de 0 m. 50 de large sur 0 m. 55 de long.

La théorie de l'aqueduc gallo-romain de Chaillot est admise par tous, même par Belgrand, qui la modifie légèrement.

Cependant Vacquer a trouvé, entre les 22ᵉ et 23ᵉ arches du viaduc d'Auteuil à partir d'Auteuil, le même conduit venant de la direction du bois de Boulogne. Dès lors, il est impossible d'admettre même l'hypothèse de Belgrand. L'origine de l'aqueduc est plus lointaine qu'Auteuil, et comme on ne trouve pas de sources au delà jusqu'à Saint-Cloud sur la rive gauche de la Seine, il est nécessaire de prolonger jusque-là le tracé de la rigole. Mais aussitôt on est amené à penser qu'il ne s'agit pas d'un aqueduc gallo-romain, mais d'un travail exécuté vers 1566 pour amener aux Tuileries les eaux d'une fontaine de Saint-Cloud. L'aqueduc du XVIᵉ siècle passait au travers du bois de Boulogne où, dès 1570, il dut subir des réparations « pour découvrir les fautes qui étaient esdits tuyaux à l'endroit des emboîtements d'iceulx par où l'eau se perdait et pour iceulx remastiquer et restablir ». Déjà cette description assez vague du conduit indique sa ressemblance avec les fragments signalés successivement par Buache, Caylus et Jollois. Quant à l'enrochement de béton qui entoure les tuyaux et donne à l'aqueduc un aspect gallo-romain, on comprendra sa nécessité puisque l'aqueduc

---

[1] Il a paru, depuis que j'ai rédigé cette note, un travail de M. Tessot (*Rapport relatif à l'aqueduc dit de Chaillot*, C. V. P., 1905, p. 223-227). Ce travail technique commencé sur nos indications, aboutit aux mêmes conclusions.

était une conduite forcée. Dans le bois de Boulogne, par exemple, elle remontait de 30 m. 50 à 37 m. 65 sur 2,750 mètres. Il fallait donc, pour résister à la pression de l'eau dans le conduit, le maçonner très solidement et l'envelopper de béton. Enfin, ce qui est décisif, c'est que les tuyaux portent sur leur surface extérieure une empreinte de grosse toile, indice des procédés de Bernard Palissy. Or on connaît l'emplacement des fours de Bernard Palissy dans les Tuileries. Vacquer émettait l'hypothèse qu'en fouillant attentivement autour de ces fours, on trouverait des morceaux de ce tuyau, et il ajoute au crayon: « .... ce qui s'est vérifié en 1883 ». Aucun doute n'est donc plus possible, l'aqueduc dit « de Saint-Cloud », l'aqueduc prétendu romain, est un travail du xvie siècle.

APPENDICE III.

LES COMPAGNONS DE SAINT DENIS, RUSTIQUE ET ÉLEUTHÈRE.

La tradition qui attribue à saint Denis deux compagnons, Rustique et Eleuthère, est bien antérieure à Hilduin. On retrouve en effet les deux saints non seulement dans les *Gesta Dagoberti* (ch. 9 et 17) et dans la *Passio S. Dionysii* (ch. 3, 23), mais encore dans les deux chartes de 724 et 654 dont j'ai parlé[1]. Dans celle de 724, les deux saints sont rangés dans l'ordre qu'ils conserveront constamment par la suite, Rustique, puis Eleuthère, tandis que dans celle de 654, Eleuthère est mentionné le premier et Rustique le second. J. Havet semble assez disposé à croire, et Krusch affirme, que le culte de ces deux compagnons de saint Denis ne vint s'ajouter à celui de l'évêque qu'au moment où l'on transporta les reliques du saint de l'ancienne église dans la nouvelle abbaye, en 626. On dut alors «inventer» leurs corps. Pourtant les *Gesta Dagoberti*, qui rapportent le fait, ne méritent guère confiance, puisqu'ils racontent aussi qu'on découvrit en même temps le corps de saint Denis dont la sépulture était inconnue. Or on sait par Grégoire de Tours que le tombeau de saint Denis était honoré dès le vi[e] siècle. Quoi qu'il en soit cependant de cette hypothèse de l'invention de Rustique et d'Eleuthère en 626, il est à peu près certain que leurs noms étaient déjà célèbres auparavant. Les plus anciens manuscrits du martyrologe hiéronymien, ceux de Berne, de Wissembourg, d'Echternach, datent de la fin du viie ou du début du viiie siècle, mais les deux traditions de Berne et de Wissembourg, qui se séparent dès le règne de Clotaire II, signalent déjà les deux noms d'Eleuthère et de Rustique à côté de celui de saint Denis, et le manuscrit d'Echternach, dont la tradition particulière semble être encore plus ancienne et remonter jusqu'à la fin du vi[e] siècle, les mentionne aussi. En outre, puisque ces trois saints sont présents dans le même ordre de succession, à la même place relative parmi les saints du jour (8 ou 9 octobre) dans les trois manuscrits les plus anciens du martyrologe, il faut admettre qu'ils se trouvaient déjà dans la recension primitive d'Auxerre, que Mgr Duchesne date de la fin du vi[e] siècle. Le culte de Rustique et d'Eleuthère est donc antérieur à la fondation de l'abbaye; au vi[e] siècle, les deux compagnons de saint Denis étaient assez célèbres déjà pour figurer à côté de saint Denis dans le martyrologe hiéronymien[2].

---

[1] Voir plus haut, p. 119-120.
[2] Sur cette question de Rustique et d'Eleuthère, voir Havet, *Questions mérov.*, p. 221-222 : *Saint Rustique et saint Eleuthère;* — B. Krusch, *Zur Afralegende und zum M. H.* (Martyrologium Hieronymianum) [*Neues Archiv.*, XXIV, 1898, p. 321]; — Réponse de Mgr Duchesne à Krusch, *A propos du martyrologe hiéronymien* (*Anal. Bollandiana*, XVII, 1898, p. 441-443).

APPENDICE IV.

LA VIE DE SAINTE GENEVIÈVE.

Il importerait à notre sujet de fixer l'âge et la valeur historique de la Vie de sainte Geneviève.

L'historique de la question a été résumé par G. Kurth, *Clovis*, II, p. 249-254, qui a dressé une bibliographie du sujet.

Je m'en tiendrai aux discussions contemporaines dont les éléments sont enfermés dans les articles et les préfaces indiqués ci-dessous :

Ch. Kohler, *Étude critique sur le texte de la Vie de sainte Geneviève de Paris* (*Bibl. École Hautes Études*, t. 48, 1881);

Abbé Narbey, *Quel est le texte authentique de la Vie de sainte Geneviève? Étude critique suivie de sa vie authentique* (*Bulletin d'histoire et d'archéologie du diocèse de Paris*, I, 1884, p. 46-68);

Bruno Krusch, *Die Fälschung der Vita Genovefae* (*Neues Archiv*, XVIII, 1893, p. 9-50);

Mgr L. Duchesne, *La Vie de sainte Geneviève* (*Bibl. École Chartes*, LIV, 1893, p. 209-224);

Bruno Krusch, *Vita Genovefae virginis Parisiensis*, Préface (*Monum. Germ. hist., Script. rer. merov.*, III, 204-215);

Mgr L. Duchesne, Compte rendu de l'ouvrage précédent (*Bull. critique*, 1897, p. 473-476);

Ch. Kohler, *La Vie de sainte Geneviève est-elle apocryphe?* (*Revue historique*, LXVII, 1898, p. 282-320);

Comptes rendus de ces divers travaux dans les *Analecta Bollandiana*, XII, p. 470 ; XIV, p. 334-335; XVI, p. 87, XVII, p. 368.

Comme la plupart de ces travaux sont des œuvres de polémique, la discussion y est quelquefois embrouillée et les arguments des adversaires n'apparaissent pas avec leur valeur relative. Je me suis efforcé de dégager ceux qui méritent d'être retenus et, sans prétendre étudier de nouveau à fond cette question, de marquer les raisons sur lesquelles je fonde mon opinion personnelle.

I. Des deux classes importantes de manuscrits A et B, Krusch démontre que la première est la plus ancienne par sa langue et son style, mais ce n'est pas à dire que son fonds doive être admis comme original, car il se peut fort bien que les manuscrits de la classe B, plus succincts, n'aient subi que des rajeunissements de forme et que leur texte, moins interpolé, ait une valeur plus grande que celui des manuscrits A. En particulier, Krusch croit pouvoir s'appuyer sur la présence, dans les manuscrits A, d'un passage où est rapportée la mission de saint Denis envoyé par saint Clément pour conclure que la Vie est d'âge postérieur à cette légende qui daterait du viii° siècle. La rédaction A peut être en effet plus jeune que la légende, mais comme cette tradition n'est pas relatée dans les manuscrits B, il peut y avoir là une interpolation dans les manuscrits A, et il n'est pas permis de dater la Vie d'après cet épisode du récit[1].

II. Krusch prétend trouver dans cette œuvre, qui daterait, au dire de l'hagiographe, de dix-huit ans après la mort de la sainte, c'est-à-dire de 520 environ, les traces d'une imitation des écrivains de la fin du vi° siècle, de Fortunat et surtout de Grégoire de Tours. Mais les citations qu'il apporte ne sont pas très probantes. On peut admettre que le hasard a pu provoquer ces coïncidences chez des auteurs qui parlaient une langue presque contemporaine.

III. Si l'on excepte le passage où il est parlé de la mission confiée à saint Denis par saint Clément, il n'y a pas d'épisode qui révèle d'une façon décisive une rédaction postérieure au début du vi° siècle.

L'analyse du texte ne permet donc pas, à elle seule, de le dater du viii° siècle sous sa forme originale, et Mgr Duchesne a fort bien fait la critique de toute une série d'arguments de Krusch dont il a montré, de façon mordante, la faiblesse et souvent même la mauvaise foi.

Mais Mgr Duchesne, à son tour, s'est abstenu de répondre aux arguments les plus sérieux de Krusch, dont la thèse peut encore se fortifier de quelques autres.

I. En admettant que le texte concernant la mission de saint Denis soit une interpolation, le texte B, édité par Ch. Kohler, dit que saint Denis subit la passion avec ses compagnons Rustique et Eleuthère, *cum sociis suis Rustico et Eleutherio*. Comme j'ai montré précédemment (Appendice III) que la tradition qui attribuait à saint Denis des compagnons était antérieure au vii° siècle, la mention de Rustique et d'Eleuthère dans le texte B ne serait pas une preuve contre son antiquité relative; mais j'ai montré aussi que la tradition primitive plaçait les compagnons de saint Denis dans l'ordre suivant : Eleuthère et Rustique. C'est seulement dans la charte de 724 qu'ils apparaissent dans l'ordre inverse. La rédaction B de la Vie de sainte Geneviève serait donc plus jeune que la charte de 654 [2].

II. Si cette Vie est bien du vi° siècle, il est bizarre que Grégoire de Tours qui mentionne

---

[1] Il est remarquable, par exemple, que la rédaction d'où sont issus les manuscrits B ne renferme pas le passage où est rapportée, avec la mission de saint Denis envoyé par saint Clément, la tradition du martyre du saint sur la colline de Montmartre, mais s'en tienne à la tradition plus ancienne qui place la passion de saint Denis à *Catulliacus*. Les manuscrits de la classe A, au contraire, admettent en leur texte les deux versions, pourtant contradictoires, sur l'endroit où saint Denis subit la passion. Les manuscrits B, de langue plus jeune, seraient donc pourtant d'origine plus ancienne que les manuscrits A.

[2] Voir p. 117.

APPENDICE IV.

régulièrement les Vies de saints qu'il a lues et dont il se sert ne parle pas de la Vie de sainte Geneviève dans le chapitre qu'il lui consacre. Le fait est d'autant plus curieux que la Vie contient des récits historiques importants. Elle mentionne un siège de Paris qui dura dix ans sous Clovis. Les sources de Grégoire pour cette période primitive de la royauté franque sont trop pauvres pour qu'il ait négligé de se servir de la Vie de sainte Geneviève, si l'œuvre existait déjà. De fait, on n'en trouve pas mention avant les *Gesta Dagoberti* (chap. 3), qui sont du début du IXe siècle.

III. On ne s'explique pas qu'une vie rédigée, selon son auteur, dix-huit ans après la mort de la sainte soit si vide de tout renseignement personnel sur elle. Si jeune qu'on suppose le rédacteur de l'œuvre quand il l'écrivit, il aurait dû garder un souvenir vivant d'une sainte dont son enfance avait pu connaître les derniers miracles. Du moins, tous les habitants âgés de plus de trente ans pouvaient lui parler encore de Geneviève qu'ils avaient connue. Au contraire, l'hagiographe est si ignorant de tout épisode particulier de la vie de la sainte qu'il emprunte le fond de son récit à d'autres Vies de saints, saint Germain d'Auxerre et surtout saint Martin de Tours. De même, les événements d'histoire qu'il rapporte sont invraisemblables. On a montré par exemple qu'il n'est guère possible qu'il y ait eu sous Clovis un siège de Paris qui ait duré dix ans.

IV. On ne s'explique pas l'insistance avec laquelle sainte Geneviève opère des miracles dans certaines régions, si elle n'y a qu'un intérêt de pure édification. À Meaux, ou dans la région de Meaux, ses vertus miraculeuses agissent sans cesse (chap. 28, 29, 33, 41, 5o). Une fois même, la sainte de Nanterre protège contre l'orage un de ses champs voisins de Meaux. Ces miracles se comprennent mieux si l'on connaît les propriétés foncières que les religieux de Sainte-Geneviève possédaient en pays mulcien. Elles sont signalées par Giard *Étude sur l'abbaye de Sainte-Geneviève à Paris* (*Mém. Soc. hist. Paris*, XXX, p. 83 et suiv.), parmi les biens du monastère. Ces propriétés ne sont mentionnées généralement que pour les XIe et XIIe siècles, mais il n'est pas douteux que presque toutes soient beaucoup plus anciennes. Je citerai les terres d'Esbly, de la Ferté-Milon, de Jossigny, de Lizy-sur-Ourcq où la châsse de sainte Geneviève séjourna pendant les invasions normandes, de Magny-le-Hongre, de Meaux, de Marizy-Sainte-Geneviève, du Moulin de l'Isle. Je crois que sainte Geneviève, en agissant dans cette région, exprime sur elle ses droits de possession[(1)].

Il me semble donc que la Vie n'a pu être écrite qu'au moment où l'église de Saint-Pierre, la basilique des Apôtres, était déjà devenue un monastère, attentif à son temporel. Or la fondation du monastère doit se placer entre les deux rédactions de la Vie de sainte Bathilde, puisque la Vie la plus ancienne, en mentionnant l'église de Saint-Pierre, n'y parle pas de l'existence d'un ordre monastique que la Vie la plus récente y installe : *Ecclesiam quoque sancti Petri ubi religio monastici ordinis vigeret Parisius fecit*. Or, si la première rédaction est de peu postérieure à la mort de Bathilde, c'est-à-dire de la fin du VIIe siècle, l'autre est des

---

[(1)] Il doit y avoir quelque relation soit entre le pays d'Auxerre et l'abbaye de Sainte-Geneviève, soit plutôt entre Saint-Germain-l'Auxerrois de Paris et Sainte-Geneviève. Sans cela on s'explique mal les deux interventions de l'évêque d'Auxerre dans notre Vie, et surtout la venue à Paris de ce chanoine d'Auxerre sauvant la sainte des Parisiens qui voulaient la faire périr.

APPENDICE IV.

premiers temps de la dynastie carolingienne, sans doute de la seconde partie du viii° siècle. La fondation du monastère peut donc remonter jusqu'à la fin du vii° siècle ou au début du viii° siècle.

La valeur historique de la Vie de sainte Geneviève est donc nulle. Le fait est reconnu par ceux-là mêmes qui placent sa rédaction au vi° siècle, et l'on ne peut mieux faire pour juger l'œuvre que de citer les propres paroles d'un de ses meilleurs défenseurs, Ch. Kohler (p. ci): «Nous estimons que jusqu'ici on a donné trop de créance à la plupart des renseignements fournis par ce texte. En dehors des indications pour lesquelles l'auteur ne pouvait avoir d'intérêt à fausser la vérité, il n'est pas permis de faire entrer dans le domaine de la certitude, et par conséquent de l'histoire, celles dont l'authenticité ne serait confirmée par aucun autre document. S'il est des points où la Vie de sainte Geneviève soit en désaccord avec d'autres récits, il ne faudra jamais la leur préférer de prime abord, ces récits fussent-ils même d'un temps moins rapproché des événements[1].»

---

[1] Ce travail était déjà mis en pages quand M. K. Künstle a donné une nouvelle édition de la Vie de sainte Geneviève (*Vita S. Genovefae virginis Parisiorum patronae*, édit. K. Kunstle, Leipzig, 1910, in-12, dans la *Bibliotheca scriptorum medii aevi Teubneriana*), d'après une rédaction C de la Vie jusqu'alors tenue par MM. Kohler et Krusch pour un abrégé de la rédaction A, écrit au dire du premier entre 814 et 857; au dire du second, au xi° siècle seulement. Or M. Künstle a retrouvé cette Vie C en deux manuscrits de la fin du viii° siècle et du début du ix° siècle, passionnaires dont la collection originale remonte peut-être jusqu'au vii° siècle. Il apparaît donc immédiatement que l'œuvre originale ne date pas, comme le prétendait M. Krusch, de la fin du viii° siècle.

Ce n'est pas à dire que la recension C soit certainement, comme le pense M. Künstle (p. XL), la plus ancienne des recensions conservées de la Vie. Après examen, et sans qu'il soit possible de discuter ici l'opinion de M. Künstle, il faut penser:

1° Que la rédaction C est un remaniement libre, mais intelligent et correct, d'une rédaction barbare dont dérive la famille A des manuscrits, mais qui ne connaissait pas encore, comme cette dernière, la tradition du martyre de saint Denis à quatre milles de Paris, c'est-à-dire à Montmartre;

2° Que la rédaction reproduite par A (éd. Krusch) et interprétée par C (éd. Künstle) ne parlait pas des compagnons de saint Denis, mais rappelait déjà la mission de l'évêque, envoyé de saint Clément;

3° Que la rédaction B (éd. Kohler), ignorante de cette tradition, est la copie assez exacte en langue correcte d'une rédaction plus ancienne rédigée dans la langue inculte qu'ont respectée les manuscrits de la famille A dont s'est servi M. Krusch pour son édition;

4° Que ce modèle, jusqu'ici non retrouvé, était une œuvre mérovingienne.

Mais était-ce là l'œuvre originale? Et cette première Vie a-t-elle l'âge que lui assigne son auteur? Il reste permis d'en douter. Du moins, contre le modèle commun des rédactions A, B, C portent les mêmes critiques, sauf la première, qui viennent d'être indiquées dans le texte.

APPENDICE V.

LA BATAILLE DE PARIS EN 383.

On lit, dans l'*Epitome chronicon* de Prosper, que, sous le consulat de Ricimer et de Cléarque (384), Maxime, proclamé empereur par les troupes de Bretagne, passa en Gaule et battit Gratien à Paris grâce à la trahison du maître de la cavalerie, Mérobaud. Gallien fut ensuite pris et tué à Lyon[1]. Cette bataille de Paris est aussi rappelée, mais d'après Prosper, par l'*Historia Britonum*[2].

Je ne crois pas qu'il faille ici accorder grande confiance à Prosper au sujet de cette bataille de Paris. On sait combien Prosper est d'autorité douteuse[3]. Dans ce passage en particulier, le récit présente plusieurs erreurs. Prosper place la révolte de Maxime sous les consulats de Ricimer et de Cléarque (384), alors qu'elle éclata sous ceux de Mérobaud et de Saturnin (383)[4]. En outre, l'*Epitome chronicon* accuse Mérobaud d'avoir décidé par sa trahison la défaite de Gratien. Or Mérobaud, qui fut sa fortune sous Valentinien et Gratien, n'avait pas intérêt à détruire celui qui lui avait conféré, pour cette année-là même, un second consulat[5]. On sait d'ailleurs que l'usurpateur Maxime était l'ennemi de Mérobaud et qu'il le fit tuer parce qu'il avait été fidèle à Gratien. Je ne vois qu'une façon d'expliquer l'erreur de Prosper. Il a imputé à Mérobaud une trahison qui survint l'année où celui-ci était consul. Un rapprochement de mots a provoqué une confusion d'idées.

Un texte qui présente ces deux grosses inexactitudes ne mérite pas d'être pris sérieusement en considération quand il parle d'une bataille de Paris qui n'est pas mentionnée par d'autres auteurs indépendants de Prosper. De plus, on sait par Zosime que Maxime vint aborder de Bretagne à l'embouchure du Rhin et qu'il trouva les troupes de Germanie favorables à sa cause[6]. C'est alors que Gratien lui barra le passage. Socrate confirme Zosime quand il dit que Maxime attaqua Gratien, tandis qu'il guerroyait contre les Alamans[7]. La rencontre eut donc lieu vraisemblablement au nord-est de la Gaule au voisinage du Rhin. Après cette bataille, Gratien s'enfuit vers Lyon par les routes de l'Est. Il est donc très probable qu'il n'y eut pas, en 383, de bataille sous les murs de Paris.

[1] *Epit. chronicon*, dans les *Chron. min.*, éd. Mommsen, I, p. 461, 1183.
[2] *Hist. Britonum*, dans les *Chron. min.*, éd. Mommsen, III, p. 168, 15.
[3] Mommsen, *Chron. min.*, I, 348-350.
[4] *Code Theodosien*, éd. Mommsen et Meyer, p. cclx et ccxli. — LE NAIN DE TILLEMONT, *Hist. des empereurs*, V, p. 729, note XXVII.
[5] AMMIEN MARCELLIN, XXXI, 10, 2; XXXI, 8, 2.
[6] ZOSIME, IV, 35.
[7] SOCRATE, *Hist. eccl.*, V, 11 (éd. Valois, p. 221).

TABLE DES FIGURES DANS LE TEXTE.

		Pages.
Fig. 1.	Lutèce d'après Delamare (début du xviiie siècle).....................	xvi
Fig. 2.	La ville antique d'après Dulaure (début du xixe siècle).................	xviii
Fig. 3.	La ville antique d'après Jollois (milieu du xixe siècle)..................	xx
Fig. 4.	La ville antique d'après A. Lenoir (seconde partie du xixe siècle)..........	xxiii
Fig. 5.	La ville antique d'après Vacquer (fin du xixe siècle)...................	xxv
Fig. 6.	La Gaule et la Bretagne selon Strabon................................	7
Fig. 7.	Coupe schématique du Sud au Nord de la plaine de Paris................	13
Fig. 8.	Coupe schématique du Nord au Sud à travers les terrains naturels de l'île de la Cité..	15
Fig. 9.	Le sol naturel de la plaine de Paris.................................	18
Fig. 10.	La borne milliaire de Paris.......................................	29
Fig. 11.	Les routes antiques de Paris à Reims...............................	31
Fig. 12.	Profil en long et plan des substructions de la chaussée romaine de la rue Saint-Antoine à son passage à travers le marais.......................	39
Fig. 13.	Essai de restitution d'un temple romain de Montmartre, d'après Vacquer....	41
Fig. 14.	Plan d'une habitation gallo-romaine à Montmartre, d'après Jollois.........	43
Fig. 15.	La voie romaine sous la rue Saint-Jacques. — Coupe montrant le détail des rechargements successifs de la voie à la rencontre des rues Saint-Jacques et des Écoles...	46
Fig. 16.	Édifice de la rue Gay-Lussac, hypocauste de la salle extrême-orientale. Coupe du Sud au Nord,	56
Fig. 17.	Édifice de la rue Gay-Lussac, hypocauste du Nord. Coupe du Nord au Sud...	57
Fig. 18.	Essai de restitution du portique de l'édifice romain de la rue Soufflot.......	60
Fig. 19.	Fragments d'antéfixes trouvés dans les ruines de l'édifice romain de la rue Soufflot...	62
Fig. 20.	L'autel de l'édifice de la rue Soufflot................................	62
Fig. 21.	Mur de l'édifice de la rue Soufflot, première époque....................	63
Fig. 22.	Coupe du chemin de ronde de l'édifice de la rue Soufflot montrant les deux constructions du bâtiment.......................................	64
Fig. 23.	Coupe du terrain de la voie Nord de l'édifice de la rue Soufflot............	65
Fig. 24.	Théâtre romain de Lutèce. — Section sur l'un des vomitoires.............	67
Fig. 25.	Édifice du Collège de France. Coupe à travers la salle A du plan V........	71
Fig. 26.	Édifice du Collège de France. Coupe à travers les salles G et H du plan V...	71
Fig. 27.	Édifice du Collège de France. Niche semi-circulaire de la grande salle occidentale..	71
Fig. 28.	Édifice du Collège de France. Coupe à travers la salle C du plan V.........	72
Fig. 29.	Édifice du Collège de France. Plan-coupe de la salle D du plan V..........	73
Fig. 30.	Édifice du Collège de France. Coupe suivant ab du plan précédent.........	74
Fig. 31.	Édifice du Collège de France. Coupe suivant cd du plan précédent.........	75
Fig. 32.	Édifice du Collège de France. Chapiteau trouvé dans les ruines...........	75

TABLE DES FIGURES DANS LE TEXTE.

		Pages
Fig. 33.	Les Arènes. Pierres inscrites de la gradination, découvertes aux Arènes et dans le rempart de la Cité.	78
Fig. 34.	Les Arènes. Pierre destinée à recevoir les mâts du velarium, découverte dans les fouilles du Marché aux Fleurs.	79
Fig. 35.	Position relative des différentes couches de la voie romaine de la rue Saint-Jacques et de l'aqueduc romain : coupe prise à la rencontre des rues Saint-Jacques et Gay-Lussac.	85
Fig. 36.	Édifice romain des Thermes de Cluny. Console de la grande salle.	86
Fig. 37.	Édifice romain des Thermes de Cluny. Aqueduc souterrain.	88
Fig. 38.	Cippe funéraire typique du cimetière romain de la rue Nicole.	95
Fig. 39.	Les trois faces sculptées de l'autel des Nautes parisiens. (Leur assemblage représente le cortège des Nautes vers Tibère?).	108
Fig. 40.	Mur romain de la Cité, coupe en épaisseur (fouilles de la rue d'Arcole en 1869).	144
Fig. 41.	Fragment d'architrave, appartenant sans doute à l'édifice romain de la rue Soufflot, et retrouvé dans l'île de la Cité parmi les matériaux d'une construction de basse époque.	147
Fig. 42.	Niveau de l'incendie mérovingien dans l'île de la Cité (fouilles du Marché aux Fleurs, 1906).	151
Fig. 43.	Cavalier auxiliaire.	165

TABLE DES PLANCHES HORS TEXTE[1].

Planche I. — Les Arènes.
1. Vue d'ensemble; côté Nord-Est.
2. Vue d'ensemble; côté Nord-Ouest.

Planche II. — Les Arènes.
1. Mur du Podium.
2. Entrée du Sud; les niches semi-circulaires.
3. Entrée du Sud; détail d'une niche semi-circulaire.
4. Égout du réduit de l'Est.
5. Mur du Podium; dallage de pierre en avant du mur.

Planche III. — *A*. Les Arènes.
1. La scène.
2. Réduit du couloir septentrional.

B. Aqueduc romain de Lutèce.
3. Fragment détaché de la rigole.
4. Rigole mise à jour à l'Haÿ.
5. Rigole; traces de couverture, alvéole sur les deux murettes, dalle en place.

Planche IV. — Bassin romain de Wissous.
1. Côté Sud-Est; arrivée de la grande rigole de Wissous.
2. Côté Nord-Est; arrivée des sources de Rungis.

Planche V. — Bassin romain de Wissous.
1. Côté Sud-Ouest; entrée de la rigole de la petite source de Wissous.
2. Côté Nord-Ouest; tête du grand aqueduc allant vers Paris.

Planches VI et VII. — Grande salle des Thermes.

Planche VIII. — Thermes de Cluny.
1. Salles du Nord dans le jardin du Musée de Cluny.
2. Coin Nord-Est d'une salle donnant sur le boulevard Saint-Michel.
3. Chambre au Sud-Est de la grande salle; face orientale.

---

[1] Les renvois suivants du texte aux planches hors texte sont erronés et doivent être rectifiés ainsi :
Page 104. Au lieu de : «planche XIV, 1-4», il faut lire : «planche XIII, 1-4»;
Page 104. Au lieu de : «planche XV, 1», il faut lire : «planche XIV, 1»;
Page 105. Au lieu de : «planche XIII, 1-4», et de : «planche III, fig. 5», il faut lire partout : «planche XV, 1-5».

TABLE DES PLANCHES HORS TEXTE

PLANCHE IX. — BAS-RELIEFS À SCÈNES DE MÉTIER.

1. Forgeron.
2. Les Poissonniers.
3. Esclaves chargeant une charrette, et commerçant à ses comptes.
4. Ouvriers appliquant la règle d'architecte.
5. Scène de vente.

PLANCHE X. — DIEUX GALLO-ROMAINS DE LUTÈCE.

1—4. Autel des quatre dieux du Musée de Saint-Germain.
    1. Mercure.   3. Apollon.
    2. Rosmerta.   4. Amour ailé à la pomme?
5. Bas-relief de Mercure.

PLANCHE XI. — AUTEL DES NAUTES PARISIENS.

1. L'inscription.
2. L'empereur et sa suite.

PLANCHE XII. — AUTEL DES NAUTES PARISIENS.

1. Le cortège des vieillards.
2. Le cortège des jeunes gens.

PLANCHE XIII. — AUTEL DE JUPITER.

1. Jupiter.
2. Vulcain.
3. Esus.
4. Tarvos trigaranus.

PLANCHE XIV. — AUTEL DE CERNUNNOS.

1. Cernunnos.
2. Hercule gaulois.
3. Castor.

PLANCHE XV. — AUTEL DU DIEU A TROIS VISAGES.

1. Dieu à trois visages.
2. Génie suspendant l'épée.
3. Génie appendant la cnémide.
4. Génie emportant le casque.
5. Génie emportant le bouclier.

PLANCHE XVI. — DIVERS.

1. Coin du cimetière chrétien de Saint-Marcel.
2. Arènes; mur du couloir septentrional, traces d'incendie.
3. Le mur d'enceinte de la Cité entre les rues Chanoinesse et des Ursins.

TABLE DES PLANS HORS TEXTE.

Plan I. . . . . Plan de Paris à l'époque gallo-romaine.
Plan II. . . . . Édifice romain de la rue Gay-Lussac.
Plan III. . . . . Édifice romain de la rue Soufflot.
Plan IV. . . . . Théâtre romain de Lutèce.
Plan V. . . . . Grands thermes romains du Collège de France.
Plan VI. . . . . Arènes de la rue Monge.
Plan VII. . . . . Aqueduc romain de Lutèce (en trois feuilles).
Plan VIII. . . . . Édifice romain des Thermes de Cluny.
Plan IX. . . . . Cimetière gallo-romain de la rue Nicole.
Plan X . . . . Le rempart romain dans la Cité.

TABLE DES MATIÈRES.

                                                                                          Pages.

AVANT-PROPOS..   I

PRÉFACE. — Légendes et traditions sur la ville antique; les débuts et les progrès de son histoire. État de la question   III

    Les renseignements de Grégoire de Tours, III. — La renaissance carolingienne, III. — La tradition de l'origine isiaque de Paris, IV. — Les chansons de gestes et les murs sarrasins, V. — La tradition romanesque de l'origine troyenne de Paris, V. — Prétentions scientifiques des auteurs médiévaux, VI.

    La Renaissance et l'édition de 1550 de la *Fleur des antiquités*; le doute scientifique chez Corrozet, VII. — Sa connaissance des auteurs anciens, César, Ammien Marcellin, Julien, VII. — Corrozet et les découvertes archéologiques de son temps, VIII. — Corrozet et les Thermes, VIII. — Les successeurs de Corrozet, excellente édition de 1581, par Nicolas Bonfons, IX. — La décadence chez Pierre Bonfons et Du Breul, IX. — L'œuvre de Sauval, X. — Analyse exacte et complète des textes, XI. — Les découvertes archéologiques de son temps, XI. — OEuvre inachevée, XIII.

    La découverte de l'inscription des Nautes parisiens en 1711, son importance pour le progrès des études d'histoire ancienne de Paris, XIII. — Félibien, son insuffisance, XV. — Les trouvailles archéologiques du XVIIIe siècle, mauvais travaux de détail sur elles, XVI. — La décadence des études d'histoire ancienne de Paris au début du XIXe siècle, l'œuvre de Dulaure. XVII.

    Le renouveau, Jollois, XIX. — Les travaux de Paris au XIXe siècle, XIX. — Les découvertes archéologiques, XXI. — Vacquer, ses papiers, XXII.

BIBLIOGRAPHIE.. XXVII

CHAPITRE Iᵉʳ. — Le pays parisien et Lutèce au moment de la conquête romaine. Le site naturel de la ville...   1

    I. Les textes de César sur les Parisiens et Lutèce, point de départ nécessaire d'une étude sur ce sujet, 1. — La campagne de César en 701 (53), son quartier-général à Lutèce, 1. — L'expédition de Labiénus en 702 (52). Le rôle des Parisiens, chefs d'une coalition gauloise: importance de la position de Lutèce; la bataille de Lutèce, 2. — Physionomie primitive du pays d'après César, 3.

    II. La formation du pays parisien, relief, bois, marais, 3. — La région parisienne, véritable marche entre la Celtique et le Belgium, 6. — La route de Seine longue, lente, difficile, peu fréquentée, 7. — La configuration de la cité des Parisiens et leur dependance ancienne à l'égard de certains peuples voisins, surtout des Sénons, 8.

    Richesse latente du pays, routes, sol et sous-sol, 9. — Indices de cet avenir, existence d'une batellerie parisienne, d'une population assez dense; avènement des Parisiens à l'indépendance politique, leur rôle assez important pendant la guerre des Gaules, 10.

    III. La formation du cirque de Paris. Le bras Nord, le bras Sud, le petit bras de Seine, 11. — La formation de la Cité, 14.

    Physionomie primitive du cirque de Paris. — Les collines de bordure, 15. — La basse plaine parisienne, son niveau naturel, son ancien sol, ses «monceaux», 15.

    L'île de Lutèce, son escorte d'îlots, sa forme, son niveau, importance de sa position, 17.

    Conditions du développement de Lutèce à l'époque gallo-romaine, 20.

TABLE DES MATIÈRES.

Chapitre II. — Lutèce et ses relations routières à l'époque romaine 21

I. La Seine. — La route fluviale de la Seine, son importance, Lillebonne, Rouen, 21. — Lutèce sur cette route; les *nautes parisiens*, corporation des hôteliers du pays parisien, 21.

II. Lutèce et le réseau routier. — Les routes mentionnées à la fois par la Table de Peutinger et l'Itinéraire d'Antonin; la route terrestre doublant la route du fleuve, 1° Melun-Paris, 2° Paris-Pontoise vers Rouen; la route d'Orléans; imperfection de ce système routier; les relations avec le Nord, 24.

Les routes mentionnées seulement par l'Itinéraire d'Antonin : Paris-Dreux; Paris-Beauvais; Paris, tête de route vers Autun, vers Rouen, vers Beauvais; distribution déjà meilleure, mais encore imparfaite des grandes routes, 26.

La borne milliaire de Paris; sa date, ignorance où l'on doit rester de la route qu'elle indiquait, 28.

Les routes non indiquées par les documents antiques : Lutèce-Reims; Lutèce-Senlis; Lutèce-Melun par la rive gauche, 32.

Lutèce, nœud important de routes locales, localité encore mal desservie par les grandes routes du commerce général, 34.

Chapitre III. — Tableau de Lutèce sous le haut Empire 35

Lutèce et Lucotèce (Strabon), seule et même ville, 35.

I. La rive droite. — Le grand pont, 36. — La grande voie romaine de la rue Saint-Martin, 36. — La voie de la rue Saint-Antoine, 38. — La rue de Melun, 39. — Les ruines de Montmartre, 40.

II. La Cité. — Notre ignorance de sa topographie pendant le haut Empire et raisons de cette ignorance, remblais et murs de haute époque, 44.

III. La rive gauche. — a. *Les rues*; la voie de la rue Saint-Jacques, 45. — La voie inférieure, 47. — Les voies de Grenelle, de Vaugirard, de Melun, par la rive gauche, 48. — Les rues de traverse, 50. — Grande largeur et tracé rectiligne des rues parisiennes, 50.

b. *Extension de Lutèce sur la rive gauche.* — Progrès de cette extension, les fossés à détritus, 50. — Limites de la ville de la rive gauche, 51.

c. *Les quartiers.* — Le bas quartier, 52. — La pente de la montagne Sainte-Geneviève, 53. — Le quartier de Saint-Étienne-du-Mont, la préfectoriale manufacture de poteries de la place du Panthéon, 53. — Le quartier riche du Luxembourg et la maison de la rue Gay-Lussac, 54.

d. *Les grands édifices publics de la rive gauche.* — Le temple de la rue Soufflot, 59. — Le théâtre du lycée Saint-Louis, 66. — Les thermes du Collège de France, 68. — Les Arènes, 76. — L'aqueduc d'Arcueil, 80. — L'édifice *dit* de Thermes, 92.

e. *Les cimetières parisiens de haute époque.* — Le cimetière de la rue Nicole, 94.

Lutèce, type complet de ville gallo-romaine d'assez faible importance, 96.

Chapitre IV. — La population parisienne sous le haut Empire 98

Découverts de cette étude, inscriptions et monuments figurés, œuvres locales travaillées dans la pierre du pays, datées du haut Empire, 98.

I. Les inscriptions. — Leur épigraphie, leur style, leur onomastique (1° pierres inscrites des Arènes; 2° autres inscriptions), 99.

II. Les monuments réunis. — Stèles funéraires de métier, 101. — Stèles, statues et statuettes religieuses, Mercure, grande divinité parisienne, 102.

III. L'inscription et les autels aux Nautes. — Description, 103. — L'inscription, son latin vulgaire, le mot *Parisiaci*, 106. — Les mots *Senani Uselinni* et *Eurises*, persistance du gaulois comme langue dans les inscriptions des nautes, 107. — Les représentations figurées, les dieux romains; l'autel du Mars romain et la divinité gauloise à trois visages; les dieux celtiques, Tarvos Trigaranus, Esus, Cernunnos, 107.

Le Parisien de haute époque fidèle au souvenir de son origine gauloise, 110.

TABLE DES MATIÈRES.

Chapitre V. — Paris et les invasions barbares 111

    Silence des textes sur les invasions barbares dans la région parisienne, 111. — Les Bagaudes à Saint-Maur-des-Fossés, 111.

    Les trésors monétaires découverts à Paris et dans la région parisienne, 113. — Traces d'incendie que portent les ruines gallo-romaines du pays parisien et de Paris, 115. — La destruction avant 280 du Paris gallo-romain de la rive gauche, 117.

Chapitre VI. — Le christianisme à Paris à l'époque gallo-romaine 118

    I. Les Origines. — Saint Denis; la date de son épiscopat; la légende, créée par Hilduin au IXe siècle, de saint Denis l'Aréopagite, évêque de Paris au Ier siècle, 118. — La légende de saint Denis, missionnaire de saint Clément au Ier siècle; son antiquité, sa genèse suivant J. Havet, critique de cette hypothèse; origine véritable de la légende, 118. — La légende racontée par Grégoire de Tours, saint Denis, un des sept évêques de la mission du IIIe siècle; critique générale de cette légende, sa valeur pour saint Denis, 122. — Saint Denis, vraisemblablement évêque de Paris, dans la seconde moitié du IIIe siècle, 123.

    La passion de saint Denis sur la colline de Montmartre. Renouveau de cette tradition, 123. — Son existence dans les *Miracula sancti Dionysii*, dans les *Gesta Dagoberti* et dans certaines rédactions de la *Vita Genovefae*, 123. — L'église du Saint-Martyre, 125. — La crypte découverte en 1611 à Montmartre, 126. — Le nom de Montmartre, son origine, *Mons Martyrum* ou *Mons Mercore*, le Montmartre d'Avallon, 127.

    II. Les personnages du christianisme parisien primitif. — La liste épiscopale, sa valeur, 129. — Les évêques parisiens, saint Marcel, 129. — Sainte Geneviève, 130.

    III. La plus ancienne localité du christianisme parisien. — La première église, 131. — Le premier bourg chrétien à Saint-Marcel, 132. — Le cimetière de Saint-Marcel, 135.

Chapitre VII. — Tableau de Paris à basse époque 141

    Paris dans l'île à la fin du IIIe siècle.

    I. Le rempart. — Date de sa construction, 141. — Tracé, description, 143.

    II. Les abords de la Cité. — Le petit quartier de la rive droite, 145. — La rive gauche abandonnée, ses cultures, la vigne, 146.

    III. La Cité. — Encombrement de l'île par l'afflux d'une population nouvelle, 149. — Reconstruction totale de la Cité, 149. — Moyens de reconnaître les bâtiments de basse époque, 149. — Activité constructrice à la basse époque, 149. — Surélévation considérable du terrain de la Cité, 150.

    La partie orientale de l'île, les édifices du Parvis, 151. — La partie occidentale, le Palais, 152. — La partie centrale, l'édifice Régnard, 153. — Les abords du petit Pont, 155. — Les rues étroites, 156.

    IV. La nouvelle ville. — Transformation du nom de la ville, Lutèce et Paris, 157. — Description de Paris par Julien, 158.

Chapitre VIII. — Paris, ville militaire aux IVe et Ve siècles 158

    Situation administrative de la ville sous le bas Empire, 158.

    I. Importance militaire de Paris. — Les empereurs à Paris, hivernage de Julien en 357-358, 159. — Second hivernage de Julien en 359-360, 160. — Séjours de Valentinien à Paris en 365 et 366, 161. — La cour impériale à Paris, élévation de Julien au rang d'Auguste, 162.

    II. Le camp de Paris, 163. — Les troupes sarmates de la région, 164. — La flotte fluviale, 164. — Les inscriptions militaires, 165. — La place de Paris et les Francs du Nord-Est, 166.

    III. Paris au Ve siècle. — La ville et le royaume de Childéric, 167. — Clovis, maître de Paris, 167. — Le siège de dix ans, 168. — Paris, capitale de Clovis, 169.

TABLE DES MATIÈRES.

Conclusion 171
Appendice I. — La bataille de Lutèce 173
Appendice II. — Le prétendu aqueduc gallo-romain dit de Chaillot. 175
Appendice III. — Les compagnons de saint Denis, Rustique et Éleuthère. 177
Appendice IV. — La Vie de sainte Geneviève. 178
Appendice V. — La bataille de Paris en 383 182
Table des figures dans le texte 183
Table des planches hors texte 185
Table des plans hors texte 187
Table des matières 189

1. — Arènes. — Vue d'ensemble; côté Nord-Est.

2. — Arènes. — Vue d'ensemble; côté Nord-Ouest.

LES ARÈNES

Clichés Emonts. — Collection photographique
de la Bibliothèque de la Ville de Paris.

1. — Mur du Podium
(partie Sud-orientale, près du réduit de l'Est).

2. — Entrée du Sud; les niches semi-circulaires.

3. — Entrée du Sud; détail d'une niche semi-circulaire.

4. — Egout du réduit de l'Est.

5. — Mur du Podium; dallage de pierre en avant du mur
(partie Nord-occidentale, près de l'entrée du Nord).

LES ARÈNES

Clichés Emonts. — Collection photographique
de la Bibliothèque de la Ville de Paris

PLANCHE III

1. — ARÈNES. — La Scène.
Cliché EMONTS. - Collection photographique de la Bibliothèque de la Ville.

4. - AQUEDUC ROMAIN DE LUTÈCE. - Rigole mise à jour à l'Hay.
Cliché BARRY. — Photographie de la Commission du Vieux Paris.

2. — ARÈNES. — Réduit du couloir septentrional.
Cliché EMONTS. - Collection photographique de la Bibliothèque de la Ville.

3. - AQUEDUC ROMAIN DE LUTÈCE. - Fragment détaché de la rigole
Musée Carnavalet.
Cliché POTTIER.

5. - AQUEDUC ROMAIN DE LUTÈCE. - Rigole; traces de couverture,
alvéole sur les deux murettes, dalle en place.
Cliché BARRY. — Photographie de la Commission du Vieux Paris.

Planche IV

1. — Côté Sud-Est. — Arrivée de la grande rigole de Wissous.

2. — Côté Nord-Est. — Arrivée des sources de Rungis.

BASSIN ROMAIN DE WISSOUS

Clichés Barry. — Photographies
de la Commission du Vieux Paris.

Planche V

1. — Côté Sud-Ouest. — Entrée de la rigole de la petite source de Wissous.

2. — Côté Nord-Ouest. — Tête du grand aqueduc allant vers Paris.

BASSIN ROMAIN DE WISSOUS

Clichés Barry — Photographies
de la Commission du Vieux Paris.

GRANDE

Cliché Fobvier et Mabotte.

THERMES

PLANCHE VIII

Cliché BARRY.
1. — SALLES DU NORD dans le jardin du musée de Cluny.

Cliché FORTIER ET MAROTTE
2. — COIN NORD-EST d'une salle
donnant sur le boulevard Saint-Michel.

Cliché FORTIER ET MAROTTE
3. — CHAMBRE AU SUD-EST de la Grande Salle; face orientale.

THERMES DE CLUNY

1. — FORGERON. — Stèle funéraire du cimetière de la rue Nicole.
Cliché BERTHAUD. - Photographie de la Commission du Vieux Paris.

3. — ESCLAVES CHARGEANT UNE CHARRETTE, ET COMMERÇANT A SES COMPTES.
(Fouilles du Marché aux Fleurs).
Cliché BARRY. — Photographie inédite de la Commission du Vieux Paris.

4. — OUVRIERS APPLIQUANT LA RÈGLE D'ARCHITECTE
(Fouilles du Marché aux Fleurs).
Cliché BARRY. - Photographie inédite de la Commission du Vieux Paris.

2. — LES POISSONNIERS
(Fouilles du Marché aux Fleurs).
Cliché BARRY. — Photographie inédite de la Commission du Vieux Paris.

5. — SCÈNE DE VENTE
(Fouilles exécutées en 1910, près de l'angle Sud-occidental du Tribunal de Commerce).
Cliché FORTIER ET MAROTTE.

BAS-RELIEFS A SCÈNES DE MÉTIER (Musée CARNAVALET)

PLANCHE X

1. — Autel des quatre dieux du Musée de Saint-Germain. — Mercure.

2. — Autel des quatre dieux du Musée de Saint-Germain. - Rosmerta.

5. — Bas-relief de Mercure (Musée Carnavalet)

Cliché Emonts
Collection photographique
de la Bibliothèque de la
Ville de Paris.

3. - Autel des quatre dieux du Musée de Saint-Germain. — Apollon.

Photographies de la collection
du Musée de St-Germain.

4. - Autel des quatre dieux du Musée de Saint-Germain. - Amourailé à la pomme(?)

Photographies de la collection
du Musée de St-Germain.

DIEUX GALLO-ROMAINS DE LUTÈCE

PLANCHE XI

1. — L'Inscription.

2. — L'Empereur et sa suite (?).

AUTEL DES NAUTES PARISIENS (Musée de Cluny)

Clichés Berthaud. — Photographies
de la *Revue des Études anciennes*.

PLANCHE XII

1. — Le Cortège des vieillards.

2. — Le Cortège des jeunes gens.

AUTEL DES NAUTES PARISIENS (Musée de Cluny)

Clichés Berthaud. — Photographies
de la *Revue des Études anciennes*.

PLANCHE XIII

1. — JUPITER.

2. — VULCAIN.

3. — ESUS.

4. — TARVOS TRIGARANUS.

AUTEL DE JUPITER (MUSÉE DE CLUNY)

Clichés BARRY.

PLANCHE XIV

1. — Cernunnos.

2. — Hercule gaulois.

3. — Castor.

AUTEL DE CERNUNNOS (Musée de Cluny)

Clichés Barry.

PLANCHE XV

1. — Dieu a trois visages.

Cliché Pottier

2. — Génie suspendant l'épée.

Cliché Emonts. — Collection photographique
de la Bibliothèque de la Ville de Paris.

3. — Génie appendant la cnémide.

4. — Génie emportant le casque.

5. — Génie emportant le bouclier.

Clichés Emonts. — Collection photographique
de la Bibliothèque de la Ville de Paris.

AUTEL DU DIEU A TROIS VISAGES (Musée Carnavalet)

PLANCHE XVI

1. — COIN DU CIMETIÈRE CHRÉTIEN DE SAINT-MARCEL.

Cliché Émonts. - Collection photogr. de la Bibliothèque de la Ville de Paris.

2. — ARÈNES. — Mur du couloir septentrional ; traces d'incendie.

Cliché Émonts. - Collection photogr. de la Bibliothèque de la Ville de Paris.

Cliché Pottier.

3. — LE MUR D'ENCEINTE DE LA CITÉ entre les rues Chanoinesse et des Ursins (fouilles de 1908).

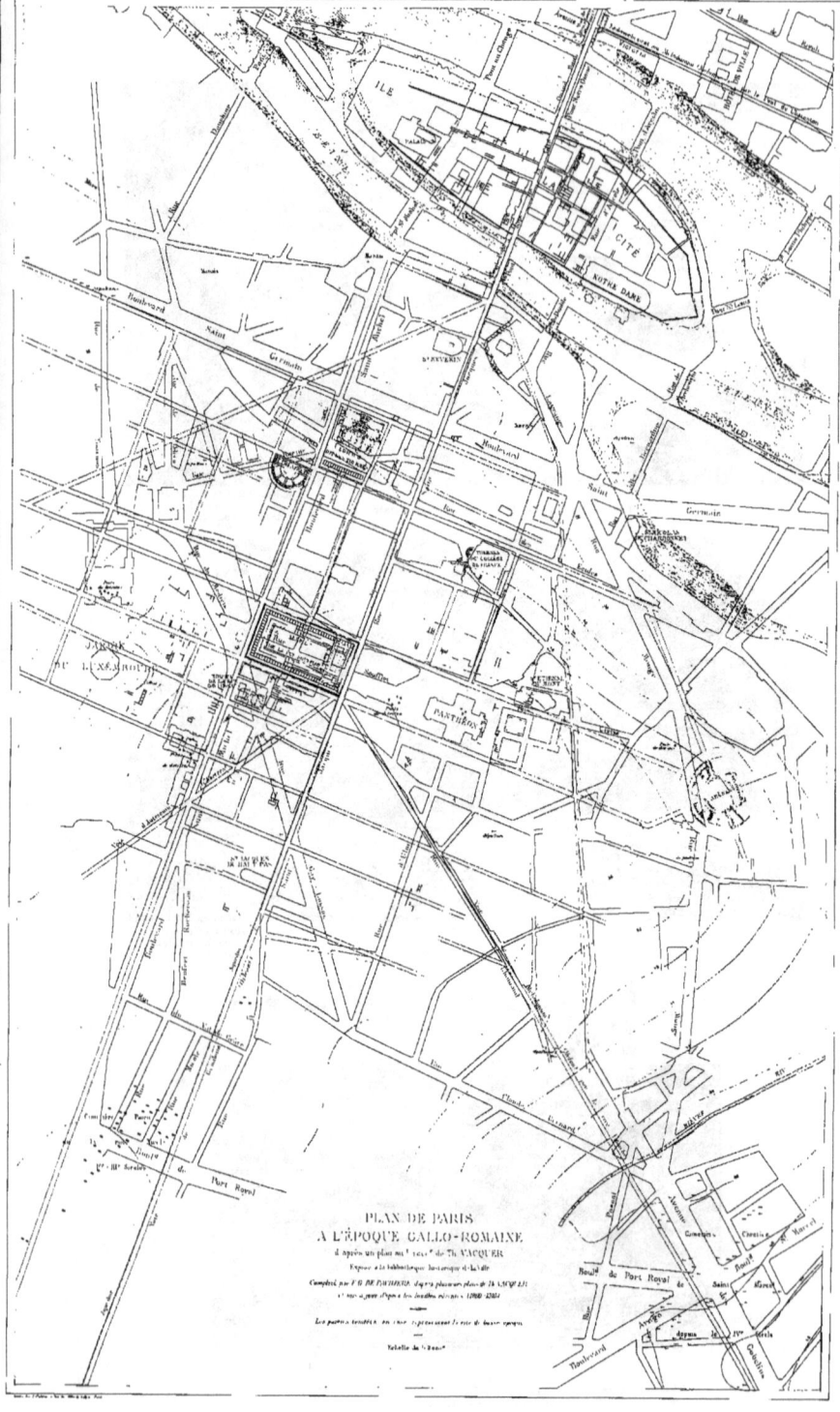

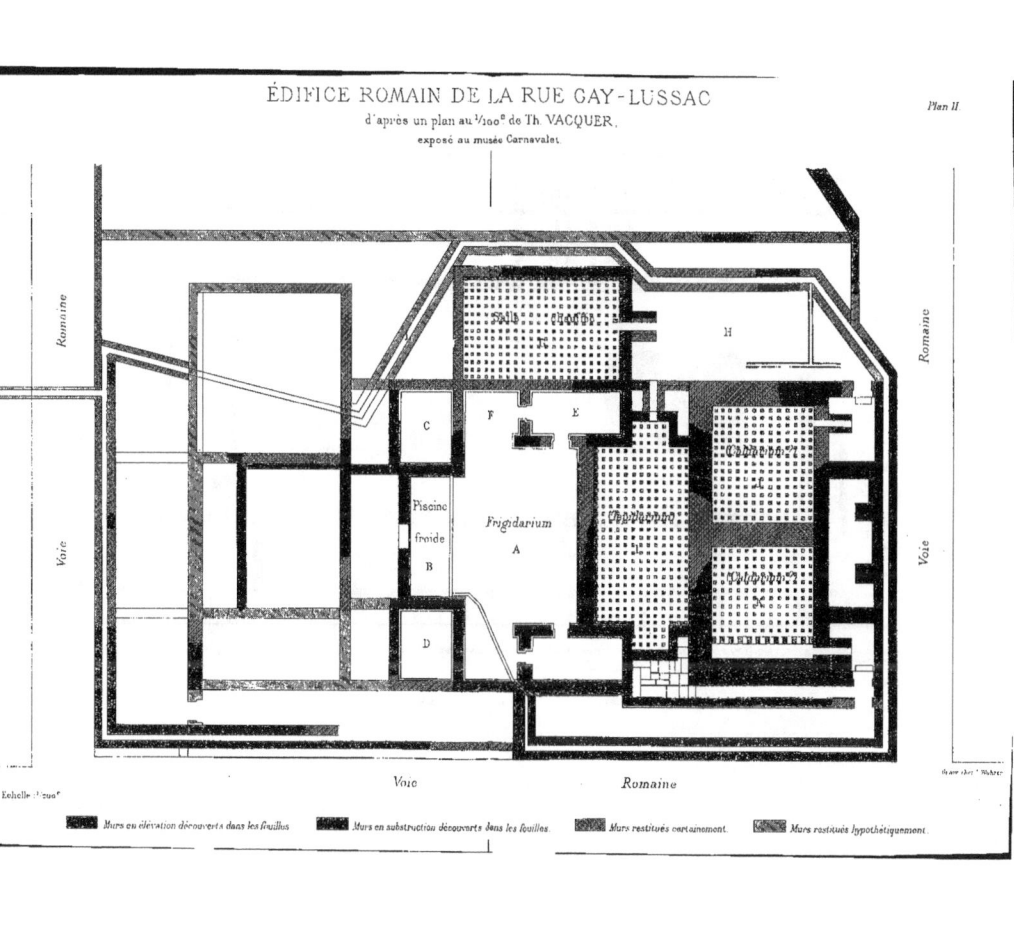

ÉDIFICE ROMAIN DE LA RUE SOUFFLOT
(d'après un plan à l'échelle de 1/250 de Th. VACQUER,
déposé au Musée Carnavalet.)

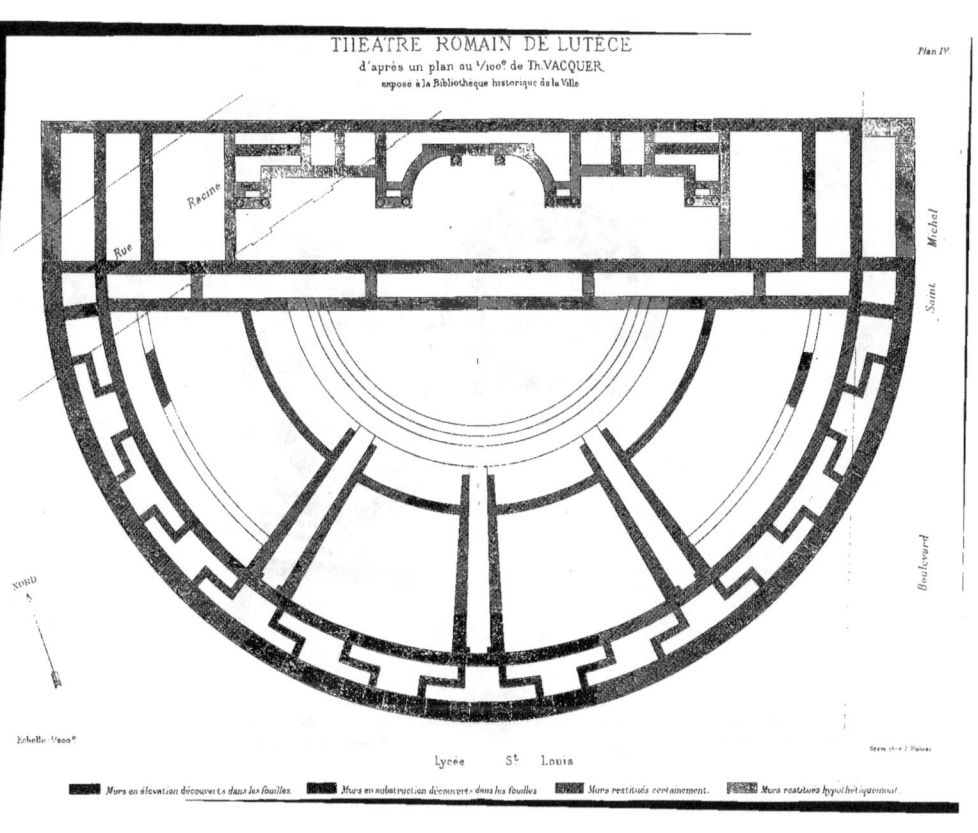

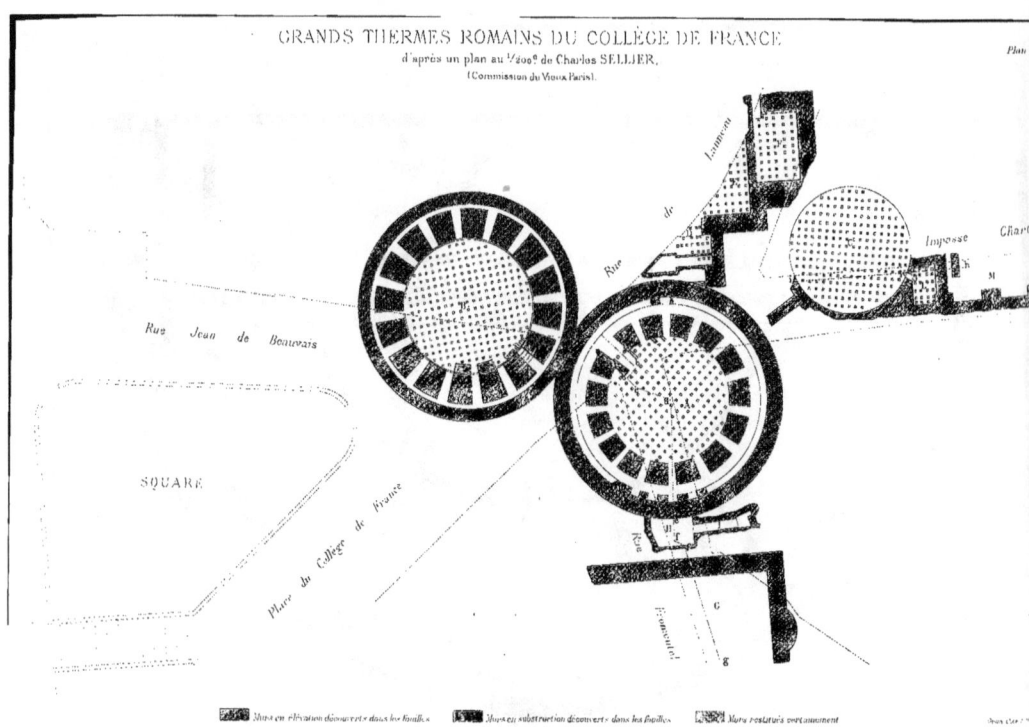

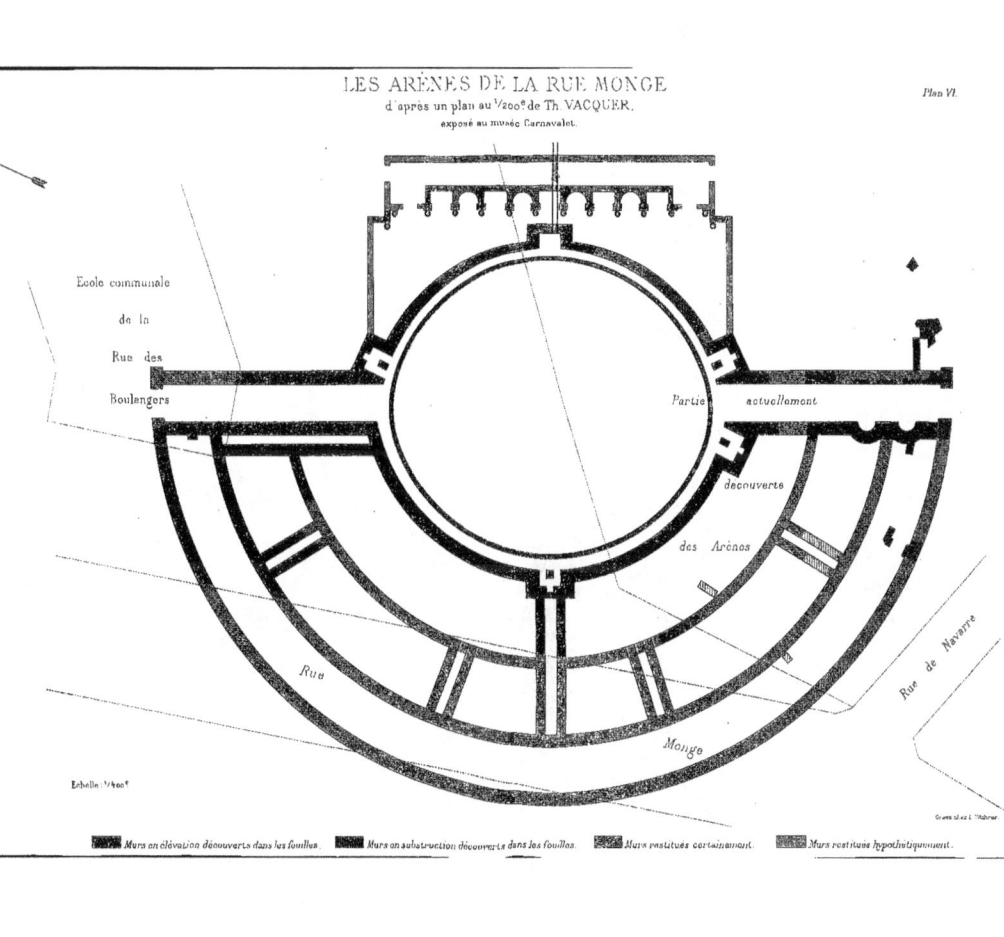

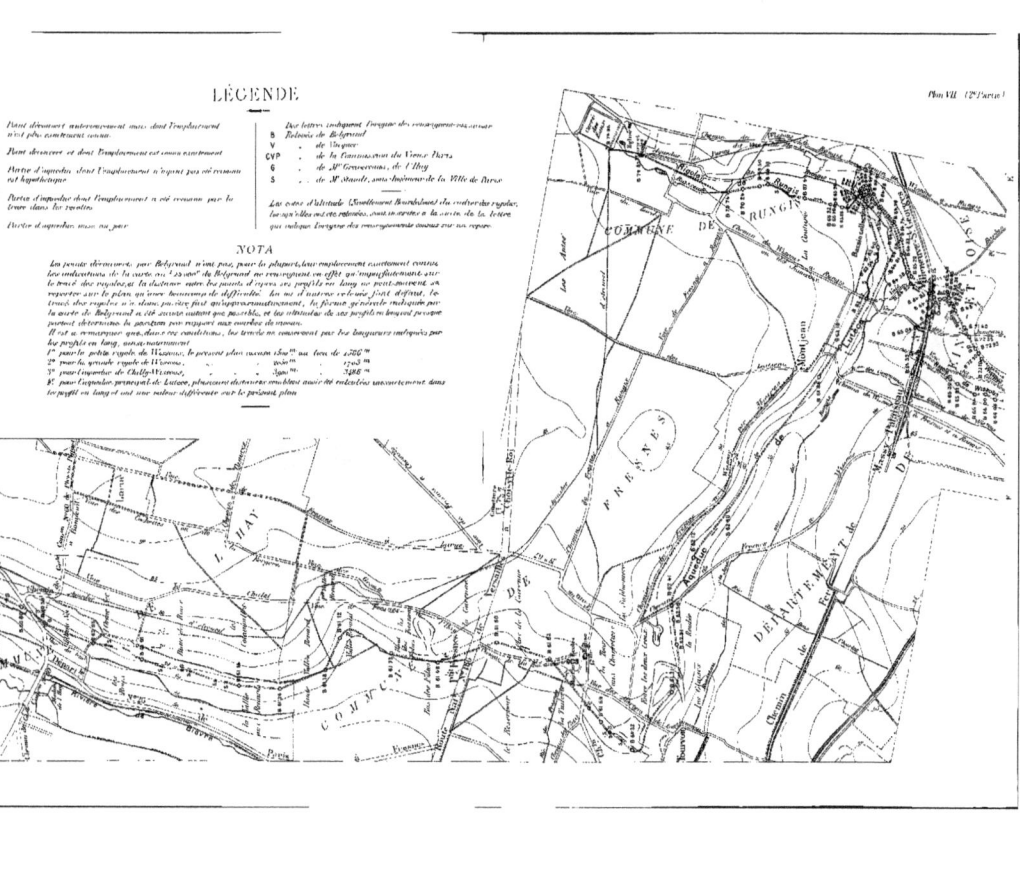

Plan VII - 2.ᵉ Partie

COMMUNE DE WISSOUS

COMMUNE DE MORANGIS

COMMUNE DE CHILLY

Echelle de 2.mone

ÉDIFICE ROMAIN DES THERMES DE CLUNY

d'après un plan à l'échelle de 1/200e de Th. VACQUER.

Plan de l'étage inférieur

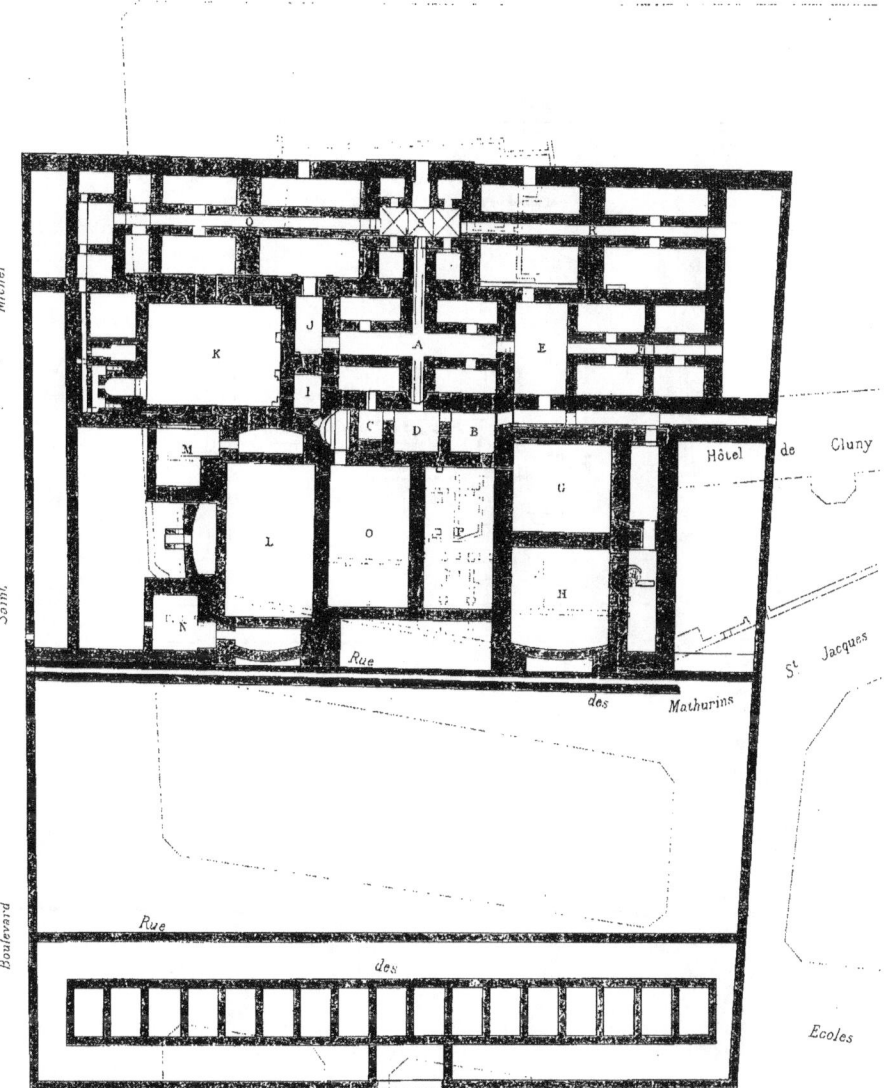

LÉGENDE

Murs en élévation découverts dans les fouilles.   Murs en substruction découverts dans les fouilles.
Murs restitués certainement.   Constructions modernes.
Constructions antiques du Rez-de-chaussée.

Echelle : 1/400e

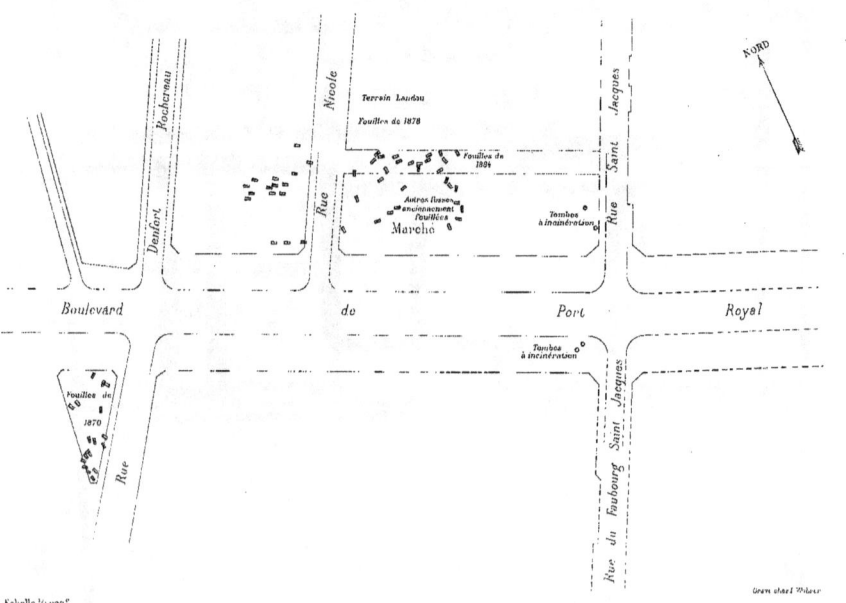

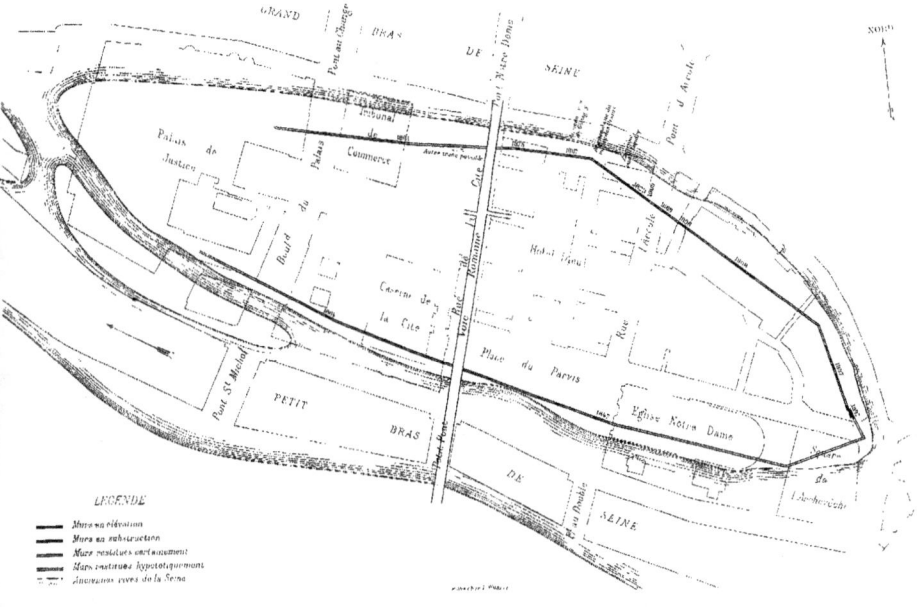

www.ingramcontent.com/pod-product-compliance
Lightning Source LLC
Chambersburg PA
CBHW062234180426
43200CB00035B/1734